Tucholsky Wagner Zola Scott Sydow Freud Schlegel
Turgenev Wallace Fonatne
Twain Walther von der Vogelweide Fouqué Friedrich II. von Preußen
Weber Freiligrath
Fechner Fichte Weiße Rose von Fallersleben Kant Ernst Richthofen Frey Frommel
Engels Fielding Hölderlin
Fehrs Faber Flaubert Eichendorff Tacitus Dumas
Feuerbach Maximilian I. von Habsburg Fock Eliasberg Zweig Ebner Eschenbach
Ewald Eliot Vergil
Goethe Elisabeth von Österreich London
Mendelssohn Balzac Shakespeare Dostojewski Ganghofer
Trackl Lichtenberg Rathenau Doyle Gjellerup
Stevenson Tolstoi Hambruch
Mommsen Thoma Lenz Hanrieder Droste-Hülshoff
Dach Verne von Arnim Hägele Hauff Humboldt
Karrillon Reuter Rousseau Hagen Hauptmann Gautier
Garschin Defoe Baudelaire
Damaschke Descartes Hebbel
Wolfram von Eschenbach Dickens Schopenhauer Hegel Kussmaul Herder
Bronner Darwin Melville Grimm Jerome Rilke George
Campe Horváth Aristoteles Bebel Proust
Bismarck Vigny Barlach Voltaire Federer Herodot
Gengenbach Heine
Storm Casanova Tersteegen Gilm Grillparzer Georgy
Chamberlain Lessing Langbein Gryphius
Brentano Lafontaine
Strachwitz Claudius Schiller Kralik Iffland Sokrates
Katharina II. von Rußland Bellamy Schilling
Gerstäcker Raabe Gibbon Tschechow
Löns Hesse Hoffmann Gogol Wilde Gleim Vulpius
Luther Heym Hofmannsthal Klee Hölty Morgenstern
Roth Heyse Klopstock Kleist Goedicke
Luxemburg Puschkin Homer Mörike
La Roche Horaz Musil
Machiavelli Kierkegaard Kraft Kraus
Navarra Aurel Musset Lamprecht Kind Kirchhoff Moltke
Nestroy Marie de France Hugo
Laotse Ipsen Liebknecht
Nietzsche Nansen Ringelnatz
Marx Lassalle Gorki Klett Leibniz
von Ossietzky May vom Stein Lawrence Irving
Petalozzi Platon Pückler Michelangelo Knigge Kafka
Sachs Poe Liebermann Kock Korolenko
de Sade Praetorius Mistral Zetkin

Der Verlag tredition aus Hamburg veröffentlicht in der Reihe **TREDITION CLASSICS** Werke aus mehr als zwei Jahrtausenden. Diese waren zu einem Großteil vergriffen oder nur noch antiquarisch erhältlich.

Symbolfigur für **TREDITION CLASSICS** ist Johannes Gutenberg (1400 — 1468), der Erfinder des Buchdrucks mit Metalllettern und der Druckerpresse.

Mit der Buchreihe **TREDITION CLASSICS** verfolgt tredition das Ziel, tausende Klassiker der Weltliteratur verschiedener Sprachen wieder als gedruckte Bücher aufzulegen – und das weltweit!

Die Buchreihe dient zur Bewahrung der Literatur und Förderung der Kultur. Sie trägt so dazu bei, dass viele tausend Werke nicht in Vergessenheit geraten.

Nanna - Uber das Seelenleben der Pflanzen

Gustav Theodor Fechner

Impressum

Autor: Gustav Theodor Fechner
Umschlagkonzept: toepferschumann, Berlin

Verlag: tredition GmbH, Hamburg
ISBN: 978-3-8424-8956-1
Printed in Germany

Rechtlicher Hinweis:
Alle Werke sind nach unserem besten Wissen gemeinfrei und unterliegen damit nicht mehr dem Urheberrecht.

Ziel der TREDITION CLASSICS ist es, tausende deutsch- und fremdsprachige Klassiker wieder in Buchform verfügbar zu machen. Die Werke wurden eingescannt und digitalisiert. Dadurch können etwaige Fehler nicht komplett ausgeschlossen werden. Unsere Kooperationspartner und wir von tredition versuchen, die Werke bestmöglich zu bearbeiten. Sollten Sie trotzdem einen Fehler finden, bitten wir diesen zu entschuldigen. Die Rechtschreibung der Originalausgabe wurde unverändert übernommen. Daher können sich hinsichtlich der Schreibweise Widersprüche zu der heutigen Rechtschreibung ergeben.

Text der Originalausgabe

Nanna

oder

Über das Seelenleben der Pflanzen

von

Gustav Theodor Fechner

Vorwort.

Ich gestehe, einiges Bedenken getragen zu haben, den so ganz träumerisch erscheinenden, im friedlichsten Naturgebiete liegenden Gegenstand, den ich folgends behandeln werde, zu einer Zeit zur Sprache zu bringen, wo der großartige Drang und Gang der Zeit jedes, auch des sonst Friedlichsten, Aufmerksamkeit und Interesse so überwiegend und in bezug auf Gegenstände von so viel größerer Bedeutung in Anspruch genommen. Verlange ich denn nicht, daß man das bisher in stillster Zeit nie gehörte Flüstern der Blumen jetzt beim Rauschen eines Windes zu hören beginne, der ältestbewurzelte Stämme zu stürzen vermag, daran glauben, darauf achten lerne zu einer Zeit, wo die lauteste Menschenstimme es schwer findet, zur Geltung zu kommen oder solche zu behaupten. Auch hat diese Schrift schon längere Zeit fertig und müßig gelegen.

Indes las ich einmal, wie bei mancher Art Taubheit leise Stimmen gerade um so besser vernommen werden, je lauter zugleich eine Trommel gerührt wird. Die Erschütterung, die ein waches Ohr betäubt, erweckt das schlafende. Nun weiß ich wohl, daß die Trommel der Zeit nicht zugunsten der leisen Stimmen der Blumen gerührt wird; aber könnte sie dem Hören dieser Stimmen nicht auch zustatten kommen? Wie lange war unser Ohr taub dagegen, oder vielmehr, wie lange ist es her, daß es taub dagegen geworden; und wird es nun nicht um so leichter wieder von diesen verschollenen Stimmen einer frühen Jugendzeit gerührt werden, je fremdartiger und neuer sie in das Rauschen hineinklingen oder davon abklingen? Ja bin ich zu kühn, wenn ich es möglich halte, daß das ungekannte, leise Spiel, das sich hier entfalten wird, manchem wie ein vorgegriffener Akkord aus einer frischen Jugendzeit erklingen werde, die dereinst im Wissen wie im Tun aus dem Grabe erblühen muß, in das mit schon hörbarem Rollen die alte Zeit versinkt?

Zu dieser Betrachtung, durch die ich mich selbst zu ermutigen suchte, trat der Gedanke, daß, nachdem der erste Drang des unmutig gewordenen Zeitgeistes, wenn nicht beschwichtigt, doch in seiner Spannung etwas nachgelassen, und die längere Dauer der Bewegung selbst schon hier und da das Bedürfnis nach Wechsel und Ruhepunkten hervorgerufen, ein Zurückkommen auf stillere Interessen auch hier und da genehm erscheinen könnte. Wird nicht mancher selbst von denen, die das Treiben in der Menschenwelt hart angegangen, auch einmal gern kurze Zeit einen Ruhepunkt suchen in einer anderen Welt, unter Wesen, die sich still befriedigt zu seinen Füßen schmiegen, deren keins ihn selber, keins das andere drängt, und die nur so viel sprechen, als er selber sie sprechen lassen will? In solche Welt will ich den Leser führen und will selber den kleinen Wesen vorantreten und ihren Dolmetsch machen, auf daß, nachdem alles Volk seine Vertreter gefunden, auch dieses Völklein dessen nicht entbehre. Nur wem es willkommen ist, braucht ja der Einladung zu folgen.

Vielleicht findet man das Titelwort dieser Schrift gesucht; es ist aber in der Tat bloß gefunden. Da ich derselben zu kürzester Bezeichnung einen Eigennamen vorzusetzen wünschte, wählte ich eine Zeitlang zwischen Flora und Hamadryas. Jener Name schien mir doch zu botanisch, dieser etwas zu steif antiquarisch, dazu bloß auf das Leben der Bäume gehend. Endlich stand doch Flora auf dem Titel, als mir in Uhlands Mythos von Thor (S. •147. 152) folgende Stelle begegnete, die mir so viel Anmutiges zu enthalten scheint, daß ich mir nicht versage, sie ganz herzusetzen, zumal sie so manchen näheren Bezugspunkt zum Inhalt unserer Schrift enthält.

"Nanna, Baldurs (des Lichtgottes) Gattin, ist die Blüte, die Blumenwelt, deren schönste Zeit mit Baldurs Lichtherrschaft zusammentrifft. Dafür spricht zunächst der Name ihres Vaters Nep (Nepr), Knopf, Knospe; Tochter des Blütenknopfes ist die Blume... . Bei Saro entbrennt Baldurs Liebe zu Nanna, als er ihre glänzende Schönheit im Bade sieht; die entkleidete, badende Nanna, von Baldur belauscht, ist die vom Licht erschlossene, frischbetaute Blüte; die Poesie des Altertums denkt sich den zartesten Blumenglanz nie anders als vom Tau gebadet. Mit der Abnahme des Lichtes geht auch das reichste, duftendste Blumenleben zu Ende. Als Baldurs Leiche zum Scheiterhaufen getragen wird, zerspringt Nanna vor Jammer; dieser Ausdruck ist auch sonst für das gebrochene Herz gebräuchlich; er eignet sich aber besonders für die zerblätterte Blume. Aus Hels Behausung (der Unterwelt), wo Nanna mit Baldur weilt, sendet sie den Göttinnen Frigg und Fulla Geschenke, ersterer ein Frauentuch, letzterer einen goldenen Fingerring. Frigg ist die

Göttin, die über der ehelichen Liebe waltet, darum erhält sie das Schleiertuch, das auch sonst als Abzeichen der Hausfrau vorkommt. Fulla, Friggs Dienerin und Vertraute, mit den jungfräulich flatternden Haaren, ist die vollgewachsene bräutliche Jungfrau, daher geziemt ihr der Verlobungsring. Schleier und Goldring, welche Nanna noch aus der finsteren Unterwelt zum Gedächtnis heraufschickt, sind wohl nichts andres als Blumen des Spätsommers. Wie man Thiassis Augen und Orvandils Zehe unter die Gestirne versetzte und nach Friggs hausfräulichem Rocken ein Sternbild schwedisch Friggerock benannt ist, so wurden auch Blumen- oder Pflanzennamen der Götterwelt entnommen: Baldurs Braue, Tys Helm, Thors Hut, Sifs Haar, Friggs Gras, daran sich nun Friggs Schleier und Fullas Fingergold anreihen mögen. Das bunte Spiel der norwegischen Wiesenblumen ist berühmt; ein kurzer, doch heißer Sommer läßt sie in seltner Fülle und Mannigfaltigkeit erblühen ... — So wie Thor den übrigen Göttinnen der schönen und fruchtbaren Jahreszeit, Freyja, Idun, Sif, befreundet ist und sich ihrer tätig annimmt, so muß ihm auch der Tod Nannas, des lieblichsten Schmuckes der von ihm beschützten Erde, nahe gehen, und er äußert seinen trotzigen Unmut, indem er ihr den Zwerg Lit, der ihm vor die Füße läuft, in das Feuer nachwirft. Lit (Litr), die Farbe, der reiche, frische Schmelz des Frühsommers muß mit hinab, wenn Baldur und Nanna zu Asche werden."

Da es nun Zweck dieser Schrift ist, die Pflanzen in einer allgemein gottbeseelten Natur als eines individuellen Anteils dieser Beseelung wieder teilhaftig erscheinen zu lassen und insbesondere ihren Verkehr mit dem Lichtgotte Baldur zu Schildern oder, kürzer und einfacher, ihnen eine eigene Seele beizulegen und ihren Verkehr mit dem Lichte psychisch auszulegen; — da auch sonst das deutsche Wesen sich jetzt verjüngen, wieder selbstwüchsig werden und den, ach nur zu schönen, antiken Zopf abstreifen will, so schien mir die alte wälsche Heidin Flora der jungen deutschen Göttin Nanna wohl weichen zu müssen. Hat doch ohnehin schon seit langem die erstere ihren einen Fuß ganz im Grabe der Herbarien gehabt, und bald wird wohl das ganze fremde Altertum sich in die Särge der Geschichte zur Ruhe geben. Eine heimische Geisterwelt, wolle Gott auch wieder göttliche Welt, möge dafür aus dem heimischen Boden hervorsteigen und Nanna mit im Vortritt die neue Blütezeit bedeuten.

Die Möglichkeit einer triftigen Lösung unserer Aufgabe vorausgesetzt, mag es doch vielleicht manchem scheinen, daß kein so großer Aufwand dazu hätte gemacht werden sollen, als hier geschehen ist. In der Tat muß ich es noch dahinstellen, ob das Interesse anderer mir so weit wird zu folgen vermögen, als die eigne Liebe zur Sache mich geführt hat. Inzwischen, da es hier die ernsthafte Begründung einer Ansicht galt, die jetzt noch ebensowohl die gemeine als wissenschaftliche Meinung gänzlich gegen sich hat, und der Gegenstand gar mancherlei Seiten und Angriffspunkte darbietet, hatte eine zu kurze Behandlung dem Zwecke nicht entsprochen. Man dürfte überdies bald finden, daß die Frage, um die es sich hier handelt, kein so vereinzeltes Interesse hat, als es vielleicht für den ersten Anblick scheinen möchte. Ob die Pflanzen beseelt sind oder nicht, ändert die ganze Naturanschauung, und es entscheidet sich mit dieser Frage manches andere. Der ganze Horizont der Naturbetrachtung erweitert sich mit Bejahung derselben, und selbst der Weg, der dazu führt, bringt Gesichtspunkte zutage, die in die gewöhnliche Betrachtungsweise nicht eintreten.

Schleiden sagt in der Einleitung zu seiner Schrift über die Pflanze (S. 2):

"Ich versuchte zu zeigen, wie die Botanik fast mit allen tiefsten Disziplinen der Philosophie und Naturlehre aufs engste zusammenhängt und wie fast jede Tatsache oder größere Gruppe von Tatsachen geeignet ist, so gut in der Botanik wie in jedem anderen Zweige der menschlichen Tätigkeit die ernstesten und wichtigsten Fragen anzuregen und den Menschen vom Sinnlichgegebenen auf das geahnte Übersinnliche hinzuführen."

Man wird wohl glauben, daß, wenn die Betrachtung der materiellen Seite des Pflanzenlebens einer solchen Bedeutung sich rühmen darf, um so mehr die Betrachtung der ideellen Seite sie in Anspruch nehmen wird. Ich erlaube mir daher, jene Worte nur mit der Änderung auf meine Schrift anzuwenden, daß ich, anstatt die überflüssig sich darbietenden Bezugspunkte unseres Gegenstandes zur Philosophie mit Vorliebe zu verfolgen, vielmehr der, nur zu großen, Aufforderung dazu mit der größtmöglichen Zurückhaltung zu begegnen suchen werde; da ich in der Tat glaube, daß das Maßhalten in dieser Beziehung hier eher Dank verdienen werde. Noch einige Worte hierüber in folgendem Eingange der Schrift!

Was mit beigetragen hat, den Umfang dieser Schrift zu vergrößern, war der Wunsch, mit Darlegung der Gründe für unsere Ansicht eine Darlegung der tatsächlichen Umstände zu verbinden, welche für die Entscheidung unserer Frage überhaupt von Belang zu sein versprechen. Unstreitig wird der Gesichtspunkt, aus welchem diese Zusammenstellung hier versucht worden, falls er anders als gültig erachtet werden sollte, nur beitragen, das Interesse, welches die hier einschlagenden Tatsachen schon sonst besitzen, zu vermehren; aber auch abgesehen hiervon dürfte die kleine Sammlung derselben, als Stoff für jede sinnige Betrachtung des Pflanzenlebens überhaupt, manchem nicht unwillkommen sein; und ich habe in diesem Interesse, ohne den Bezug zu unserm Gegenstande zu überschreiten, doch ein etwas reicheres Material gegeben, als zum bloßen Genügen für denselben erforderlich gewesen sein würde (vergl. besonders den 7ten, 8ten, 9ten, 11ten und 12ten Abschnitt) Botaniker von Fach freilich werden, statt einer Vermehrung, nur eine Benutzung ihrer Schätze hier finden, um die es aber auch hier nur zu tun sein konnte.

Was wird zuletzt der Erfolg dieser Schrift sein?

Entschlage ich mich aller poetischen Illusionen, so denke ich, folgender:

Ein junges Mädchen von meiner Bekanntschaft hat nicht über alles die triftigsten Ansichten. Man gibt sich nun wohl Mühe, durch bestmögliche Darlegung von Gründen sie eines Triftigeren zu belehren. Sie hört die Gründe an oder auch nicht an, und sagt zuletzt einfach: "wenn auch!" und bleibt bei ihrer Meinung.

Meine Gründe mögen gut oder schlecht sein; man wird wohl auch sagen: "Wenn auch!"

Aber, wenn auch! — Hegte ich nicht einige Hoffnung, es könnte doch wenigstens das Gefühl des jungen Mädchens bestochen werden, das, wie nun junge Mädchen sind, stets bei ihr dem Verstande vorausläuft, so würde ich freilich alle Mühe sparen. Sollte aber dies gelingen, so würden nachher auch alle Gründe vortrefflich klingen. Unter dem jungen Mädchen aber meine ich die junge Zeit.

  d. 24. August 1848.

I. Stellung der Aufgabe.

Aber es kann auch anders sein. Vielleicht wirkt die göttliche Seele in den Pflanzen als Teilen, Gliedern der allgemeinen Natur nur so mit, wie unsere Seele in irgend welchen einzelnen Gliedern unseres Leibes. Keins meiner Glieder fühlt doch voraussetzlich etwas für sich selber; nur ich, der Geist des Ganzen, fühle alles, was darin vorgeht. Und so gefaßt könnte auch von einer eigenen Seele der Pflanzen nicht die Rede sein, wenn nur Gott von dem wüßte, was in ihnen vorgeht, nicht sie selber.

So möchte also immerhin die Natur für allgemein und göttlich beseelt angesehen werden, und die Frage bliebe doch noch ganz unentschieden, ob auch die Pflanzen für sich selber als beseelt zu achten. Nur solche Beseelung aber meinen wir immer, wenn wir nach der Pflanzenseele fragen.

Natürlich muß die Frage, ob die Pflanzen beseelt sind, um so schärfer hervortreten, wenn man, wie es der gewöhnlichen Vorstellungsweise angemessener ist, von einer Beseelung der ganzen Natur abstrahiert oder gar sie leugnet. Dann erscheinen die beseelten Geschöpfe inmitten der übrigen Natur überhaupt nur wie Inseln im allgemeinen Ozean des seelenlos Toten; und es fragt sich noch entschiedener als vorhin: wollen wir die Pflanzen mit den Tieren und Menschen über diesen nächtlichen Ozean herausheben ins Seelenlichte oder mit Stein und Bein versenken in denselben?

Man sieht schon aus diesen flüchtigen Betrachtungen, die doch unsern Gegenstand so tief berühren, daß gleich die Vorerörterungen über denselben uns sehr weit zu führen drohen. Erörterungen über die allgemeinsten Verhältnisse von Gott und Natur, von Leib und Seele, scheinen vorausgehen zu müssen, um den Grund zu legen, genauere Bestimmungen über das, was unter Individualität, psychischer Einheit, Bewußtsein und dessen verschiedenen Stufen zu verstehen, von vorn herein sich nötig zu machen. Erst hiermit möchte die Aufgabe zum Angriff gründlich vorbereitet erscheinen. Aber wer ist nicht schon ermüdet von dergleichen Erörterungen, und wer würde zuletzt etwas damit gewonnen halten? In der Tat, wie viel Tiefsinniges bis jetzt in solchen Erörterungen gesagt worden ist, hat es doch viel mehr gedient, die Gegenstände derselben ins Dunkel zu vertiefen, als an klares Licht zu heben.

Dies in Rücksicht nehmend will ich lieber von vorn herein Verzicht auf solche Tiefe leisten und eher versuchen, zu ihr hinabzusteigen, so weit es eben gehen mag, als aus ihr hinaufzubauen. Man kann ja eine Blume auch wohl pflücken, ohne sie mit der Wurzel auszuheben, und gefällt die Blume, findet sich auch wohl noch der Spaten, der sie später aus der Tiefe hebt, zur dauernden Verpflanzung in das rechte Beet des Gartens.

Und so wird, mit Beiseitlassung des Verfolgs jener erst angeschlagenen Betrachtungen und aller weit rückgreifenden Diskussionen überhaupt, das Folgende nur ein Versuch sein, durch möglichst direkte Bezugnahme auf fachliche, an sich wenig streitige und der allgemeinen Fassung leicht zugängliche Gesichtspunkte, Antwort auf die Frage zu gewinnen, wie weit an eine ähnliche psychische Konstitution der Pflanzen wie der Tiere und unsrer selbst gedacht werden könne, ohne es überdies scharf bestimmen zu wollen und zu können, in wie weit wir die Tiere selbst uns in dieser Beziehung ähnlich zu denken haben. Ein Feld ganz klarer Betrachtungen kann überhaupt nicht da sein, wo wir es unternehmen, von dem Psychischen anderer Wesen als unserer selbst zu sprechen, außer in sofern wir sie uns ganz analog voraussetzen können, da doch niemandem etwas anderes als seine eigene Seele zu Gebote steht, um danach vorzustellen, wie es in einer fremden hergehen mag. Und wenn uns in betreff der Tiere der Umstand zustatten kommt, daß wir als auf höherer Stufe wohl glauben dürfen, das, was ihnen auf der niederen zukommt, mit einzuschließen, so ist es doch ein anderes, ob eine niedere Stufe, wie das tierisch Sinnliche, sich für sich zum Ganzen abschließt, oder als Basis einer höheren dient und in dieser erst ihren Abschluß findet.

Bescheiden wir uns also von vorn herein, mehr als annäherungsweis adäquate Vorstellungen über fremde Seelengebiete gewinnen zu können. Inzwischen kann ein Versuch von Interesse sein, es doch in solcher Annäherung so weit als möglich zu bringen.

II. Allgemeiner Angriff der Aufgabe.

Gewöhnlich verneint man eine ähnliche psychische Konstitution der Pflanzen wie der Menschen und Tiere schlechthin, weil man die physische Organisation und Lebensäußerungen der ersteren denen der letzteren nicht analog genug findet. Und in der Tat ist die Analogie des Physischen das Einzige, was uns zum Schluß auf anderes als das eigene Psychische zu Gebote steht, da es eine Eigentümlichkeit jeder Seele ist, einer anderen als sich selbst nur durch äußere oder physische Zeichen erkennbar werden zu können, zu deren Deutung uns in letzter Instanz gar nichts anderes als die Analogie mit dem, woran wir unsere eigene Seele geknüpft finden, geboten ist. Sogar allgemeine philosophische Betrachtungen, durch welche man versuchen möchte, diesen Gegenstand zu erledigen, werden doch immer auf dieser Analogie fußen müssen; da, wenn man auch a priori den Pflanzen eine gewisse Bedeutung und Stellung im Weltorganismus anweisen wollte, man doch eben nur aus ihrem sichtbaren, äußeren Verhalten schließen könnte, ob eben sie es sind, welche dieser Bedeutung entsprechen, die verlangten Glieder im Weltorganismus darstellen.

Schließe ich doch darauf, daß du Seele hast wie ich, nur daraus, daß du analog aussiehst wie ich, dich äußerlich analog behabst, sprichst usw., aus Gestalt, Bau, Farbe, Bewegung, Ton, lauter physischen Zeichen; was kann ich von deiner Seele unmittelbar sehen? Ich lege sie nur in all das hinein; ganz unwillkürlich freilich; doch bleibt es immer etwas Hineingelegtes. Die Tiere sehen uns zwar schon anders aus als Menschen, doch bewegen sie sich, nähren sich, pflanzen sich fort, schreien noch ähnlich wie wir bei ähnlichen Veranlassungen, tun, wenn auch nicht alle all dies, doch mehreres von diesem. Demgemäß erkennen wir ihnen auch noch eine ähnliche Seele zu; ziehen bloß die Vernunft ab in Betracht der doch stattfindenden Unterschiede. Aber bei den Pflanzen ziehen wir auf einmal die ganze Seele ab; und, wenn wir recht haben es zu tun, wird sich dies Recht eben auch bloß darauf gründen können, daß sie uns und den uns analogen Tieren zu unähnlich gebaut sind, sich zu unähnlich behaben.

Freilich, wenn man Analogie hierbei verlangt und verlangen muß, um Seele zu finden, so kann man sie doch nicht in allen Stücken und unbeschränkt verlangen. Sonst würde ich jeden Menschen, der irgendwie anders aussieht und sich benimmt als ich, schon berechtigt sein, für unbeseelt zu halten. Er ist aber bloß anders beseelt als ich. Wie unähnlich ist mir in den meisten Stücken der Wurm, wie anders benimmt er sich; doch halte ich auch diesen noch für beseelt, nur für anders beseelt als mich. Es wird also darauf ankommen, ob die Pflanzen auch die wesentlichen Zeichen der Beseelung nicht vermissen lassen, uns und den Tieren in betreff dieser noch analog sind? Aber welches sind diese wesentlichen Zeichen? Welches der entscheidende Umstand, der im Übergange vom Tierreiche zum Pflanzenreiche auf einmal einen Sprung vom Beseeltsein zum Unbeseeltsein machen oder auch eins sich in das andere verlaufen läßt?

Ich glaube, man hat es sich bequem gemacht und dies noch niemals genügend erörtert. Denn was in dieser Beziehung vorgebracht worden, scheint mir doch viel mehr den Sinn zu haben, die einmal vorgefaßte Ansicht zu rechtfertigen, als ihr Recht auch recht zu prüfen. Man überläßt sich im allgemeinen dem scheinbar entscheidenden Eindruck des Augenscheins, der freilich keine Seele in den Pflanzen finden läßt, da er überhaupt keine finden lassen kann. Auf solche Weise aber ist die Sonne lange um die Erde herumgegangen, der unmittelbare Augenschein lehrte es ja, wer konnte an dem zweifeln, was jeder sah; doch geht jetzt vielmehr die Erde um die Sonne herum, nachdem man sich erst entschlossen, den Standpunkt in Gedanken zu wechseln. Nun eben so käme es vielleicht auch nur darauf an, unsern Standpunkt geistig zu wechseln, um die Seele der Pflanzen auf ihrem innerlichen Standpunkte zu gewahren; die uns auf unserem äußerlichen entgeht. Aber nichts schwerer, als den Menschen zu vermögen, sich einmal ganz aus sich selbst in eine andere Stelle zu versetzen, und nicht eben sich, sondern das, was dieser Stelle gebührt, auch da zu suchen. Da wo er sich nicht wieder findet, glaubt er nichts zu finden.

Jedenfalls können wir deshalb, weil niemand nach dem Beweise der Seelenlosigkeit der Pflanzen gründlich fragt, sie noch nicht für gründlich bewiesen halten. Im Versuche aber, unsere Vorstellungen triftig hierüber zu gestalten, werden wir uns vor allem zwei Dinge recht zu Gemüte zu führen haben, welche die gewöhnliche Betrachtung freilich ganz vergißt, hierdurch aber sich auch ganz der Befangenheit preisgibt: erstens, wie daraus, daß wir von der Seele der Pflanzen auch nicht das Allergeringste unmittelbar wahrnehmen, doch noch nicht das Allergeringste gegen eine Seele derselben folgt, weil dann ganz ebensoviel gegen die Seele meines Bruders und jedes anderen Wesens als meiner selbst daraus folgen würde: und zweitens, daß, wenn Pflanzen so viel anders aussehen und sich behaben als Menschen und Tiere, schon Menschen und Tiere so verschieden untereinander aussehen und sich behaben, daß man nicht nur fragen kann, sondern auch muß, ob diese Verschiedenheit nicht unbeschadet der Beseelung noch weiter gehen kann.

Und in der Tat, um die Ansicht, deren Begründung die Aufgabe des Folgenden ist, gleich vorweg auszusprechen, scheint mir bei näherer Betrachtung alles das, was man füglich als wesentlich zum Ausdruck der Beseelung fordern könnte, bei Pflanzen sich noch ebensowohl als bei Tieren vorzufinden; alle Verschiedenheit zwischen beiden in Bau und Lebens-Erscheinungen aber nur geeignet, sie ersteren auf ein ganz anderes, das Tierreich ergänzendes Gebiet der Beseelung, nicht aber über das allgemeine Gebiet der Beseelung hinaus zu rücken. Und wenn manche die Seelen der Pflanzen leugnen, weil sie nicht wissen, was sie damit anfangen sollen, so würde ich sie fordern, weil mir sonst eine große unausgefüllte Lücke in der Natur zu bleiben schiene.

Ist doch, um erst oberflächlich auf einige Hauptpunkte einzugehen, die Pflanze noch ganz so gut organisiert, und zwar nach einem ganz so in sich einigen Plane, einer so in sich einigen Idee, organisiert wie das Tier, nur nach einem ganz anders gearteten Plane organisiert; wagt man doch nicht einmal, der Pflanze Leben abzusprechen, warum spricht man ihr nun doch Seele ab, da es so viel näher läge, auf dieser gemeinschaftlichen Basis des Lebens dem anderen Plane der leiblichen Organisation auch nur einen andern Plan der Seelenorganisation zugehörig zu denken. Was hat zuletzt der Begriff eines Lebens ohne Seele für Sinn? Wenn uns die moderne Pflanze tot scheint, was unterscheidet denn eben die lebende von ihr? Ist es bloß eine andere Art toten Prozesses, ihr Wachsen und Blühen, als ihr Vermodern? Ist nicht der Gegensatz zwischen lebender und toter Pflanze ganz ähnlich dem zwischen lebenden und toten Tiere? Doch soll die Bedeutung dieses Gegensatzes so himmelweit verschieden sein: der Prozeß der lebenden Pflanze eine seelenleere Verwickelung gegenüber dem gleich seelenleeren Zerfallen im Vermodern; der Prozeß des lebenden Tieres auf einmal eine seelenvolle Verwickelung gegenüber dem leeren Zerfallen. Und doch ist die Verwickelung im Bau und den Prozessen von Tier und Pflanze so ganz analog. Selbst der Grundbau aus Zellen ist in beiden ganz analog eingehalten, die Zellen nur in beiden anders gefügt, gruppiert, gestreckt, ineinander geschmolzen, wie sie aber schon in jedem anderen Tiere, jeder anderen Pflanze für sich anders sind; auch die Entstehungsweise des ganzen Zellengebäudes aus einer einfachen Urzelle durch einen ähnlichen merkwürdigen Prozeß der Zellen-Mehrung ist in beiden ganz analog; ja welcher Naturforscher weiß nicht, daß ein Same und ein Ei nur zwei verschiedene Formen derselben Sache sind; auch die Art sich fortzupflanzen ist so analog in beiden[1] , daß Linné sogar das ganze System der Pflanzen auf die Analogie ihres Geschlechtsverhältnisses gründen konnte; auch ein Spiel von Kräften, das bisher noch jeder Berechnung nach den Lehrsätzen unserer Physik und Chemie spottete, findet sich in beiden ganz analog wieder.

"Der Nahrungsstoff steigt in den lebenden Gewächsen mit Kraft in die Höhe, und sein Aufsteigen kann man keineswegs mit dem langsamen und stufenweisen Aussaugen der Flüssigkeiten in dem abgestorbenen Pflanzengewebe vergleichen. Das Licht übt sowohl auf das Aufsteigen des Nahrungssaftes, als auf die Menge des durch die lebenden Blätter verdunsteten Wassers einen bedeutenden Einfluß aus und scheint hingegen auf die nämlichen Organe nach ihrem Tode gar nicht einzuwirken; lebend zersetzen die Blätter mit Hilfe des Lichts das kohlensaure Gas, tot verändern sie es gar nicht. Die chemischen Verwandlungen, die während des Lebens im Pflanzengewebe vorgehen, sind ganz anderer Art als diejenigen, welche an abgestorbenen Gewächsen durch äußere Potenzen hervorgebracht werden; oft sind letztere geradezu das Gegenteil von ersteren. Die Entwicklung in die Länge und Breite, der Orgasmus, welcher der Befruchtung vorangeht, und das Erwachen des tätigen

---

[1] Herr Prof. Schleiden wird mich hoffentlich wegen dieser Äußerung nicht zu hart anlassen.

Lebens im Embryo, der im Samen gleichsam schlief, sind ebensoviele Erscheinungen, die von keiner einzigen rein physikalischen Ursache abgeleitet werden können, und die wir, teils durch die Analogie mit dem Tierreiche, teils unmittelbar durch die Betrachtung der Gewächse belehrt, nur zur vitalen Exzitabilität rechnen dürfen." (DecandoIle, Pflanzen-Physiologie I. S. 19.)

Doch soll das, was so ganz analog in den allgemeinsten Erscheinungen des Baues, Lebens und Webens ist, so ganz unanalog sein in dem Allgemeinsten, wofür wir die Zeichen eben nur aus diesem Allgemeinsten des Baues, Lebens und Webens entnehmen können; denn erinnern wir uns nur, es steht uns nichts anderes als jenes Äußere zu Gebote, auf dies Innere zu schließen. Statt auf dieser allgemeinsten Übereinstimmung in den wesentlichsten Punkten zu fußen, halten wir uns aber an Unterschiede im Besonderen und Sprechen der Pflanze die Seele ab, weil sie nun nicht auch alle Einzelheiten des Tierlebens darbietet; was doch nur den Schluß begründen könnte, daß ihre Seele nicht auch alle Einzelheiten der Tierseele darbietet. Das Allgemeine muß für das Allgemeine, und das Einzelne für das Einzelne einstehen; aber wie wir die Pflanze jetzt ansehen, soll der Unterschied in besonderen Zeichen des Physischen uns einen Unterschied im Allgemeinsten des Psychischen bedeuten, zwischen Sein und Nichtsein desselben entscheiden.

Daß Seelen nach dem verschiedensten Plane oder unter den verschiedensten Formen organisiert sein können, beweisen die Menschen mit so verschiedenen Anlagen und Charakteren, die Tiere mit so verschiedenen Instinkten. So reich die Fülle leiblicher Gestaltungen, so reich die Fülle zugehöriger Seelengestaltungen: eins hängt am andern. Hat nun die Natur mit den Tieren die Möglichkeit verschiedener Plane des Baues und Lebens im Leiblichen noch nicht erschöpft, vielmehr eben in den Pflanzen noch ein ganz neues Reich hinzugefügt, welcher Grund kann uns dann anzunehmen gebieten, daß sie im Übergange zu diesen auf einmal mit der Schöpfung zugehöriger Seelenpläne in Rückstand geblieben, die Möglichkeit solcher überhaupt minder groß als im Leiblichen sein soll, da wir doch sonst das Gebiet der geistigen Gestaltungen wohl eher noch reicher als das der materiellen halten.

Widerstreben vielleicht die Erscheinungen des Pflanzenlebens selbst durch ihre Beschaffenheit einer psychischen Deutung? Aber warum soll es zu den Seelen, die da laufen, schreien und fressen; nicht auch Seelen geben, die still blühen, duften, im Schlürfen des Taues ihren Durst, im Knospentriebe ihren Drang, im Wenden gegen das Licht noch eine höhere Sehnsucht befriedigen? Ich wüßte doch nicht, was an sich das Laufen und Schreien vor dem Blühen und Duften für ein Vorrecht voraus hätte, Träger einer Seelentätigkeit und Empfindung zu sein; nicht, wiefern die zierlich gebaute und geschmückte Gestalt der reinlichen Pflanze minder würdig sein sollte, eine Seele zu hegen, als die unförmliche Gestalt eines schmutzigen Wurmes? Sieht ein Regenwurm uns seelenvoller an als ein Vergißmeinnicht? Scheint uns sein dunkles Wühlen unter der Erde mehr von freiem Trieb und Empfindung zu verraten als ihr Emporstreben über die Erde in das heitere Reich des Lichts, ihr rastloses Um-, und Aussichtreiben? Doch umsonst sind uns die Pflanzen neu gefügt, gegliedert, geschmückt, gepflegt. Gerade da, wo wir die Anstalt gemacht sehen, etwas ganz Neues im Seelenreiche zu gewinnen, und eine gleich sorgfältige Anstalt, lassen wir diese Anstalt auf einmal nichts mehr gelten, werfen eine ganze Hälfte weg, weil sie nicht aussieht wie die andere. Da stehen nun die Pflanzen wie unzählige leere Häuser. Die Natur hatte wohl Materie genug, diese Häuser zu bauen, aber nicht mehr Geist genug, sie zu bevölkern. Nachdem sie allen Tierseelen ihre Wohnungen gemauert, wußte sie mit ihrem Überfluß an Zellen-Mauersteinen nicht mehr was anzufangen, und verwandte das Übrige in nachäffendem Zeitvertreibe zu den leeren Pflanzenhäusern. Ich meine aber vielmehr, wenn sie Ideen genug hatte, die Pflanzengestalten zu machen, so hatte sie auch Ideen, d. i. Seelen genug, sie in diese Gestalten zu setzen; denn eins wird wohl zuletzt am andern hängen.

Man sagt vielleicht: ei, wenn Gottes Seelenhauch durch die ganze Natur verbreitet ist, welche Ansicht doch oben selbst in den Vordergrund gestellt wurde, so sind ja die Pflanzen deshalb noch nicht seelenleer, daß sie keine Seele für sich haben. Der allgemeine Geist durchweht sie dann.

Aber wie vertrüge sich's mit solchem Aufgehen in der Allgemeinbeseelung, daß jede Pflanze so für sich ins einzelnste ausgearbeitet und in so sonderliche Form gebracht ist, als sollte auch etwas ganz Besonderes in ihr, durch sie, für sie, geschehen; daß ihre Form und Weise sich so bestimmt und individuell herauslöst aus der Außenwelt; und solch Gewicht darauf gelegt ist, um sich immer zu erneuen und zu wiederholen, indes sonst rings in dieser Außenwelt die Formen und Weisen gleichgültig fließen und wechseln. Tritt nicht eben hierdurch die Pflanze der im Meere zerfließenden Welle, dem hin- und hergestoßenen, jeder Form und jedem Verhältnis sich fügenden Stein gegenüber ganz wie das Tier, an dem wir keine anderen Zeichen seiner Loshebung vom Grunde der Allgemeinbeseelung wahrnehmen können? Freilich wird der allgegenwärtige Geist auch die Pflanzen durchwehen; aber eben nur wie auch alle anderen Geschöpfe, die darum noch nicht ihrer individuellen Selbständigkeit bar werden. Das ist Gottes schönstes Leben, in individuellen Geschöpfen weben. Die Pflanzen bloß von Gottes Geist im allgemeinen durchdringen lassen, macht sie noch nicht lebendiger als Stein und Welle, und raubt Gott selber einen Teil seines lebendigsten Wirkens. Lebt nicht auch unser Geist am kräftigsten und schönsten in seinen individuellsten Schöpfungen? Nur daß er es nicht dazu bringt, wozu der göttliche Geist, ihrer selbst bewußte, sich selbst fühlende Geister zu erzeugen. Darin ist Gott eben Gott.

Nach allem frage ich: wenn man eben sowohl den Ausdruck einer ideellen Verknüpfung als einer individuellen Mannigfaltigkeit verknüpfter prägnanter Lebens-Erscheinungen in den Pflanzen wie in den Tieren sieht, was verlangt man mehr, um hierin auch Zeichen und Ausdruck einer lebendigen individuellen Seele zu sehen, da man die Seele selber doch einmal nicht sehen kann? Man spreche es aus, aber klar! Vielleicht vermag die Pflanze in der Tat nicht mehr Zeichen zu geben; aber ist es auch nur überhaupt möglich, mehr zu geben? Liegen nicht vielleicht eben hierin alle möglichen, so weit sie wesentlich sind? Vielerlei dergleichen wird man für das einfache Grundfaktum der Beseelung von vornherein nicht zu erwarten haben, da alles Spezielle zum Ausdruck spezieller Weisen der Beseelung dienen muß.

Ich glaube, die Eiche könnte leicht alle Argumente, die wir aus partikulären Gesichtspunkten gegen ihre Seele wenden mögen, gegen die unsrige zurückwenden. Wie frei treibt sie Zweige nach allen Seiten aus, gebiert Blatt um Blatt und schmückt sich mit neuen, aus ihr selbst geborenen. Wir legen bloß äußeren Schmuck an und müssen unseren Körper lassen, wie er einmal ist. Sie kann auch meinen, hieran könne sich nichts von Seele knüpfen. Wir laufen frei in der Natur herum, sie nicht; wir wirken mehr an anderem als an uns; aber spricht das unregelmäßige Herumtreiben einer Flaumfeder in der Luft mehr für ihr Beseeltsein als das stetige Wirken eines Wesens von einem festen Standpunkt aus, das Wirken an anderem mehr als das Wirken an sich? Wenn wir aber wissen, daß wir uns doch nicht seelenleer umhertreiben wie die Flaumfeder, woher wissen wir es? Doch nur daher, weil wir selbst diese Wesen sind. Und wenn wir von der Pflanze es nicht wissen, daß sie ihren Trieb zu treiben selber fühlt, warum wissen wir es nicht? Die Antwort liegt doch eben so nahe: weil wir selbst nicht diese Pflanze sind. Aus gleichem Grunde könnte dann aber auch die Pflanze unser Treiben in der Welt für so bedeutungslos und seelenleer halten als das der Feder. Zwar, hatte sie Vernunft und Beobachtungsgabe, so könnte sie unser Handeln nach bestimmten Zwecken, unser Gehen nach gewissen Regeln bemerken, könnte finden, daß es nicht so rein von Zufälligkeiten äußerer Antriebe abhinge wie das Treiben der Feder. Bringt man aber das in Anschlag, so haben wir gewonnen; denn treibt nicht auch die Pflanze nach gewissen Zwecken, nach bestimmten Regeln, die unabhängig sind von äußern zufälligen Einwirkungen? Doch man wird viel geneigter sein, ihr Benehmen nach bestimmten Regeln gegen ihr Beseeltsein zu wenden. Lassen wir das jetzt; ich komme darauf später (VII).

Ist es nicht schon die gewöhnlichste Rede von der Welt, daß die Seele es sei, welche den Leib sich selbst als ihren Wohnsitz baue? Nichts aber gibt ein besser Beispiel zu dieser Rede als gerade die sich selber bauende Pflanze, worin wir das innerlich bauende Wesen freilich nur aus dem äußerlich sichtbar werdenden Plane des Baues erkennen können; wie dies nicht anders bei dem Bau von Mensch und Tier ist. Ein besser Beispiel gibt sie aber sogar als Mensch und Tier selber, deren Seele sich den Leib nur im heimlichen Dunkel baut und erst mit dem fast fertigen Bauwerk an das Licht tritt; weshalb wir auch meinen, daß sie den Bau nur im dunklen Unbewußtsein vollführe. Ganz anders die Pflanze. Sie bringt nichts fertig mit, fängt erst recht an zu bauen, nachdem sie an das Licht getreten, schafft inmitten, ja infolge aller wechselnden Lebensreize fort, sogar das Höchste, was sie haben will, die Blüte. Deshalb aber eben dürfen wir das Leben der Pflanze nicht vergleichen wollen einem embryonischen Leben, wie es manche tun. Vielmehr ist offenbar dies die Absicht der Natur gewesen, es sollte Seelen geben, die mehr im Schaffen und Gestalten ihrer eigenen Organe ihr Leben führten, und andere, die mehr im Wirken damit nach außen ihr Leben führten; ein Gesichtspunkt der Ergänzung ihres Lebens durcheinander, der uns später (VIII) noch zu weiteren Betrachtungen Anlaß geben wird, daher ich hier davon abbreche.

Es scheint mir, daß wir bei unserem Urteil über die Stellung der Pflanzen in der Natur nicht eben klüger sind als die nordamerikanischen Wilden, welche, statt männliches, weibliches und sächliches Geschlecht in der Sprache zu unterscheiden, belebte und unbelebte Gegenstände unterscheiden, nun aber zu den belebten Wesen Tiere und Bäume, zu den unbelebten Kräuter und Steine rechnen. Wie lächerlich, sagen wir, die wir uns so viel klüger als die Wilden dünken, die Scheidegrenze des Lebens zwischen Bäumen und Kräutern zu setzen, bloß weil die Bäume ein größeres und längeres Leben führen als die Kräuter. Wie lächerlich, wird ein Geist sagen, der noch etwas höher steht als die Weisen des indogermanischen Sprachstamms, die Scheidegrenze des Beseeltseins zwischen Tieren und Pflanzen zu setzen, bloß weil die Pflanzen ihre Seele auf andere Weise kund geben als die Tiere.

Die Kinder wollen, wenn sie klein sind, eine Gans gewöhnlich nicht für einen Vogel gelten lassen. Die Gans singt und fliegt ja nicht. Was sind wir anders als solche kleine Kinder, wenn wir die Pflanzen nicht für beseelte Wesen gelten lassen wollen, weil sie ja nicht sprechen und laufen.

Die Bauern sehen Geister bei Nacht, ungeachtet keine da sind, weil sie von Kindesbeinen an von Geistern, die nachts umgehen, gehört haben; was sind wir anders als solche Bauern, wenn wir die Geister bei Tage, die leibhaftig da sind, nicht sehen wollen, weil wir von Kindesbeinen an gehört haben, es wären keine da. In der Tat ist es derselbe Aberglaube, nur in umgekehrter Richtung, Geister bei Nacht sehen wollen, die nicht da sind, und Geister bei Tage nicht sehen wollen, die sich leibhaftig zeigen.

Einem Philosophen, welcher gegen uns beweisen will, daß die Pflanzen keine Seele haben, wird es freilich nie schwer fallen. Da die meisten philosophischen Systeme selbst mit auf Grund der Voraussetzung erwachsen sind, daß die Pflanzen keine Seele haben, wird es sich natürlich auch aus den meisten wieder folgern lassen. Man weiß ja doch, daß, so sehr die Philosophen sich den Anschein geben mögen, alles *a priori* zu beweisen, sie zu diesem Standpunkte des Beweises von oben selbst erst durch Heraufsteigen von unten haben gelangen können. Sie werden aber im Aufgange von unten viel mehr von den dort herrschenden gemeinen Ansichten aus bestimmt, als sie, auf dem Gipfel angelangt, sich noch selbst gestehen mögen; und die Übereinstimmung der philosophischen Ansichten über den betreffenden Punkt beweist daher nicht eben mehr als die Übereinstimmung der gemeinen Ansichten darüber, worauf ich gleich zu sprechen komme. Natürlich, daß überhaupt jedes System, das, um selbst triftig zu sein, den Mangel der Pflanzenbeseelung fordern muß, auch in seinem Zusammenhange Gründe dafür wieder finden muß; aber was ist zuletzt mit all solchen Gründen bewiesen, wenn sich ein anderer Zusammenhang aufstellen läßt, der seinerseits zu seiner Triftigkeit die Beseelung der Pflanzen fordert und demgemäß auch wieder Gründe dafür zu finden weiß. Zuletzt wird es sich fragen, welches System nach anderweiten Gründen triftiger ist. Daß nun das unsrige, welches lebendig zu bestehen vermag, indem es eine Welt von Seelen lebendig macht, sich schöner gestalten wird als gegenteilige Systeme, welche dieses ganze Seelenreich in Nacht begraben, dürfte von vornherein erhellen; und wenn die Schönheit freilich nicht die Waffe ist, womit die gemeinen Wahrheiten siegen, so zählt sie doch nach der Verknüpfung des Wahren und Schönen im höchsten Bezirke mit zu denen, womit die allgemeinsten siegen.

Hiernach werden philosophische Entwürfe, von fremden Systemen her erhoben, überhaupt wenig Gewicht für uns haben können. Ein Beispiel mag genügen, eine Probe solcher Einwürfe zu geben und zu erledigen, soweit sich dies ins Kurze fassen läßt; denn wir wollen unserm Vorsatze nicht untreu werden, philosophischen Erörterungen lieber auszuweichen, als uns in sie zu verlieren.

Der Philosoph stellt z. B. auf Grund irgendwelcher vorgängigen Betrachtungen eine Art Schema auf, wie sich Lebenskraft, Seele, Geist zueinander verhalten, welche beiden letztern er strenger zu scheiden pflegt, als es im Leben geschieht. Es erscheint ihm dies

Verhältnis unter dem Gesichtspunkte einer gewissen Stufenerhebung, und indem er eine Repräsentation der verschiedenen Stufen in der realen Natur fordert, kommt ihm die Pflanzenwelt von selbst auf eine geist- und seelenleere Stufe zu stehen. Der Mensch als Gipfel repräsentiert die Totalität aller niederen Stufen, schließt sie ein und in einer höheren ab. Er hat demgemäß über Lebenskraft und Seele noch den Geist oder die Vernunft. Das Tier, eine Stufe niedriger, hat sich mit Lebenskraft und Seele zu begnügen; die Pflanze, noch eine Stufe niedriger, mit der bloßen Lebenskraft; dem Kristall fehlt dann auch noch die Lebenskraft; er ist ganz tot, bloß dem mechanischen Prozeß anheimgefallen. Das Schema ist klar und nett und nimmt sich sehr gut aus, obwohl ich deshalb nicht sage, daß es das aller Philosophen ist; jeder mag sein eigenes haben; aber gleich viel; es kommt alles auf eins hinaus, die Natur befolgt keins von allen, und ein Beispiel ist so gut wie das andere. Halten wir uns an das gegebene, so meine ich, daß das Schema einer unbeseelten Lebenskraft selbst erst aus Voraussetzung einer unbeseelten Pflanzenwelt entstanden ist und sonst gar keine Wurzel im Realen hat; man kann also aus seiner Annahme nichts rückwärts für eine unbeseelte Pflanzenwelt beweisen wollen. Gibt man diese Annahme auf, so verliert man nichts; man gewinnt nur Seele da, wo man früher keine hatte. Die Pflanzen werden sich nun nicht mehr als seelenlose Wesen den Tieren rein unterordnen; sondern als eine andere Art beseelter Wesen nebenordnen, oder nur in der Art der Beseelung unterordnen, worin es in der Tat noch Möglichkeiten gibt, die im Tierreich nicht erschöpft sind, wie weiter zu zeigen; das Schema wird ein anderes werden als das obige; und, wenn wir es nur darnach einrichten, sich so gut ausnehmen können wie das obige. Es wird aber die Möglichkeit eines anderen Schemas uns nun auch nicht verleiten dürfen, es auch sofort für richtig zu halten, ohne nachzusehen, ob das reale Verhalten der Pflanzen dem auch entspricht; da ich zumal glaube, daß von einem strengen Schema, einer reinen Stufen- An- und Überordnung überhaupt hier nicht die Rede sein kann. Die Bequemlichkeit, Schärfe und Nettigkeit, die in obigem Schema liegt, beweist selbst gegen seine Richtigkeit; denn täglich und stündlich macht die Natur ihrem Forscher bemerklich, daß ihre Bequemlichkeit, Schärfe und Nettigkeit eine andere ist, als die sich der seinen fügt.

Vielleicht zwar sind es gerade manche Philosophen, welche den Pflanzen am leichtesten Seele zugestehen; aber dann freilich nur, indem sie der Seele alles nehmen, was sie zur Seele macht. Denn nichts häufiger als hölzerne Eisen in der Philosophie. Wenn ich meinerseits von Seele, individueller Seele der Pflanzen spreche, verstehe ich ausdrücklich nicht eine Idee oder ideelle Einheit darunter, die ich in der Mannigfaltigkeit ihres Baues und Lebens erkenne, obwohl mir diese auf die selbstfühlende und strebende Einheit ihres Seelenwesens hinweisen mag und muß; aber ich verlange diese selbst noch dazu. Eine Seele soll mir nicht bloß ein Spiegelbild, in ein anderes geworfen, sein, sondern Fleisch und Fülle lebendiger Empfindungen und Triebe in sich selber tragen. Nicht was ich von ihr habe, sondern was ich von ihr nicht habe, macht sie zur Seele. Die Idee dessen, was ein anderer in mir suchen oder finden mag, will mir ja auch selber nicht als meine Seele genügen. So, was hilft es der Pflanze, wenn jemand noch so viel Einheit, Idee in ihrem Bau und Lebenserscheinungen finden und dann sagen will, insofern hat sie Seele, wenn sie dabei für sich weder schmecken, noch fühlen, noch riechen könnte. So meine ich es nicht mit der Seele der Pflanze, wie es manche mit ihr meinen, es scheint mir das nicht gut mit ihr gemeint. Aber auch nicht so, als ob das, was wir zum Leben der Seele rechnen, in den Pflanzen zwar da sei, aber nur potentia, wie man sich ausdrückt, latent, immer schlafend. Empfindung und Begierde, die schlafen, sind eben nicht Empfindung und Begierde; und wenn man unsere Seele noch im Schlafe Seele nennen kann, weil sie doch die Bedingungen der wiedererwachenden Empfindung und Begierde noch in sich trägt, so wäre das nimmer Seele zu nennen, wo nimmer ein solches Erwachen bevorstünde. Schreibe ich also den Pflanzen Seele zu, so mag ich zwar zugeben, daß diese Seele so gut einschlafen kann wie unsere, aber nicht, daß sie immer schlafe; dann schiene es mir noch mißbräuchlicher, von Seele der Pflanzen reden zu wollen, als wenn ich von Seele eines Leichnams sprechen wollte, in dem Empfindung doch wenigstens einmal wach gewesen.

Inzwischen nicht bloß die philosophischen, auch die gemeinen Ansichten wenden sich übereinstimmend gegen uns, und diese Übereinstimmung scheint dem ersten Anblick nach ein viel größeres Gewicht für uns haben zu müssen als die der philosophischen, deren Wurzel wir ja selbst teilweis in den gemeinen zu finden glauben, obwohl der Einfluß im ganzen sicher ein wechselseitiger ist. Wem unter uns fällt es ein, an eine Seele der Pflanzen zu denken, und wird ihnen hier eine solche zugesprochen, werden es die meisten als einen ganz müßigen Versuch ansehen. Nun sind es gewiß nicht verstandesmäßig entwickelte Gründe, worauf diese Übereinstimmung fußt; ein Gefühl, das sich allen gleichermaßen von selbst aufdrängt, ist es vielmehr, und von dem wohl niemand weiß, wie es ihm gekommen ist. Aber eben dies scheint darauf zu deuten, daß es aus der Natur selbst gekommen ist, daß tief in der Natur der Sache selbst liegende Gründe dem Menschen so unwillkürlich und allgemein seine Ansicht aufge- drängt haben. Vielerlei, kann man sagen, und von verschiedenen Seiten mag darauf hinweisen, was wir unbewußt zusammenfassen, ohne es uns im einzelnen klar auseinanderzusetzen. Aber um so sicherer können wir auf eine Ansicht bauen, in deren Begründung so gar nichts Vorgefaßtes hineingespielt hat. Sie muß aus einer höhern Quelle fließen, als aus der menschlicher Irrtum kommt, und wenn irgend wo, wird hier das Sprichwort gelten, daß des Volkes Stimme Gottes Stimme ist. Scheint uns nicht auch der Glaube an dereinstige Fortdauer unserer eignen Seele darum nur um so sicherer, daß er der trüglichen Vermittelung durch Vernunftschlüsse nicht erst bedurft hat, um sich allgemein unter aller, selbst der rohsten Menschheit zu verbreiten? So sicher wir also glauben, daß unsere Seele dereinst leben werde, so sicher müssen wir auch glauben, daß eine Seele der Pflanzen jetzt nicht lebe. Denn beiderlei Glaube ist gleich naturwüchsiger Art

Diese Betrachtungsweise hat sehr viel Schein, und in rechten Grenzen freilich auch ihre Berechtigung; aber man muß Vorsicht bei ihr üben, sonst könnte viel falscher Glaube sich dadurch rechtfertigen wollen. Man braucht nur in Moses und den Propheten, Hiob und den Psalmen zu lesen, so findet man, daß die alten Juden, die man doch als bevorzugte Werkzeuge der Offenbarung Gottes ansieht, viele Jahrhunderte lang eben sowenig an ein künftiges Leben ihrer eigenen Seelen glaubten, als wir jetzt an ein Seelenleben der Pflanzen; mit dem Tode war ihnen alles aus; und wer ihnen von einem Leben nach dem Tode, einer Auferstehung hätte sprechen wollen, würde wohl für noch törichter gehalten worden sein, als wer jetzt vom Seelenleben der Pflanzen spricht. War nun dies auch so lange Gottes Stimme, als es des Volkes Stimme war? Es ist aber bei ihnen die Seele später aus dem Grabe des Scheols auferstanden; ein tröstlicher Glaube hat sich entwickelt und ist die Stimme des Volkes geworden, und diese halten wir nun für Gottes Stimme. So könnte auch die Seele der Pflanzen, die nach unserm Glauben jetzt noch im Scheol liegt, in einem künftigen Glauben dereinst auferstehen, und dieser Glaube künftig des Volkes Stimme werden, und der allgemeinere Glaube, worin er wurzelt, als Gottes Stimme gelten. Natürlich, daß sich auch noch manches damit im Zusammenhange ändern müßte, was ich aber auch zuversichtlich hoffe; denn nichts Trostloseres als unsere jetzige, gegen alle Seele in der Natur blinde und taube, und darum selber seelenlose, Naturanschauung.

Die Warnung, nicht zu viel Gewicht auf die bei uns herrschende Übereinstimmung über die Seelenlosigkeit der Pflanzen zu legen, wird um so triftiger erscheinen, wenn wir bemerken, daß das, was bei uns in dieser Hinsicht volksmäßig ist, es doch keineswegs allgemein ist. Viele Millionen Hindus und andere rohe Völker halten wirklich die Pflanzen für beseelt; weil sie überhaupt von einer ganz anderen Naturanschauung ausgehen. Nun mögen wir zwar in betreff aller Dinge, die über das Natürliche hinausliegen, viel klüger sein als die Hindus und jene andern rohen Völker, ob es aber nicht in betreff dessen, was ins Bereich des Naturlebens fällt, umgekehrt ist, möchte erst noch die Frage sein.

Sakontala sagt in dem bekannten Drama: "Ich fühle die Liebe einer Schwester für diese Pflanze"; ja sie nimmt förmlich Abschied von einer Pflanze.

Im uralten Gesetzbuche des Menu[2] , das noch jetzt eine Autorität über alle menschliche in Indien genießt, finden sich Stellen wie folgt:

Kap. I., 49. (S. 11.) "Die Tiere und Pflanzen, umringt mit vielgestaltiger Finsternis, haben wegen voriger Handlungen inneres Bewußtsein und fühlen Vergnügen und Schmerz."

---

[2] Hindu Gesetzbuch oder Menu's Verordnungen nach Cullucas Erläuterung, ins Engl. übers. von Jones, hieraus ins Deutsche von Hüttner. Weimar 1797.

Kap. IV., 32. (S. 124.) "Jeder Hausvater muß etwas nach Recht und Billigkeit, ohne sich seiner Familie zu schaden, für alle empfindenden, tierischen und pflanzenartigen, Wesen aufbehalten."

Kap. V., 40. (S. 168.) "Graspflanzen, Vieh, große Bäume, Amphibien und Vögel, welche des Opfers wegen vertilgt worden sind, gelangen in der nächsten Welt zu erhabenen Geburten."

Kap. XI, 143. (S. 420.) "Wenn jemand einmal unvorsätzlicher Weise Fruchtbäume, vielstaudige Gewächse, hinauflaufende Pflanzen oder solche, die nach dem Abschneiden wieder wachsen, vorausgesetzt, daß sie in der Blüte waren, als er sie beschädigte, niedergerissen hat, so muß er hundert Sprüche des Beda hersagen."

145. "Wenn jemand aus Mutwillen und unnützer Weise Grasarten niederhaut, welche angebauet werden, oder welche von sich selbst im Walde wachsen, so muß er eine Kuh einen Tag über bedienen und bloß Milch zu sich nehmen."

146. "Durch diese Büßungen kann das menschliche Geschlecht die Sünde der empfindenden Geschöpfen zugefügten vorsetzlichen oder unvorsetzlichen Schäden aussöhnen."[3]

In Meiners, Geschichte der Religionen (I. S. 215), lese ich folgende Stelle:

"Die Talapoinen in Siam dehnen das Gebot: töte und verletze nicht! eben sowohl über Pflanzen und über den Samen oder die Keime von Pflanzen als über Menschen und Tiere aus, weil sie glauben, daß alles, was lebe, auch beseelt sei. Sie vernichten einen Baum und brechen den Ast eines Baumes eben so wenig, als sie einen Menschen verstümmeln. Sie essen keine unreife Frucht, um nicht die Kerne derselben zu zerstören, noch viel weniger Kerne selbst. Bei dieser strengen Enthaltsamkeit scheint es ihnen nicht unerlaubt, dasjenige zu genießen, was ohne ihre Schuld das Leben verloren hat; selbst das Fleisch der Tiere." (Aus Loubère, Descript. du royaume de Siam. Amsterd. 1700. L S. 81.)

---

[3] Die in XI. No. 143 und No. 145 festgesetzten Bußen stehen unter einer Reihe anderer, welche für Tötung von Tieren festgesetzt sind. Namentlich bezieht sich 144 auf die Tötung von Insekten, welche in Getreide, Obst und Blumen leben.

Ich will hierbei nur gelegentlich an die Hamadryaden der Alten erinnern, die wenn sie auch in späteren Zeiten einen Glauben an eigentliche Beseelung der Bäume nicht mehr bedeuten mochten, doch sicher nur von Voraussetzung einer solchen ausgehen konnten. Dem rohen Menschen ist ja überhaupt alles beseelt in der Natur. Auch die Ägypter beteten Pflanzen an: "Quibus haec nascuntur in hortis numina" sagt Juvenal (Sat. XV.).

Carus hat sonach Unrecht, zu sagen (Psyche. S. 113): "weder in unsrer noch in andren Sprachen ist von einer Seele der Pflanzen jemals die Rede gewesen."

Auch unter uns Neuern fehlt es übrigens nicht ganz an Beispielen solcher, welche an eine Seele der Pflanzen glauben.

Percival hält das Vermögen der Pflanzen, ihre Wurzeln gegen den Ort, wo sie die angemessenste Nahrung finden, ihre Blätter und Stamm gegen das Licht zu verlängern, für einen Akt des Willens, der nicht ohne Empfindung könne gedacht werden. (Transact. Soc. of Manchest.)

Auch F. E. Smith glaubt, daß den Pflanzen Empfindung und, was davon die Folge sei, ein gewisser Grad von Glückseligkeit nicht abgesprochen werden könne, insofern sie auf einen Reiz Bewegungen, z. B. in ihren Blättern und Staubfäden, ausüben. (Smith, Introd. to botany. 2 ed. 5.)

Bonnet, Vrolik, F. Hedwig und Ludwig neigen ebenfalls dahin, den Pflanzen Empfindung zuzusprechen.

Martius legt den Pflanzen nicht nur Seele, sondern auch eine Unsterblichkeit derselben bei. (Martius: Die Unsterblichkeit der Pflanzen, ein Typus; Reden. Stuttgart. 1838.) — Ich kenne diese Schrift nicht näher.

Wie vermöchten wir nach so vielen und so laut sprechenden Stimmen der Völker unsere verneinende Stimme noch für untrüglich zu halten? Nun tritt aber noch hinzu, daß wir diese verneinende Stimme sogar durch eine andere bejahende Stimme in uns selber Lügen strafen, und zwar durch eine Stimme, die viel mehr als Naturstimme betrachtet werden kann als jene, ich meine die Stimme der Poesie und eines sinnigen Gemüts. Während wir die Seele der Pflanzen leugnen, brauchen wir ja doch fortwährend in der Poesie wie im Leben Bilder von den Pflanzen, als wären sie beseelt, fühlen uns gemütlich von ihrem Leben angesprochen. Wir glauben freilich nicht mit dem Verstande daran, aber trotz dieses Unglaubens äußert sich vieles in uns unwillkürlich im Sinne dieses Glaubens, und würde es wohl noch mehr tun, wenn wir nicht immer meinten, es sei doch ein Irrtum. Und nun sage ich: dies vielmehr ist die Natur die durch unsere anerzogenen Vorstellungen sich fortwährend noch Bahn bricht. Denn in der Tat etwas Anerzogenes sind diese Vorstellungen, und zwar aufgrund einer Betrachtungsweise der Natur Anerzogenes, die der ursprünglichen und unmittelbaren Weise, sie aufzufassen, wohl sehr fern liegt; nicht aber sind sie aus solcher selbst erwachsen; wie es der Einwand darstellen will, da sie ja sonst noch bestimmter als bei uns unter Völkern hervortreten müßten, die dem Naturzustande noch näher sind; nun aber ist es umgekehrt. So viel zwar ist zuzugestehen, daß es viel leichter fallen mußte, im Entfernen von diesem Naturzustande die Seele der Pflanzen als der Tiere aus den Augen zu verlieren, denn die Analogie der letzteren mit uns bleibt doch viel direkter und näher; aber dies ist nur begünstigend, nicht entscheidend für die Weise, wie sich jetzt unser Gefühl in dieser Sache stellt. Der Eindruck der Seelenlosigkeit, den die Pflanzen uns so unvermittelt zu machen scheinen, rührt vielmehr mindestens eben so sehr von der Weise her, wie wir gelernt haben sie zu betrachten, als wie sie wirklich aussehen; und gerade mit dieser Weise der geistigen Betrachtung nehmen wir ihnen, was wir ihnen damit geben sollten; denn des Geistes wäre es, den Geist auch da zu finden, wo ihn das Auge nicht sieht.

In der Tat, wie können wir uns wundern, wenn uns gar nicht einfällt, an eine Seele der Pflanzen zu denken, da wir von Jugend auf von den Pflanzen so haben reden hören, als könnte von einer Seele derselben nicht die Rede sein. Wir verdammen die Pflanzen nicht anders zum Tode als der Muhammedaner die Christen zur Hölle. Was unter Eltern, Lehrern, in der Moschee, auf allen Gassen als eine ausgemachte Sache gilt, wie sollte dem jungen Moslem daran ein Zweifel beifallen? Er sieht den Giaurs die Verdammnis auf dem Gesichte geschrieben. So wir den Pflanzen die Seelenlosigkeit. In Raffs Naturgeschichte (S. 12) lese ich gleich als Definition der Pflanze: "eine Pflanze ist ein Gewächs, das aus der Erde wächst und lebt, aber keine Empfindung hat und sich nicht von einem Orte zum andern bewegen kann." Und belehrt man das Kind nicht so in ausdrücklichen Worten, benimmt man sich doch so, daß es den Unterschied wohl einsieht, den man zwischen Pflanzen und Tieren in Hinsicht der Beseelung macht.

Man lasse statt dessen einmal die Mutter zu ihrem Töchterchen sagen: Sieh, mein Kind, das Blümchen freut sich auch seines Lebens, das ihm Gott gegeben, wie du, nur in anderer Weise; alle Blümchen haben Seelen, wenn auch nicht so verständige wie die Menschen, aber doch recht liebliche; und du mußt keine Blume aus bloßem Mutwillen abreißen. Zwar zum Kranze oder um jemand einen Strauß zu bringen, kannst du es; denn die Tiere haben ja auch Seelen; aber Gott hat sie doch bestimmt, von den Menschen gegessen zu werden; so hat er die Blumen auch bestimmt, ihr Leben hinzugeben, um des Menschen Leben damit zu schmücken; jedes muß seine Bestimmung erfüllen. — Man lasse den Lehrer zum Knaben in der Schule sagen: Die beseelten Wesen teilen sich der Hauptsache nach in zwei Klassen, solche, die in der Erde festgewachsen sind, das sind die Pflanzen, und solche, welche sich darüber hinwegbewegen können, das sind die Menschen und Tiere. Die Pflanzen sind uns zwar unähnlicher als die Tiere, aber da sie doch lebendig wie diese wachsen, entstehen, vergehen und in der Natur eben so viel für den Zweck ihrer Erhaltung und Vermehrung getan ist wie für die Tiere, und noch aus diesen und jenen andern Gründen müssen wir sie für eben so gut beseelt halten wie die Tiere. Doch haben die Menschen das nicht zu allen Zeiten geglaubt; seht, ihr Kinder, in dieser Beziehung sind wir gegen früher viel weiter. — Man lasse überhaupt unter denen, unter welchen das Kind aufwächst, die Seele der Pflanzen eben so wenig in Frage gestellt sein wie die Seele der Tiere, und es wird dem Kinde auch niemals die Frage einfallen, ob nicht die Pflanzen auch unbeseelt sein könnten; da ihnen ja auch in betreff der uns unähnlichsten Tiere solche nicht einfällt. Schon der Name Tier genügt jetzt als Beweis der Seele. Und was den Leuten nie als Kind eingefallen, würde ihnen auch als Erwachsenen nicht einfallen, wenn die Pflanzen zu wachsen, zu blühen, zu duften fortführen, wie zur Kinderzeit. So ist nun einmal der Mensch.

Also man täuscht sich, wenn. man unsern heutigen und hiesigen Unglauben an die Beseelung der Pflanzen aus grundnatürlichen Vermittlungen ableitet, weil man ihn aus keinen vernünftigen

Gründen zulänglich abzuleiten vermag, und er uns gekommen ist, wir wissen nicht wie; man irrt, wenn man ihn hierdurch gerechtfertigt findet. Wohl mancher Dieb kommt in der Nacht und raubt uns, was wir billig besitzen sollten, und ist darum noch nicht im Rechte. Und sehen wir nur näher zu, läßt sich auch wohl die Öffnung noch finden, durch die er hereingekommen.

Zunächst sind es, wie gesagt, Einflüsse der Erziehung, denen wir jenen Unglauben verdanken; aber es bleibt noch die Frage, was ihn in diese selbst eingeführt hat? Meines Erachtens ist der tiefere rückliegende Grund unserer jetzigen Betrachtungsweise der Pflanzen darin zu suchen, daß der Mensch im Hinausgehen über den anfänglichen Naturzustand, wo er nach einer schrankenlosen Analogie noch die ganze wirkende Natur für göttlich beseelt und für lebendig gleich sich selbst hielt, über das rechte Ziel hinausgegangen ist und nun gar zu enge Schranken der Analogie zieht. Wo die ganze Natur noch als göttlich beseelt gilt, da ist es viel leichter, individuelle Seelen als besondere Ausgeburten der allgemeinen Beseelung anzuerkennen, als wo, wie bei uns, der göttlich beseelende Geist aus der Natur heraus, über sie emporgestiegen ist, und sie entseelt zurückgelassen hat. Da hat er auch die Seelen der Pflanzen mitgenommen; und wenn wir nicht unsere eigene Seele fühlten, und nicht von uns zum Affen und vom Affen abwärts zum Wurm der Faden der Ähnlichkeiten sich gar zu deutlich fortspönne, würden wir unsere und der Tiere Seele so gut leugnen wie die der Pflanzen. Denn unser jetziges Prinzip ist, überall so wenig Seele wie möglich in der Natur anzuerkennen. Wissenschaft, Kunst, Religion, Unterricht von erster Jugend an haben sich mit dieser Betrachtungsweise der Natur durchdrungen, alle Sphären des Glaubens und Wissens den tiefsten Eingriff davon erfahren. Es ändern, heißt eine Welt ändern. Erinnern wir uns aber, daß die entwickeltste Erkenntnis, nur mit Bewußtsein, häufig zu dem Stande zurückkehrt, mit dem die Entwickelung der Erkenntnis begonnen hat, so werden wir unserer jetzigen Betrachtungsweise der Natur nicht gar zu viel Gewicht beilegen dürfen, trotzdem, daß sie uns eine so fortgeschrittene erscheint. Vielleicht ist sie eben deshalb dem Punkte des Umlenkens nur um so näher.

Wenn der Mensch wird endlich einsehen lernen, daß Gott, unbeschadet seiner Höhe und Würde, in die Natur wieder einzugehen vermag, aus der er sich für den rohen Menschen noch gar nicht gelöst hatte, ohne deshalb in den uns sichtbarlichen Äußerlichkeiten und Einzelheiten derselben aufzugehen und ohne daß deshalb die Individualitäten seiner Wesen in ihm erlöschten; so werden auch mit der allwärts verbreiteten Seelensubstanz individuelle Gestaltungen aus ihrem Borne heraus leichter wieder Anerkennung finden. Doch auf solchen Aussichten können wir jetzt nicht fußen; vielmehr muß es selbst erst gelten, Türen und Fenster dazu zu öffnen, und ein solches Fensterlein soll auch diese Schrift sein, indem sie die Aussicht in einen blühenden Seelengarten öffnet.

Die vorigen Betrachtungen namentlich sind es, welche mich fast mehr Gewicht auf Gesichtspunkte legen lassen, die geeignet sind, das verzogene Gefühl der Menschen in betreff der Stellung der Pflanzen in der Natur umzustimmen, als auf verstandesmäßig entwickelte Gründe; da die gegen die Seele der Pflanzen gerichtete Ansicht, die wir zu bekämpfen haben, selbst vielmehr auf Gefühls- als klar entwickelte Verstandes-Gründe sich stützt. Indes werden wir uns der letzteren doch nicht entschlagen dürfen; und namentlich der Betrachtung der Gegengründe nicht entschlagen dürfen, um ihnen nicht ihr scheinbares Gewicht zu lassen, was sie doch nur dadurch gewinnen, daß man zu ihrem Gewicht die schon vorgefaßte Überzeugung schlägt.

Von allen diesen Gegengründen will ich nun den gröbsten zuerst herausgreifen, der aber gerade deshalb vielleicht bei den Meisten am meisten wiegen dürfte. Er möchte uns sonst bei einem Gange, den wir so leicht wie möglich zu halten wünschten, immer als ein Stein des Anstoßes im Wege liegen. Manche Philosophen zwar werden leicht darüber hinausfliegen; desto schwerer manche Naturforscher, die in der Natur zu gehen, nicht darüber zu fliegen gewohnt sind.

Hier eine Zusammenstellung der in den folgenden Abschnitten noch zu erledigenden Einwürfe:

1) Die Pflanzen haben keine Nerven (III).

2) Sie haben keine freie willkürliche Bewegung (VII).

3) Es fehlt ihnen ein Zentral-Organ und überhaupt alles, was als Ausdruck einer verknüpfenden Seelen-Einheit zu fordern wäre (XIII).

4) Man sieht sie schonungslos niedergetreten, gemäht, gehauen und überhaupt schutzlos jeder Art zerstörenden Eingriffs preisgegeben. Es widerstrebt aber unserem Gefühl zu glauben, daß dies das Schicksal empfindender Wesen sein könne (VI).

5) Sie erscheinen so ganz auf Zweckerfüllung für Menschen- und Tierwelt berechnet, einer fremden Seelenwelt zu Dienst gestellt, daß man nicht auch noch eigne Seele und Selbstzweck in ihnen suchen kann (X. XI).

6) Wenn schon die pflanzenähnlichen Tiere nur zweideutige Zeichen von Seele geben, kann bei den eigentlichen Pflanzen gar nicht mehr von Seele die Rede sein (XII).

7) Es lassen sich für einen, von dem der Tiere verschiedenen, noch niederen Seelenstand überhaupt keine zulänglichen Vorstellungen fassen (XIV).
Die Hauptgesichtspunkte, aus denen die Erledigung dieser Einwürfe hervorgeht, finden sich kurz im Schluß-Resumé zusammengestellt.

III. Die Nervenfrage.

Unleugbar, daß, wenn man nur jene eiweißartigen Fäden, die man Nerven nennt, in den Pflanzen entdeckte, die Schwierigkeit, ihnen Seele zuzugestehen, für viele sehr vermindert erscheinen würde. Nun schließt man freilich, daß Nerven zur Seele nötig sind, selbst zum Teil erst daraus, daß die seelenlos vorausgesetzten Pflanzen keine haben; doch ist es dieser Zirkelschluß nicht allein, der hier ins Spiel kommt; hauptsächlich vielmehr folgende Betrachtung:

Wenn man das, bekanntlich aus feinsten Nervenfasern zusammengesetzte, Gehirn eines Menschen oder Tieres zerstört, so zerstört man hiermit zugleich alle äußeren Bedingungen und Erscheinungen ihres Seelenlebens; desgleichen kann man durch Zerschneidung oder Zerstörung besonderer Nervenpartien das Vermögen zu besonderen Empfindungen aufheben. Geben aber die Tiere keine Zeichen von Seele und Empfindung mehr von sich, nachdem man ihre Nerven zerstört hat, so werden die Pflanzen von vornherein keine Seele und Empfindung haben können, da sie von vornherein keine Nerven haben. Die Nerven beweisen eben hiermit, daß sie, wenigstens in unserem irdischen diesseitigen Leben, wesentliche Bedingungen zum Beseeltsein oder Werkzeuge sind, welche die Seele braucht, sich unter den Bedingungen dieses Diesseits zu äußern.

Nichts mag triftiger scheinen als dieser Schluß, und nichts kann untriftiger sein.

Ich setze ihm folgenden entgegen: Wenn ich von einem Klavier, einer Violine, einer Laute, alle Saiten herunterreiße oder sie zerstöre, so ist es aus mit den Tönen dieser Instrumente; ich mag daran hämmern, klopfen, wie ich will: es entstehen ungeregelte Geräusche; ein eigentlicher Ton, gar eine melodische oder harmonische Folge oder Verknüpfung von Tönen läßt sich absolut nicht mehr hervorbringen; desgleichen läßt sich durch Wegreißen besonderer Saiten das Vermögen zu besonderen Tönen aufheben; offenbar sind also die Saiten wesentliche Bedingungen zur Erzeugung der Töne; sie sind sozusagen die Nerven jener Instrumente. Und hieraus folgt nun ganz eben so wie vorhin, daß die Flöte, Querpfeife, Orgel von vornherein der Töne, namentlich der melodischen und harmonischen Verbindung von Tönen, unfähig sind, weil sie ja von vornherein keine Saiten haben.

Der Vergleich ist infofern recht passend, als wir hier ein Mittel, objektiv Empfindungen zu erzeugen, mit Mitteln, subjektiv Empfindungen zu erzeugen, vergleichen, wobei sich ein gewisses Entsprechen vielleicht von vornherein voraussetzen läßt. Die Violine gibt andern, der Leib sich selbst Empfindungen durch ihr Spiel. Der Leib ist sozusagen eine Violine, die das innere Spiel ihrer Saiten selbst fühlt.

Nun aber, wenn ich sehe, daß die Flöte doch wirklich, trotz meines schönen Schlusses, Töne gibt, objektiv Empfindungen erzeugt, ohne Saiten zu haben, so weiß ich nicht, warum nicht auch die Pflanze subjektiv Empfindungen soll erzeugen können, ohne Nerven zu haben. Die Tiere könnten ja eben die Saiten-Instrumente, die Pflanzen Flöten-Instrumente der Empfindung sein. Dann würden freilich auch beider Empfindungen sich eben so subjektiv unterscheiden müssen wie die Empfindungen, welche Saiten- und Blas-Instrumente hervorbringen, sich objektiv unterscheiden; aber es könnten doch in beiden gleich laute und gleich melodisch oder harmonisch zu psychischer Einheit verknüpfte Empfindungen sein.

Es ist in der Tat nicht abzusehen, warum der Natur weniger mannigfaltige Mittel zu Gebote stehen sollten, selbstgefühlte Empfindungen hervorzubringen, als unserer Kunst zu Gebote stehen, von andern gefühlte Empfindungen hervorzubringen; da doch sonst die Natur in ihren Mitteln reicher und mannigfaltiger ist als wir; wir auch sonst sehen, wie die Natur denselben allgemeinen Zweck durch die größte Mannigfaltigkeit von Mitteln nach den verschiedensten Prinzipien zu erreichen liebt. Bei den Menschen, vierfüßigen Tieren, Vögeln bilden die Atemwerkzeuge einen nach einwärts, bei den Kiemen-Tieren einen nach auswärts gestülpten Baum; wir schreiten durch Fortsetzen der Beine fort; andere Geschöpfe schreiten durch Zusammenziehungen des Leibes fort, wie die Blutegel; andere haspeln sich durch Wimperbewegungen fort, wie viele Infusionstiere usw., was alles nach total verschiedenen Prinzipien erfolgt. Der ideelle Zweck, durch Ortsveränderungen zu erlangen, was zum Leben gebraucht wird, ist doch überall dabei der nämliche. Sollte nun wirklich die Natur so steif dabei stehen geblieben sein, geistige Organisation an leibliche Organisation bloß mittelst Nervenbanden zu knüpfen? Im Gegenteil, weil sie mir in diesem Falle ärmer und ratloser als gewöhnlich erschiene, erwarte ich, daß es neben den Tieren, wo sie den Plan der psychischen Organisation mit Hilfe von Nerven durchgeführt hat, noch ein anderes Gebiet geben wird, wo sie ihn in anderer Weise durchgeführt hat.

Was liegt denn überhaupt in der Eiweißmaterie der Nerven so Wundervolles, das sie allein zu Trägern oder Vermittlern von Seelentätigkeit geeignet machte? Mir scheint der Faserstoff der Pflanzen, wenn man einmal Fasern verlangt, ganz ebenso gut dazu geeignet; er wird nur eben für die Disposition der Pflanzen passender sein, und das Eiweiß für die der Tiere. Alles will in seinem Zusammenhange betrachtet sein. Auf der Sonne wird es weder Nerven von Eiweiß noch Faserstoff geben können, es würde alles verbrennen; vielleicht gibt es da solche von Platin. Vielleicht gibt es überhaupt da keine; denn die Nerven sind eben gewiß nur ein Mittel, in gegebenem Zusammenhange Empfindungen auf eine besondere Weise zu organisieren, was anderwärts durch andere Mittel vertreten werden kann. Einen rohen Klang gibt selbst der Klavierkasten ohne Saiten; ja gibt jeder Körper überhaupt beim Anstoß; so mag auch jede Bewegung in der Welt vielleicht etwas Psychisches an sich tragen; nun handelt es sich nur um die Bedingungen, dies so zu fügen, daß dieser Beitrag nicht bloß im allgemeinen göttlichen Leben aufgehe, sondern auch einem Geschöpf für sich zugute komme. Nach den Bedingungen hiervon werden wir noch besonders zu fragen haben; aber es ist von vornherein höchst unwahrscheinlich, daß bloß Nerven dazu tauglich sein sollten; ja daß überhaupt die Fadenform dazu wesentlich sei. Ist es wirklich wahr, daß die ganze Welt ein Träger, Ausdruck des göttlichen Geistes ist, so wird man ja fragen müssen, wo die Nerven Gottes laufen; und sehen wir, daß die fernen Weltkörper ohne lange Seile zwischen ihnen doch zu einem in sich einigen System durch Licht und Schwere verknüpft sind, so werden wir den unmittelbar übereinander gebauten Zellen der Pflanzen um so mehr ein zusammenhängendes Wirken, wie man es als Ausdruck des Wirkens einer Seele fordern muß, zutrauen können, da die Zeichen durch den ganzen Bau bezugsreich wirkender Kräfte ja augenfällig in der ganzen Gestaltung des Baues selbst zu Tage liegen.

Man kann der vorigen Analogie andere zur Seite stellen, die gleichen Sinnes mit ihr sind, und es mag nützlich sein, dies noch in einigen Beispielen zu tun. Wir sind nun einmal hier wesentlich an Analogien gewiesen, und läßt sich auch damit allein nichts beweisen, so läßt sich doch ein Gegenbeweis damit entkräften, und die Art, wie dieser Gegenstand zu fassen sein möchte, in verschiedener Form erläutern.

Die Flammen unserer Lampen und Lichter brennen mittelst Dochten, aus Fäden zusammengedreht. Unsere Seelenflammen auch. Die Sonne, eine Gasflamme, brennt ohne Docht. So wird es auch wohl Seelenflammen geben können, die ohne Dochte aus Fäden brennen. Lichter und Lampen mit Dochten haben freilich ihre Bequemlichkeit: sie lassen sich leicht allwärts hintragen, Gasflammen nicht; aber brennen diese deshalb weniger hell, und haben sie nicht auch ihrerseits Vorteile? So sind die Tiere tragbare, die Pflanzen feststehende Seelenlampen. Warum soll die Welt bloß mit tragbaren Lampen erleuchtet sein? Jeder große Saal ist sogar mehr mit festen als tragbaren Lampen erleuchtet; die Welt ist aber der größte Saal. Und in Wahrheit können wir die Seelen recht eigentlich mit Flammen vergleichen; weil ohne sie die Welt ganz dunkel wäre. Es ist eben wieder der Vergleich des Subjektiven mit dem Objektiven, wie bei den Instrumenten der Töne. Wie viele Mittel gibt es überhaupt, objektives Licht anzubringen und zu unterhalten, und nun wollen wir die Natur in der Freiheit, das subjektive Seelenlicht anzubringen und zu unterhalten, so ganz auf das enge Mittel der Nervendochte beschränken?

Die Kreuzspinne fängt ihren Raub mittelst eines Netzes aus feinen und langen Fäden; ohne das Netz weiß sie nichts zu fangen. Ähnlich mit unserer Seele. Nur mit einem Netze feiner Nervenfäden vermag sie Empfindungen zu fangen, indem sie belauscht, was aus der Außenwelt diese Fäden berührt. Aber brauchen deshalb alle Spinnen ein solches Netz, ihren Raub zu fangen? Mit nichten; es gibt solche, die ihn unmittelbar aus einem Hinterhalte ergreifen. So könnten also auch die Pflanzen ihre Empfindungen ohne Nervennetz unmittelbar zu ergreifen wissen. Wenn wir die Spinne in ihrem

Loch nicht sehen, und kein Netz sehen, meinen wir freilich wohl auch, es sei bloß ein Loch und keine Spinne da. Aber das Netz macht nicht die Spinne; sondern die Spinne macht das Netz oder macht auch wohl kein Netz und kann deshalb doch noch eine Spinne sein.

Wenn Jemand im Wagen sitzt und fährt, braucht man nur die Stränge durchzuschneiden, wodurch die Pferde mit dem Wagen verbunden sind; so bleibt der Wagen stehen, die Pferde aber laufen wer weiß wohin. Ist aber deshalb eine verständige Beherrschung der Pferde, die ich hier der Beherrschung des Leibes durch eine Seele vergleiche, bloß mittelst langer Stränge möglich? Nur insofern wird es nötig sein, als der Lenker in einem abgesonderten Kasten sitzt, wie unser Geist, freilich nur sozusagen, im Gehirnkasten. Aber man lasse den Lenker sich auf das Pferd selbst setzen, so bedarf er nur der kurzen, wenig ins Auge fallenden Zügel, ja wenn er auf das Pferd recht mit Knien, Gerte und Zunge eingerichtet ist, bedarf er gar keiner Zügel. So könnten die Pflanzen nun auch Geschöpfe sein, wo der Reiter der Seele unmittelbar auf dem Gliederbaue des von ihm beherrschten Leibes säße, während er bei uns erst durch Stränge von einem abgesonderten Teile darauf wirkt.

Dergleichen Analogien ließen sich noch wie viele bringen! Und warum sollten sie, geschöpft wie sie sind aus dem allgemeinen Sachbestande der Natur, dem Gesichtspunkte beschränktester Analogie weichen müssen, nach dem man Seele in den Pflanzen vermißt, weil man Nerven, ein besonderes Mittel der Seele, in ihnen vermißt? — Man kann aber diesen Analogien noch durch eine viel direktere Betrachtung zu Hilfe kommen.

Wir sehen, daß Atmen, Säftelauf, Stoffwechsel, Ernährung in den Tieren nur mit Hilfe von Nerven, den sogenannten Ganglien-Nerven, vonstatten gehen; in den Pflanzen gibt es keine solchen Nerven; doch gehen Atmen, Säftelauf, Stoffwechsel, Ernährung noch so gut wie im Tiere vonstatten; ja es besteht, wie man meint, das ganze Leben der Pflanze eben nur darin. Kann aber die Pflanze ohne Nerven atmen und sich nähren, warum nicht auch empfinden? Man sieht eben hier auf das Deutlichste, ja unwiderleglich, daß in den Pflanzen vieles in andere Mittel gelegt ist, was bei den Tieren in Nerven-Wirksamkeit gelegt ist. Den Pflanzen gehen freilich, außer den Ganglien-Nerven, auch noch die Gehirn- und Rückenmarks-Nerven (Cerebrospinalnerven) ab, und nur an die Tätigkeit dieser pflegt man die Seelentätigkeit geknüpft zu halten; aber geht in den Pflanzen ohne Ganglien-Nerven etwas Sichtbares vor, was bei Tieren nur mit Ganglien-Nerven vor sich geht, warum sollte nicht auch ohne Cerebrospinalnerven etwas Unsichtbares in ihnen vor sich gehen können, was bei Tieren nur mit solchen vor sich geht?

Des Nähern halten wir das Nervensystem gewöhnlich dazu nütze, Behälter und Leiter irgend eines feinen unwägbaren materiellen Kraftsubstrats oder Agens zu sein, welches sozusagen das Mittelglied zwischen der Seele und dem gröberen Leibe bildet, mittelst dessen sich die Impulse von der Seele zum Körper forterstrecken und die Empfindungen vom Körper zurückerstrecken. Ich will diese Vorstellung hier weder verteidigen noch verwerfen; aber wollen wir sie gelten lassen, so ist gar keine Verlegenheit, das Spiel eines eben solchen Agens auch ohne Nerven in den Pflanzen wiederzufinden. Wir wissen zunächst gar nicht, wie die Pflanze das macht, mit ihrem verhältnismäßig einfachen Zellenbau Stärkemehl, Zucker, Gerbstoff, die verschiedensten Säuren, Alkaloide, Geruchstoffe, Farbstoffe, Gifte, Fette, Harze, Schleime usw. usw. aus unorganischen Stoffen zu erzeugen; jede Pflanze erzeugt etwas anderes mit einem andern Bau, ohne daß wir doch irgendwie begreifen können, wie die andere Anordnung von Zellen, Fasern, Röhren dies bewirken könne; ein sicherer Beweis, daß hier eben noch etwas mehr als bloß Fasern, Zellen, Röhren wirksam sind. Daß nun dies Mehr wirklich wenigstens mit in einem seinen unwägbaren Agens liege, dafür spricht der Umstand, daß schon bei den gewöhnlichen chemischen Erscheinungen, die außerhalb des Organismus vonstatten gehen, ein solches mit im Spiele ist; Elektrizität wird dabei teils erzeugt, teils wirkt die erzeugte auf den chemischen Prozeß zurück; und so wird es keine Schwierigkeit haben, vielmehr die größte Aufforderung vorliegen, auch bei den ungewöhnlichen chemischen Erscheinungen in den Pflanzen ein solches im Spiele vorauszusetzen, das (oder dessen Spiel) nur ebenso von dem Agens (oder Spiel), das die gewöhnlichen chemischen Erscheinungen beherrscht, sich unterscheiden mag, als beiderlei Erscheinungen selbst sich voneinander unterscheiden. Ist doch Grund zu glauben, daß auch die Erzeugung des Nerven-Agens, welcher Natur es immer sein mag, in den Tieren mit den darin vorgehenden chemischen Prozessen zusammenhängt, sowie darauf rückwirkt; so daß die Struktur und Anordnung des Nervensystems nur für die Verteilung und Verbreitung desselben von Bedeutung erscheint.

Also die Bedingungen der Erzeugung und des Spiels eines solchen feinen Agens, das der Seele als Mittelglied dienen könne, will man ein solches fordern, vermißt man im Pflanzenleibe ebenso wenig wie im Tierleibe; nur die Bedingungen einer geregelten Verbreitung oder Verteilung desselben, wie sie das geordnete Wirken einer Seele verlangt, könnten mit dem Nervensysteme zu fehlen scheinen. Aber da wir nicht im Geringsten wissen, was die Nerven selbst geeignet macht, das etwaige Nerven-Agens isoliert zu leiten, ja dies uns sogar bis jetzt schwer erklärlich scheint, so können Spiral- und andere Fasern der Pflanze ganz ebenso tauglich sein, ein ähnliches Agens isoliert zu leiten, wenn es, was wir noch sehr fraglich halten, sòlcher Leitung in ähnlichem Sinne wie im Tiere bedürfen sollte.

Im Grunde ist die ganze Annahme von einem unwägbaren Agens in den Nerven nur eine Hypothese, auf die wir freilich mit einer gewissen Wahrscheinlichkeit aus Erscheinungen schließen können; es hat aber hier kein Interesse, darauf zu fußen, sondern nur zu zeigen, daß, wenn man darauf fußen will, die Pflanzen die Bedingungen zu einem geordneten Spiele dieses Agens, wie man es der Seele nötig halten mag, so gut in sich haben wie die Tiere; will man aber für das Spiel eines solchen Agens das irgend andrer Kräfte substituieren, wird sich immer auch eine analoge Betrachtung darauf übertragen lassen.

Statt hierbei Voraussetzungen von etwas zugrunde zu legen, wovon wir gar nichts wissen, wäre es jedenfalls am besten, von Erfolgen rückzuschließen, die deutlich vor Augen liegen. Wir sehen doch ganz geordnete Erfolge in den Pflanzen. Die Säfte laufen in bestimmter Richtung, die Blüte steigt nach gewissen Regeln über der Pflanze auf, die Blätter setzen sich nach gewisser Regel im Umfang an; gewisse Zellenreihen füllen sich ordnungsmäßig mit diesen, andere mit jenen Stoffen; man betrachte auf manchem bunten Blütenblatte die ganz regelmäßigen Zeichnungen, welche beweisen, daß die farbigen Säfte ganz bestimmte Wege nehmen, oder die Farbenprozesse sich in ganz bestimmter Weise spezialisieren. Alles das spricht doch jedenfalls für ein geordnetes Spiel von Kräften, mögen diese Kräfte und ihre Träger heißen wie sie wollen; die Pflanze gibt darin dem Tier nichts nach; auch befolgt jede Pflanze eine andere Ordnung als die andere, wie jedes Tier mit anderm Nervensysteme, ungeachtet die Pflanze überhaupt keins hat. Also anstatt von Abwesenheit der Nerven auf Mangel an Ordnung der in der Pflanze waltenden Kräfte, wie sie auch heißen mögen, zu schließen, sollte man umgekehrt von dem Dasein der Ordnung auf ordnende Bedingungen dieser Kräfte schließen, und es sich dann nicht anfechten lassen, daß man diese doch noch nicht des Nähern kennt. Nur einen Beweis unserer Unwissenheit, nicht ihrer Abwesenheit kann man darin sehen.

Ich will nicht in Anschlag bringen, daß in manchen niedern Tieren, insbesondere den Polypen, denen Empfindung und willkürliche Bewegung beizulegen bisher noch niemand Anstand genommen, bisher auch noch keine Nerven haben entdeckt werden können. Unstreitig würde man entgegnen: sie werden schon noch einmal entdeckt werden; sie sind nur zu fein, durchsichtig, vereinzelt, als daß es bis jetzt gelungen wäre. Es mag wirklich so sein. Ich habe weder Grund noch Interesse, es zu bezweifeln. Dieselbe Ausflucht stände dann auch bei den Pflanzen offen; aber ich bin weit entfernt, sie zu gebrauchen; es bedarf ihrer nicht; die Ansicht, daß bloß mittelst Nerven Empfindung möglich sei, beruht überhaupt nur auf einer willkürlichen Hypothese oder dem Fehlschlusse: weil Nerven bei Tieren zur Empfindung nötig sind, sind sie überall dazu nötig. Was kann man dagegen haben, wenn ich den andern Schluß entgegensetze, weil die Pflanzen keine Nerven zur Empfindung haben, werden sie etwas anderes dazu haben. Ein Schluß ist so viel wert als der andere, d. h. keiner taugt für sich etwas; es kommt darauf an, wie man ihn ferner stützen kann.

Man könnte daran denken, und hat wirklich, besonders früherhin, viel daran gedacht, die Spiralfasern (Spiralgefäße) der Pflanzen zu Vertretern der Nerven zu machen. Oken sagt in seiner Naturphilosophie II. S. 112 geradezu: "Die Spiralfasern sind für die Pflanzen das, was die Nerven für das Tier sind. Sie können mit vollem Rechte Pflanzennerven heißen, und ich freue mich, sie in dieses Recht einsetzen zu dürfen. Sie bedingen die Bewegung und Erregung der organischen Prozesse" usw. – Ich meinerseits glaube nicht, daß bei dem ganz anders gearteten, ja, wie sich später herausstellen dürfte, in gewisser Hinsicht gerade entgegengesetzten Organisationsplane der Pflanzen gegen den der Tiere von wahrer Vertretung der Nerven durch irgend welche Organe die Rede sein kann; jede Analogie wird nur sehr unvollständig bleiben. Da es inzwischen bei aller Verschiedenheit doch auch eine Seite der Einstimmung zwischen beiden Organisationsplänen geben wird, so mag sich immer sagen lassen, die Spiralfasern seien das in den Pflanzen, was den Nervenfasern im Tiere noch am meisten entspricht; sei es auch, daß dies Entsprechen noch in geringerm Maße stattfinden mag, als zwischen den Pfeifen einer Orgel und den Saiten eines Klaviers, die sich in gewisser Hinsicht als tongebende Körper allerdings ganz in beiden Instrumenten zu entsprechen scheinen, von anderer Seite aber wieder gar nicht entsprechen, da der feste Körper der Pfeife gar nicht das Selbsttönende in der Orgel ist, während es doch die festen Saiten in dem Klavier sind; jene tönen nämlich bloß von der inwendigen Luft angestoßen etwas mit, während umgekehrt im Saiteninstrument die Luft von den Saiten angestoßen mittönt. Diese Unmöglichkeit einer reinen Durchführung der Analogie in Rücksicht genommen, kann es dann immer von Interesse sein, dieselbe doch so weit zu verfolgen wie tunlich, d. h. als die Data dazu in der Erfahrung selbst liegen. Und so findet man namentlich folgende Vergleichspunkte zwischen Spiralfasern und Nerven.

Die Spiralfasern, Spiralgefäße, der Pflanzen bilden sich gleich den Nervenfasern aus einer Verschmelzung aneinander gereihter Zellen und stellen, wie diese, eigentlich feine Röhrchen dar, nur daß sie im ausgebildeten Zustande bloß Luft führen, während die Nervenfasern oder Nervenröhrchen ein flüssiges Wesen zu enthalten scheinen. Die Spiralfasern erstrecken sich in einem kontinuierlichen Zusammenhange durch die Pflanze, verzweigen sich nie, sondern die größern Bündel geben bloß kleinere Bündel durch Abbeugen der Fasern von sich ab. Ihre Stellung ist zentral gegen die andern Arten Fasern und Zellen der Pflanze, indem jedes Spiralfaserbündel von solchen umschlossen wird, und zwar vorzugsweise von langgestreckten Zellen (Fasern), wie im Tiere es vorzugsweise Gefäße sind, die in der Nachbarschaft der Nerven laufen. Die Zahl und Anordnung der Spiralgefäßbündel ist charakteristisch und bedeutungsvoll für jede Pflanze, indem der Bau des Ganzen damit im Zusammenhange steht; sie treten im Ganzen um so mächtiger auf und schließen sich um so mehr zusammen, je höher die Stufe ist, auf der die Pflanze steht, während man in den niedersten Pflanzen nichts davon hat entdecken können. Eine wichtige Funktion muß ihnen nach ihrem eigentümlichen Bau und ihrer Stellung in der Pflanze wohl beigelegt werden; aber wie bei den Nerven der Tiere spricht sich diese in keiner materiellen Leistung unmittelbar deutlich aus. Die Pflanzenphysiologen von Fach sind höchst verschiedener Meinung darüber, und die Besonnensten geben zu, daß wir nichts darüber wissen.

Goethe sagt von den Spiralgefäßen in seiner Anzeige der Recherches sur la structure intime etc. par Dutrochet (Ges. Werke Bd. 55. S. II): "Die Spiralgefäße betrachten wir als die kleinsten Teile, welche dem Ganzen, dem sie angehören, vollkommen gleich sind und, als Homöomerien angesehen, ihm ihre Eigenheiten mitteilen und von demselben wieder Eigenschaft und Bestimmung erhalten. Es wird ihnen ein Selbstleben zugeschrieben, die Kraft, sich an und für sich einzeln zu bewegen und eine gewisse Richtung anzunehmen. Der vortreffliche Dutrochet nennt sie eine vitale Inkurvation. Diesen Geheimnissen näher zu treten, finden wir uns hier weiter nicht aufgefordert."

Auch wir finden uns diesen Geheimnissen näher zu treten hier weiter nicht aufgefordert. Man sieht jedenfalls, daß das hier vorliegende Naturgeheimnis, wie alle Naturgeheimnisse, auch der wunderlichen Auslegungen nicht ermangelt.

Stellen wir jetzt in den beiden folgenden Abschnitten dem anatomischen Gesichtspunkte einige teleologische und ästhetische Gesichtspunkte gegenüber, die, wenn auch in den allgemeinen Vorerörterungen (unter II.) schon flüchtig berührt, doch dort ihre volle Entwicklung nicht finden konnten. Mag man auch zuletzt wenig Beweisendes in Betrachtungen der Art finden, so scheint mir desto mehr Überzeugendes darin zu liegen. Jedenfalls war es in folgender Weise, daß sich mir selbst zuerst die Überzeugung entwickelte und entschied.

IV. Teleologische Gründe.

Ich stand einst an einem heißen Sommertage an einem Teiche und betrachtete eine Wasserlilie, die ihre Blätter glatt über das Wasser gebreitet hatte und mit offener Blüte sich im Lichte sonnte. Wie ausnehmend wohl müßte es dieser Blume sein, dachte ich, die oben in die Sonne, unten in das Wasser taucht, wenn sie von der Sonne und dem Bade etwas empfände. Und warum, fragte ich mich, sollte sie nicht? Es schien mir, daß die Natur wohl nicht ein Geschöpf für solche Verhältnisse so schön und sorgsam gebaut hätte, um es bloß als Gegenstand müßiger Betrachtung darzustellen, zumal da tausend Wasserlilien verblühen, ohne daß sie jemand betrachtet; viel mehr mutete mich der Gedanke an, sie habe die Wasserlilie deshalb so gebaut, um die vollste Lust, die sich aus dem Bade im Nassen und Lichten zugleich schöpfen läßt, auch einem Geschöpfe in vollstem Maße zugute kommen, von ihm recht rein durchempfinden zu lassen.

Wie lieblich erscheint unter solcher Voraussetzung das ganze Leben dieser Blume[4] . Hat sie Tages über die offene Blüte über das Wasser gehoben (zuweilen bis zu mehreren Zollen Höhe), so schließt sie dieselbe nachts, wenn sie nichts mehr im Lichte zu suchen hat, neigt sie nieder und, ist es richtig, was ich gelesen, geht sie gar damit unter das Wasser zurück, um morgens wieder aus dem feuchten Bette aufzutauchen. Die Lotosblume soll es ebenso machen, ja gar nachts so tief niedergehen, daß man sie mit dem einge-

---

[4] Linné (Disquis. de sexu plantar. 1760) sagt folgendes darüber:
N. alba qnotidie mane ex aqua tollitur, floremque dilatat, adeo ut meridiano tempore tres omnino pollices pedunculo aquam supereminet. Sub vesperam penitus clausa et contecta demergitur. Circa horam enim quartam post meridiem contrahit florem, agitque sub aqua omnem noctem, quod nescio an cuiquam per bis mille annos notatum sit, id est inde a Theophrasti aevo, qui hoc obseryavit in Nymphaea Loto .... Scripsit autem Theophrastus, hist. plant. IV. 10., de Loto ea, quae sequentur: "In Euphrate caput floresque mergi referunt, atque descendere usque in medias noctes: tantumque abire in altum, ut ne demissa quidem manu capere sit: diluculo dein redire, et ad diem magis. Sole Oriente jam extra undas emergere, floremque patefacere: quo patefacto amplius insurgere, ut plane ab aqua absit alte. — Idem prorsus mos est noatrae Nymphaeae albae. (Decand. Phys. II. 86.)

tauchten Arme im Wasser nicht erreichen kann; des Morgens steht sie wieder auf, und wie die Sonne höher rückt, steigt sie höher mit dem Stengel aus dem Wasser. Wir glauben nicht mehr an Wassernixen, die im Grund des Wassers schlafen und des Morgens aufsteigen, sich im Lichte zu sonnen; aber die Dichtung selber hat damit doch anerkannt, ein solches Leben möchte seine Reize haben; die Natur hat das wohl auch gewußt, und aus der Dichtung eine Wirklichkeit gemacht. Freilich erheben und neigen sich nicht alle Blumen so im Wechsel, obwohl es noch manche andere tun; aber brauchen es denn alle zu tun? Finden sie nicht eben schon im Blüten- und Knospentriebe, im Genuß von Tau, Luft und Sonne Genüge, jede in ihrer besondern Weise?

So dachte ich nun weiter, die Natur habe auch wohl nur darum die Bergpflanze anders gebaut und an andern Ort gestellt, um ebenso die Frische und Reinheit der Bergluft und was sonst der Berg noch anders haben mag als der Teich, einem Wesen zu recht reinem, vollem Genuß zu bringen. Ist doch, sagte ich mir, die Wasserlilie wirklich so ganz eigen nur eben für das Wasser, die Bergpflanze für den Berg eingerichtet; oder wollten wir es umkehren, könnten wir es nicht auch, und sagen, das Wasser sei ganz für die Wasserlilie, der Berg ganz für die Bergpflanze eingerichtet? Es ist wahr, im Schmetterlinge, im Fische hat man schon Wesen, die ein Leben in Luft und Wasser genießen; man kann fragen, wozu noch andere? Aber wie anders gebaute, eingerichtete! Fliegen doch schon mehrerlei Schmetterlinge auf demselben Berge, schwimmen doch schon mehrerlei Fische in demselben Wasser! Macht einer die andern überflüssig? Jedes gewinnt doch nach seiner besondern Einrichtung und besondern Verhalten andere Empfindungen und Triebe aus demselben Element. Nun verhält sich die Wasserpflanze noch ganz anders als alle Fische gegen das Wasser, die Bergpflanze noch ganz anders als alle Schmetterlinge gegen Luft und Licht; wie ganz andere Empfindungen und Triebe wird es also auch noch für sie geben können! Der Umstand selber, daß die Pflanze einen Schmetterling, der Schmetterling aber eine Pflanze sich gegenüber hat, stellt beide schon verschieden in der Natur und macht verschiedene Empfindungen für sie möglich; denn wenn der Schmetterling aus Blumen Nektar trinkt, kann er doch nicht dieselbe Empfindung davon tragen wie sie. Oder wird man auch sagen wollen, die Empfindung der Pflanze werde dadurch überflüssig und unwahrscheinlich, daß ja doch der Schmetterling schon Empfindung dabei hat? Es wäre ebenso gut, wie zu behaupten, daß im Verkehr des Liebenden und der Geliebten die Empfindung des einen die der andern überflüssig und unwahrscheinlich mache, da wir doch sehen, daß bei gleichem Anteile am lebendigen Wechselverhältnisse auch jedes eine Seite gleich lebendiger Empfindung davon trägt. Ist der letzteren Gegensatz enger als der von Schmetterling und Blume, kann dies doch nichts anderes mitführen, als für diese nun auch einen weiteren Gegensatz der Empfindung zu bedingen.

Darin besteht ja überhaupt die größte Kunst der Natur, aus demselben Borne jeden etwas Anderes schöpfen lassen zu können, indem der Trank sich mit dem Becher ändert. Jedes Wesen stellt gleichsam ein anders gestaltetes Sieb dar, das demgemäß andere Empfindungen aus der Natur aussiebt; und was eines übrig läßt, ist noch für unzählige andere. Mag also immerhin das Tierreich alles aus der Natur sich schon genommen haben, wofür es empfänglich ist, so bleibt wohl noch eine ebenso große Hälfte für das Pflanzenreich übrig.

Nun dünkt es mir auch gar nicht schwer, den Gesichtspunkt der Ergänzung zu erraten, der hierbei waltet.

Der Mensch, das Tier läuft hierhin, dorthin, zerstreut sich zwischen allerlei Genüssen, erfährt, betastet allerlei, was weit auseinander liegt. Das hat seine Vorteile. Aber sehen wir nur im Menschlichen selbst nach, so erkennen wir auch die Einseitigkeit dieser Vorteile. Neben dem Wandern und Reisen hat auch das häusliche Einleben seine Vorteile, die nicht verloren gehen dürfen; es gibt viele stille und stehende Wirkungskreise, die auch durchlebt und durchempfunden sein wollen; die Vorteile aber, die hieran hängen, können nicht mit jenen Vorteilen zugleich in gleichem Maße erlangt werden, und wer sich recht auf das eine einrichten will, kann es nicht zugleich auf das andere. Deswegen reist der eine, und der andere bleibt an der Scholle kleben. Wie im Menschenreiche, so im Naturreiche. Die Menschen und Tiere sind die reisenden, die Pflanzen die an die Scholle gehefteten Individuen der Welt; jene bestimmt, sich der fernen Bezüge der Natur empfindend und strebend zu bemächtigen; diese, den Kreis bestimmter Verhältnisse in gegebenem Umkreise empfindend und strebend zu erschöpfen; dann können sie ihn aber nicht durchlaufen, weil jedes Laufen über den festen Standpunkt hinausführt, sondern nur durchwachsen. Man lasse diese zweite Seite des Lebens weg, und man hat die Hälfte dessen weggelassen, was gebraucht wird, damit auch alles in der Natur gebraucht werde.

Sehen wir, wie die Natur kein Klümpchen Kot verloren gehen läßt; es zanken sich wohl drei vier Wesen darum, jeden Abfall und den Abfall des Abfalls benutzt sie, kurz, sucht die Nutzung aufs Äußerste zu treiben; — sollten wir ihr nicht auch zutrauen, daß sie zu den laufenden Bedingungen der Nutzung stehende wird hinzugefügt haben, weil doch die stehende Nutzung mit der laufenden zusammen erst die ganze Nutzung gibt? Ein Tier steckt nur einmal die Nase dahin, wo eine Pflanze immer fest steht, läuft oberflächlich über die Erde hin, in der die Pflanze tief eingewachsen ist, bricht nur sozusagen hier und da einmal in der Richtung einzelner Radien ein in den Kreis, den eine Pflanze ganz und stetig ausfüllt; in demselben Verhältnisse weniger wird es aber auch mit seiner Empfindung den Kreis dieser Verhältnisse erschöpfen können, welchen die Pflanze wohl zu erschöpfen suchen muß, weil sie einmal in ihn gebannt ist, und zu erschöpfen imstande ist, weil sie einmal auf ihn eingerichtet ist.

Ich sah neulich meine Frau eine Pflanze mit dem Erdballen aus dem Blumentopfe heben und bewunderte es, wie die Pflanze den Erdballen so vollständig bis ins Feinste durchwurzelt, jedes Fleckchen Erde auszukosten gesucht hatte; und wie unter der Erde, war es über der Erde. Erst war die Pflanze in Zweigen auseinander gefahren, und dann hatte sie die Zwischenräume mit Zweigelchen und Blättern gefüllt, daß kein bißchen Luft ungenossen durchkommen konnte; und an den Spitzen der Zweige hielt sie noch überdies die blauen Blümchen dem Lichte entgegen. So lobe ich es mir, Natur, wenn es nur auch der Pflanze wirklich zugute kommt; aber was für eitle Mühe und eitler Tand, wenn die Blumen und Bäume bloß wie taube Schnörkel wüchsen. Es wäre recht Arbeit um nichts; und das in so viel Wäldern und Feldern sich immer und immer wiederholend. Sollte es bloß für unsern Nutzen sein, wäre es ja besser gewesen, es wüchsen gleich Scheite und Bretter, Tische und Stühle statt der Bäume.

Nun gewinnt es auch erst die rechte Bedeutung für uns, daß die Pflanzen sich so eng im Raume drängen, indes die Tiere nur einzeln zwischen ihnen hin- und herfahren. Der Raum würde ja nicht ausgenutzt werden, wenn die stehenden Wirkungs- und Empfindungskreise leere Stellen zwischen sich lassen wollten; statt dessen verschränken sie sich sogar im Nebeneinander noch ineinander; er würde aber ebenso wenig recht genutzt werden, wenn das Bewegliche sich selbst den Platz zur Bewegung verkümmern wollte; so frißt sogar die eine Hälfte der Tiere die andere, um nur immer wieder aufzuräumen; und ist dies Aufräumen selbst mit Trieb und Empfindung in bezug gesetzt. In solcher Weise entwickelt und benutzt die Natur in möglichster Weise all ihren Reichtum, ihre Fülle. Ihr Hauptreichtum aber besteht wie der einer russischen Herrschaft in einem Reichtum vieler Seelen, die der Scholle zugehören.

Wie spärlich würde überhaupt nach Wegfall der Pflanzen aus dem Reiche der Seelen die Empfindung in der Natur verstreut sein, wie vereinzelt dann nur als Reh durch die Wälder streifen, als Käfer um die Blumen fliegen; und sollten wir der Natur wirklich zutrauen, daß sie eine solche Wüstenei ist, sie, durch die Gottes lebendiger Odem weht? Wie anders dies, wenn die Pflanzen Seele haben und empfinden; nicht mehr wie blinde Augen, taube Ohren in der Natur dastehen, in ihr, die sich so vielmal selbst erblickt und empfindet, als Seelen in ihr sind, die sie empfinden; wie anders für Gott selbst, der die Empfindungen aller seiner Geschöpfe gewiß in einem Zusammenspiel und Zusammenklang vernimmt, wenn die Instrumente dazu nicht mehr in weiten Zwischenräumen voneinander stehen? Wo erlebt man das bei einem Konzerte der armen Menschen; nun will man es bei dem reichen Gott so finden? Ist es nicht schöner, größer und herrlicher, zu denken, daß die lebendigen Bäume des Waldes selber wie Seelenfackeln gegen den Himmel leuchten, als daß sie bloß im Tode in unseren Ofen Helle geben? Und darum sollten sie erst so prangend in die Höhe wachsen? Die Sonne selber kann die Welt nicht hell machen, ohne Seelen, die ihr Leuchten spüren. Wie seelendämmerig würde es also im sonnenbeschienensten Walde sein, wenn die Sonne nicht auch Seelen der Bäume zu scheinen vermag. Vermag sie es aber, so ist ein Wald wie ein lebendiger Brand vor Gott, der ihm seine Natur erhellen hilft. Und wird der Baum dereinst wirklich verbrannt, entweicht nur gleichsam zuletzt noch in äußerlich sichtbarer Flamme, was solange innerlich für Gott und für sich selber glühte.

Freilich können wir uns das nur so denken; wir sehen doch unmittelbar nichts von jenen Seelenflammen der Natur; aber da wir's denken können, warum wollten wir es nicht? Es zwingt uns auch niemand, unser äußeres Auge vor äußeren Lichtern aufzutun, uns an äußeren Flammen zu wärmen. Warum tun wir's doch? Weil's uns so viel besser gefällt, als im Dunkeln und Kalten zu sitzen. Nun wohl, in einer dunkeln und kalten Natur sitzen wir auch, wenn wir nicht das innere Auge des Geistes auftun wollen vor den inneren Flammen der Natur. Gefällt es freilich jemand besser es nicht zu tun, wer kann es wehren? Und doch wie vieles ist, was es uns wehren sollte!

Überblicken wir einmal im Zusammenhange den ganzen Lebenskreis der Pflanze: wie die Säfte in ihr so regsam quellen; wie es sie drängt, Augen und Zweige zu treiben und rastlos an sich selber zu gestalten; wie sie mit der Krone gen Himmel und mit der Wurzel in die Tiefe trachtet, selbstmächtig, ohne daß sie jemand dorthin zöge oder den Weg ihr dahin wiese; wie sie den Frühling mit jungen Blättern, den Herbst mit reifen Früchten grüßt; einen langen Winter schläft, und dann von Frischem zu schaffen beginnt; im Trocknen die Blätter hängt und in der Frische sie aufrichtet; sich am Taue erquickt; als Schlingpflanze umherkriecht, die Stütze zu suchen; — wie die Blume erst in der Knospe still verborgen ruht und dann ein Tag kommt, wo sie sich dem Lichte öffnet; wie sie Düfte auszuströmen beginnt und in Wechselverkehr mit Schmetterlingen, Bienen und Käfern tritt; wie das Geschlecht in ihr rege wird; sie morgens sich auftut; des Abends oder vor dem Regen schließt; dem Lichte zuwendet; — und es deucht mich, daß es uns doch schwer fallen sollte, diesen ganzen schwellenden und quellenden, an innerem und äußerem Wechsel so reichen Lebenskreis vergeblich, öde, leer für die Empfindung zu denken.

Freilich sind es nicht Zeichen der Empfindung eines Menschen, einer Katze, eines Sperlings, eines Fisches, eines Frosches, eines Wurmes, was wir hier erblicken; es sind Zeichen der Empfindung einer Tanne, einer Weide, einer Lilie, einer Nelke, eines Mooses. Aber das Seelenleben der Pflanzen soll ja das der Tiere nicht wiederholen, sondern ergänzen. Und ist nicht doch genug Analogie in jenen Lebenszeichen sogar mit unseren eignen, um die Pflanzen noch als unsere Seelenverwandten anzusehen? Wären wir nur nicht so übermäßig stolz auf unsere Beine, mit denen wir über sie hinlaufen und sie darniedertreten, als reichte es schon hin, Beine zu haben, um auch einer Seele den Vorrang abzulaufen. Ja könnten die Pflanzen laufen und schreien wie wir, niemand spräche ihnen Seele ab; alle jene mannigfaltigen und zarten und stillen Zeichen von Seele, die sie von sich geben, wiegen uns nicht so viel, wie jene groben, die wir an ihnen vermissen; und doch sind die Pflanzen wahrscheinlich bloß stumm für uns, weil wir taub für sie sind. Doch sagen wir selber von einer Pflanze, die in der Dürre steht, sie sehe traurig aus, sie lechze, schmachte. Sollten denn aber wir mehr von dem Trauern, dem Lechzen, Schmachten jener Pflanze fühlen als sie selber, die wir vielleicht ganz vergnügt dabei aussehen, während sie die Blätter hängt und im Begriff ist zu vergehen? Es scheint ihr doch nach allen Zeichen näher zu gehen als uns. Und warum sagen wir nie ebenso von einer künstlichen Blume, daß sie uns anlache wie eine lebendige, sei sie auch noch so ähnlich der lebendigen? Warum anders, als weil wir nur in dieser, nicht in jener eine wirklich lachende Seele ahnen? Christus schalt die Juden, welche Zeichen und Wunder verlangten, um zu glauben; sind wir nicht schlimmer als die Juden, die wir die Zeichen und Wunder einer lebendigen Seele wirklich sehen, und dennoch nicht an sie glauben wollen? Was wollen wir denn sonst noch sehen, um zu glauben?

Führen wir uns nun einmal von allen Momenten jenes Lebenskreises einen näher vor Augen und Gemüt, den, wo sich die Blütenknospe eben auftut.

Wie drängte vorher alles im Leben der Pflanze nach diesem Moment hin, und wie scheint es abgesehen auf eine mächtige, plötzliche, herrliche Überraschung derselben, wenn sie nun aufbrechend das, was sie erst bloß im Dunkel erstrebte, erarbeitete, ohne noch recht zu wissen, was es gelte, auf einmal im offenen Kelche als Geschenk von oben in vollem Gusse empfängt, ein Vorbild dessen, was wird einst für unsere Arbeit um das Höhere aus dem Höheren empfangen werden, wenn die Seele auch unsern Leib durchbrechen wird. Oder vergleichen wir es jetzt nur mit irdischem Geschehen! Tut sich wohl die Blume anders gegen das Licht auf als das, was auch am Menschenleibe wie eine bunte Blume erscheint, als das Auge sich zum ersten Male gegen das Licht öffnet? Faltet sie wohl ihre verschlossenen, in der Knospe zusammengepackten Blätter anders auseinander als der Schmetterling seine erst verschlossenen, in der Puppe zusammengepackten Flügel? Meint man, die Natur hat uns im aufbrechenden Auge und im ausbrechenden Schmetterlinge wirkliche Empfindung, in der auf- und ausbrechenden Blume bloß äußere Zeichen der Empfindung gegeben; wir seien es, die erst Empfindung dichtend dahinein legten? Als wenn die Natur nicht mächtiger und reicher und tiefer mit dichtender Kraft begabt wäre als wir, wir ihr etwas schenken könnten, was sie nicht schon viel herzinniger in sich trüge, nicht all unser Dichten selbst erst ein schwacher Abglanz von ihrem Fühlen wäre, worein freilich unseres selbst auch mit eingeht, aber doch nicht allein eingeht. So viel Gefühl, wie wir uns in der erblühenden Blume denken mögen, hat sie gewiß wenigstens, ja gewiß mehr; jeder, der nicht eine Empfindung heuchelt, hat sie ja tiefer und voller, als ein anderer sie ihm ansehen kann.

Dennoch meine ich nicht, es sei nur in der Blütezeit, daß die Empfindung der Pflanze erwache, was wohl manche die recht freigebig gegen sie zu sein glaubten, ihr zugestanden haben. Und noch überdies sei es ein recht dunkles Ding, das bißchen Empfindung, was da lebendig werde, wohl dunkler als unsere dunkelsten Traumvorstellungen. Aber die Stärke und Klarheit, für jetzt beiseite gesetzt, warum soll ich nicht glauben, daß, wenn die Pflanze in der Blüte empfindet, sie auch vor der Blüte empfindet, wenn ich nicht bezweifle, daß der Schmetterling, der als Schmetterling empfindet, auch schon als Raupe empfindet? Die Pflanze vor dem Blütezustande ist aber gewissermaßen in einem ähnlichen Verhältnisse gegen ihren künftigen Blütezustand. Es erwachen nur mit der Blüte neue Sinne und Lebenstriebe in ihr, welche alle bisherigen überwachsen, Säften und Kräften eine andere Richtung und Nutzung erteilen, womit dann freilich ihr ganzer Lebenszustand ein anderer wird.

Um eine kleine Abschweifung zu machen, sind Blumen und Insekten, insbesondere Schmetterlinge, überhaupt recht merkwürdige parallelen zugleich und wechselseitige Ergänzungen, nur daß die Blume ihre frühere Lebensstufe, indem sie dieselbe übersteigt, noch als Basis unter sich behält, während der Schmetterling seine frühere

Lebensstufe gänzlich abgestreift, oder richtiger, mit sich und in sich aufgehoben hat. Die Pflanzenseele baut sich ihren Leib als eine Treppe, deren Gipfel die Blüte ist, die untern Stufen bleiben; der Schmetterling fliegt scheinbar über seine frühere Stufe empor, trägt sie aber im Grunde mit sich in die Lüfte und macht sie eben dadurch zu einer höhern, deswegen verschwindet sie als tiefere. Die Raupe lebt von dem Kraute, das ihr Bild ist, der Schmetterling von der Blüte, die sein Bild ist. So schließen beide, Schmetterling und Pflanze, erst zusammen ihren Lebenszirkel ab. Eine Erinnerung an das Jenseits mag sich wieder daran knüpfen. Die Raupe findet das, womit sie sich im niedern Zustande beschäftigt hat, auf höhere Stufe gehoben in einem höhern Lichtreiche wieder; so mag der Mensch den Lebenskreis, in dem er hier lebte, auch dereinst auf höhern Zustand gehoben wiederfinden; aber wie der Schmetterling dann über tausend andere Blumen schweifen darf, mag es dereinst mit uns sein. Der Pflanze mag es wehe tun, wenn die Raupe an ihren Blättern nagt. Sie denkt gewiß: die böse Raupe! Wenn dann aber der Schmetterling zur Blüte kommt, mag es ihr so süß tun, wie es ihm tut. Hätte nun aber die Pflanze die Raupe nicht früher mit Schmerzen genährt, könnte der Schmetterling dereinst ihr nicht Lust bringen. So können wir uns denken, daß das, was wir im jetzigen Leben mit Schmerzen andern opfern, uns einmal im künftigen Leben in Lust von Engeln zurückgebracht wird. Wenn wir uns aber dächten, die Blumen im Garten empfänden eben auch nicht mehr wie Papierblumen, so wäre es auch freilich nichts mit diesen und andern schönen Bildern; diese Bilder wären selbst Papierblumen.

Wie vieles in der Natur ungenossen bleiben möchte, wenn nicht der Pflanzenkelch der Kelch wäre, es zu schöpfen, können wir, die selbst nicht aus diesen Kelchen trinken, freilich schwerlich ahnen; aber manches liegt doch auch uns offen genug vor, es von unserem Standpunkte zu übersehen. Fassen wir von ihrem oben flüchtig gezeichneten Lebenskreise noch ein paar Punkte näher ins Auge.

Welch Tier macht sich aus einem Tautropfen etwas; es schüttelt ihn ab und verkriecht sich vor dem Regen. Auch wir schelten, müssen wir im Taue waten, pflanzen Regenschirme auf, uns vor dem Regen zu schützen; die Pflanzen dagegen sind wie Schirme aufgepflanzt, ihn aufzufangen; jedes Blatt breitet sich dazu aus, macht sich wohl gar hohl dazu; bloß die Blüte, mehr für ein Leben im Lichte bestimmt, ist geneigt, sich gegen den Regen zu schließen, um sich nachher desto schöner wieder zu öffnen; die ganze Pflanze gibt nach Tau und Regen die Zeichen der Erquickung. Aber all das gilt uns nichts. Was wir Erquickung der Pflanzen nennen, soll bloß ein verschönernder Ausdruck für das Aufschwellen eines schwammigen Zellgewebes sein; Regen und Tau bloß da sein, um eklig naß zu machen.

Der Landmann freut sich freilich auch über den Regen, weil er sonst um seine Ernte kommt, und wir, weil uns der Regen den Staub löscht und der Natur ein frisches Ansehen gibt; aber das ist doch nur mittelbare Freude; erspart uns noch nicht die Frage nach Wesen, die sich auch unmittelbar an Tau und Regen freuen. Nun paßt aber beides aufs Schönste zusammen. Der Landmann freut sich, weil der Regen das Gedeihen seiner Saaten befördert und so ein fernes Mittel seiner Lust wird; nun wohl, die Saaten werden sich eben ihres eigenen Gedeihens unmittelbar dabei freuen. Wir freuen uns, wenn der Staub von Wegen und Feldern weggewaschen wird; es ist wieder ein fernes Mittel, unsere Lust zu fördern; was an diesen Wegen und auf diesen Feldern wächst, wird sich unmittelbar, freuen, daß der Staub von ihm selbst weggewaschen wird.

Nichts hindert, sich zu denken, wenn es einmal keiner Nerven zur Empfindung bedarf, daß, wenn das Tautröpfchen morgens auf der Pflanze liegt, sie es wie einen Strahlpunkt der Kühlung fühle, und wenn dann die Sonne aufsteigt, sie das Sonnenbildchen darin wie einen Strahlpunkt der Wärme fühle, und dann fühle, wie es den Tau allmählich wegleckt. Ein niedliches Spiel von Empfindung, was auf einem Tierpelz eben nicht stattfinden kann; deshalb schüttelt eben dieser Pelz den Tautropfen ab; deshalb macht die Pflanze ihre Hände hohl dagegen. Der Glanz und die Pracht, welche die beperlte Wiese äußerlich für uns hat, ist, denke ich, bloß ein äußerlicher Abglanz von der Seelenfreude, welche sie innerlich hat. Es ist so viel schöner, sich zu denken, daß es so sei, nun aber finde ich auch nicht das geringste Hindernis zu denken, daß es so wahr sei. Und warum sollten wir es vorziehen, einen Seelentrank für bloßes Wasser zu erklären, wenn es uns frei steht, aus Wasser einen Seelentrank zu machen?

Wie mit Tau und Regen, mag es mit dem Winde sein. Es würde viel mehr davon umsonst verwehen, wenn die Pflanzen nicht mehr von seinem Wehen als wir vernähmen. Darum schützen sie sich durch keine Häuser, keine Mäntel, keine Schlupfwinkel dagegen, sondern stehen frei draußen, beugen sich und neigen sich, schwanken und zittern im Winde. Daß sie in die Erde festgewachsen sind, gibt demselben noch einen ganz andern stärkern Angriff auf sie als auf uns; bis in die Wurzeln reicht die Erschütterung und jedes Blatt bebt und rauscht. Ich meine, daß die Pflanze hierbei wohl noch ein stärkeres Gefühl davontragen mag, als wenn der Wind uns durch die Haare fährt. Unsere Haare sind tote Teile unserer selbst; die Blätter der Pflanzen aber lebendige; unsere weichen, mit Gelenken gegliederten Teile sind nicht so geeignet, die Erschütterung aufzunehmen und durch sich fortzupflanzen, wie ihr steifer Stamm oder Stengel. Wir haben nur ein kleines Trommelfell in uns, das fest ausgespannt ist und von den Luftwellen erzittert. Die Pflanze ist durch und durch ein solches Trommelfell, auf das der Wind trommelt; und hören wir die Töne äußerlich im Sausen des Windes durch das Laub der Bäume, wie anders mag die Pflanze das innerlich empfinden. Man denke daran, daß es niemand außer uns hört, wenn wir eine harte Brotrinde kauen, während wir es innerlich sehr stark hören. Selbst bei scheinbar ruhiger Luft, wenn es schneit, sehen wir die Schneeflocken auf und ab, hin- und herfliegen. Was spüren wir von dieser Luftbewegung? Wir haben keine Organe dazu. Die Pflanze ist wohl ganz Organ dazu; die kleinste Bewegung der Luft bringt doch eine leichte Erschütterung und Biegung an ihr hervor, die durch das Ganze wirkt; denn nicht bloß die Erschütterung, auch die Biegung tut's. Wird hier ein Blättchen gebogen, so wird zugleich ein Weg zugeschnürt, und die Säfte müssen durch die ganze Pflanze, sei's auch noch so wenig, anders gehen. Rauscht der Wind stärker durch den Wald, ergreift sogar uns selbst schon ganz unwillkürlich das Gefühl, der Geist der Natur rausche hindurch. Und in Wahrheit sind uns nun die Bäume und Blumen Saiten einer großen Seelenharfe geworden, die der Wind spielt. Jede Saite klingt anders daran, weil jede anders dazu gebaut ist, und Gott wird das allgemeine Spiel in sich vernehmen.

Denken wir weiter an den Duft. Wie süß erscheint er uns; aber soll aller Duft verloren sein, der nicht zufällig in eine unsrer Nasen kommt; diesen kleinen Teil von uns, indes die Blume ganz Weihrauchgefäß ist? Jeder fühlt wohl, es ist etwas unbeschreiblich Reizendes, Liebliches im Blumenduft; aber es bleibt doch für jeden eine unbeschreibliche Nebensache; wir kosten mehr von seiner Lieblichkeit, als wir sie zu genießen wissen, und nicht eine Minute lang mögen wir die Nase über eine Blume halten, so haben wir es satt und gehen weiter; indes duftet die Blume fort und fort, als hätte sie ein beständiges Geschäft zu erfüllen. Ist es ein Rauchopfer, Gott gebracht? Aber was kann Gott ein Opfer dienen, das ihm nicht von einer Seele gebracht wird? Unerklärlich, mehr als halb vergeblich alles, wenn das Duften der Blumen bloß um andrer, nicht auch um ihrer willen, ja nicht viel mehr um ihrer willen da ist; wenn das, was wir, die dem Blumenleben so äußerlich gegenüberstehen, von seiner Süßigkeit genießen, mehr als ein ferner Abklang dessen ist, was in dem Blumenleben selbst davon genossen wird. Wer hörte jemals ein süßes Lied singen, von welchem der, der es sang, nicht mehr fühlte als der, der es hörte, zumal wenn es nicht eine verwandte Seele ist? Werden wir nicht also auch meinen, daß die Blume das innerliche Erarbeiten und Ausströmen des süßen Duftes aus ihrem Innern mit größerer Innigkeit empfindet als wir sein äußerliches Zuströmen? Nun gießt ein Kelch noch überdies diesen Duft in tausend andre Kelche, und ein Kelch empfängt ihn wieder von tausend andern Kelchen. Als unsichtbarer Nebel zieht der Duft von Blume zu Blume, und der Wind weht ihn noch weit über Hecken und Feldmarken hinaus. Ist auch dies vergeblich? Wird nicht erst hiermit vollends erklärlich, warum die Blumen fort und fort duften, indes niemand im Garten geht? Sie selber gehen damit zueinander, indes sie fest zu stehen scheinen. Jede Blumenseele mag durch das, was von den andern Blumen an ihr Fenster rührt, eine Empfindung von dem empfangen, was in jeder andern Blumenseele vorgeht; wie die Worte, die wir hören, entsprechende Empfindungen in uns erzeugen, wie die sind, mit denen sie andre aussprechen. Auch Worte sind nur aus dem Innern begeistete sinnliche Boten, warum sollten es Düfte weniger sein? Worte für uns, Düfte für die Pflanzen; die nun freilich nicht so Verständiges werden zu übertragen wissen wie Worte; aber gibt es bloß ein Denken mit und in andrer Seelen hinein, nicht auch ein Empfinden? Zwar gibt es auch geruchlose Blumen, aber nicht auch stumme Tiere? Freilich sehen wir keine besondere Nase an der Blume zum Riechen; aber wie sie ganz als

Kelch gebaut ist, Duft auszuströmen, erscheint sie auch ganz dazu gebaut, ihn wieder zu empfangen, so frei und weit und offen und einfach breitet sie sich dazu aus. Bedenken wir nur, daß wir ja nicht im Geringsten wissen, was unsere eigene innere Nasenfläche befähigt, zu riechen, warum sollte nicht die innere Blumenfläche eben so gut dazu befähigt sein?

Bei uns und den Tieren liegt das Geruchsorgan versteckt; dafür haben wir in den gewundenen Nasenmuscheln besondere Vorrichtungen, die geruchsempfangende Oberfläche zu vergrößern; in den Pflanzen bedurfte es solcher Künsteleien nicht, eben weil die ganze Blume für das Aufnehmen der Gerüche offen liegt. Was mehr selbständig einen Hauptzweck erfüllt, kann es stets in einfacherer klarerer Form tun, als was sich als Nebenteil anderem unterordnen muß.

Der Geruch führt uns weiter zum Geschmack, und warum sollten wir den Pflanzen nicht auch diesen zutrauen in ihrer Weise, da so vieles ungeschmeckt bleiben würde in der Natur, wenn es nicht eben die Pflanzen schmeckten? Der Mensch, das Tier genießt selbst nur Pflanzen und andere Tiere; die Pflanze genießt alles, was Menschen und Tiere nicht mögen; ja am liebsten das, was diese am meisten verschmähen. So haben wir auch hier wieder ein sich Ergänzendes, wenn außer dem Tiere noch die Pflanze zu schmecken vermag, und nur ein Halbes, wenn sie es nicht vermag. Nun sehen wir noch überdies, daß jede Pflanze je nach ihrer Natur eine Auswahl trifft unter den Nahrungsstoffen. Aus demselben Boden nehmen verschiedene Pflanzen Verschiedenes auf; die Lehre vom Fruchtwechsel beweist es ins Große; Versuche der Naturforscher haben es im Kleinen bewiesen. Nicht jeder Pflanze schmeckt dasselbe, wie nicht jedem Tiere dasselbe schmeckt. Freilich hat die Pflanze wieder seine Zähne, keine Zunge; aber ist nicht jede Wurzelfaser, jedes Blatt, womit sie Nahrung kostet und aufleckt, eine Zunge? Denn man weiß, daß sie durch die Blätter sich so gut nährt wie durch die Wurzeln. Und wozu die Nahrung kauen, wenn sie solche ohne Zähne zu bewältigen weiß?

Sagt man etwa: daß die Pflanze sich von toten unorganischen Stoffen nährt, spricht doch nicht so dafür, daß sie eine lebendige Empfindung davonzutragen vermag wie das Tier, das schon organisch gewordene Stoffe genießt? Die Pflanzen bereiten bloß das Tote zum Übergange ins Leben vor; aber dieser Prozeß steht selbst noch auf der Zwischenstufe zwischen Leben und Tod. Ich frage dagegen: verrät es nicht mehr Lebenskraft, das Tote lebendig machen, als Lebendiges wandeln? Die Pflanze macht aus roher Erde, Wasser, Luft und faulen Stoffen herrliche Gestalt und Farbe; das Tier hat nur weniger noch zu tun, um den schon so dem Leben anheim gefallenen Stoff dann in sich zu wandeln. Überall aber sehen wir, daß je fremdartiger etwas zum Organismus tritt, je größere Lebensanstrengung also gebraucht wird, es zu bewältigen, um so geneigter ist es, Empfindung zu erwecken. So, meine ich, haben wir, die Gesetze unseres eignen Organismus betrachtend, nicht weniger, sondern eher mehr Empfindung in den Pflanzen bei Verähnlichung der Nahrungsstoffe zu suchen als in uns.

Fassen wir endlich das, was für die Pflanze das Höchste sein mag, das Licht, nochmals ins Auge. Auch unser Auge ist für das Licht empfänglich; dieses bleibt nicht ungenossen, wenn auch die Pflanze nichts davon genösse. Aber wie ganz anders mag es noch von der Pflanze genossen werden, deren ganzes Leben sich im Lichtleben gipfelt? Wer von uns mag mit geradem Blicke in die Sonne schauen? Nicht die Sonne, nur was sie ansieht, wagen wir anzusehen. Ja, wenn sie uns auf den Scheitel scheint, setzen wir Hut oder Mütze auf. Es ist im Ganzen ähnlich mit den Tieren. Selbst der Adler, indem er nach der Sonne fliegt, zieht seine Nickhaut über das Auge. Die Blume aber tut sich ganz und gar gegen das Licht auf, ja wird durch das Licht mit aufgetan; je mehr das Licht auf sie scheint, desto mehr tut sie sich auf, indes wir unser Auge um so mehr dagegen schließen; und sie gedeiht herrlich und freudig darin, wenn ihr nur nachher wieder die Labung des Regens und Taues wird. Aber wir lassen das alles wieder nicht für genossen gelten. Es soll bloß Wesen geben, die neben der Sonne weg sehen, sich in den Abfällen des Sonnenscheins sonnen dürfen. Ich meine aber vielmehr, wer nur neben der Sonne weg sehen mag, beweist eben damit, daß ihm ihr Glanz mehr Nebensache ist als dem, der gerade hinein sehen will.

Es ist wahr, die Pflanze hat wieder nicht ein Auge, gebaut wie unseres; nicht Vorrichtungen, daß ein Bild der Gegenstände in und auf ihr entstehe wie in unserm Auge. Aber wozu braucht sie es? Sie hat eben nicht nach den Gegenständen zu laufen, nicht danach zu langen wie wir. Dazu müssen wir uns freilich durch ein Bild der

Gegenstände leiten lassen. Zu ihr kommt alles von selber, was sie braucht. Statt aber an den Gegenständen, die die Sonne bescheint, freut sie sich der bescheinenden Sonne selbst, und zugleich selbst der sonnenbeschienene Gegenstand zu sein. Statt ein buntes Bild der Gegenstände auf sich malen zu lassen, wie auf unsrer Netzhaut geschieht, malt sie sich selbst bunt im Sonnenstrahle verleiblicht diesen, sozusagen, in sich. Licht wird Pflanze; sie zwingt ihm Farbe ab; es kocht in ihr Nektar und Duft; es gärt, es schwillt alles in ihr; sie entbrennt in ihm zu einem erhöhten Gefühle ihres eignen durchleuchteten Daseins, und wird hierin zugleich der Wirkung eines Höchsten über sich in sich inne. Sie schaut, indem sie in die Sonne blickt, sozusagen, ihren Gott von Angesicht zu Angesicht in Fülle seines Glanzes, und die Sonne ist ja auch wirklich ein leuchtendes Auge Gottes, in das sie schaut und womit er sie wieder anschaut.

Schon Schelling sagte: hätte die Pflanze Bewußtsein, sie würde das Licht als ihren Gott verehren. Nun, hat sie auch kein gleich entwickeltes Bewußtsein, wie das unsre ist, mag sie doch im Strahl der Sonne ein Gefühl gewinnen, das sie ebenso über ihre früher gewohnte Sphäre erhebt wie uns die Aufnahme des Göttlichen in das Gemüt. — Folgende gar hübsche Bemerkung las ich in Hegels Naturphilosophie (S. 425):

"Abends, wenn man von der Morgenseite auf eine blumenreiche Wiese tritt, sieht man wenige, vielleicht keine Blumen, weil alle der Sonne zugewendet sind; von der Abendseite prangt dann alles voller Blüten. Auch am Morgen auf der Wiese, wenn es früh ist, sieht man von Morgen kommend, keine Blumen; erst wenn die Sonne wirft, kehren sie sich gegen Morgen." — Ist das nicht ganz, als wenn die Blumen der Wiese gemeinschaftlichen Abendgottesdienst hielten und dann, noch mit dem Gesichte gegen Gott gewendet, einschliefen? Aber Gott will sie nicht fortschlafen lassen; sie fallen immer wieder im Suchen seiner und im Mitgehen mit ihm ihre Freude finden. Darum geht er nachts heimlich hinter sie herum und weckt sie morgens mit einem allgemeinen Scheine und fragt: wo bin ich? Und jede dreht den Kopf, bis sie ihn gefunden, und geht nun Tagesüber mit ihm.

Es ist wahr, nicht alle Pflanzen blicken mit den Blumen geradeswegs in die Sonne; wie viele sind, die sich neigen; ja einige gibt es, die sie abends öffnen und des Morgens oder vor dem Morgen schließen. Man denke an die Königin der Nacht.[5]

Aber es ist auch nicht gesagt, daß jedes Individuum und jede Art im Blumenreiche es zum höchsten Gipfel des Lichtlebens bringe; das Höchste in ihrer Art erreichen auch der Menschen nur wenige. Wie wenige sind, die ihre Seele ganz zu Gott wenden, wie wenige werden verdienen, ihn dereinst ganz zu schauen. Es ist genug, daß doch im Blumenreiche die Gelegenheit geboten ist, zum größten und höchsten Vollgenuß des Lichtes zu gelangen, sonst aber nirgends. Manche Blumen mögen zu empfindlich gegen das Licht sein, wie manche Nachttiere; aber der Umstand selbst, daß jede Blume sich hierbei anders und eigentümlich verhält, wie jeder Mensch und jedes Tier sich eigentümlich verhält gegen ihre Empfindungsreize, spricht dafür, das Licht sei auch wirklich ein solcher Reiz für die Pflanzen.

Wie viel mehr Bedeutung das Licht für die Pflanzen haben mag als für uns, ergibt sich, außer der Richtung, die sie gegen dasselbe annehmen, namentlich daraus, daß es so viel mächtiger in ihren ganzen Lebensprozeß eingreift als den unseren. Wir wachsen nicht anders, wir atmen nicht anders im Lichte als außer dem Lichte. Spurlos und wirkungslos gleitet der Sonnenstrahl über unsere Haut hin; nur das Auge ist für feinen Reiz empfänglich. Aber die Pflanze spürt über ihre ganze Oberfläche den Reiz des Lichts, wie den Mangel dieses Reizes. Er ist es, der sie ergrünen, es ist es, der sie erblühen macht; denn ohne Licht bleibt alles Kraut fahl, will keine Blüte sich entwickeln. Ohne Licht stockt ihre Ausdünstung, das Kraut hört auf Lebensluft von sich zu geben, die Sprossen werden schmal und lang und bleich, statt kräftiger herber und bitterer Stoffe erzeugen sich nur fade und süßliche. Jeder andere Farbenstrahl hat anderen Einfluß auf den Lebensprozeß der Pflanzen. Dabei führt die Blüte ein ganz ander Leben im Lichte als das grüne Kraut; sie

---

[5] Die Königin der Nacht, Cereus grandiflorus, öffnet Sich um 7 Uhr abends und schließt sich ungefähr um Mitternacht; mit dieser einmaligen Blüte ist es abgetan. Die Blüte des Mesembryanthemum noctiflorum dagegen öffnet sich mehrere Tage hintereinander abends um 7 Uhr und schließt sich gegen 6 oder 7 Uhr morgens wieder. Auch gibt es noch andere dergleichen Blumen. (Decand. Physiol. der Pflanzen II. S. 27. 28.)

atmet anders darin[6] , färbt sich anders darin, entfaltet sich anders darin. Nun finden wir an uns selbst, daß, je wichtiger und notwendiger ein Reiz für Erhaltung und Gedeihen des Lebens ist, desto mehr hängt auch von seinem Mittelmaß, Mangel oder Überfluß das normale Lebensgefühl oder das Hervortreten besonderer Bedürfnisgefühle ab, welche mit dem Mangel oder Überfluß des Lebensreizes in Beziehung stehen; desto bestimmter wird überhaupt jede Abänderung des Reizes empfunden. Somit können wir auch voraussetzen, daß das Licht die wichtigste Bedeutung für die Empfindung der Pflanzen haben werde, und zwar eine anders geartete für die Blüte als die Blätter.

Man könnte zwar meinen, der Umstand, daß die Blume sich so offen und gefahrlos dem Sonnenstrahle darbietet, spreche gerade am meisten gegen eine erhebliche Empfindlichkeit derselben für das Licht; denn daß wir unsere Augenlider geblendet gegen das Sonnenlicht schließen müssen, gilt uns eben als das deutlichste Zeichen einer großen Empfindlichkeit dafür. Aber sehen wir näher zu, so ist es statt einer größern Unempfindlichkeit nur eine größere Schonung der Empfindlichkeit, was wir bei den Pflanzen anzuerkennen haben. In der Tat hängt das leichtere Ertragen des Sonnenlichts von seiten der Pflanze nur davon ab, daß ihr bei ihrer allverbreiteten Reizbarkeit für das Licht nicht auch noch für eine einzelne Stelle ein solcher lichtkonzentrierender Apparat zugegeben ist wie uns in dem Linsenapparat des Auges. Indem dieser das Sonnenbild mit Macht auf unsere Netzhaut, die einzige bei uns für das Licht reizbare Stelle, konzentriert, spüren wir freilich eine gewaltige Blendung; die Pflanze bietet sich ohne solch Brennglas dem Lichte überall reizbar dar, ist aber eben deshalb der Überreizung einer einzelnen Stelle nicht so leicht unterworfen. Wir stehen so in gewisser Beziehung gegen sie gar sehr im Nachteil. Denn wir haben das Vermögen, Licht zu empfinden, unserem größern Teile nach verloren, sind nur noch zu einem Stückchen Auge; dem Stückchen mußte nun künstlich zu Hilfe gekommen werden, so erhielten wir die Brillengläser unserer Augen; diese Hilfe wird doch über wieder leicht zu viel, und dagegen brauchte es wieder künstlicher Abhilfen. Für den offenen einfachen freien Verkehr der Pflanze mit dem Lichte be-

---

[6] Die Blüte verzehrt Sauerstoff im Lichte, während das Kraut solchen entwickelt.

durfte es dagegen weder künstlicher Sammlungs-, noch ängstlicher Schutz- und Korrektionsmaßregeln. Freilich ist jenes Kunststück des Auges uns noch von anderm Werte als bloß das Licht zu sammeln, auch es zum Bilde zu ordnen; aber eben nur für uns ist es von diesem Werte, der für die Pflanzen keiner wäre.

Nach allem wird man sagen: aber wie, das Höchste, was zu beanspruchen, wäre doch wohl nur, der Pflanze, die doch jedenfalls tiefer stehen wird als wir, einen Anklang unserer Empfindung beizulegen; nun soll sie gar so vieles stärker und reicher empfinden als die Menschen und Tiere! So stünde sie ja vielmehr höher als wir; wir sollen es vielmehr sein, die nur diese und jene Anklänge von dem empfinden, was sie allseitig, voll empfindet.

Und in der Tat glaube ich, daß die Pflanze höher steht als wir, nur in einem niedern Reiche. Eben weil ihr ein höheres Seelenleben fehlt, mag das niedere, das Sinnesleben, bis zu einem Grade der Entwickelung bei ihr gediehen sein, der uns fehlt. Bei uns hat das Sinnesleben dem höheren Leben nur zu dienen, bei der Pflanze treibt es selbständig sein Geschäft. Man irrt, wenn man meint, daß die Natur ein Geschöpf schlechthin in jeder Beziehung tiefer stellt als ein andres. Tut sie's im ganzen, ist's doch nur, um die tiefere Stufe zu einem Gipfel für sich zu erheben. So überfliegt die Schildkröte doch in mancher Beziehung den Adler; sie riecht das Wasser, ohne es zu sehen; und der Holzwurm weiß und empfindet manches besser als der Mensch; er ist eben da, daß auch das Holz geschmeckt werde, wogegen des Menschen Zunge stumpf ist. Ich meine, die Pflanze lebt so recht beständig und unabgeschlossen mit Erde, Wasser, Luft und Licht, daß sie wohl auch für die Empfindung von allen Veränderungen darin ganz aufgeschlossen sein mag; rühren doch wirklich alle in ihren Lebensprozeß hinein. Aber wie sie mit all ihrem Tun nicht weit durch den Raum greift, mag sie auch mit ihrer Empfindung nicht weit durch die Zeit greifen, nicht vor-, noch nach-, noch um sich denken, nicht denken überhaupt, sondern dahin leben in der Gegenwart, sinnlich empfangend und gegenstrebend. Auch Vorstellungen in bestimmten Bildern mögen ihr abgehen. Ich deute diese Stellung der Pflanzen hier nur an; es wird sich später (XIV) noch mehr darüber und dafür sagen lassen. Gewiß ist, daß, wenn wir bloß ein paar Spuren Empfindung für die Pflanzen retten wollen, von den stärksten und schönsten Gründen für ihre

Seele auch nur Spuren übrig bleiben; ja es nicht mehr der Mühe wert wäre, noch davon zu sprechen. Denn das sieht man ja wohl, daß diese stärksten und schönsten Gründe in der Schönheit und bindenden Kraft einer in sich zusammenhängenden reichen lebendigen Naturanschauung liegen, welche uns entsteht, wenn wir ein entfaltetes Seelenleben nach allen den Beziehungen, wo das Menschen- und Tierleben eine Lücke, Leere und Unvollendung läßt, ergänzend zu ihm hinzuzufügen wissen. Und wie groß wäre diese Lücke, wenn sie nicht das Pflanzenreich füllte. Hiermit erst wird die Natur zu einer vollen Blume; wir aber wollen ihr die ganze Fülle der Blätter entreißen und nur ein paar Staubfäden stehen lassen. Und sei's sogar, daß wir vielleicht etwas zu viel in den Pflanzen suchten, so ist's ja nur ein billiger Entgelt dafür, daß man so lange gewiß zu wenig in ihnen suchte.

V. Charakter der Pflanzen.

Jede Pflanze erscheint uns jeder andern gegenüber im Lichte einer individuellen lebendigen Charakter-Verschiedenheit, die sich freilich besser im unmittelbaren Eindruck selbst zeichnet, als mit Worten zeichnen läßt. Man betrachte Aurikel und Primel; sie sind von einem Geschlecht, und jede macht doch ein ganz ander Gesicht. Efeu und Wein erscheinen verwandt, und doch welch verschiedener Charakter! Nun gar Fernstehendes: eine Rose, eine Lilie, eine Tulpe, ein Veilchen; — eine Eiche, eine Weide, eine Birke, eine Tanne; — wie scheidet sich das alles so bestimmt. Und dabei ist doch jedes so ganz einig im Charakter mit sich, so ganz aus einem Gusse. In einer Pflanze alles zart und fein; in einer andern alles üppig voll; in einer alles streng und steif; in einer andern alles weich und biegsam; die eine sich spaltend und wieder spaltend und immer spaltend und spältend von neuem; die andere sich grad' und einfach streckend; in mancher zwar Gegensätze vorhanden, doch diese wieder zu einem allgemeinen Eindruck gut gebunden. Alle Worte aber erreichen's zuletzt nicht; und wie viele Pflanzen gibt's, für deren Charakter uns gar kein Wort recht treffend zu Gebote stehen will, indes er sich doch aufs Bestimmteste bei der Anschauung für unser Gefühl ausprägt.

Es liegt hierin etwas ganz Ähnliches wie im Charakterausdruck verschiedener Menschen, so daß sogar ganz von selbst die Neigung zu wechselseitiger Vergleichung entsteht. So wird die Rose mit dem blühenden Mädchen, und das blühende Mädchen mit der Rose verglichen; die Lilie steht wie ein weißer Engel unter den Blumen, und das reine engelgleiche Mädchen vergleichen wir gern wieder mit der Lilie; so erinnern die eitle Dame und die Tulpe, ein bescheidenes Kind und ein Veilchen, ein starker Mann und eine Eiche leicht und gern aneinander. (Man denke an Freiligraths Gedicht: die Rache der Blumen.) Umsonst freilich würde es sein, alle Pflanzen-Charaktere in menschlichen Charakteren oder umgekehrt wiederfinden zu wollen; Blumen, Bäume sind eben keine Menschen; nur hier und da fällt uns ein vorwaltender Bezug ein, der doch das Eigentümliche im andern weder vollständig ausdrückt noch deckt; aber darauf kommt es auch nicht an, sondern daß überhaupt Charakter-Zeichnungen der Pflanzen und Menschen sich so ebenbürtig im ganzen und mit so lebendigen Bezugspunkten im einzelnen gegenübertreten.

Nun ist der Charakterausdruck im Menschen nichts Anderes als der äußere Ausdruck seines inneren Seelenwesens. Die Einheit und individuelle Eigentümlichkeit der Menschenseele faßt sich in diesem Ausdruck zusammen, tritt an die Oberfläche, spiegelt sich in eine andere Seele hinein. Wie kommen wir dazu, in den Pflanzen einen analogen Ausdruck ohne etwas Analoges, was sich ausdrücke, anzunehmen; die Einheit und individuelle Eigentümlichkeit von Nichts hier ausgedrückt zu finden; ein Spiegelbild, wo nichts dahinter, hier zu sehen?

Man sagt, es ist der Ausdruck, das Spiegelbild einer göttlichen Idee, was hier erscheint. Nun ja, aber eben einer göttlichen Idee, wo nichts dahinter. Gerade daß nicht bloß ein im Allgemeingeiste Aufgehendes, daß ein Selbst da ist, muß durch den selbstlebendig sich entfaltenden, gestaltenden, darstellenden Charakter der Pflanze ausgesprochen gehalten werden.

In der Tat ganz anders verhält es sich in dieser Hinsicht mit den Pflanzen als mit unsern Kunstwerken und Geräten. Auch an diesen, sollten sie selbst nichts als Lebloses darstellen, kann man freilich etwas individuell Charakteristisches finden und was sie aus einem Gusse erscheinen läßt; etwas Feines, Zierliches, Schwerfälliges, Kühnes, Edles, Gemeines, was an ein Geistiges oder Psychisches von gleichem Charakter erinnert. Aber wir wissen, es hat sich aus den Händen des Menschen dahin übergepflanzt; es trägt des Menschen Charakter, weil es von seinem Charakter ausgegangen ist. Aber die Pflanze hat sich selbst gemacht oder ist von Gott gemacht worden, wie der Mensch; ihr Charakterausdruck kann sich also nicht auf eine fremde, sondern nur auf eine eigne Seele beziehen, weil Gott der Schöpfer eigner Seelen ist.

Hiermit hängt zusammen, daß das Interesse, was wir an den Blumen im Leben und in der Poesie nehmen, ein viel lebendigeres, gemütlicheres ist, als was wir an einer Statue, einem Gemälde nehmen, welche dafür immerhin ein höheres geistigeres Interesse beanspruchen mögen. Mit welcher Sorgfalt und Liebe zieht manches Mädchen ihr Blümchen im Töpfchen am Fenster, und begießt es, und wäscht ihm den Staub ab, und dreht es nach dem Lichte, und fragt den Gärtner aus, wie es recht damit zu machen; eine Aurikel- oder Pelargonienzucht macht manchem eine ähnliche Freude wie einem andern eine Taubenzucht. Statuen, Gemälde können unser Zimmer wohl zieren, unsern Geist bilden; aber selbst nicht so mit uns leben. Man sagt: die Ähnlichkeit mit dem eigentlich Lebendigen verführt uns; Pflanzen wachsen und treiben; das sieht wie Leben aus; Bilder und Statuen tun's nicht. Und in der Tat das erklärt, aber macht zugleich den Unterschied; verführt uns nicht, sondern führt uns. Eben weil die Pflanze lebendig aus sich wächst und treibt, das Gemälde, die Statue nicht, die bloß von fremder Hand erwachsen, kann man's auch in betreff der Seele voraussetzen; die Seele, die in der Statue liegt, ist bloß eine fremde; die in der Blume liegt, eine eigene. Die Natur hat eben das voraus vor dem Menschen, daß ihre Kunstwerke, d. s. die Tiere, Pflanzen, selbstlebendige sind.

Jeder gibt gern zu, daß, wenn das Kind nicht eben so lebendig und gefühlsbegabt als die Mutter wäre, die Mutter auch keine lebendige Liebe und Freude daran haben könnte. Und so scheint es mir in derselben Verknüpfung zu liegen, daß wir uns nicht mit so viel Seele für die Blumen interessieren könnten, wie wir es tun, wenn sie nicht selbst so viel Seele hätten; unstreitig aber haben sie noch bei weitem mehr, als unser Interesse für sie verrät; weil doch die Blumen uns nur zu ferne verwandt sind, als daß wir den Ausdruck ihrer Seele so leicht verstehen könnten wie die Mutter den des Kindes. Aber es ist doch noch so viel davon da, um den Schluß für das Mehrere auch anknüpfen zu können.

Will der Verstand auf alles das nicht eingehen? Wohlan, so beweisen wir ihm, daß er es unwillkürlich doch tut. Selbst Philosophen haben, ganz ohne den Gedanken an eine wirkliche Seele der Pflanzen unterzulegen, das in seiner Art selbständige charaktervolle Treiben des menschlichen Gemüts durch das analoge der Pflanzen erläutert, also doch den Ausdruck des einen im andern wiedergefunden. "So wie die Pflanze," sagt Lotze in seiner Abhandlung über die Bedingungen der Kunstschönheit (S. 55.), "aus ihrem Keime alle Teile ihrer Gestalt mit eigner inwohnender Triebkraft entwickelt, und Wolken und Winde sie nie zu etwas anderm machen, als ihre Bestimmung war, so ruht auch jedes einzelne Gemüt völlig auf sich selbst, ein aus dem Ganzen gegossenes Ganze, das zwar äußere Einflüsse in ihren Strudel reißen können, aber nicht in seinem wesentlichen Kerne verändern." — Nun wohlan, sage ich, wenn das Gemüt so in und aus sich treibt wie eine Pflanze, warum kann nicht eben ein Gemüt das Treibende der Pflanze sein?

Und ebenda (S. 38) heißt es: "Mit derselben Neigung ihres gestaltenden Triebes, dem die einfachen Formen der Blätter entsprangen, nur auf einem überhaupt höher gelegenen Boden ihres Wirkens, entfaltet die Pflanze die geistigeren Gestalten der Blüte und selbst die zusammengeschlossenen Umrisse der Frucht; so wird auch jede Entwickelung überhaupt als eine allmähliche Bereicherung und Vertiefung eines ursprünglichen Gedankens in sich selbst betrachtet werden müssen."

Es möchte leicht sein, in andern philosophischen Schriften Parallelstellen zu den vorigen zu finden, die sich mir nur eben ungesucht bei jetziger Lektüre darboten. Daß sie von einem Schriftsteller herrühren, der überhaupt verständige und sinnige Betrachtung zu scharfem Ergebnisse zu verknüpfen gewohnt ist, mag uns übrigens mit dafür sprechen, daß auch hier Verstand und Sinn sich in mehr als zufälliger Weise begegnen.

Bei Mensch und Tier hängt an der charakteristischen Physiognomie, die ihnen zukommt, auch ein charakteristisch verschiedener innerer Bau, eine charakteristische Ordnung und Weise der Lebensprozesse. Eine verschiedene Seelenwirtschaft bedarf überhaupt einer verschiedenen Körperwirtschaft zum Ausdruck oder Träger, und der allgemeine Zug der Gestalt deutet nur äußerlich die eigentümlich zusammenhaltende und abschließende Einheit dieser inneren Wirtschaft dem Auge an. Und ganz so wie mit Mensch und Tier ist's auch mit der Pflanze. Ein menschlicher Zeichner zwar führt wohl alle seine Gestalten, wie charakteristisch verschieden sie sein mögen, mit Schraffierungen in derselben Manier aus; jede verschiedene Pflanzenform aber, wie jede Tierform, ist innerlich anders mit Zellen, Fasern, Röhren ausschraffiert; anders auch laufen die Säfte; anders wirken die Kräfte. Und nicht bloß zwischen verschiedenen Arten, wie Eiche, Weide, Tulpe, Nelke, finden solche Verschiedenheiten statt, sondern selbst zwischen verschiedenen Individuen derselben Art; weniger deutlich, als zwischen den Arten, wie aber auch Neger von Neger, Maus von Maus sich minder deutlich scheidet als Neger vom weißen, Maus von Ratte oder Löwen.

Hat nun der Pflanzenleib so ganz alles, was die Seele braucht, sich einheitlich und verschiedentlich zugleich darzustellen; warum sollte es an der Seele selber darin fehlen?

Von Interesse scheinen mir in betreff der Charakterverschiedenheit von Pflanzen-Individuen derselben Art u. a. folgende Bemerkungen Decandolle's (Physiol. II. S. 21):

"Unabhängig von den durch die Arten-Natur bedingten Ursachen, die Blütezeit zu verändern, gibt es noch andere, welche von den Individuen selbst abzuhängen scheinen; ungefähr auf gleiche Weise, wie man im Tierreiche bedeutende Verschiedenheiten zwischen den Individuen der gleichen Art wahrnimmt, welche scheinbar den gleichen Einwirkungen unterworfen sind. In der Tabelle Adansons[7] sehen wir, daß bestimmte Fliedersträuche (Syr. vulg.) blühten, wenn die Summe der Wärmegrade 620 betrug, und daß andere 830 Grad brauchten; daß ferner bestimmte Esparsettestauden (Hedys. onob. L.) nach 1100 Wärmegraden blühten und andere erst nach 1400. Unstreitig rühren diese Unterschiede häufig von Verschiedenheiten im Standorte der Gewächse her; wie z. B. von einer vor Nordwinden geschützten oder überhaupt günstigen Lage, von einer an den Wurzeln vorbeifließenden Wasserader usw.; in einigen Fällen scheinen diese Erklärungsweisen aber durchaus unzulässig. So ist es z. B. selten, daß man in einem mit Roßkastanienbäumen besetzten Spazierwege, wo alle Bäume die gleiche Lage zu haben scheinen, nicht sollte bestimmte Individuen bemerken, welche sich jährlich früher oder später als die übrigen belauben und früher oder später blühen. Zu meiner Zeit standen im botanischen Garten zu Montpellier zwei Roßkastanienbäume dicht nebeneinander und folglich in möglichst gleichen Verhältnissen, dennoch blühte der eine dieser Bäume vor allen übrigen des Ganges und der andere ganz zuletzt. Ich kenne einen Roßkastanienbaum in der Nähe von Genf (bei Plainpalais), welcher sich alle Jahre einen Monat früher belaubt und um eben so viel früher blüht als alle übrigen, ohne daß doch irgend eine Eigentümlichkeit seines Standortes diese frühere Entwickelung erklären könnte. Eine ähnliche Beobachtung

---

[7] Die Berechnung der Wärmegrade ist darin auf eine eigentümliche Weise geführt (Decand. II. 16), welche es nicht nötig ist, hier zu erörtern wo es bloß um eine Vergleichung im Allg. zu tun.

finde ich in einem Buche niedergelegt, welches man nicht für gewöhnlich unter den wissenschaftlichen Werken anführt. Ein geistreicher Unbekannter sagt in seinen Souvenirs (den Mémoires de Constant beigedruckt, Band VI. S. 222): "Ich würde es mir zeitlebens vorwerfen, wenn ich diese Gelegenheit nicht benutzte, um eine Beobachtung mitzuteilen, welche ich jährlich wiederhole, wenn ich mich zu Frühlingsanfang in Paris befinde. Unter den Roßkastanienbäumen der Tuilerien, welche sich kuppelförmig über den Bildsäulen des Hippomenes und der Atalanta erheben, befindet sich einer, dessen Laub sich vor demjenigen aller übrigen Bäume in Paris entwickelt. Auf diesen Baum achte ich nun schon wenigstens 25 Jahre lang, und niemals ertappe ich ihn auf einer Nachlässigkeit. Ja, was noch mehr sagen will, wie ich eines Tages vor einigen Personen von diesem Baume sprach, so zeigte mir eine derselben die nämliche Beobachtung in den Handschriften ihres Großvaters niedergeschrieben; an der Bezeichnung des Standortes sah man, daß durchaus der nämliche Baum gemeint war, den ich beobachtet hatte."

Auch gehört hierher folgende Bemerkung von Fritsch in seiner Abhandlung über die periodischen Erscheinungen im Pflanzenreiche S. 62: "Man sieht nicht selten aus zwei Keimen einer und derselben Pflanzenart, welche dem äußern Anschein nach sich gleichen, zwei Organismen sich entwickeln, von denen der eine schwach und hinfällig, nach kurzer Zeit kraftlos dahin schwindet, während der andere stark und kräftig sich entwickelt und den äußern Einflüssen widersteht, ungeachtet beide Keime unter gleichen örtlichen und klimatischen Verhältnissen sich entwickelten und einer gleichen Pflege aus der Hand der Natur oder der Menschen teilhaftig waren. Tief verborgen liegen die Ursachen dieser Erscheinungen, und ihre Erforschung hängt mit der Frage, worin das Leben der Pflanzen bestehe, so innig zusammen, daß noch lange ihr Einfluß auf die Entwickelung der Pflanzen unerkannt bleiben dürfte."

Was ich bisher ausgeführt, ging mir erst nur in flüchtigen Zügen durch die Seele, als ich am Wasser stehend die Blume betrachtete, die zu diesen ganzen Betrachtungen den ersten Anlaß gab. Und es war mir, als sähe ich die Seele der Blume selbst in leisem Nebel aus der Blume emporsteigen, und immer mehr lichtete sich der Nebel, wie sich die Betrachtung bestimmter gestaltete, und endlich stand die feine Gestalt der Seele klar, ja verklärt, über der Blume. Sie wollte wohl einmal auf das Dach ihres blühenden Hauses steigen, der Sonne besser als im Hause zu genießen; da ward die ungesehen sich Glaubende von einem Menschenkinde überrascht.

In Wahrheit aber schien mir in all dem, was ich hier dargelegt; so viel Anstalt, so viel Forderung, und endlich noch so viel Zeichen und Symbol von Seele und Empfindung für die Pflanze zu liegen, daß ich mich ernstlich zu fragen anfing, wo denn nun die Gründe seien, nach denen man sie ihr absprechen könne; und ich erstaunte, sie im Ganzen doch so schwach zu finden. Wohl stellte sich ein Einwand nach dem andern ein; die gewohnte Vorstellung wollte immer wieder zu Recht kommen; alles doch so anders in der Blume als in Mensch und Tier! Es war, wie wenn schlimme Käfer sich um die Blume drängten, und auf die fremd darüber erscheinende Gestalt, die ihnen den gewohnten Platz zu verkümmern drohte, einen Angriff machten, und diese zog sich manchmal scheu davor zurück. Nun freilich, Seele, drinnen ist eigentlich dein Platz! Laß alles draußen dein Haus umschwirren, unwissend der Bewohnerin; drinnen kann dir niemand etwas anhaben. Aber so lange ich hier stehe, will ich dir die Feinde abhalten.

VI. Pflanzen-Tod und -Leid.

Hart ging mich anfangs der Gedanke an, wie von allen Gräsern und Blumen der Wiese, von allen Ähren des Feldes, von allen Bäumen des Waldes doch kaum eines eines natürlichen Todes stirbt, wie alles das unter der Sichel, der Sense, der Art fällt, und ich fragte mich: sollte die Natur so viele Geschöpfe mit Empfindung nur begabt haben, um alle einen grausamen Tod sterben zu lassen? Sind sie nicht doch bloß vielmehr zum Schmucke und Nutzen für anderes da, als sich selbst zu schmücken und zu eignem Zwecke zu wachsen? — Derselbe Einwand begegnete mir zuerst, als ich zu einem Freunde von meinem Glauben an die Pflanzenseele sprach. Nein, sagte er, das wäre doch zu schlimm, wenn die Pflanzen als beseelte Wesen sich alles das gefallen lassen müßten, und nicht einmal den Versuch machen könnten, davon zu laufen!

Inzwischen betrachtete ich dagegen, wie ja in denselben Ländern, wo kein Gras und Baum mehr eines natürlichen Todes stirbt, auch kein Hase, kein Reh, kein Schaf noch Rind, noch Pferd, ja fast kein Mensch mehr eines natürlichen Todes stirbt. Denn wer wird es einen solchen nennen, wenn der Mensch von Krankheit grausam zu Tode gequält wird. Man mag versuchen, diesen, mit dem Übergewicht der menschlichen Kultur eintretenden, Umstand sich zurecht zu legen, wie man will, aber einen Einwand gegen die Empfindung der Geschöpfe, die diesem Schicksal unterliegen, kann man nicht daraus ziehen. Die Natur hat unzählige Geschöpfe mit dem Vermögen unsäglich mannigfaltiger Lust geschaffen, aber an jedes Vermögen, mit Lust zu leben, knüpft sich auch die Gefahr, mit Unlust zu sterben.

Daß die Pflanze nicht einmal den Versuch machen kann, drohendem Unheil auszuweichen, scheint uns freilich schlimm, aber doch nur von unserm Standpunkt aus. Wenn der Soldat, in Reih und Glied gebannt, die Kanonenkugeln immer näher streichen und nach sich fortschreitend Mann um Mann fallen sieht, so muß ihn das freilich schlimm dünken. Er fühlt die Kugel eher, ja vielleicht noch mehr, als wenn sie ihn wirklich trifft. Aber wenn der Schnitter durch das Feld geht, so weiß die Ähre nichts von seinem Nahen und fühlt den Schnitt erst, wenn er sie wirklich trifft; nicht anders als auch der Mensch von so manchem durch ein höheres Wesen über ihn verhängten Schicksal plötzlich getroffen wird, ohne daß seine Lebensfreude auch nur einen Augenblick durch dessen Voraussicht getrübt worden wäre. Dieses Unbesorgtsein der Pflanze kann sogar selbst als eine schöne Seite ihres, der Gegenwart rein dahingegebenen, Lebens erscheinen, als Ersatz dafür, daß sie freilich auch höhere Genüsse, die am größern Vorblick und Umblick hängen, missen muß. Glaubt man denn, es sei der Maus besser zu Mute, wenn die Katze sie spielend mordet, so daß sie den Tod hundertmal schon fühlt, ehe sie ihn erleidet, als wenn sie von einem Schlage ihrer Tatze getötet wird? Und was ist unser Immerwieder davonlaufen aus den Gefahren des Todes viel anders als das immer wieder Weghuschen unter den Klauen einer großen schwarzen Katze, von der wir doch wissen, daß wir ihr endlich anheimfallen werden.

Auch sonst stellt man sich die Sachlage für die Pflanzen leicht zu schlimm vor. Wie unzählige Bäume und Kräuter sterben doch noch den natürlichen Tod in Wildnissen; wie sorgsam werden Fruchtbäume und Blumen von uns selber im Garten gepflegt. Und wenn alle Bäume unsrer Wälder endlich niedergeschlagen werden, ist es nach einer viel längern Lebensdauer, als im Mittel der Mensch hat. Alle Felder werden endlich abgemäht, aber was hat das schon zu Stroh gewordene Getreide noch zu verlieren? Gewonnen hat es doch vorher von uns Düngung und gute Pflege. Die Gräser der Wiese werden im Mähen vielmehr geschoren wie die Schafe, als geschlachtet, denn der Stock der Gräser geht ja nicht ein, wird nur zu neuem kräftigern Austriebe gereizt. Überhaupt, wenn wir Teile von der Pflanze abreißen, hat das gar nicht gleiche Bedeutung, als wenn wir Teile von uns losreißen, weil die Pflanzen anders als wir darauf eingerichtet sind, beim Abschneiden oder Abreißen einzelner Teile andere um so stärker zu treiben. Nimmt man einer Pflanze einige Blüten, werden die andern wie die daraus hervorgehenden Früchte nur um so völliger ausgebildet. Wie dienlich das Beschneiden für die Tragbarkeit von Früchten sein kann, ist bekannt. Also wird man sich das Pflücken einer Blume oder Brechen eines Zweiges gar nicht so sehr zu Herzen zu nehmen haben. Leidet auch die Pflanze zunächst etwas davon, wird es sein, wie mit dem Leiden des Menschen, welches dient, ihn zu größerer Tätigkeit heilsam anzutreiben, was ihm oft durch die Folgen mehr frommt, als das Leiden unmittelbar schadet. — Dazu muß man es noch für sehr fraglich halten, ob die Pflanze, wenn sie auch empfindet, den Schnitt und das Abbrechen ebenso mit Schmerz empfindet wie das Tier, da ganz andre Bedingungen der Organisation hier obwalten. Die Verhältnisse der Schmerzempfänglichkeit sind überhaupt noch nicht aufgeklärt. Sogar das Tier empfindet den Schnitt an manchen Teilen nicht, die doch gerade Hauptträger seiner Seelentätigkeiten sind. Man kann vom Gehirn große Stücke wegschneiden, ohne daß Schmerz entsteht, während die Sinnes- und sonstigen Seelentätigkeiten dabei leiden. Und selbst diese leiden nicht, wenn man nicht zu viel wegschneidet, indem die noch übrigen Teile dann die Funktion der weggenommenen vertreten. So kann man auch ein Auge zerstören, und der Mensch sieht noch vortrefflich mit dem andern. Und so wird man auch eine einzelne Blume von einer Pflanze abreißen können, ohne daß es wahrscheinlich die Pflanze sehr erheblich weder unmittelbar durch Schmerz noch sonstiges Leid spürt, wenn ihr nur noch andere gleich schöne Blumen bleiben; der Trieb in diese wird nur um so mehr zunehmen. Wollte man ihr freilich alle Blumen nehmen, so wäre es traurig. Aber dem Menschen geht es auch oft traurig, und man wird nicht verlangen, daß es die Pflanze besser habe als der Mensch.

Die Besorgnis, daß wir keinen Spaziergang durchs Grün mehr machen, das Mähen keiner Wiese mehr ansehen, keine Blume mehr pflücken könnten, ohne uns störend durch den Gedanken berührt zu finden, daß hierbei empfindenden Geschöpfen ein Leides getan werde, wird hierdurch schon sehr vermindert erscheinen. Wir sind aber auch in solcher Beziehung gar nicht so sentimental, als wir uns wohl manchmal einbilden möchten; und wäre es also nur, um uns selbst unangenehme Gefühle zu ersparen, daß wir der Pflanze keine Gefühle zuschreiben wollten, — im Grunde der ganze Sinn des Einwandes — so hätten wir dabei auf etwas gerechnet, was eigentlich gar nicht da ist.

Erinnern wir uns doch, wie es uns gar nicht anficht, zu wissen, daß wir auf jedem Spaziergang wohl taufend kleine Tierchen zertreten; wie wir ohne die geringste Anwandlung von schmerzlichen Gefühlen unsern Braten essen; große Töpfe Krebse kochen; Hirsche, Hasen, Rehe jagen; Vögel schießen oder in das Bauer sperren; Insekten um der Sammlung willen spießen; Frösche zum Experimente schinden; in die Luft mit dem Stocke nach Mücken schlagen; Ameisen mit kochendem Wasser übergießen; Maikäfer schütteln und zerstampfen; Fliegen an Stöcken mit Fliegenleim sich zu Tode zappeln lassen. Höchstens schilt doch jeder nur auf das, was er selber in dieser Beziehung nicht zu tun gewohnt ist. Hiernach werden wir nun wohl erwarten können, daß uns auch der Gedanke an das Weh, das wir den Pflanzen im Verfolgen unsrer Zwecke etwa zufügen möchten, keine große Unbequemlichkeit machen wird. Der Mensch weiß sich auf dergleichen einzurichten. Er verspart sein Mitleid für Tiere auf die Fälle, wo er eben keinen Nutzen davon hat, sie zu töten oder zu plagen, oder bloß einem andern als ihm selber dieser Nutzen zu Gute kommt. Da kann dies Mitleid manchmal lebendig genug werden. Und gerade ebenso würde sich's auch bei den Pflanzen machen. Ob das eine löbliche Seite des Menschen ist, braucht hier nicht untersucht zu werden; genug, es ist so, und mag immerhin so notwendig in der natürlichen Verkettung der Dinge liegen. Sollte aber der Mensch wirklich lernen, die Pflanzen etwas schonender zu behandeln, da wo kein Zweck gebietet, sie zu verletzen, wäre es ein Nachteil? Ich meine, eher das Gegenteil!

VII. Die Freiheitsfrage.

Die Pflanze hat keine willkürliche freie Bewegung, dies scheint vielen schon Beweises genug, daß sie keine Seele und mithin Empfindung hat[8] . Denn, sagt man, beides, Empfindung, bezüglich auf eine Seele, und willkürliche Bewegung, ausgehend davon, hängen wesentlich zusammen, wo eins nicht ist, kann das andere nicht sein. Die Pflanze folgt in allem, was mit ihr geschieht, reinen Gesetzen der Naturnotwendigkeit. Es mag ein komplizierteres Geschehen als im unorganischen Gebiete sein; aber so notwendig wächst die Pflanze in der durch Erde, Wasser, Luft, Licht und innere Anordnungsverhältnisse des Samenkornes bestimmten Richtung, wie die Planeten ihren Weg gehen. Eine Seele aber will Freiheit, Selbstbestimmung.

Vielleicht zwar stellt nicht jeder diesen Einwand so scharf. Die Notwendigkeit, mit der die Pflanze wächst, und mit der das Planetensystem sich bewegt, wird manchem doch nicht gleichgeltend erscheinen, ohne daß er deshalb die Pflanze für hinlänglich frei halten mag, um sie auch für beseelt zu halten. Aber je mehr der Einwand an Schärfe verliert, verliert er auch an Gewicht. Was verlangt man zuletzt für eine absonderliche Art Freiheit, um noch Seele zu finden? Gleichviel, wie man den Einwand fasse, suchen wir, im folgenden jeder Fassungsweise desselben zu genügen.

Dabei werden wir uns vor allem zu hüten haben, nicht unsern ganzen Gegenstand in die Irre, die Wirre, den Hader hinein verloren zu geben, worin die ganze Freiheitslehre, den Freiheitsbegriff an der Spitze, noch befangen liegt. Der armen, schlicht einfältigen Pflanzenseele möchte schlimm zu Mute werden und sie wohl selber sich verloren halten, wenn sich auf einmal so viel gelehrte Philosophen um sie stellten, und, jeder in seiner Weise, zu examinieren anfingen, ob und was sie von der Freiheit wisse und besitze, die er selber gerade für die alleinseelenmachende erklärt. Was soll sie

---

[8] So sagt Autenrieth in seinen Ansichten über Natur- und Seelenleben S.332: "Es lebt ein großes organisches Reich, das der Pflanzen, ohne Spur von Freiheit oder Wahl in den Äußerungen seines Lebens, also ohne Zeichen des Daseins einer Seele"; und S. 223: "Betrachten wir die Pflanzen, denen man bei ihrem gänzlichen Mangel an jeder Spur von Willensfreiheit kein Beseeltsein zuschreiben kann."

antworten? Sie versteht nichts von allen Fragen. Aber ich nehme sie und trage sie säuberlich aus dem gelehrten Kreise heraus, heraus unter die Tiere des Waldes und Feldes, mit denen sie sich besser versteht, und stelle ein paar einfache Fragen an sie, die sie wohl zu beantworten wissen wird.

In der Tat dürfte es möglich sein, alles im Klaren und Einfachen zu halten, und dazu es weder mit Deterministen noch Indeterministen zu verderben, wenn wir nur scharf bei dem Punkte stehen bleiben, auf den es nach der ganzen Anlage unsrer Betrachtungen allein ankommen kann, zu zeigen nämlich, daß die Pflanze hinsichtlich keines der tatsächlichen Umstände, welche bei Beurteilung der Freiheit maßgebend sein können, schlechter als die Tiere gestellt ist, sei's auch in anderer Form gestellt. Wer dann die Tiere für frei erklärt, wird auch die Pflanzen für frei erklären müssen; wer jene nicht für frei erklärt, und wie viele sind denn, welche den Tieren wahre Freiheit beilegen mögen, wird solche dann freilich auch den Pflanzen nicht zusprechen, aber auch zur Beseelung nicht von ihnen fordern können, da er sie doch auch von den Tieren nicht dazu fordert. So bleibt den Pflanzen in jedem Falle so gut Seele wie den Tieren; man mag Freiheit in seinem besondern philosophischen Interesse definieren, leugnen oder zugestehen, wie und so weit man will; genug nur, daß die gewöhnlich mit den Worten Freiheit, Willkür bei den Tieren in bezug gesetzten Zeichen sich bei den Pflanzen, wenn nicht in denselben, doch in äquivalenten wiederfinden. Hüten wir uns aber, die Erfahrungen schon als gedeutete zu fassen; da es sich vielmehr erst darum handelt, aus den Erfahrungen die Deutung zu schöpfen.

Woraus schließen wir denn auf jene Freiheit bei den Tieren, die wir als wesentlich zu ihrem Beseeltsein auch wieder zu fordern pflegen? Daraus, daß wir das Tier da- und dorthin laufen, fliegen, schreien, Futter suchen sehen, ohne daß wir von außen genügende Veranlassungen dazu finden; es wirkt etwas von innen heraus, was wir nicht berechnen können. Nun aber sehen wir eine Pflanze ihre Knospen, Äste, Blüten auch bald da- bald dorthin, nach dieser oder jener Richtung treiben, ohne daß wir genügende äußere Veranlassungen dazu finden oder die etwaigen inneren berechnen könnten. Wer will einer Pflanze nachweisen, warum sie die Blätter und Zweige so und nicht anders treibt? Die Freiheit äußert sich freilich hier in einer ganz anderen Sphäre von Tätigleiten als beim Tiere, aber schon innerhalb des Tierreiches findet hierin großer Spielraum statt. Daß bei den Pflanzen mehr von einer Nötigung durch äußere Veranlassungen abhänge als beim Tiere, wird sich nicht behaupten lassen, da wir verschiedene Pflanzen unter denselben äußeren Umständen sich so gut anders benehmen sehen wie verschiedene Tiere. Nie hat doch eine Pflanze ganz auf dieselbe Weise ihre Zweige, Blätter und Blumen getrieben wie die andere, auch wenn sie ganz ähnlich stand. Freilich bleibt jede dabei innerhalb gewisser allgemeiner, mehr oder weniger bestimmter Regeln, die mit ihrer Natur zusammenhängen; aber ebenso auch jedes Tier; es kann nur laufen, wie ihm die Beine, nur fressen, wie ihm der Schnabel gewachsen ist. Freilich wird die Pflanze, bei den Bewegungen des Wachsens, Biegens, Faltens ihrer Teile, die sie macht, durch äußere Reize, Licht, Luft, Feuchtigkeit, Erde mitbestimmt; aber ebenso auch jedes Tier. Wie sehr werden seine Bewegungen durch das Verlockende und Zurückstoßende äußerer Reize mitbestimmt; nur eben nicht allein, wie auch nicht bei der Pflanze. Freilich könnte man sich bei der Pflanze möglich denken, daß Wirkung der äußern Reize, zusammengenommen mit den Bedingungen, die innerlich im Bau, der Einrichtung der Pflanze liegen, ihr Verhalten unter allen Umständen ganz notwendig bestimmte; aber wiederum ganz ebenso bei dem Tiere. Hat es denn etwa weniger komplizierte innere Bedingungen aufzuweisen als die Pflanze, deren Zutritt zu den äußern alles das möglicherweise zu erklären vermöchte, was nicht von den äußeren allein abhängig gemacht werden kann? Im Gegenteil, es hat sogar noch mehr; was auch unstreitig die Möglichkeit noch mannigfaltigerer und verwickelterer Tätigkeiten bei ihm erklärt. Will man also auf diesem Wege der Pflanze Freiheit absprechen, so kann man es zwar gewiß, und ich selbst bin völlig der Meinung, daß kein Hindernis ist, es zu tun; es ist aber ganz derselbe Weg, der dazu führt, sie auch dem Tiere abzusprechen; und da doch das Tier trotzdem Empfindung und Trieb fühlt, so wird man dasselbe auch der Pflanze ebenso zugestehen können.

Freiheit im höchsten, im moralischen Sinne wird unstreitig überhaupt niemand weder den Tieren noch den Pflanzen beilegen wollen; ob aber nicht außer dieser Freiheit alles in der Welt notwendig bedingt sei, kann um so eher gefragt werden, als ja manche die moralische Freiheit selbst als innere Notwendigkeit zu fassen wissen. Gewiß jedenfalls ist Freiheit, Willkür in gewöhnlichem niederen Sinne keine so ängstlich zu nehmende Sache, daß man ihren Schein nicht ohne Gefahr, mit höheren Interessen in Konflikt zu geraten, in einer rückliegenden Notwendigkeit sich aufhebend denken könnte. Auch einem Verrückten, der in blindem Triebe hinrast, legen wir sie bei, sofern er eben nicht gebunden ist, geben aber doch zu, daß im Grunde etwas von innen heraus Nötigendes ihn treibe, und sprechen ihm dabei nicht Gefühl, Empfindung ab.

Ich denke, was man in Sachen der Freiheit für ein Geschöpf wesentlich fordern muß, um ihm Seele zusprechen zu können, ist überhaupt nur dies, daß es den Antrieb zu gewissen Tätigkeiten als seine eigenen fühle. Dies genügt. Ob dann dies Gefühl des Antriebes mit Notwendigkeit entstanden ist oder nicht, kann man zwar noch untersuchen, aber, wie die Antwort auch ausfalle, keinen Beweis gegen das Dasein der Seele daraus ziehen. Nur eine doppelte Ansicht über die Natur der sich frei dünkenden Seele kann daraus hervorgehen. Der hungrige Fuchs packt die Henne; daß er es tut, ist vielleicht ganz notwendig durch seine Einrichtung und das Dasein der Henne bedingt; vielleicht auch nicht; denn ich entscheide hier nichts; obwohl ich meinerseits der erstem Meinung bin, aber es kommt hier eben nichts darauf an. Daß er den Trieb, die Henne zu packen, als seinen fühlt, in ähnlichem Sinne wie ein Mensch, der einem sinnlichen Gelüste unterliegt, dieses Gelüst als seines fühlt, macht seine Handlungen immer willkürlich, frei in niederem, gemeinem Sinne, so wie es für ein beseeltes Wesen wird zu fordern sein, aber auch hinreicht. Mag also auch die Pflanze mit Notwendigkeit ohne alle höhere Freiheit ihre Blätter und Zweige dahin treiben, wohin sie dieselben eben treibt; wofern sie nur den Antrieb dazu auch ebenso als ihren eignen fühlt, das Nötigende in sich fühlt, wie das Tier, wenn es seine Krallen beim Fange streckt, seine Füße beim Laufen setzt, so treibt sie auch ihre Blätter und Zweige in gleichem Sinne frei, willkürlich; und wo läge ein Zeichen, daß dies bei der Pflanze weniger der Fall sei; vielmehr ist, die Form des Treibens abgerechnet, alles analog wie beim Tiere. Ja weist nicht selbst die Gemeinschaftlichkeit des Ausdrucks Trieb für uns, die Tiere und die Pflanzen auf ein Gemeinschaftliches dabei hin? Im Triebe will etwas aus uns heraus; oder wollen wir selbst über unseren jetzigen Zustand heraus; hiervon hat die Seele das Gefühl; ob aber der Trieb ein Wesen ganz fortreißt, das nicht angewachsen ist, um zum Zwecke zu gelangen, wie uns, oder, wie bei der Pflanze, die angewachsen nicht ganz fortgerissen werden kann, sie treibt, sich über sich selbst hinaus zu verlängern nach allen Seiten, wo es etwas für sie zu erlangen gibt, das ändert nichts im Wesen des Triebes, und das Gefühl davon kann in beiden Fällen gleich stark und lebendig sein. Man hat gleich den Gegensatz davon, wenn man sich denkt, daß die Pflanze, statt durch ein Spiel eigener Kräfte sich dahin zu verlängern, wohin ein Reiz sie treibt oder die innere Lebensmacht sie drängt, durch eine äußere Kraft dorthin gezerrt oder gebogen würde. Dann würde auch unstreitig kein Gefühl eignen Triebes in ihr vorhanden sein. Es ist derselbe Unterschied, ob unser Arm durch ein Spiel der uns selbst eignen Kräfte gestreckt wird, oder ein andrer ihn streckt; der erstere Fall ist mit Gefühl des eignen Antriebes dazu verknüpft, der letztere nicht. Warum sollte es bei der Pflanze anders sein? Im Übrigen können beide Fälle möglicherweise gleicher Notwendigkeit unterliegen; einesfalls wirkt nur das Moment der Nötigung von innen und andernfalls von außen.

Diese Betrachtungen stellen nichts in künstliches Licht, sondern bringen in Wahrheit erst das Sachverhältnis klar zum Vorschein, welches in der gewöhnlichen Betrachtungsweise durch den Zirkel getrübt ist, daß wir die Pflanzen ohnehin schon für seelenlos den Tieren gegenüber halten; also ihr Treiben auch von vornherein aus dem Gesichtspunkte einer seelenloseren Notwendigkeit fassen als das der Tiere. Dagegen zeigt sich bei Abtun aller vorgefaßten Meinung, daß die Notwendigkeit überhaupt bei Pflanzen nicht im Mindesten erwiesener als bei Tieren ist; so wahrscheinlich sie aber bei ihnen sein mag, daß diese Wahrscheinlichkeit das Tier und die Pflanze gleich betrifft; und selbst so erwiesen sie sein möchte, daß nichts gegen einen Seelentrieb dadurch bewiesen wird, sofern derselbe gar nicht an den Kategorien des notwendigen oder nicht notwendigen Entstehens hängt. Zuletzt glaubt jedes Wesen frei zu handeln, wenn es nach seiner Lust handelt, denn dies hängt mit dem Gefühle des Triebes zu einer Sache zusammen. Aber daß es Lust an dem oder jenem hat, hängt selbst von seiner physiologischen und psychologischen Einrichtung ab.

Am direktesten und entscheidendsten spricht sich der Charakter des Handelns aus freiem Triebe oder nach Lust beim Tiere darin aus, daß es mit einem Aufwande innerer Kräfte die ihm günstigen Lebensbedingungen zu erreichen, die ungünstigen zu fliehen sucht. Indem es nach Nahrung läuft, fühlt es, was es dahin laufen macht. Warum weniger glauben, daß die Pflanze, wenn sie nach Nahrung wächst, fühlt, was sie dahin wachsen macht? Bloß äußerlich davon angezogen wird sie so wenig wie das Tier. Das Tier treibt der Hunger, die Lust am Wohlgeschmack; warum soll die Pflanze weniger hungern, wenn ihr Nahrung fehlt; es weniger schmecken, ob sie zusagende oder nicht zusagende Nahrung findet? Die Bemühungen, die rechte Nahrung zu finden, sind jedenfalls bei der Pflanze nicht geringer als bei dem Tiere, und sehr analog; nur daß das Tier sich ganz fortschiebt nach der Nahrung, die Pflanze Teile von sich fortschiebt nach der Nahrung; daß die Pflanze nicht durch Augen und Ohren bei ihrem Suchen geleitet wird, sondern durch Fühlfäden, die sie nach allen Seiten ausschickt.

In der Tat, wie weit streckt oft die Pflanze ihre Wurzeln; wie kriecht sie damit herum, um fruchtbares Erdreich zu finden. Wo sie nun solches findet, da schlägt sie sozusagen ihre Wohnung auf, die dürren Stellen verläßt sie; ja oft scheint sie das gute Erdreich auf große Weiten zu wittern und durch schmale Ritzen in Mauern oder Felsen den Weg dahin zu finden, indes sich nach seiten des unfruchtbaren Erdreichs die Bewurzelung wenig entwickelt. Es gibt davon bemerkenswerte Beispiele. Man hat gar Fälle, wo die ganze Pflanze sich dadurch von der Stelle bewegt hat und sozusagen auf die Sprünge des Tieres gekommen ist. Sie beweisen zwar nicht mehr, als wo sie stehen bleibt; aber sie beweisen dasselbe doch recht deutlich.

"Unter den Ruinen von New-Abbey in Gallowayshire befindet sich eine Art Ahorn (Acer pseudoplatanus); diese überragte einmal die Mauer, aber von Mangel an Raum oder Nahrung gedrängt, schickte sie eine starke Wurzel von der Höhe der Mauer, welche sich in dem Boden unten festsetzte und in einen Stamm verwandelt wurde; und nachdem er die übrigen Wurzeln von der Höhe der Mauer losgemacht hatte, wurde der ganze Baum von der Mauer abstehend und unabhängig. Der Baum ging auf diese Weise von seinem ursprünglichen Platze, Lord Kainer gedenkt der Erscheinung, und die Tatsache ist unbezweifelt richtig. — Ein Stachelbeerbusch, welcher in einem Winkel eines Gartens in einem kärglichen, sandigen Boden stand, schickte einen Zweig in der Richtung nach dem bessern Boden ab, welcher seine Wurzeln auf dem Wege dahin einsenkte; der ursprüngliche Busch starb ab, und die Pflanze schritt nach dem besseren Boden vorwärts. — Am Comer-See, bei der Villa Pliniana, sind auch hängende Wurzeln wahrzunehmen, welche die Fläche des Felsens abwärts gekrochen und Stämme geworden sind." (Murray in Fror. Not. XXXVIII. p. 278.)

Unstreitig freilich kann die Pflanze das gute Erdreich so wenig von Weitem wirklich wittern, wie ein Tier etwas von Weitem wittern kann, ohne daß etwas aus der Weite zu ihm gelangt, sei es auch nur für Gesicht oder Geruch; sonst muß das Tier so lange tastend herumlaufen, bis es findet, was ihm zusagt, da bleibt es dann dabei. So wird's auch mit der Pflanze sein; vielleicht ist's ein Moderdunst, der die Pflanze zu fruchtbarem Boden lockt, vielleicht und viel wahrscheinlicher schickt sie so lange nach alten Seiten seine Wurzelfasern, bis sie guten Boden getroffen; dann nehmen diese an Stärke zu, verzweigen sich; die andern gehen dafür ein, und so mag es so aussehen, als habe die Pflanze das gute Erdreich von Weitem gerochen. Die Sache ist noch nicht völlig ins Reine gebracht. Aber welcher Weg es auch sei, auf dem die Pflanze ihre Nahrung findet, so weiß sie solche doch zu finden; auch unter den Tieren gibt es sehr verschiedene Wege dazu.

Man kann freilich sagen, wenn man solchergestalt eine Pflanze ihre Wurzeln lang und dünn durch unfruchtbares Erdreich nach Nahrung schicken sieht, der physische Reiz des unfruchtbaren Erdbodens auf die zur zweckmäßigen Gegenwirkung eigentümlich eingerichtete Pflanze reiche schon aus, diesen Erfolg auf rein physischem Wege zu erklären; es sei nicht nötig, noch in der Seele einen Grund und Antrieb dazu zu suchen. Es ist dies aber nur eine andere Wendung des Einwurfs mit der mangelnden Freiheit, und dieselbe Antwort gehört darauf. Freilich kann man so sagen, nur daß man es wieder bei Menschen und Tieren ganz ebenso sagen kann, wenn man die Erscheinungen danach deuten will, und bei den Pflanzen ganz eben sowenig beweisen kann, wenn es sich einmal um Beweis handelt; kurz der Stand der Sache bleibt bei beiden wieder derselbe. Meines Erachtens darf bei einer Ansicht, die doch sonst nicht so verwerflich scheint, daß jedes Geistige hienieden auch seinen leiblichen Ausdruck unmittelbar an sich hat, die Möglichkeit, etwas bloß aus physischen oder leiblichen Vermittelungen zu erklären, der Möglichkeit der Erklärung aus geistigen Gründen überhaupt nicht entgegenstehen; der geistige Grund verlangt ja doch dann auch seinen Ausdruck im Leiblichen. Wer sich nun auf den Standpunkt stellt, überall bloß den Ausdruck im Leiblichen verfolgen zu wollen, wie dies der Standpunkt des Naturforschers ist, kann es dann freilich; aber er muß damit die Seele, die in dem leiblichen Ausdruck für andere sich auch selbst gewahr wird, nicht leugnen wollen. Auch selbst meinem Willen, nach einem Stück Brot zu langen, muß ja ein leiblicher Vorgang im Kopfe zugehören, der den Arm zur Bewegung anregt; wir wissen ja, derselbe wird im Willensakt vom Gehirn aus angeregt. Nun könnte es auch einem Physiologen einfallen, den Willensakt der Seele leugnen zu wollen, weil er auf seinem Standpunkte die Armbewegung auch von jenem physischen Vorgange abhängig machen könnte, in dem der Wille sich unmittelbar im Kopfe ausspricht, und den er weiter rückwärts von der physischen Gesichtserscheinung des Brotes und dem physischen Hungerzustande des Leibes und dem besondern Zustande des Gehirns, der vor dem Willen stattfand, bedingt ansehen könnte. Als Physiolog tut er vielleicht ganz recht, es so zu fassen; aber der Mensch hat noch eine andere Seite als für den Physiologen, die dieser wohl ungesehen lassen muß; warum nicht ebenso auch die Pflanze? Wir können freilich physiologisch alles auf ihre inneren leiblichen Bewegungen schieben, aber sollen es deswegen nicht, wenn sich diese Bewegungen gleich zweckvoll für sie zeigen wie beim Menschen. Die materiellen Gründe, die wir dem physiologischen Zusammenhange zu Liebe in solchen Fällen immerhin supponieren mögen, dürfen uns doch dann eben nur als Ausdruck oder Träger von psychischen Gründen für einen psychischen Zusammenhang gelten, der selbst von jenem physiologischen getragen wird. Aber freilich liegt ein Grundfehler unserer ganzen jetzigen Naturbetrachtung darin, daß wir glauben, das Geistige könne nur immer vor oder hinter dem Leiblichen, aber nicht unmittelbar in seinen Schuhen einhertreten; und indem wir eins immer in den Zusammenhang des anderen hineinschieben, verlieren wir den Zusammenhang, den jedes sowohl in sich, als eins im ganzen mit dem anderen hat. Aber ich weiß wohl, daß ich dies hier nicht ändern noch bessern werde.

Gleichviel, was man darüber denken mag, so genügt es, hier nur immer den tatsächlichen und für uns entscheidenden Punkt festzuhalten, daß alle vorausgesetzte Möglichkeit, bei der Pflanze alles rein physiologisch zu erklären, so lange nichts gegen das Wirken einer Seele in ihr beweisen kann, als die Voraussetzung derselben Möglichkeit bei Tieren nach ganz gleichen Gründen besteht; umgekehrt die Triftigkeit dieser Voraussetzung bei Pflanzen eine ganz ebenso hypothetische wie bei den Tieren ist.

Die Mitteilung einiger besonderen Beispiele, wie sich die Pflanzen durch ein Spiel innerer Triebkräfte unter die gehörigen Lebensbedingungen zu versetzen suchen, wird das Vorige noch mehr zu erläutern dienen.

Professor Schwägrichen erzählte mir, wie er einst aus dem Mansfeldischen die Nachricht erhalten, daß ein riesenmäßiges neues Kryptogam mit schuppigem Stengel in den dortigen Bergwerken aufgefunden worden, das in einer Länge wohl von 30 Ellen unter der Erde aufwärts gewachsen, ohne doch bis ganz an das Tageslicht dringen zu können. Was war es bei näherer Untersuchung? Der unterirdische Stengel einer unter gewöhnlichen Verhältnissen wenige Zoll hohen Pflanze, einer *Lathraea squamaria*, von der unstreitig durch Zufall ein Stück in die große Tiefe gelangt war. Nun strebte der Stengel nach dem Lichte und wuchs und wuchs immer weiter, weil er's nicht erlangen konnte. Ist das nicht so, wie jemand, dessen ganzes Streben nach einem bestimmten Ziele gerichtet ist, wenn er's nicht erreichen kann, ins Unbestimmte danach fortarbeitet, bis er's endlich erreicht, oder sich erschöpft? Freilich wird es der Pflanze nicht klar vorgeschwebt haben, was sie will; was wußte sie von dem Lichte? Aber sie wird gefühlt haben, was sie nicht will, nämlich nicht unter der Erde bleiben, wo sie weder Blätter noch Blüten bringen konnte. Aus diesem Zustande herauszukommen, wird sie getrieben haben. Warum aber deshalb aufwärts wachsen? Wie wußte sie, daß das sie aus der Erde fördern könnte, in der sie zunächst immer noch blieb? Aber woher weiß es denn die Raupe, daß sie sich einspinnen muß, um aus ihrem jetzigen Raupenzustande, der ihr nicht mehr behagen mag, zu kommen? Nur wir wissen's nicht, woher sie's weiß. Können aber Raupen und Spinnen den Trieb fühlen, Fäden aus sich zu ziehen, um die von der Natur ihnen gesetzten Zwecke zu erreichen, wie sollte nicht der *Lathraea*, wenn sie sich selber aufwärts zieht, ein gleiches Gefühl zuzutrauen sein, bei einem Anlaß, der unter gleichen Gesichtspunkt fällt.

Mustel stellte einen Jasminstock (*Jasminuin azoricum*) in einem Blumentopfe hinter ein Brett, das mehrere Löcher (jedes 2 Zoll im Geviert in je 6 Zoll Entfernung voneinander) hatte. Der Stengel wuchs zuerst durch das ihm nächste Loch dem Lichte zu. Mustel stellte Brett und Topf um, so daß der durchgewachsene Zweig vom Lichte wieder abgekehrt war; da wuchs der Stengel durch das zweite Loch abermals dem Lichte zu. Mustel wiederholte das Verfahren, und so wuchs der Stengel nach und nach, sich von einer Seite des Brettes zur andern hin- und herschlingend, durch alle Löcher durch (Mustel, Trailé de la vég. II. 101).

Sperre ein Tier, einen Menschen ein; und sicher entwischt er durch das erste oder bequemst gelegene Loch, das du offen läßt; sperre ihn wieder ein und er entwischt wieder durch das bequemst gelegene Loch; so sicher, als es hier die Pflanze tut, es sei denn, daß ihn Ketten bänden. Daß die Pflanze es nicht minder sicher, ja vielleicht noch sicherer, tut, spricht das dagegen oder dafür, daß sie eben so sicher das Bedürfnis von Licht und Luft wie wir von Freiheit fühlen? Bliebe sie einmal hinter dem Brette, möchte ich viel eher glauben, sie kümmerte sich nicht um das Licht; nun aber weil ihr Gefühl sie zwingt, sollte es darum weniger Gefühl sein?

Glocker sah. wie eine am Rande eines Waldes dicht im Gebüsche stehende *Stachys recta*, nachdem sie ihren Stengel kaum einige Zoll senkrecht in die Höhe getrieben, sich auf einmal unter einem fast ganz rechten Winkel ablenkte und in horizontaler Richtung der Stelle zuwandte, wo das Licht durch eine kleine Öffnung des Gebüsches verstärkt einfiel; und in dieser horizontalen Richtung wuchs sie fort, bis sie die Grenze des Gebüsches erreicht hatte, wo ihr äußerster Teil, der jetzt den vollen Lichtgenuß hatte, die vertikale Richtung aufwärts wieder annahm. (Glocker, Verf. über die Einwirkung des Lichts auf die Gewächse, S. 25.)

Warren sah einen Kartoffel-Ausläufer in einem Keller, welcher bloß durch ein kleines Loch etwas Licht erhielt, sich 20 Fuß weit über den Fußboden nach dieser Öffnung ziehen. (Mem. of the american academy of arts and sc. Vol. II. L. I.)

Daß die Pflanze bei diesen Versuchen dem Lichte, nicht der Luft nachgehe, beweist namentlich die Beobachtung Tessiers, daß, wenn man in einem Keller zweierlei Öffnungen anbringt, wovon die eine offen ist und der Luft, aber nicht dem Lichte Zugang gestattet, die andere mit einem Glasfenster versehen ist, welches das Licht zuläßt, die in diesem Keller gehaltenen Pflanzen sich beständig gegen die letztere Öffnung hinziehen, nicht gegen die erstere, (Lamarck et Decand. Flore franc. T. I. 198.)

Wir nennen es Instinkt, was jedes Tier lehrt, seine Bewegungen so einzurichten, daß seine rechten Lebensbedingungen ihm zu Gute kommen, wir wissen nicht, in welcher Weise lehrt. Was haben wir anders als alle äußeren Erscheinungen eines Instinkts in jenen Bestrebungen der Pflanzen? Ein jedes Tier handelt anders infolge seiner Instinkte, weil ihm anderes dient; auch jede Pflanze tut's. Ich bringe noch einige Beispiele.

Alle Pflanzen, die in der Erde wachsen, treiben ihre Wurzeln gerade abwärts; die Mistel bindet sich nicht an diese Notwendigkeit.[9] Wozu diente es ihr auch? Sie wurzelt auf anderen Bäumen; und zwar nicht bloß auf der Oberseite, sondern eben so gern an den Seitenflächen oder der Unterseite der Äste; in welchem Falle es ihr sogar nötig werden kann, die Wurzel aufwärts zu treiben. Und so tut sie's auch; indem sie, wie immer die Oberfläche des Astes gerichtet sein mag, ihr Würzelchen senkrecht dagegen treibt. Ja hängt man ein Mistelkorn an einem Faden in einer Linie Entfernung zur Seite eines Astes auf; so spürt das Würzelchen sogar aus dieser Ferne, wo der Ast ist, und richtet sich dagegen, rechts oder links, je nachdem der Ast steht. Freilich wächst es nun auch senkrecht gegen eine Wand von Stein oder Eisen, in der es doch keine Nahrung findet, und säet man Mistelkörner über die Oberfläche einer eisernen Kugel, streben sie alle mit den Würzelchen nach deren Zentrum, als könnten sie in dieser Richtung finden, was ihnen dient. Ihr Instinkt täuscht sie hier. Aber ist das anders, als wenn die Henne Eier von Marmor ausbrüten will, und die Wachtel der Vogelpfeife statt dem Rufe des Weibchens folgt? Der Instinkt ist überall daran gebunden, sich durch physische Einwirkungen leiten zu lassen, und nach Umständen also auch dadurch täuschen zu lassen. Unstreitig weiß das

---

[9] Dutrochet in s. Recherches

Mistelwürzelchen den Ast, die Wand aus der Ferne überhaupt nur dadurch zu finden, daß Luft und Feuchtigkeit und Licht und Wärme jetzt von dieser Seite her anders einwirken als von der andern; daher es bei zu großer Entfernung sie auch nicht mehr findet. Im allgemeinen und im Durchschnitt der Umstände wird der Instinkt doch richtig durch diese Einwirkungen geleitet, weil seine Einrichtung darauf berechnet ist; aber wie überall bei allgemein zweckmäßigen Einrichtungen kann in einzelnen Fällen, wo die normalen Umstände sich verkehren, auch einmal eine Unzweckmäßigkeit daraus entstehen. Finden wir nun dies bei den Instinkten der Tiere, so können wir's freilich bei denen der Pflanzen auch nicht anders haben wollen.[10]

Auch die Moose, ein so ganz anders geartetes Pflanzengeschlecht als die Mistel, treiben ihre Würzelchen nach jeder beliebigen Richtung, immer senkrecht gegen die Oberfläche, auf der sie wurzeln, weil auch sie an Stämmen und Ästen wachsen: die übrigen Pflanzen aber sind so eigensinnig mit der Richtung ihrer Wurzeln nach abwärts, daß sie, bei mehrmaligem Umkehren des Gefäßes, worein man sie gesäet hat, eben so oft die Richtung der Wurzel-Triebe umlenken. Im Grunde verhalten sich die Pflanzen im allgemeinen hierbei nur gegen die große Erdkugel wie die Mistelkörner im obgenannten Versuche gegen die kleine Kugel, aus die man sie säet; indem sie ihre Wurzeln rings um die ganze Erde gegen deren Mittelpunkt treiben. Nun sieht man, daß es der Natur gleich ist, ob die Kugel groß oder klein ist, sie richtet sich nicht nach der Größe der Kugel, sondern hat für jede Größe der Kugel ihre Wesen, die sich zweckmäßig dagegen zu benehmen wissen.

Nach Vorigem wird man übersehen können, wie untriftig es ist, was Autenrieth in folgender Weise gegen die Seele der Pflanzen geltend macht.[11] "Zum Teil," sagt er, "zeigt zwar auch die Pflanze selbst sichtbare Bewegungen in einzelnen ihrer Organe auf äußeren Reiz, aber nur auf solchen Reiz, welcher schon auf sie gewirkt hat; sie kann nicht, wie das beseelte Tier, auch diejenigen aussuchen, die für sie noch nicht da sind. Gegen einen nassen Schwamm hin erstreckt eine kriechende Pflanze ihre auslaufenden Ranken, aber erst,

---

[10] Dutrochet in s. Recherches

[11] Ansichten über Natur und Seelenleben, S. 332.

nachdem die Wasserdämpfe schon auf sie eingewirkt haben; ein durstiges Tier sucht auch da Wasser auf, wo keins ist."

Nun aber suchte auch die *Lathraea* das Licht auf, ehe solches auf sie eingewirkt, und das Mistelwürzelchen sucht die Fläche, in der es wurzeln will, ehe es solche erreicht. Daß sie aber dazu von ihrer innern Natur und Einrichtung bestimmt und von äußeren Einwirkungen mitbestimmt werden, ist nur ganz analog mit den Tieren.

Man macht vielleicht die Bemerkung: Vieles gehe doch auch in uns zweckmäßig vonstatten, wie Blutlauf und Bewegung der Verdauungswerkzeuge, Stoffwechsel und Ernährung, ohne daß wir etwas dabei empfinden; so könnte also auch bei den Pflanzen das Treiben der Wurzeln und andres nach Zwecken ohne Empfindung des Triebes dazu vonstatten gehen. Es sei. Aber die Verdauungsbewegungen, der Blutlauf. usw. haben, wenn nicht selbst empfunden, dann doch nur den Zweck, uns geschickt zu anderweiten Empfindungen zu machen und zu erhalten; ja es könnte eigentlich gar nicht von Zweck derselben für uns die Rede sein, wenn sie bloß dienten, uns als im ganzen empfindungslose Einrichtungen zu erhalten. Also gesetzt selbst, an das Treiben der Wurzeln knüpfte sich keine besondere Empfindung des Triebes dazu, so würden wir doch anzunehmen haben, daß dies dann den Zweck hätte, im übrigen empfindende Wesen in den Pflanzen zu erhalten. Es ist möglich, daß es wirklich so sei, daß alles Treiben der Pflanzen unter der Erde in ähnlicher Weise nur, sozusagen, eine seelendunkle Grundlage für die hellen Empfindungen gewähre, die sich an das Treiben der Pflanzen über der Erde knüpfen, wie wir auch ein solches dunkles Gebiet in uns einem hellen Gebiete gegenüber annehmen; aber diese hellen Empfindungen selbst dürfen wir dann doch nicht leugnen wollen, um nicht die Natur zu beschuldigen, zweckmäßig handelnde Wesen ohne Zwecke für sie geschaffen zu haben.

Nun aber ist es nicht einmal triftig zu sagen, daß wir nichts von unseren Kreislaufs-, Verdauungsbewegungen u. dgl. empfinden; nur in deutlich gesonderten Empfindungen machen sie sich gewöhnlich nicht bemerklich; dagegen das allgemeine normale Kraft- und Lebensgefühl sich wesentlich an den normalen Vorgang derselben geknüpft zeigt. Man lasse diese Vorgänge plötzlich still stehen, und es ist eben so plötzlich aus mit allem Lebensgefühl, nicht nur im allgemeinen, sondern auch jeder Empfindung im besondern; denn als Grundlage muß dies Lebensgefühl selbst in jede besondere Empfindung mit eingehen. Wenn sich aber doch keine bestimmten Empfindungen an den gewöhnlichen Gang jener Prozesse geknüpft zeigen, so treten dagegen solche sofort ein, wenn etwas aus dem gewohnten Gleise darin heraustritt. Wir fühlen dann Hitze, Frost, Beklemmung, Angst, Schmerz, Krampf, Hunger, Durst (letztre sogar in normaler Wiederkehr), je nachdem es so oder so in unseren Eingeweiden und im Systeme unseres Kreislaufs hergeht. Also gesetzt auch, die Pflanze fühlte nichts Besonderes, wenn ihre Wurzeln immer gerade die Nahrung finden, wofür die Pflanze im Durchschnitt berechnet ist, so würde dies nicht ausschließen, daß, wenn ihr etwas an Erfüllung dieser Bedingungen fehlt, sie es sofort in einem Bedürfnisse empfinde.

Endlich läßt sich das Treiben der Wurzeln keineswegs mit den Bewegungen unserer Verdauungswerkzeuge und des Bluts ganz zusammenstellen, sofern dies im Innern erfolgende Vorgänge bezüglich auf schon in uns aufgenommene Stoffe sind, jenes Treiben aber behelfs der Erlangung äußerer Lebensbedingungen in die Außenwelt hinein erfolgt. Alle solche Tätigkeiten stehen aber bei uns unter der Herrschaft bestimmt empfundener Triebe.

Alles aufs Vorsichtigste gestellt, scheint mir also nur die Frage sein zu können, ob der Wurzeltrieb der Pflanzen unter gewöhnlichen Umständen in mehr allgemeiner oder mehr besonderer Weise bei der Empfindung der Pflanze beteiligt sei, und ich will hierüber nichts sicher entscheiden; aber alles spricht dafür, daß er doch dabei beteiligt sei, und sicher um so mehr, je mehr die Pflanze ihre normalen Lebensbedingungen erst zu suchen hat; daher wir sie ja in diesem Falle besondere Anstrengungen machen sehen, diese Lebensbedingungen zu finden.

In betreff des Treibens der Pflanzen über der Erde wird der folgende Abschnitt noch auf weitere Erörterungen eingehen, welche in die vorigen eingreifen.

VIII. Wachstum, Winden, Biegen, Drehen der Pflanzen.

Die Betrachtungen des vorigen Abschnitts führten darauf, das Wachsen und Treiben der Pflanzen in Wurzel, Stengel, Ästen, Blättern usw., insoweit es sich als Mittel darstellt, zur Befriedigung ihrer Bedürfnisse zu führen, mit einer Tätigkeit ihrer Seele in Beziehung zu setzen.

Hiergegen erhebt sich ein Einwand, der wichtig scheint.

Wir selbst haben doch weder eine bestimmte Empfindung von unserem Wachstum, noch fühlen wir einen Trieb, so oder so zu wachsen, vielmehr liegt unser Wachstumsprozeß ganz abseits von unserem Bewußtsein; wie soll nun derselbe Prozeß bei den Pflanzen auf einmal Bezug zum Bewußtsein gewinnen?

Ich erwidere: unser Wachstum und das der Pflanzen sind überhaupt zwei gar nicht recht vergleichbare Dinge, die zwar das Wort, aber, wie sich bald noch näher zeigen wird, gerade alle die Punkte nicht gemein haben, welche für die Frage nach Anknüpfung von Seelenerscheinungen entscheidend sein müssen. Und selbst bei uns und den Tieren kann der Wachstumsprozeß nicht als absolut unbeteiligt an dem Seelenleben angesehen werden, da die Prozesse der Ernährung und des Kreislaufs, an denen er hängt, nicht unbeteiligt dabei sind (vergl. den vorigen Abschnitt). Vielmehr würde ein plötzliches Stocken des normalen Wachstums gewiß in einer veränderten und wahrscheinlich deprimierten Lebensstimmung auch von uns empfunden werden. Nur scheidet sich, was der Wachstumsprozeß zum normalen Lebensgefühl beiträgt, nicht in besonderer Empfindung aus. Wenn aber, wie wir gesehen, der Ernährungs- und Kreislaufsprozeß doch bei besonderen Modifikationen in bestimmte Empfindungen, Hunger, Durst, Frost, Hitze usw. ausschlagen, so ist kein Grund, den damit zusammenhängenden Wachstumsprozeß hierzu an sich weniger befähigt zu halten. Nur eben bei den Tieren ist er weniger auf solche Modifikationen eingerichtet; aber dafür bei den Pflanzen um so mehr; wie sich bald zeigen wird. Es wird also hier an den Wachstumsprozeß der Pflanzen nicht etwas ganz Neues, Fremdartiges geknüpft; sondern nur an die besonders hervorstechende und eigentümlich geartete Entwickelung, die er bei den Pflanzen tatsächlich gewinnt, auch eine besonders hervorstechende und eigentümlich geartete Entwickelung des Seelenbeitrags, den er ohnehin schon liefert, geknüpft.

Erinnern wir uns, daß die Pflanzen die Tiere nicht wiederholen, sondern ergänzen sollen. Nur die allgemeinen Bedingungen des Seelenlebens werden immer bei beiden gleich gewahrt bleiben, im besondern muß man die Übereinstimmung nicht verlangen. Pflanzen wollen durch das freie Wachstum erreichen, was Tiere durch freie Ortsbewegung erreichen wollen, und so knüpfen sich bei jenen natürlicherweise auch analoge Gefühlsstimmungen und Seelentriebe an Wachstumsbewegungen wie bei diesen an Ortsbewegungen. Der Zweck bestimmt in der Natur die Mittel, und an die verschiedene Art der Mittel knüpft sich ein verschiedenes Gefühl in betreff der Erreichung des Zwecks.

Durchlaufen wir jetzt einmal die Hauptunterschiede zwischen dem Wachstum von Tieren und Pflanzen, und wir werden finden, daß wir es hierbei in der Tat mit viel verschiedeneren Dingen zu tun haben, als man beim Gebrauch desselben Namens für beides glauben könnte; und zugleich finden, daß die Unterschiede wirklich in der von uns geforderten Richtung liegen.

l) Im Wachstum der Tiere ist für die Hauptgestalt nichts frei gelassen. Ein Hund hat einen Schwanz, vier Beine, zwei Augen, eine Zunge, dies alles immer an derselben Stelle, in derselben Zahl; nur feinere Verhältnisse wechseln. Wenn also das Tier keinen Trieb so oder so zu wachsen fühlt, so ist es darum, weil es keinen hat. Ein Apfelbaum dagegen gabelt sich bald mit zwei, bald mit mehr Hauptästen, die sich unter den verschiedensten Winkeln, in den verschiedensten Höhen, ansetzen können; jeder Ast treibt wieder sozusagen beliebig Zweige, Zweigelchen, nun gar Blätter so oder so; ohne Zahl, Ordnung, Richtung sich durch eine feste Regel vorschreiben zu lassen. Dies ist eben freigelassen für einen Trieb, der durch äußere Anlässe, Empfindungsreize erst noch da- und dorthin gelockt werden soll; während bei den Tieren statt dessen die Möglichkeit verschiedener Ortsveränderung frei gelassen ist. Das Tier füllt durch sein Wachstum sozusagen nur eine vorgeschriebene Form aus, die ihm dann zur weiteren Gestaltung seines Lebens dienen muß; bei der Pflanze fällt die Gestaltung des Lebens selbst mit der des Wachstums zusammen; und eben darum kann sich dieses nicht in einer so bestimmt vorgeschriebenen Form halten. Es nimmt noch Vorschrift von den zutretenden Bedingungen an, in bezug zu welchen die Pflanze sich zu benehmen hat. Und doch nicht allein von diesen. Denn ein innerlich waltendes Einheitsprinzip erhält doch, wie wir früher ausgeführt, für jede Pflanze trotz aller Freiheit ihres Wachstums einen sogar noch äußerlich sichtbaren Grundcharakter unveräußerlich fest. Das aber ist recht der Charakter der Seele, daß sie in aller Mannigfaltigkeit und Freiheit ihrer Äußerungen eine das Ganze beherrschende Richtschnur nicht aufgibt.

2) Dem Vorigen gemäß richtet sich des Tieres Wachstum wenig nach Jahres- und Tageszeit, Witterung und anderen äußeren Verhältnissen, es wächst immer fort in seiner vorgeschriebenen Weise; es handelt aber verschieden nach Jahres- und Tageszeit und Witterung und äußeren Verhältnissen. Die Pflanze dagegen wächst verschieden nach Jahres-, Tageszeit, Witterung und sonstigen äußeren Umständen. Also verhält sich der Pflanze Wachsen wie des Tieres Handeln. Der Winter ist ihre Schlafzeit, da wächst sie gar nicht; sie wächst rascher bei Tag als in der Nacht; rascher bei rechter Abwechselung von Wärme und Feuchtigkeit, als wenn es immer zu heiß oder zu feucht. Und nicht bloß rascher oder langsamer, auch anders bei jeder anderen Witterung; anders in jeder anderen Sonnenlage, anders auf jedem anderen Standorte. Dabei behält die Individualität immer ihr Recht, sofern verschiedene Pflanzenarten, und selbst verschiedene Individuen derselben Art, und selbst verschiedene Teile desselben Individuums auch unter gleichen äußeren Umständen immer charakteristisch verschieden wachsen.

Prof. E. Meyer in Königsberg hat sich überzeugt, daß ein rasch aufwachsender Stengel am Tage beinahe noch einmal so schnell wächst als während der Nacht. Eine *Amaryllis Josephinae* verlängerte ihren geraden blattlosen Blütenschaft binnen 12 Tagen um 21 Zoll Rheinl. Die Zunahme der Länge ward morgens 6 Uhr, mittags 12 Uhr und abends 6 Uhr jedesmal genau gemessen, und betrug in den 12 Vormittagen zusammen 6" 9''', in den 12 Nachmittagen 7''', also am Tage überhaupt 13" 9''', in den 12 Nächten aber nur 7" 3'''. Ganz ähnliche Resultate erhielt Dr. Palm bei Beobachtung des Hopfens und der Bohne (Fror. Not. XLI. S. 218). Vergl. auch die Versuche von E. Meyer an Gersten- und Weizenpflanzen in Linnaea IV. p. 98; von Mulder an dem Blatt von *Urania speciosa* und *Cactus grandiflorus* in Treviranus' Physiol. II. 145; von Gräfe am Blütenstiele von *Littaea geminiflora* in Flora, I. 1843. S. 35.

"Zwischen trocknem Gestein, auf kümmerlichen, besonnten Kalkfelsen erscheint *Carlina* völlig *acaulis:* gerät sie auf einen nur wenig lockeren Boden, gleich erhebt sie sich; in dem guten Gartenlande erkennt man sie nicht mehr, sie hat einen hohen Stengel gewonnen und heißt alsdann *Carlina acaulis caulescens.*" (Goethe, Metamorphose der Pfl. Ges. Werke XXXVI. S. 126.) — Die Georgine ist eine im wilden Zustande sehr unscheinbare Pflanze, in der man die stattliche Zierpflanze unserer Gärten kaum wiedererkennen möchte. — Der Einfluß der Gartenkultur auf das Wachstum der Gewächse ist überhaupt bekannt genug.

Eckermann in s. Gespr. (dritter Band S. 101) erzählt Goethen von Versuchen, die er angestellt, das passendste Holz zur Verfertigung eines Bogens ausfindig zu machen, wobei folgende auch für uns interessante Bemerkungen vorkommen. "Bei dieser Gelegenheit erfuhr ich (von einem Wagner), daß zwischen Esche und Esche ein großer Unterschied, und daß bei allen Holzarten sehr viel auf den Ort und auf den Boden ankomme, wo sie gewachsen. Ich erfuhr, daß das Holz des Ettersberges als Nutzholz weniger Wert habe; daß dagegen das Holz aus der Umgegend von Nohra eine besondere Festigkeit besitze, weshalb denn die Weimarischen Fuhrleute zu Wagenreparaturen, die in Nohra gemacht, ein ganz besonderes Vertrauen hätten. Ich machte im Laufe meiner weiteren Bemühungen die Erfahrung, daß alles auf der Winterseite eines Abhanges gewachsene Holz fester und von geraderer Faser befunden wird als das auf der Sommerseite gewachsene. Auch ist es begreiflich. Denn ein junger Stamm, der an der schattigen Nordseite eines Abhanges aufwächst, hat nur Licht und Sonne nach oben zu suchen, weshalb er denn, sonnenbegierig, fortwährend aufwärts strebt und die Faser in gerader Richtung mit emporzieht. Auch ist ein schattiger Stand der Bildung einer feineren Faser günstig, welches sehr ausfallend an solchen Bäumen zu sehen ist, die einen so freien Stand hatten, daß ihre Südseite lebenslänglich der Sonne ausgesetzt war, während ihre Nordseite fortwährend im Schatten blieb. Liegt ein solcher

Stamm in Teile zersägt vor uns da, so bemerkt man, daß der Punkt des Kernes sich keineswegs in der Mitte befindet, sondern bedeutend nach der einen Seite zu. Und diese Verschiebung des Mittelpunktes rührt daher, daß die Jahresringe der Südseite durch fortwährende Sonnenwirkung sich bedeutend stärker entwickelt haben und daher breiter sind als die Jahresringe der schattigen Nordseite. Tischler und Wagner, wenn es ihnen um ein festes feines Holz zu tun ist, wählen daher lieber die feiner entwickelte Nordseite eines Stammes, welche sie die Winterseite nennen, und dazu ein besonderes Vertrauen haben." — Erinnere man sich hierbei, daß nicht das Gewachsene, sondern das Wachsen, während es stattfindet, als Lebensäußerung der Pflanze anzusehen. Der Baum hinterläßt seinen Lebensweg verholzt hinter sich; nur ist nicht das Holz, sondern die Tätigkeit, welche das Holz diesen Weg nehmen ließ, ins Auge zu fassen. Je nachdem der Baum anders wuchs, wird er anderen Trieb empfunden haben.

In denselben Gesprächen Tl. III. S. 146 sagt Goethe selbst bei anderer Gelegenheit: "Wächst die Eiche im Dickicht des Waldes heran, von bedeutenden Nachbarstämmen umgeben, so wird ihre Tendenz immer nach oben gehen, immer nach freier Luft und Licht. Nach den Seiten hin wird sie nur wenige schwache Äste treiben, und auch diese werden im Laufe des Jahrhunderts wieder verkümmern und abfallen. Hat sie aber endlich erreicht, sich mit ihrem Gipfel oben im Freien zu fühlen, so wird sie sich beruhigen und nun anfangen, sich nach den Seiten hin auszubreiten und eine Krone zu bilden. Allein sie ist auf dieser Stufe bereits über ihr mittleres Alter hinaus, ihr vieljähriger Trieb nach oben hat ihre frischesten Kräfte hingenommen, und ihr Bestreben, sich jetzt noch nach der Breite hin mächtig zu erweisen, wird nicht mehr den rechten Erfolg haben. Hoch, stark und schlankstämmig wird sie nach vollendetem Wuchse dastehen, doch ohne ein solches Verhältnis zwischen Stamm und Krone, um in der Tat schön zu sein. — Wächst hinwieder die Eiche an feuchten, sumpfigen Orten, und ist der Boden zu nahrhaft, so wird sie, bei gehörigem Raum, frühzeitig viele Äste und Zweige nach allen Seiten treiben; es werden jedoch die widerstrebenden, retardierenden Einwirkungen fehlen, das Knorrige, Eigensinnige, Zackige wird sich nicht entwickeln, und, aus einiger Ferne gesehen, wird der Baum ein schwaches, lindenartiges Ansehen gewinnen, und er wird nicht schön sein, wenigstens nicht als Eiche. — Wächst sie endlich an bergigen Abhängen, auf dürftigem, steinigtem Erdreich, so wird sie zwar im Übermaß zackig und knorrig erscheinen, allein es wird ihr an freier Entwickelung fehlen, sie wird in ihrem Wuchs frühzeitig kümmern und stocken, und sie wird nie erreichen, daß man von ihr sage: es walte in ihr etwas, das fähig sei, uns in Erstaunen zu setzen. — Ein Sandiger oder mit Sand gemischter Boden, wo ihr nach allen Richtungen hin mächtige Wurzeln zu treiben vergönnt ist, scheint ihr am günstigsten zu sein. Und dann will sie einen Stand, der ihr gehörigen Raum gewährt, alle Einwirkungen von Licht und Sonne und Regen und Wind von allen Seiten her in sich aufzunehmen. Im behaglichen Schutz vor Wind und Wetter herangewachsen, wird aus ihr nichts; aber ein hundertjähriger Kampf mit den Elementen macht sie stark und mächtig, so daß nach vollendetem Wuchs ihre Gegenwart uns Erstaunen und Bewunderung einflößt."

Hartingh sagt nach Versuchen an der Hopfenpflanze; "Das Wachstum der besondern Stengel von einer und derselben Pflanze, obgleich vollkommen gleichen äußern Einflüssen ausgesetzt, ist nicht allein nicht gleich, sondern man nimmt auch kein regelmäßiges Verhalten in ihrer täglichen Verlängerung wahr. — Es findet im Anfange des Wachstums eine täglich zunehmende Beschleunigung des Wachsens statt, die von äußern Einflüssen unabhängig ist." (Wiegmanns Arch. 1844. II. S. 41.)

3) Ein Tier wächst bald aus, indem es seine Gestalt dabei mehr dehnt als ändert; statt immer fortzuwachsen, läuft es endlich fort. Eine Pflanze wächst ihr Leben lang beständig fort, aufhören zu wachsen und im Wachsen sich neu zu gestalten, heißt ihr aufhören zu leben; statt Hände und Füße immer aufs neue auszustrecken, um etwas Neues zu schaffen oder sich etwas Neues zu verschaffen, streckt sie zu demselben Zwecke immer neue Zweige und Blätter aus; statt anderes umzugestalten, gestaltet sie fortgehends sich selbst um. — Betrachten wir eine Kornähre, wie sie im ersten Frühjahr unaufhörlich aufwärts wächst, und wenn sie darin nachläßt, so fangen ihre Körner an zu wachsen; wenn gar nichts mehr wachsen will, verdorrt sie; wird sie Stroh. — Betrachten wir einen Aronsstab (Calla), wie immer ein Blatt nach dem andern aus der Mitte hervorwächst; es ist ein unerschöpflicher Trichter, aus dem die Blätter

quellen; er setzt es fort bis zum letzten Augenblicke, — Betrachten wir einen Baum, wie er jedes Jahr einen neuen Jahresring ansetzt, und aus diesem neue Zweige, neue Knospen treibt; indes die alten Blätter fallen; nicht sie zu haben, sie zu treiben, scheint ihm Lebenszweck. — Ja betrachten wir irgend eine Pflanze, die mit dem Frühling austreibt; sie wächst den ganzen Sommer durch, aufwärts, seitwärts, über der Erde, unter der Erde; macht immer etwas Neues an sich.

Manche Pflanzen bringen's ungeheuer weit darin bei langem Leben, wie mancher Mensch bei langem Leben große und viele Werke zu zeugen vermag. Nur erscheint die Pflanze viel mehr selbst als das Werk oder der Zusammenhang der Werke, woran sie gestaltet, als der Mensch; obwohl auch er im Grunde bei all seinem Wirken nach außen sich selber mehr oder weniger mit umgestaltet; und auch die Pflanze, indem sie sich gestaltet, gar manches ändernd in die Außenwelt hineinwirkt, was in deren Zwecke verrechnet ist. Wie überall in der Natur, gibt's auch hier keine absoluten Unterschiede.

Wer kennt nicht die Beispiele ungeheuer dicker Bäume, die Jahrtausende gewachsen, die sich wohl gar rühmen, noch von der Schöpfung der Welt her zu stehen, und nicht müde geworden sind, jedes Jahr durch einen Jahresring zu bezeichnen.

"Die berühmte Castagna dei cento cavalli (*Castanea vesca*) auf dem Ätna muß an tausend Jahre alt sein. Die Baobabbäume (*Adansonia digitata*) auf dem grünen Vorgebirge taxiert man nach ihrer Dicke und der Zahl der Jahresringe an einigen Ästen zu 4000 Jahren und drüber. Die Riesenzypresse (*Cupressus disticha*) zu Santa Maria del Tule, zwei Stunden östlich von Oaxaca in Mexiko, hat einen Umfang von 124 spanischen Fuß, also 40 Fuß Durchmesser; rechnet man jeden Jahresring zu 2 Linien, so ist der Baum fast 1500 Jahre alt; historisch sicher ist er älter als die Eroberung von Mexiko durch die Spanier. Das Alter des großen Drachenbaumes (*Dragaena Draco*) von Orotava auf Teneriffa wird sogar zu mehr als 5000 Jahre bestimmt, und er wäre also nach gewöhnlicher Berechnungsweise des jüdischen Mythus beinahe Zeuge der Schöpfungsgeschichte." (Schleiden, Grundz. II. S. 629.)

Manche Pflanzen wachsen langsam, andere schnell, wie es unter den Tieren träge und schnelle gibt.

"Eine Alge, *the everlasting bladder thread*, ist von Matrosen 1500 Fuß lang gefunden worden, und Hr. Fanning, der Eigentümer und Kurator des botanischen Gartens zu Carracas, gibt an, daß er vor einigen Jahren eine Art von *Convolvulus* binnen 6 Monaten auf nicht weniger als 5000 Fuß gezogen habe, was auf 1 Tag und 1 Nacht durchschnittlich 24 Fuß gäbe." (Murray in Fror. Not. XXXVIII. S. 250.)

Ein bekannter Versuch ist, daß man von einer blühenden Roggenähre die Staubbeutel abstreift und den Oberteil des Halmes in Wasser stellt, wo in wenigen Minuten andere Staubbeutel heraustreten und die Filamente sich bis zu ½ Zoll verlängern.

"Nach einer annäherungsweise angestellten Berechnung bilden sich an einem sehr schnell wachsenden Pilze, dem Riesenbovist (*Bovista gigantea*), in jeder Minute 20000 neuer Zellen." (Schleiden, die Pflanze. S. 43.)

4) Bei Menschen und Tieren fällt der Gipfel des Lebens erst in die Zeit nach beendetem Wachstume oder vollendeter Entwickelung aller Organe, bei den Pflanzen fällt der Gipfel des Lebens mit der Entwickelung eines neuen Organs, der Blume selbst zusammen, und das ganze Wachstum erfährt dabei bemerkenswerte Änderungen. Was kann besser beweisen, als daß bei der Pflanze anders als beim Tiere die Tätigkeit des Wachstums und die Entwickelung der Organe nicht bloß Mittel zur Erreichung des Lebenszweckes schaffen, sondern Mittel zur Erreichung des Zweckes selbst sein soll?

Manche (obwohl nicht alle) Pflanzen zeigen um die Blütezeit einen merkwürdig erhöhten Wachstumstrieb. Die sogenannte hundertjährige Aloe (*Agave Americana*) z. B. bringt im südlichen Europa 3 oder 4 Jahr, und in den Treibhäusern der gemäßigten Gegenden oft 50 oder 60 Jahre zu, ehe sie anfängt in die Höhe zu schießen und zu blühen; dann aber treibt sie plötzlich in einigen Monaten einen Blumenstengel, der 15 und 18 Fuß lang wird. Nach der Blüte geht die Hauptpflanze ein und nur Nebenschößlinge bleiben. So wird alle Lebenskraft im Treiben und Blühen erschöpft. Begießt man die Erde, worin die Pflanze wurzelt, während sie den Blütenstengel treibt, so zieht sie das Wasser so stark in sich, daß man es schon mit einem hörbaren Zischen will haben verschwinden sehen. Treibt die Pflanze aber keinen Blütenstengel, so bleibt das aufgegossene Wasser, was für die Befeuchtung der Erde in dem Gefäße überschüssig ist, auf der Oberfläche stehen. — Man weiß, daß überhaupt die Pflanzen zur Blütezeit mehr Wasser als sonst brauchen; ja viele, die sonst sehr trocken gehalten werden müssen, wie der Kaktus, wollen um die Blütezeit erforderlich getränkt sein. — Die *Agave foetida* oder *Fourcroya gigantea* wurde im Pariser Garten seit fast einem Jahrhundert kultiviert und hatte während dem nur eine langsame und mäßige Entwicklung gezeigt, als sie auf einmal im Sommer 1793, der ziemlich warm war, anfing rasch in die Höhe zu schießen, in 77 Tagen um 22½ Fuß, im Mittel täglich 3½ Zoll; an manchen einzelnen Tagen aber fast 1 Fuß. (Decand. Physiol. II. S. 34.)

5) Bei dem Tiere verharren die Organe, nachdem sie vollständig entwickelt sind, im lebendigsten Stoffwechsel, indem sie, unter Verbleiben derselben Form, immer aus neuen Stoffen zusammengesetzt werden, was sogar von den Knochen gilt. Die Funktionen gehen in den vollständig ausgebildeten Organen am kräftigsten vonstatten. Bei den Pflanzen treten dagegen die Organe, nach Maßgabe als sie gebildet sind, mehr aus dem Stoffwechsel und der lebendigen Tätigkeit heraus; die neu zutretenden Stoffe werden immer nur gebraucht, um neue Organe zu bilden; die alten Organe bleiben mehr wie Rückstände der früheren Lebenstätigkeit übrig, neue um sich oder an sich ansetzen zu lassen; oder sie fallen ab. So tritt der Holzkörper der Bäume, nach Maßgabe als er gebildet ist, aus dem lebendigen Wechselverkehr mit der Außenwelt mehr und mehr heraus; der Baum kann sogar innerlich hohl werden, und treibt noch äußerlich lebendig fort; die Blätter zeigen alle Lebenserscheinungen um so schwächer, je älter sie sind, und fallen zuletzt ab, um neuen Platz zu machen. Die Organe des Tieres altern, welken freilich auch; aber nur indem das ganze Tier altert, welkt, für immer welkt. Nicht so bei der Pflanze. Dieser Unterschied ist, wie alle hier betrachteten, nur relativ; denn ganz fällt doch gewiß kein Organ der lebendigen Pflanze aus lebendiger Tätigkeit heraus; aber er ist im ganzen charakteristisch.

Duhamel teilte am Stämmchen einer Samenpflanze der Roßkastanie von 1½ Zoll Höhe einen gewissen Raum durch angebrachte feine Silberdrähte in 10 gleiche Teile. Im Herbste darauf hatten solche sämtlich sich voneinander entfernt und um desto mehr, je näher am oberen Ende sie angebracht worden waren. Im zweiten Jahre, als der neue Trieb 4 bis 5 Linien Länge hatte, ward er auf gleiche Weise bezeichnet, und der Erfolg war der nämliche, während im Triebe des ersten Jahres die Zeichen keine weitere Verlängerung angaben. Dieser Teil war also sozusagen fertig, abgemacht. Ähnliche Beobachtungen wurden von Hales am Weinstocke gemacht. Duhamel grub ferner neben einem jungen Baume einen Pfahl ein, mit einem Zeiger versehen, dessen Spitze einem Zeichen entsprach, das an der Rinde des Bäumchens angebracht war. Der Zeiger fuhr immer genau dem Zeichen zu entsprechen fort, obgleich der Baum indessen beträchtlich in seiner Höhe gewachsen war. — Einmal vollkommen verholzte Teile dehnen sich überhaupt weder mehr in Dicke noch Länge. Das Wachstum betrifft immer die jüngeren frischen Teile. — Duhamel zog Silberfäden durch Wurzeln, die in bloßem Wasser vegetierten, oder bezeichnete sie von Außen mittelst gefärbten Firnisses, so daß er die Merkmale leicht wieder erkennen könnte. Im allgemeinen ergab sich das Resultat, daß sämtliche Zeichen ihre Entfernung vom Halse der Wurzel behalten hatten, wie sehr auch diese sich verlängert haben mochte; ein Beweis, daß die Wurzel nur an der Spitze fortwächst; obwohl, wie anderweite Versuche ergaben, dies nicht bloß durch äußeren Zellenansatz an der Spitze geschieht, vielmehr erfolgt innerhalb einer kleinen Strecke an der Spitze allerdings Dehnung. Noch manches Interessante über das Wachstum der verschiedenen Pflanzenteile s. in Treviranus, Phys. 11. 152 ff. Ein Auszug aus neuen Untersuchungen über verschiedene Verhältnisse des Wachstums von Bravais, Hartingh, Münter, Grisebach und Gräfe findet sich in Wiegm. Arch. 1844. II. 38.

6) Schneidet man einer Eidechse den Schwanz, ein Bein ab, sie ersetzt es wieder; eine Schnecke ersetzt ihren Kopf, ihr Fühlhorn wieder. Wo ein Tier etwas nicht ersetzen kann, da bleibt die Gestalt verstümmelt. Des Tieres Wachstum ist eben nur darauf berechnet, eine vorgeschriebene Gestalt zu erhalten und nötigenfalls wieder zu ergänzen. Aber eine Pflanze erzeugt nie einen weggeschnittenen Ast, ein weggeschnittenes Blatt an seiner Stelle wieder. Sie treibt aber dafür ein anderes, auch wohl anders gestaltetes an anderer Stelle; ihr Wachstum dient eben nicht sowohl, bestimmte Organe zum Wirken zu schaffen, als es selbst das Wirken sein soll. Was

gewachsen ist, ist ein Vergangenes; soll es selber fortleben, muß es selber fortwachsen.

7) Die Pflanze zeigt im allgemeinen die Tendenz, ihre Teile in spiraliger Form zu entwickeln und zu stellen; die Spirale aber ist eine ihrer Natur nach unabgeschlossene Form, während der Tiergestaltung mehr in sich abgeschlossene Formen zugrunde liegen. Auch dies beweist, daß das Wachstum der Pflanze seiner Anlage nach weniger zu einem bestimmten Endresultat sich abzuschließen bestimmt ist als das des Tieres. Der Unterschied ist zwar wieder nur relativ, denn es kommen auch im Tierreiche Spiralformen (in gewundenen Schneckenhäusern, Hörnern usw.) vor, die inzwischen von keinem unbegrenzten Wachstume abhängen; und auch in den Pflanzen greift die Spiraltendenz nicht überall und durch alles durch; doch zeigt sich dieselbe im Tierreiche verhältnismäßig selten, im Pflanzenreiche aber viel häufiger, als es für den ersten Anblick scheinen möchte.

Bei den windenden Pflanzen windet sich der ganze Stengel spiralig um eine Stütze, bei manchen Bäumen der ganze Stamm spiralig in sich selbst (s. weiterhin); die Blattstellung läuft gewöhnlich in spiraliger Windung um den Stengel, was neuerdings zu ausführlichen Untersuchungen Anlaß gegeben hat (vgl. XV.); die Warzen der Mammillarien haben eine spiralige Stellung; manche Blumen sind vor dem Aufblühen spiral gewunden (*aeativatio contorta*); manche Früchte, wie Schwertbohnen, oder Teile von Früchten, wie die Schuppen der Tannzapfen, zeigen Neigung zur spiralen Drehung oder Stellung; die Farne rollen sich in doppelter Richtung auf, einmal aus einer Spirale der Rippe, dann aus den eingebogenen federnder seitlichen Richtung; die ganze Existenz der Oszillatorien ist spiral; ältere Fadenzweige von *Lycium Europaeum* neigen zu spiraler Windung; die Blattstiele der italienischen Pappel drehen sich, von einem Insekt gestochen, spiral; an einer langen Kartoffel sah man alle Augen in einer Spiralfolge von der Linken nach der Rechten aufsteigend; manche Pflanzenhaare sind mit Wärzchen, die deutlich in Spirallinien stehen, besetzt. — Im Inneren der Pflanzen haben wir das System der Spiralgefäße (vergl. S. 35); bei den Moosen, Lebermoosen, Charen und Farnen die spiraligen Samenfäden; in den Zellen der *Chara* nehmen selbst die Stärkemehlkügelchen eine spirale Stellung an; auch haben die Flüssigkeitsströmungen, die man in den Zellen von *Chara* bemerkt, eine spirale Richtung usw. — Zahlreiche Fälle von Spiraltendenz bei den Pflanzen finden sich in Goethes Abhandlung: "Über die Spiraltendenz der Vegetation" (Ges. Werke. Band 55. S. 99) gesammelt. Über die gesetzlich spirale Windung von manchen Blumen vor dem Entfalten (*aestivatio coutorta*), so wie von manchen Früchten vergl. insbesondere: Braun in der Flora oder allgem. botan. Zeit. von 1839. S. 311.

8) Die Pflanze vermag in ihren Wachstumsprozeß unorganische Stoffe hineinzuziehen, sie zu bewältigen, indes das Tier sich nur von organischen Stoffen zu nähren und zu wachsen vermag; jene baut eine lebendige Gestalt neu auf, dieses baut sie nur um. Auch sonst zeigt sich, daß die Assimilation der Stoffe im Wachstumsprozesse der Pflanze eine ganz andere Rolle spielt als beim Tiere. Im ganzen bietet sich den verschiedenen Pflanzen eine ziemlich ähnliche Nahrung dar, doch vermögen sie die allerverschiedensten Stoffe daraus in sich zu erzeugen, was alles besondere Akte der Lebenstätigkeit voraussetzt, die auch wohl mit eigentümlichen Bestimmungen des Gemeingefühls verknüpft sein können. Umgekehrt genießen die verschiedenen Tiere zwar die verschiedenste Nahrung, aber erzeugen alle ziemlich dieselben und im ganzen ohne Vergleich weniger zahlreiche Stoffe in sich als die Pflanzen. Die Stoffe, welche dieselbe Pflanze enthält, sind ebenso wie die äußeren Erscheinungen des Wachstums je nach Jahreszeit, Standort, Alter und anderen Umständen sehr veränderlich; die beste Arzneipflanze wirkt, zur unrechten Zeit, vom unrechten Standpunkt eingesammelt, nichts; indes beim Tiere dergleichen nicht viel Unterschied macht. Gibt es doch sogar Pflanzen, die mit dem Sonnenlaufe während des Tages ihre Bestandteile sehr merklich ändern, morgens sauer, abends bitter schmecken.

"Die Blätter Von *Cotyledon calycinaRot* (*Bryophyllum calycinum Salisb.*) in Indien sind nach Hayne morgens so sauer wie Sauerampfer, gegen Mittag geschmacklos, gegen Abend bitter. Link fand dies bestätigt und bemerkte dasselbe bei *Cacalia ficoidesL.*, *Portulacaria afra Jacq.* und *Sempervivum arboreum* L." (Gmelins Theoret. Chemie 1829. B. II. S. 1802.)

Es sind Fälle bekannt, wo das einfache Versetzen einen Mandelbaum süße Mandeln tragen machte, der vorher bittere Mandeln lieferte. (Liebig, Chem. Briefe. S. 173.)

Am meisten Ähnlichkeit mit dem Pflanzenwachstum dürfte noch das Wachstum des Fötus im Mutterleibe haben; sofern derselbe wie die Pflanze seine Organe sich von Anfang an selber baut. Diese Ähnlichkeit, oberflächlich aufgefaßt, hat nun freilich sogleich wieder zu einem ebenso oberflächlichen Einwurf gegen die Empfindung der Pflanzen geführt. Fötusleben gleich Pflanzenleben, also Pflanzenleben gleich Fötusleben. Der Fötus empfindet nicht; also auch die Pflanze nicht. So ist man schnell fertig. Als wenn es nicht bei jeder Analogie außer der Seite der Ähnlichkeit auch eine Seite der Verschiedenheit zu beachten gäbe.

Der Fötus bildet sich unter dem Einflusse fremder Lebenskraft, schöpft seine Stoffe aus fremdem Lebensborne, wächst als Erzeugnis und Teil eines anderen Leibes unter den gleichförmigsten Einwirkungen nach einem streng eingehaltenen Plane; die Pflanze wächst aus eigener Kraft, bereitet sich selbst ihren lebendigen Stoff, wächst in Freiheit unter den wechselndsten Einwirkungen der Außenwelt, zwar nicht ohne Plan, doch in freiester Entfaltung desselben. Also statt der Pflanze nach Analogie ihres Wachstums mit dem des Fötus Empfindung abzusprechen, sollte man vielmehr von vornherein eine solche Analogie gar nicht annehmen.

Um so weniger triftig kann der Vergleich des Pflanzenlebens im allgemeinen mit dem Fötusleben sein, als ein besonderer Teil des Pflanzenlebens mit viel größerem Rechte diese Vergleichbarkeit in Anspruch nimmt; ich meine das Leben des Pflänzchens im Samen, während er noch von der Mutterpflanze getragen wird. Schon hier nämlich entwickelt sich die ganze Pflanzenanlage in Würzelchen, Stengel und Blattfederchen, was der Entwickelung des Fötus im Ei, während es noch im Mutterkörper enthalten, so analog wie möglich ist. Diesem Pflänzchen im Samen freilich mag so gut eigene Empfindung fehlen wie dem Fötus; wenn aber der Fötus nach dem Austritt aus dem Mutterkörper und Durchbruch des Eies solche im freien Wechselverkehr mit Luft und Licht gewinnt, warum das Pflänzchen weniger unter so analogen Umständen?

Vielleicht ist es nicht undienlich, der Voreiligkeit von Schlüssen in diesem Felde noch mit folgender Bemerkung zu begegnen. Gesetzt, die Analogie des Lebens der erwachsenden Pflanze mit dem Fötusleben wäre so durchgreifend, daß sich wirklich etwas darauf bauen ließe; hätte man ein Recht, daraus auf Abwesenheit selbständiger Empfindung bei der Pflanze zu schließen? — Noch keineswegs; sondern gerade eben so gut könnte man umgekehrt auf selbständige Empfindung des Fötus daraus schließen. Die Voraussetzung, daß der Fötus keine selbständige Empfindung habe, ist ja selbst eben nichts als Voraussetzung, die, so wahrscheinlich sie uns erscheinen mag, doch, als noch ganz unbewiesen, nicht dienen kann, anderes zu beweisen oder zu widerlegen. Man sagt, die Erfahrung liefert uns den Beweis; wir erinnern uns doch keiner Empfindung mehr aus dem Fötuszustande. Aber welcher Mensch erinnert sich auch nur noch dessen, was er in den ersten Wochen nach der Geburt empfunden hat? Hat er deshalb nichts empfunden? Um so weniger können wir erwarten, daß der Mensch sich dessen noch erinnert, was er etwa vor der Geburt empfunden; aber auch um so weniger einen Beweis aus dem Mangel der Erinnerung an diese Empfindung gegen das Statthaben derselben ziehen. Das Erinnerungsvermögen selbst bildet sich eben erst mit der Geburt aus; und sofern wir der Pflanze ebenfalls kein eigentliches Erinnerungsvermögen beimessen werden, wie später (XIV) zu erörtern, so stände sie in der Tat hierin mit dem Fötus ganz auf derselben Stufe; die Pflanze führte das Seelenleben des Fötus und der Fötus das der Pflanze.

Ich bin jedoch weit entfernt, auf die Behauptung eines wirklichen selbständigen Empfindungslebens im Fötus etwas bauen zu wollen; ich behaupte bloß, daß man auf die gegenteilige Annahme eben so wenig etwas bauen kann, da jede Annahme hierüber erst durch anderweite Betrachtungen begründet werden muß.

Außer den bisher betrachteten Wachstumsbewegungen stehen der Pflanze noch gar manche andere Bewegungen in Faltung und Entfaltung, Hebung und Senkung, Biegung und Drehung ihrer Teile zu Gebote, welche nicht mit Wachstumsbewegungen zu verwechseln sind, obwohl freilich, wie alles in den organischen Prozessen zusammenhängt, auch damit zusammenhängen. Können wir doch auch beim Tiere ein Doppeltes unterscheiden, welchem die doppelte Form der Pflanzenbewegung gewissermaßen entspricht. Das Tier kann seinen Ort ganz und gar verändern, aber auch bloß einzelne Teile seines Körpers in verschiedene Lagen zueinander bringen, sie drehen, biegen, indes es im Ganzen am Orte bleibt. Ersterem analog erscheint es, wenn die Pflanze um sich, unter sich, über sich weiter in den Raum hineinwächst, ohne freilich so wie das Tier dabei sich vom Ausgangspunkte ganz losmachen zu können; letzterm, wenn sie, ohne sich durch neue Ansätze fortzustrecken, die schon gewonnenen in neue Lagen bringt. Alle Teile der Pflanze über der Erde sind solcher Bewegungen fähig; der ganze Stengel, die ganze Krone dreht sich bei vielen nach dem Lichte; bei andern windet sich der Stengel um Stützen; die Blätter heben sich in der Frische und senken sich in der Ermattung; die Blumenblätter entfalten sich morgens und legen sich abends zusammen: die Staubfäden mancher Blumen neigen sich, wenn die Zeit der Befruchtung gekommen, gegen das Pistill; es gibt Blätter, die Fliegen fangen, indem sie sich darum zusammenschießen. Manche solcher Bewegungen erfolgen nur unter Einfluß von besonderen Reizen; andere schon ohne solche, wenn die Entwickelungsperiode der Pflanze dazu drängt; jede Pflanze verhält sich anders darin; manche ist so empfindlich, daß sie bei jeder Berührung die Blätter faltet; hier sind diese, dort jene Teile mehr gelenkig, reizbar und beweglich. Es gibt in all diesem eine unerschöpfliche Verschiedenheit. Heben wir nun das Interessantere daraus hervor, wo die Beziehung auf Instinkt und Empfindung am nächsten liegt, oder die Ähnlichkeit mit tierischen Bewegungen am größten ist, immer mit Bedacht, daß wir unbeschränkte Ähnlichkeiten überhaupt nicht zu erwarten haben.

Die Pflanze ist ein lichtdurstiges Wesen, und so genügt es ihr nicht bloß, sich durch das Wachstum nach dem Lichte zu richten, wovon wir oben Beispiele sahen; sie wendet überhaupt alle Mittel an, die ihr zu Gebote stehen, sich in recht passende Lage und Stellung dazu zu bringen. Auch haben die nüchternsten Forscher hierin Ähnlichkeit mit dem Instinkt der Tiere gefunden, obwohl freilich meist eben nichts als Ähnlichkeit.

So sagt Decandolle in seiner Pflanzenphysiol.II. 874: "Jedermann hat wahrgenommen, daß die Zweige der in Treibhäusern oder auch in Zimmern gezogenen Pflanzen sich den Fenstern zuwenden, daß die Zweige der Waldbäume nach den lichten Stellen streben, daß die an Mauern wachsenden Pflanzen das Bestreben zeigen, sich von denselben abzuwenden, und daß die Gewächse im allgemeinen, gleichsam infolge eines besonderen Instinkts, nach dem Lichte zu trachten scheinen."

Von den Blättern ist es namentlich die Oberseite, welche das Licht sucht. Gibt man einer Pflanze oder einem Zweige eine solche künstliche Lage, daß die Blätter statt ihrer Oberseite nun ihre Unterseite dem Lichte zuwenden, so macht alsbald der Blattstiel oder, in dessen Ermangelung, die Basis des Blattes eine Drehung, wodurch die natürliche Lage sich herstellt (Bonnet). Diese Tendenz ist so mächtig, daß Knight ein Weinblatt, dessen Unterseite das Sonnenlicht beschien, und welchem er jeden Weg, in die naturgemäße Lage zu kommen, versperrt hatte, fast jeden möglichen Versuch machen sah, um dem Lichte die rechte Seite zuzuwenden. Mehrmals, nachdem es während einiger Tage demselben in einer gewissen Richtung sich zu nähern gesucht und durch Zurückbeugung seiner Lappen fast seine ganze Unterseite damit bedeckt hatte, breitete es sich wieder aus und entfernte sich weiter vom Glashausfenster, um in der entgegengesetzten Richtung dem Lichte sich wieder zu nähern (Treviranus, Beitr. 119).

Dutrochet erzählt in s. Rech. p. 131: "Ich sah, daß, wenn man die obere Fläche des Blattes einer in freier Luft stehenden Pflanze mit einem kleinen Brette bedeckt, dies Blatt sich diesem Schirme durch Mittel zu entziehen sucht, welche nicht immer dieselben, aber immer von der Art sind, wie sie am leichtesten und schnellsten zum Zwecke führen müssen; so geschah es bald durch eine seitliche Biegung des Blattstiels, bald durch eine Biegung desselben Blattstiels nach dem Stengel hin. War das Brett zu groß, als daß das Blatt darunter hätte wegkommen können, so beugte sich der Blattstiel zur Erde, damit das seitlich unter das Brett gelangende Licht das Blatt treffen könnte."

Derselbe Naturforscher bedeckte das Endblättchen eines Bohnenblattes (von *Phaseolus vulgaris*), welches bekanntlich 3 Blättchen besitzt, mit einem kleinen Brette. Da sich nun dies Blättchen wegen der Kürze seines besonderen Stiels nicht durch Beugung desselben der Bedeckung mit dem Brettchen zu entziehen vermochte, so erfolgte dies durch die Beugung des gemeinschaftlichen Blattstiels.

"Wenn man," sagt Dutrochet, "sieht, wie viel Mittel hier angewandt werden, um zu demselben Zwecke zu kommen, wird man fast versucht zu glauben, es walte hier im Geheimen ein Verstand, welcher die angemessensten Mittel zur Erreichung des Zweckes wählt." — Daß es übrigens wirklich eine Sucht nach Licht, nicht eine Flucht des Brettes ist, welche bei diesen Versuchen ins Spiel kommt, beweist der Umstand, daß bei Wiederholung derselben im Dunkeln sich kein Bestreben äußerte, sich der Bedeckung mit dem Brette zu entziehen.

Bei jungen Blättern erfolgt das Umwenden schneller als bei älteren — Selbst ganze Baumäste können durch die Tendenz der Blätter, sich umzuwenden, aus ihrer Lage gebracht werden. (Dassen) in Wiegm. Arch. 1838. II. S. 159.)

Nach Bonnets und andrer Versuchen, wenn man ein Blatt so befestigt, daß es in keiner Weise seine obere Fläche dem Lichte zuwenden kann, sondern genötigt ist, die untere demselben zuzuwenden, so verdirbt das Blatt; ja die Verderbnis breitet sich von da weiter über den Zweig aus. Also ist es wirklich eine ihm zusagende Lebensbedingung, welche das Blatt durch seine rechte Stellung im Lichte zu gewinnen sucht.

Dassen (Fror. N. Not. VI. S. 51) hat neuerdings Versuche angestellt, durch die er glaubt beweisen zu können, daß die Bewegungen der Blätter, die im Vorigen dem Einflusse des Lichtes zugeschrieben wurden, in der Tat nicht davon abhängen, sondern daß die Blatter überhaupt die Tendenz haben, eine ihrer Flächen nach oben zu kehren, und diese Lage immer wieder einzunehmen streben, welcherlei Umstände in betreff von Licht, Wärme, Feuchtigkeit auch obwalten. In der Tat scheint aus seinen Versuchen hervorzugehen, daß eine solche Tendenz, abgesehen vom Lichteinflusse, stattfinde; indes möchten die obigen Versuche Dutrochets und anderer doch nicht ganz aus Dassens Voraussetzungen erklärbar sein. Für uns ist die Diskussion über diesen Gegenstand weniger wichtig; da uns diese Versuche überhaupt nur dienen sollen zu zeigen, wie die Pflanzen in ähnlicher Weise wie die Tiere sich durch zweckmäßige Bewegungen in naturgemäße Verhältnisse zu versetzen streben, wobei es im Grunde gleichgültig ist, ob diese Verhältnisse sich auf Licht oder Schwere oder sonst etwas beziehen.

Unter den Blumen hat sich die Sonnenblume ihren Namen gewiß nicht minder durch ihre Neigung, in der Stellung dem Sonnenlaufe zu folgen, als durch ihr sonnenähnliches Aussehen verdient. Hat doch Athannsius Kircher sogar eine Sonnenuhr hierauf zu gründen vorgeschlagen.

Die Einrichtung soll folgende sein: Mitten auf dem Boden eines großen, mit Wasser zum Teil gefüllten, Zubers werde eine Eisenspitze angebracht und an diese ein ansehnliches Stück Kork so befestigt, daß dasselbe auf dem Wasser ruhe und sich um die Spitze frei drehen könne. Auf diese Scheibe befestige man eine Sonnenblume samt der Wurzel in senkrechter Richtung (auch kann man den Stengel durch den Kork gehen lassen). Vom Stengel selbst lasse man zur Erquickung der Pflanze einige wollene Bänder in das Wasser herabgehen. Man umgebe darauf die Blume mit einem Metallringe, auf dessen innerer Seite die Stundenzahlen nach der Polhöhe des Ortes richtig verzeichnet sind, damit der im Mittelpunkt der Uhr steckende Zeiger solche gehörig anzeigen könne. Diese Vorrichtung stelle man nun morgens in die freie Luft so, daß die Nordseite derselben nach der Sonne gekehrt sei. Die Blume soll sich nun nach dem Laufe derselben drehen und hierdurch die Stunden anzeigen.

Freilich ist dies nur eine Spielerei; denn das Sonnenlicht ist's doch nicht allein, was die Stellung der Sonnenblume bestimmt; man sieht auch Sonnenblumen genug, die nicht nach der Sonne blicken; wie ein Tier in seinen Stellungen und Bewegungen ja auch nicht ausschließlich durch einen Reiz bestimmt wird. Doch bleibt das Sonnenlicht jedenfalls ein Hauptreiz, der auf die Stellung dieser Blume wie auf die vieler anderen Blumen Einfluß hat. (VergI. die von Hegel mitgeteilte Bemerk.. S. 54.)

Sehr viele krautartige Pflanzen bewegen auch ihren Stamm und ihre Äste einigermaßen nach dem Laufe der Sonne, wie z. B. *Lupinus luteus, Resedaluteola, Sonchus arvensis* u. a. (Van Hall. Elem. Bot. p. 28).

So deutlich in den bisher angegebenen Fällen die Tendenz der Pflanzenteile nach dem Lichte hin ist, so gibt es doch auch Fälle, wo das Licht vielmehr geflohen wird, eben wie im Tierreiche von manchen Tieren und unter gewissen Umständen derselbe Reiz geflohen wird, den die anderen unter den meisten Umständen suchen.

So schreibt Mohl (über den Bau und das Winden der Ranken S. 26): "Eine besondere Merkwürdigkeit zeigen die Ranken der Rebe und nach Knight (Philos. transact. 1812. p. 314) auch die von *Cissus hederacea*, indem sie nicht wie andere grüne Pflanzenteile sich dem einfallenden Lichte zuwenden, sondern sich von der Seite, wo das Licht einfällt, wegdrehen. Diese Erscheinung ist um so auffallender, da die Blütentrauben der Rebe, aus denen die Ranken entstehen, dieses Fliehen vor dem Lichte nicht zeigen. Dieses Zurückbiegen vor dem einfallenden Lichte zeigt sich nicht nur, wenn die Rebenschößlinge in einem Zimmer sind, welches nur von einer Seite sein Licht empfängt, sondern auch in einem sehr auffallenden Grade an Weinstöcken, welche im Freien gezogen werden, wo die Ranken mehr oder weniger eine Richtung nach Norden zeigen, oder, wenn sie an Mauern gezogen werden, gegen diese hingerichtet sind . . . Daß dieser Umstand das Umfassen von Stützen erleichtert, sieht man leicht ein, daß aber diese Richtung nur Folge des Einflusses des Lichts ist, sieht man daran, daß auch an ganz freistehenden Schößlingen von Reben die Ranken sich vom einfallenden Lichte abwenden, daß, wenn man einen Schößling einer Rebe unter ein offenes Fenster stellt, die Ranken rückwärts gegen den leeren Raum des Zimmers sich wenden, und nicht seitwärts gegen die Mauer des Fensters, den einzigen Körper, der in der Nähe steht. — Dieses Fliehen vor dem Lichte scheint nur den Ranken von *Cissus* und *Vitis* zuzukommen, wenigstens konnte ich (Mohl) an den Ranken von Passifloren, von *Cobaea*, welche in Gewächshäusern gezogen wurden, in welche das Licht nur von einer Seite einfiel, nie bemerken, daß sie sich entweder dem Lichte zuwendeten oder dasselbe flohen. Dasselbe bemerkte ich auch an *Passiflora coerulea*, *Pisum sativum*, *Lathyrus odoratus*, an Kürbissen, welche ich in meinem Zimmer zog; obgleich die Stengel dieser Pflanze sich stark gegen das Licht bogen, standen doch die Ranken gleichförmig nach allen Seiten hinaus."

Nach Dutrochet inzwischen fliehen auch die Stengelspitzen des Hopfens (*Humulus lupulus*) und der Zaunwinde (*Convolvulus sepium*), desgleichen die Würzelchen des keimenden Mistelkorns das Licht. Nach Payer tun dasselbe die Wurzeln von Kohl und weißem Senf, wie man bemerkt, wenn man den Samen dieser Pflanze auf

Baumwolle säet, die in einem Glase voll Wasser schwimmt. Wie die Stengel sich gegen das Licht biegen, wenden sich die Wurzeln vom Licht abwärts, so daß die Pflanze ein S darstellt. Die Wurzeln von *Sedum telephium* wenden sich nicht vom verbreiteten aber vom direkten Sonnenlichte ab. Auf die Wurzeln der Kresse aber wirkt weder das verbreitete noch direkte Licht, wo aber auch das Licht auf die Wurzeln wirkt, ist doch der Neigungswinkel der Wurzeln immer kleiner als der der Stämme. (Comptes rendus. 1843. II. 1043.)

Zu den interessantesten instinktähnlichen Lebensäußerungen der Pflanzen gehören die, welche die windenden Pflanzen im Aufsuchen ihrer Stützen zeigen, worüber besonders Mohl gute Aufschlüsse (in s. Schrift über das Winden der Ranken) gegeben hat.

Eine Pflanze, welche von der Natur die Bestimmung erhalten hat, sich um eine Stütze zu winden, streckt sich, aus der Erde hervorkeimend, erst ein Stück senkrecht in die Höhe, beugt aber dann im Fortwachsen den obern Teil um, so daß er der wagrechten Richtung sich mehr nähert, indes der untere aufrecht bleibt. Nun fängt dieser senkrechte Teil an sich um seine Achse zu drehen, so daß die Fasern desselben eine Spirallage annehmen. Es ist wie bei einem Bindfaden, der am obern Punkte festgehalten und mit der anderen Hand um sich selbst gedreht wird; nur daß bei der Pflanze die Befestigung vielmehr unten durch die Einwurzelung in der Erde gegeben ist, und die Drehung durch die eigene Lebenskraft der Pflanze erfolgt. Dabei wird natürlich der gegen den Horizont umgebogene Teil im Kreise herumgeführt, und mittelst dieser tastenden Bewegung sucht die Pflanze die Stütze. Ist es bei einmaligem Kreisen nicht gelungen, eine solche zu finden, so wiederholt sie es wohl mehrmals, während sie das Tastorgan durch Fortwachsen immer weiter vorstreckt. Es könnte ja in einem Kreise von größerem Halbmesser eine Stütze stehen, die im kleineren Kreise fehlte. Findet aber die Pflanze auf solche Weise keine, so gibt sie den Versuch auf; es wird ihr zu schwer, das zu lang gewordene Tastorgan über dem Boden zu erhalten, Sie legt sich aus dem Boden nieder und kriecht darauf hin, so lange bis sie eine Stütze findet. Hat sie nun eine solche gefunden, so merkt sie es sofort, denn sie hört jetzt auf einmal auf, weiter zu kriechen, und läuft nun um die Stütze in die Höhe. Merkte sie nichts davon, und gefiele es ihr nicht, die Stütze hinan zu laufen, so würde sie ja doch nebenweg laufen in der Fortsetzung der bisherigen Richtung, wo sie's so viel bequemer hatte, nicht gegen die Schwere anzustreben brauchte.

Bei dem Umschlingen der Stütze hört dann auch die Drehung des windenden Stengels um sich selbst (welche die Fasern eine Spirallinie beschreiben läßt) auf, wie man sich überzeugen kann, wenn man mit Tinte Striche längs des windenden Stengels zieht; diese bleiben der Achse parallel (Mohl S. 111).

Freilich kann man den Erfolg wieder so darstellen, und pflegt ihn wirklich so darzustellen, der physische Reiz der Stütze auf die Pflanze treibe sie zum Aufwärtslaufen; Empfindung sei nicht dahinter. Es ist aber wieder die alte Geschichte. Mit gleichem Rechte könnte man auch das Aufwärtslaufen des Eichhörnchens am Eichstamme als ein nur etwas komplizierteres. Spiel des Reizes der Lichtstrahlen, die vom Eichstamme ins Auge des Eichhörnchens fallen, und des Eichstammes selber auf die noch komplizierteren Einrichtungen und Bewegungen im Eichhörnchen betrachten; ja im Grunde erscheint doch noch weniger erklärlich, wie ein trockner Stock die windende Pflanze zum Aufwärtslaufen reizen kann, als wie das Licht, das von einem Baume kommt, und der lebendige Baum selber das Eichhörnchen dazu reizen kann. Und wenn man den Erfolg hypothetisch im einen wie im anderen Falle auch so betrachten kann, hat man ihn deshalb im einen wie im anderen Falle noch nicht bloß so zu betrachten. Doch ich verweise hierüber auf frühere Erörterungen.

Die Pflanze windet sich nun bis zum Gipfel in die Höhe. Ist sie oben angelangt, was wird sie tun? Die Stütze ist zu Ende; das Bedürfnis danach erneuert sich also und die Pflanze fängt wieder wie zu Anfange an, danach zu suchen. Sie wächst erst wieder ein Stückchen in die Höhe, biegt sich dann wieder um und fängt wieder an im Kreise zu tasten, um eine andere Stütze zu finden.

Manche von den sich windenden Pflanzen haben die Eigentümlichkeit, bloß rechts, und wieder andere, bloß links im Kreise umherzutasten, und winden sich dann auch stets in solcher Richtung. Man stecke einen Stab links gleich neben den Taster einer sich rechts windenden Pflanze ein, die ihre Stütze sucht, und sie findet ihn nicht, bewegt sich vielmehr sogar weg davon. Dies hat man gegen das Vorhandensein eines Instinkts geltend gemacht. Denn, sagt man, der Instinkt würde die Pflanze den nahen Stock merken lassen; statt dessen entfernt sie sich davon. Der Fall beweist aber bloß, was wir sonst schon wissen, daß der Instinkt in seinen Äußerungen an natürliche Anlagen gebunden ist. Der Taster hat natürlich keine Augen, und selbst der Hungrigste sieht ein Stück Brot nicht, was man hinter seinen Rücken hält, der Blinde sogar nicht, wenn man es ihm vor die Nase hält. Aber, wenn ihm ein Instinkt sagte, es könne um ihn etwas zu essen geben, so würde er auch umhertasten, es zu finden, und dabei das Brot so leicht verfehlen können, als die Pflanze die Stütze verfehlt, sofern es in seiner Anlage begründet ist, nicht durch Bewegungen der Nase, sondern der Arme, zu suchen, was er braucht.

Viele Gewächse umwinden tote, wie lebendige Stützen; die Flachsseide (*Cuscuta*), eben jung hervorgekommen, unterscheidet zwischen beiden; sie umwindet nur lebendige.[12] Warum hat sie

---

[12] Mohl (Über den Bau und das Winden der Ranken S. 127. 131) sagt zwar, daß die Cuscata sich um leblose Körper, z. B. trockne Stäbe von Tannenholz, Glasstäbe, silberne Röhren, ebensowohl winde als um lebendige (Stengel, aber es betrifft diese Angabe ältere Exemplare, die sich schon an anderen lebendigen Pflanzen festgewurzelt haben und dann aus diesen fortgehens Nahrung saugen können; dagegen fand Palm, (Über das Winden der Pflanzen S. 48), daß die Flachsseide sich niemals um tote Körper windet; er bot ihr eine Menge abgestorbener oder unorganischer Körper verschiedener Art als Stützen dar, und nie wollte sie sich um dieselben Schlingen, was dagegen bei lebendigen Stengeln erfolgte. Der scheinbare Widerspruch zwischen beiden Angaben dürfte sich also lösen, wenn man annimmt, daß Palm mit ganz jungen Pflanzen experimentierte; denn in dieser Beziehung sind Mohls (allerdings nicht zahlreiche) Versuche mit denen von Palm in Einstimmung. Er sagt (S. 138 seiner Schrift): "Ob die junge, erst aus dem Samen aufgegangene, Cascuta Europaea eine Ausnahme (vom Winden um allerlei sowohl tote als lebende Stengel) macht, weiß ich nicht gewiß; einige Versuche, die ich mit ihr anstellte, scheinen dafür zu sprechen; doch hatte ich nicht Gelegenheit, sie in gehöriger Anzahl anzustellen, da alle Samen von Cascuta, welche ich zu wiederholten Malen aussähte, nicht aufgingen, und da die jungen Exemplare, die ich im Freien aushob, alle zu Grunde gingen, bis auf das eine, mit dem ich die Versuche anstellte. Neben dieses Exemplar, welches noch in der Samenhülle steckte, und welches gegen 2 Zoll lang war, steckte ich einen Messingdraht, so daß er die Pflanze berührte; nach 3 Tagen hatte sich diese auch nicht im Mindesten um denselben gewunden, ebensowenig wand sie sich um ein dünnes Stäbchen von Tannenholz. Sobald ich sie aber neben eine lebende Nessel gesetzt hatte, so daß sie ihren Stengel berührte, wand sie sich innerhalb 9 Stunden um dieselbe."

einen so andern Instinkt als andere Pflanzen? Ihre Lebensverhältnisse sind eben andere. Die andern windenden Pflanzen, indem sie aufwärts ranken, bleiben doch noch im Boden wurzeln und saugen Nahrung daraus, auch ohne daß die Stütze solche hergibt. Die Flachsseide aber macht sich, nachdem sie im Erdboden gekeimt, von demselben gänzlich los, indem ihre darin haftenden Wurzeln absterben und nun vermag sie bloß noch aus dem lebenden Gewächse durch Würzelchen, die sie hineintreibt, Nahrung zu ziehen; was hälfe ihr da ein toter Stock. Der lebende Stengel dagegen wird von ihr mit engen Windungen umfaßt, sie saugt ihn aus, oft stirbt er darüber ab. Wie hilft sich jetzt die Pflanze? An Toten kann sie doch nicht mehr Nahrung finden. Sie fängt jetzt an ihre Windungen zu erweitern, ob sie dadurch vielleicht ein anderes Gewächs erfassen kann.

Letztere Bemerkung, die ich nicht in Mohls Schrift finde, wurde mir von Prof. Kunze mitgeteilt.

Auf das Rechts- und Links-Winden der windenden Pflanzen äußern weder Sonne, noch Mond, noch Stellung zum Licht einen Einfluß. Daß eine Art bald rechts, bald links winde, war Mohl nie vorgekommen. So weit seine Beobachtungen reichen, winden sich die Arten einer Gattung, aber nicht immer die einer Familie, in derselben Richtung. Die Mehrzahl der Schlingpflanzen windet sich links.

Nach dem Lichte richten sich die Schlingpflanzen im allgemeinen weniger als andere Pflanzen (vergl. S, 142). Auch nachts und bei völliger Ausschließung des Lichts machen sie ihre Kreisbewegungen, oder winden siech um ihre Stützen (Mohl S. 122).

Der bereits bemerkte Einfluß der Jugend macht sich auch beim Winden der Pflanzen geltend. Die Kreisbewegungen, welche der Stengel einer Schlingpflanze macht, erfolgen bloß im jungen Zustande desselben; nachher wird er fester, verholzt, und kann sich nun nicht mehr um Stützen schlingen, selbst wenn man solche unmittelbar mit ihm in Berührung bringt.

Der Stamm mancher Bäume kann auch ohne Stütze im geraden Emporwachsen sich um sich selbst winden, obwohl diese Windungen immer nur lang gezogen sind und meist nicht einmal einen ganzen Umlauf machen. Sofern es hierbei nichts Besonderes zu suchen gibt, wird man hierin auch nicht Äußerungen eines ebenso bestimmten Instinkts zu sehen haben wie bei den Bestrebungen windender Pflanzen, eine Stütze zu finden. Doch gibt es auch hierbei Punkte, welche von Interesse sind, sofern sie an die halb gesetzliche, halb freie Art erinnern, wie im Menschlichen und Tierischen sich Anlagen entwickeln und äußern. Das Holz, kann man sagen, benimmt sich hierbei doch nicht hölzern, sondern dreht und schmiegt sich, nach inneren und äußern Antrieben, wie man es der organischen Grundlage für die Entwicklung einer Seele wohl ziemend halten kann. Es geschieht nämlich dies Winden auch nicht nach einer einfachen, toten, überall und ein für allemal in selber Weise gültigen Regel, sondern nach einer sozusagen lebendigen flüssigen Regel, die teils individuellen Unterschieden in der Natur des Gewächses folgt, teils sich Abänderungen äußerer Umstände auf eine von uns nie ganz zu berechnende Weise anbequemt.

Man mache einen Spaziergang um Leipzig durch dessen Allee, welche hauptsächlich aus Linden und Roßkastanien besteht, und betrachte etwas aufmerksam die Roßkastanienbäume darin; so wird man an so ziemlich allen tiefgehenden Rindenrissen und erhabenen Rindenwülsten derselben von einiger Länge die Zeichen spiraliger Drehung deutlich erkennen. (Besonders auffallend u. a. an mehreren der zwischen Barfußpförtchen und Theater stehenden Stämme. Wo keine bedeutenden Risse oder Wülste vorhanden, zeigen sich Spuren der Spiraldrehung doch oft noch in der gegen die Achse des Stammes schiefen Richtung der kleinen Risse.) Die Spiraldrehung steigt überall übereinstimmend von Links nach Rechts (für den gegenüberstehenden Beobachter) in die Höhe. Die Drehungsrichtung ist also bei dem Roßkastanienbaume so fest bestimmt wie bei einer um einen Stengel sich windenden krautartigen Pflanze. Aber der Grad der Drehung ist sehr verschieden bei denselben, wenn auch benachbarten, Stämmen. An den Linden derselben Allee bemerkt man dagegen nirgends entschiedene Zeichen von Drehung. Geht man weiter ins Rosental und betrachtet die Stämme von Hainbuche (*Carpinus Betulus*), die sich zahlreich darin finden, so werden die meisten ebenfalls kein entschiedenes Zeichen von Drehung verraten; bei manchen aber tritt sie sehr deutlich auf, doch so, daß ebensowohl Stämme vorkommen, wo die Drehung von Links nach Rechts, als wo sie von Rechts nach Links aufsteigt. Ich zählte bei einem größeren Spaziergange 20 Stämme erster gegen 14 Stämme zweiter Art. Das Übergewicht der ersteren gegen die letzteren rührte aber nur daher, daß auf einem gewissen Distrikt bloß links gewundene Stämme vorkamen, wo also der Entwickelung dieser Richtung besonders günstige Umstände obwalten mußten; während ich sonst links und rechts gewundenen im unregelmäßigsten Wechsel begegnete und hierunter zweimal den Fall hatte, daß zwei entgegengesetzt gewundene Stämme gleich nebeneinander standen, den Anschein nach unter ganz gleichartigen Verhältnissen gewachsen. Die Eichen des Rosentals zeigen nichts von Drehung. Kombiniert man diese verschiedenen Fälle, so wird man darin folgendes für die Entwickelung der Anlagen von Tier und Mensch geltende Resultat wiederfinden. Waltet eine Anlage in bestimmter Richtung sehr vor, so hat nichts mehr Macht, sie zu verkehren; wo aber die Anlage nicht entschieden ist, da schlägt sie nach Verschiedenheit der äußeren Umstände diese oder jene Richtung der Entwicklung ein, ohne daß sich solche aus den äußeren Umständen allein berechnen ließe.

Nach Goethes Angabe windet sich auch die Birke ausnahmslos spiralig von links nach rechts bis in den Gipfel; was man aber nicht sowohl auswendig als beim Spalten des Stammes erkennt. Freistehende Birkenstämme zeigen die Spiraldrehung weit auffälliger als solche, die im Dickicht stehen. Derselbe erwähnt, daß nach forstmännischen Angaben auch unter Kiefern Fälle vorkämen, wo der Stamm von unten bis oben eine gedrehte, gewundene Richtung annehme; man habe geglaubt, da man dergleichen Bäume an der Brane gefunden, eine äußere Wirkung durch heftige Stürme sei die Veranlassung; man finde aber dergleichen auch in den dichtesten Forsten, und es wiederhole sich der Fall nach einer gewissen Proportion, so daß man 1 bis etwa 1½ pC, im Ganzen das Vorkommen rechnen könnte. Auch an alten Kastanienbäumen und Stämmen von *Crataegus torminalis* kommt nach Goethe die Spiraldrehung vor (Goethes ges. Werke Band 55. S. 123). Ich selbst fand einen Maßholderstamm (*Acer campestre*) ziemlich stark gewunden. Viele Arten und Individuen von Bäumen aber zeigen wenigstens auswendig nichts von Drehung.

Unter den Bewegungen des Faltens und Biegens, welche die Pflanzen im Entwickelungsgange ihres Lebens von selbst vornehmen, ist die Entfaltung der Blumenkrone beim Aufblühen und ihr

Schließen oder sonstige Lagenveränderung ihrer Teile im sogenannten Pflanzenschlafe von vorzugsweisem Interesse. Man vergesse aber nicht, sein Augenmerk auch auf die Blütenstiele und die Blätter zu richten. Es kommen ganz anmutige Verhältnisse dabei vor, die uns freilich eine Bedeutung für das Seelenleben der Pflanzen nur mehr ahnen lassen, als daß wir sie wirklich verfolgen könnten. Erinnern wir uns der mit dem Sonnengange zusammenhängenden auf- und abgehenden Bewegung der Wasserlilie und Lotosblume von Nacht zu Tag. Wie es nach Linné die Wasserlilie im Wasser macht, macht es der Huftattig (*Tussilago Farfara*) außer dem Wasser; d. h. er schließt bei Nacht die Blumen und senkt sie nieder, dem schlafenden Menschen ähnlich, der die Augen schließt und das Haupt senkt. Überhaupt ist das Senken der Blumen bei Nacht nicht selten, obwohl nicht überall mit schließen der Blumen; wie anderseits viele Blumen sich schließen, ohne sich zu senken. Jede macht's nach ihrer Weise.

Bei vielen hängt die Art der Stellung des Blütenstengels mit der Periode der Blütezeit zusammen. Der Mohn trägt die Knospe tief gesenkt, so lange sie noch nicht aufgeblüht ist, aber steif aufgerichtet, wenn sie erblüht ist; ungeachtet die Blume doch schwerer ist als die Knospe, wie eine Jungfrau ihr Köpfchen bescheiden neigt, um es als Frau dereinst stolz emporzutragen und sich mit ihrem Schmucke zu brüsten. — An der Hyazinthe, die aufblühen will, drängen sich alle Blütenknospen eng um den Mutterstamm zusammen wie zu einer geschlossenen Faust und sehen noch grün wie die Blätter aus; als sollte auch die kleinste Ahnung dessen, was kommen wird, von ihnen abgehalten werden. Aber wenn sie aufblühen, biegt sich eine so viel wie möglich von der andern ab, um recht selbstständig Luft und Licht, und was es sonst gibt, genießen zu können, und das Grün verwandelt sich in reizende Farbe. — Die *Euphorbia oleaefolia Gouan* läßt ihr Haupt den Winter hindurch überhängen und kündigt durch ihr Sichaufrichten (nach Draparnaud) die Wiederkehr des Frühlings an (Decand. 11. 628). — Bei der Gattung *Phaca* und einigen anderen *Leguminosen* dreht sich das Blumenstielchen während der Zeitigung der Hülse dergestalt, daß die obere Fruchtnaht, welche sich allein öffnet, zur untern wird und dem Samen folglich möglich macht auszufallen. (Decand. II. 623.)

Von besonderem Interesse ist auch der Schutz, den manche Pflanzen im Schlafzustande durch die Stellung ihrer Blätter den zarten Teilen gewähren, indem sie entweder durch das Aufrichten der Blätter um den Stengel oder die Spitze der Zweige eine Art von Trichter bilden, worunter die jungen Blumen oder Blätter geschützt sind (*Malva Peruviana*), oder auch, indem die obersten Blätter sich herabsenken und über den jungen Trieben ein Gewölbe bilden (*Impatiens noli me tangere*), oder indem die Blättchen eines zusammengesetzten Blattes sich nach oben so zusammenlegen, daß sie die Blüten zwischen sich einschließen. (*Trifolium resupinatum* und *incarnatum*, *Lotustetragonolobus* und *ornithopodioides* u. a.)

Noch einiges Nähere über den sogenannten Pflanzenschlaf, s. in den diesem Abschnitte angefügten Zusätzen.

Man hat dergleichen Biegungen, wie sie die Pflanzenteile machen, durch ungleiche Befeuchtung, oder ungleiche Erwärmung der Fasern an verschiedenen Seiten des Stengels erklären wollen. Wie wenig das inzwischen ausreicht, beweist nicht nur das so ungleiche Verhalten verschiedener Pflanzen unter denselben Umständen, was vielmehr ganz analog ist dem eben so verschiedenen Verhalten verschiedener Tiere unter denselben Umständen, sondern auch recht schlagend der Fall der *Vallisneria spiralis*, deren Stengel sich sogar unter Wasser spiralförmig auf- und abrollt.

Alle bisher angeführten Bewegungen des Wachsens, Biegens, Drehens, Windens der Pflanzen erfolgen nur langsam im Verhältnis zu den Bewegungen, welche Mensch und Tier vornehmen können. Der Mensch, das Tier streckt rasch den Arm, die Kralle, ergreift, was ihm dienlich scheint, und zieht sie eben so schnell zurück. Welche schnell wechselnden Bewegungen im Hantieren, Laufen, Springen! Nichts von all dem in der Pflanze. Sie streckt nur langsam ihre Wurzeln, erhebt nur langsam ihren Stengel, kriecht nur allmählich eine Stütze hinauf, folgt scheinbar träge den Reizen, die auf sie wirken, und verharrt stetiger in den Lagen, die sie einmal angenommen. Dennoch liegt hierin kein Grund, auf schwächere Empfindungen und Triebe bei ihr zu schließen, sofern starke Empfindungen und Triebe sich eben sowohl in starken inneren Veränderungen und Bewegungen als in einem großen Umfange oder großer Schnelligkeit äußerlicher Bewegung aussprechen können, in welche letztere auszuschlagen bei dem festen und engen Wirkungskreise der Pflanze wenig Anlaß war. Man betrachte einen Menschen, welcher tief nachdenkt, wie arbeitet es in seinem Kopfe; sicher, obwohl wir es nicht sehen können, strömt es dabei hin und her in den unzähligen feinen Nerven- und Gefäß-Kanälen, welche sein Gehirn bilden, wozu wären sie sonst da; aber äußerlich sieht man nichts. Wie tief fühlt oft innerlich das Weib, und wie wenig zeigt sie's oft äußerlich; nicht daß sich dabei nichts in ihr leiblich regte; vielmehr wollen die Tränen vielleicht mit Gewalt zum Auge heraus, ein Krampf geht ihr vielleicht durch alle Glieder, das Herz will ihr vielleicht zerspringen, ja es gibt Fälle, daß es wirklich bei inneren Gemütsbewegungen gesprungen ist, durch den gewaltigen Drang des Blutes; aber all das kann ohne äußerlich sichtbare Bewegung erfolgen. Dergleichen innere Veränderungen sind sogar ein viel wesentlicherer Ausdruck von Empfindung und empfundenem Triebe, als alle äußeren es sein können, sofern die äußern selbst nur Ausläufer von jenen sind. Wenn jemand wütend auf den andern losschlägt, ist nicht die Bewegung seines Armes das, worin sich die Gemütsbewegung unmittelbar leiblich ausdrückt, sondern etwas, was durch den Zorn im Gehirn aufgerührt wird, und durch Vermittelung der vom Gehirn auslaufenden Nerven den Arm erst in Bewegung setzt. Man kann den Arm halten, und der Zorn dauert nur gesteigert fort; könnte man die Bewegungen im Gehirn halten, so würde man nach der hienieden stattfindenden Wechselbedingtheit von Geist und Leib hiermit den Zorn selbst halten; es beweist sich sogleich, wenn etwa das Übermaß des Zorns Schlagfluß herbeiführt, wobei alle Bewegungen im Gehirn und alle Leidenschaften zugleich stocken.

Also nicht darauf kommt es an, recht starke äußerliche Bewegungen zu sehen, um auf starke Triebe und Empfindungen zu schließen, vielmehr die inneren Bewegungen sind in Betracht zu ziehen, welche allerdings nach Maßgabe dazu auffordernder Anlässe und Zwecke in äußere Bewegungen ausschlagen können, aber es keineswegs immer tun.

Dürfen wir einen Schluß von uns selbst machen, so wird es übrigens weniger die Größe der inneren Bewegungen an sich, als die Größe der Veränderungen, in denen sie selbst befangen, oder in deren Erzeugung sie begriffen sind, sein, womit die Stärke der Empfindungen und empfundenen Triebe zusammen hängt. Geht alles im gewöhnlichen Gleise in uns her, wo doch Blut und Nervengeist schnell genug laufen mögen, so tragen wir nichts als ein allgemeines Lebensgefühl davon, aber jede besondere Änderung oder jedes Streben dazu, was, sei es durch einen äußeren Sinnesreiz, sei es durch innere Anlässe, hervorgebracht wird, fühlen wir alsbald um so lebhafter, je größere Kraft sich in Hervorrufung der Änderung tätig erweist. Ziehen wir dies in Betracht, was gewiß im allgemeinen triftig ist, wenn gleich an der gründlichen Klarstellung noch viel fehlt, so werden wir die Zeichen lebhafter Empfindungen und lebhaft empfundener Triebe selbst in den äußerlich so gering erscheinenden Bewegungen der Pflanze nicht vermissen, denn diese äußerlich geringen Bewegungen hängen mit einem mannigfaltigen Spiel innerer Änderungen und einem großen Drange zu solchen Änderungen zusammen. Man weiß, daß jede freiwillige Biegung und Drehung der Pflanzenteile mit Abänderung des Säftelaufs und wahrscheinlich noch feineren, ins Chemische greifenden Abänderungen in Beziehung steht. Und was für ein innerer Drang mag dazu gehören, die Gestalt der Pflanze von innen heraus so nach allen Richtungen und dauernd zu ändern, wie es im Emporwachsen des Stengels, im Knospen- und Blütentriebe der Fall ist. Ja die Erfahrung beweist direkt die Kraft dieses Dranges. Der Saft, der dazu aufsteigt, vermag durch die Kraft, mit der er es tut, große Wasser- und Quecksilbersäulen zu heben; und die Wurzel, die niedersteigt, vermag in schweres Quecksilber einzudringen, und durch feste Erde durchzudringen, Durch keimende Erbsen, Quecken u. dgl. wird festes Erdreich oft in Klumpen aufgehoben. Nun sehen wir doch den, so mit Gewalt emporsteigenden oder niedersteigenden, Saft die leichten Hüllen der Knospen- oder Wurzeltriebe, in die er dringt, nicht roh durchbrechen; also wird diese Gewalt zum weiteren Heraustreiben der Knospen- oder Wurzeltriebe, Entwickeln der Blätter und Blüten selbst verwandt.

"Jedermann weiß, daß, wenn der Weinstock beschnitten ist, zu den Schnittflächen, bei welchen das Holz bloßgelegt ist, Wasser herausfließt, und daß bei nicht beschnittenen Bäumen der Saft nicht ausfließt und dazu dient, die Knospen zu entwickeln. Hales wollte wissen, mit welcher Kraft der Nahrungssaft in den Stämmen aufsteige. Um dieses zu erfahren, paßte er an das obere Ende eines sieben Zoll langen Weinstocks eine Röhre an und verstrich diese so sorgfältig mit Kitt, daß das aus dem Weinstocke dringende Wasser nicht abfließen konnte und sich daher, durch die aus dem Stamme neu hinzuströmende Flüssigkeit von unten getrieben, in der Röhre ansammeln mußte. Bei einem ersten Versuche stieg das Wasser 21 Fuß hoch; bei einem zweiten ward in der Röhre oben eingegossenes Quecksilber von dem zum Weinstocke hinausdringenden Wasser 38 Zoll hoch gehoben. In diesem Falle muß die den rohen Nahrungssaft treibende Kraft hinreichen, den Druck von 2½ Atmosphären auszuhalten. Nach Hales' Berechnung ist sie 5 mal stärker als die Kraft, welche das Blut in der Schenkel-Schlagader eines Pferdes treibt."

"Senebier erhebt gegen Hales' Versuche Zweifel, die darauf gegründet sind, daß, wenn der Nahrungssaft wirklich mit der Kraft in die Höhe steige, welche man ihm nach dem angeführten Versuche beilegt, es außerordentlich sei, daß er durch die schwache Hülle einer Knospe könne aufgehalten werden. Nun aber (sagt Decandolle) ist es augenscheinlich nicht die Knospenhülle allein, die ihn aufhält, sondern der Umstand kommt noch hinzu, daß der Saft zur Entwickelung neuer Teile angewendet wird, und daß, da er nicht zur Pflanze hinausfließt, auch eine so große Menge durch die Wurzel eindringt. (Decand. Physiol. I. 76.)

Wenn man ein Samenkorn von der wohlriechenden Platterbse (*Lathyrus odoratus* L.) über einer mit laufendem Quecksilber gefüllten Schale keimen läßt, und es durch eine leicht erdenkbare Vorrichtung fest hält, so richtet sich zufolge Pinots Versuchen das Würzelchen jenes Samenkorns senkrecht gegen den Erdboden und dringt in das Quecksilber ein, obgleich letzteres bedeutend schwerer ist als jenes." (Journ. de pharm. 1829. T. XV. p. 490; Annalen der Gewächskunde Band IV. H. 4. S. 408. 409 . Vergl. Ann. des sciences nat. 1829; Revue bibliographique 129. 130.).

"Werden Hyazinthen in kleinen Töpfen gezogen, so sieht man die Zwiebel oft beträchtlich über die Erde gehoben, von den Würzelchen getragen, die gegen sie verlängert scheinen. Auch bei Palmen beobachtet man diese Besonderheit des Wachstums. Bei *Martynezia caryotaefolia* H. B. K. ist der Stamm manchmal 2 Fuß hoch über die Erde gehoben und ruht auf den zusammenstoßenden Würzelchen wie auf Stützen. Das nämliche sieht man bei *Iriartea exorhiza* und I.

ventricosa Mart." (Treviranus, Phys. II. 157.) Diese Erscheinungen hängen davon ab, daß die Wurzeln, wenn sie bei ihrem Streben, nach unten sich zu verlängern, ein Hindernis treffen, durch Heben des Gewächses sich helfen. Man sieht aus diesen Beispielen, daß die vereinte Kraft des Wurzelwachstums hinreichend ist, ganze Gewächse emporzuheben.

"Wenn man als Stütze einen senkrecht ausgespannten Bindfaden anwendet, so haben die Schlingpflanzen, deren Stengel nicht gar zu dünn ist, die Kraft, die gerade Richtung des Bindfadens durch den Druck, den sie auf ihn ausüben, indem sie sich an ihn anschmiegen, zu verändern, so daß er ebenfalls wie der um ihn geschlungene Stengel die Richtung einer Spirallinie annimmt." (Mohl, Über das Winden der Ranken S. 113.)

Dassen legte frisch abgeschnittene Zweige von *Faba vulgaris, Oxalis stricta, Lupinusalbus* und *Robinia viscosa* abends um 6 Uhr auf Wasser, so daß wenigstens einige ihrer Blätter (die sich vermöge des Pflanzenschlafs zusammenzulegen trachteten) vollkommen mit der hinteren Fläche auf demselben trieben. "Alsbald schienen die Blätter ihre Kräfte anzustrengen, um die nächtliche Richtung anzunehmen. So krümmten sich die Blätter der erstgenannten Art, um sich von der Oberfläche des Wassers loszumachen, konnten sich aber keineswegs ganz aufheben. Die zweite Art machte dieselbe Bewegung, durch welche die Blättchen auf die Seite fielen. Die Blättchen der dritten Art konnten sich nicht vom Wasser losmachen, drückten aber den Punkt, wo sie angeheftet waren, so weit nach unten, daß sie beinahe dieselbe Richtung wie außer dem Wasser erhielten. Die letzte der genannten Arten konnte wegen des Widerstandes des Wassers die Blättchen nicht abwärts bewegen, aber hob durch Rückwirkung den gemeinsamen Blattstiel etwas in die Höhe." Durch nähere Versuche fand Dassen, daß jedes der Blättchen von *Faba vulgaris* 3 Gran mehr aufheben kann, als für die Bewegung zum Schließen des Blattes nötig. (Wiegm. Arch. 1838. I. 218.)

Selbst äußerlich sind die Veränderungen, welche eine Pflanze in gegebener Zeit durch das Wachstum erfährt, gar nicht so unbedeutend, wie es manchem scheinen mag. Ein Baum, der im Frühjahr austreibt, arbeitet an taufend Blättern zugleich, jedes wächst in jedem Augenblick fort; nun macht sich die im ganzen große Veränderung wegen ihrer ebenso großen Verteilung freilich dem Auge nicht bemerklich, weil sie für jeden Punkt nur wenig beträgt. Aber die große Summe der kleinen Veränderungen ist doch im ganzen etwas sehr Erhebliches. Man denke sich, daß der Baum allen Stoff, den er aufnimmt, und alle Kraft, die sich zum Wachstum im ganzen verteilt, immer nur darauf verwende, ein Blatt auf einmal hervorzutreiben; wäre dies Blatt fertig, finge ein anderes an anderer Stelle an, ebenso zu wachsen. Das würde uns schon viel mehr wie willkürliches Austreiben, Bilden erscheinen; und doch ist bloß der formelle Unterschied vorhanden, daß die Pflanze, statt an einer Stelle, an allen Stellen zugleich dieselbe Freiheit übt, Kraft und Stoff dazu allseitig verteilt, statt sie jedesmal auf eine Stelle vorzugsweise zu konzentrieren.

Die Seele der Menschen und Tiere ist, selbst ohne immer von neuem durch neue äußere Reize angeregt zu sein, in einem Spiele kontinuierlicher Änderungen begriffen, welches sich in einem, unseren Blicken freilich entzogenen, aber durch Schlüsse wohl erreichbaren, rastlosen Spiele leiblicher Prozesse insbesondere im Gehirn ausdrückt. Ich erinnere nur kurz daran, daß ja ein Spiel mit dem anderen stockt, wie es andrerseits auch an Lebhaftigkeit damit wächst. Aber dies rastlos bewegliche Spiel hinterläßt auch dauernde Änderungen. Der Geist baut sich selbst durch seine Tätigkeit immer mehr aus, organisiert sich immer feiner und reicher, aber er kann es nicht anders, als indem es zugleich seine leibliche Grundlage tut. Wir müssen es freilich wieder mehr mit geistigen als leiblichen Augen verfolgen, wie sich sozusagen immer feinere Blätter, Blüten in die Organisation des Hirns hineinbilden, nach Maßgabe als die geistige Organisation solche treibt; sie gehen so ins Feine, daß sie das Mikroskop nicht verfolgen kann; aber wenn eine Krankheit sie zerstört, so zerstört sie mit den leiblichen für diese Welt auch die geistigen Blätter und Blüten.

Was wir nun hier in unserem geistigen Gebiete aufs klarste vermöge unseres Selbstbewußtseins, im zugehörigen leiblichen Gebiete aber aufs Versteckteste vermöge des Verschlusses vor unseren eigenen Sinnen vor sich gehen sehen, das sehen wir umgekehrt bei den Pflanzen im geistigen Gebiete für uns aufs Versteckteste, vermöge des Abschlusses unseres Bewußtseins gegen das ihre, im leiblichen aber auf das Offenste vor sich gehen. Die Pflanze entfaltet den leiblichen Gestaltungsprozeß, an den sich bei ihr der kontinuierliche, freiwillige Fluß ihres Seelenlebens knüpft, vor uns frei zutage, breitet ihn klar vor uns aus, treibt die Blätter, Blüten offen nach außen, die unser Gehirn in freilich ganz anedrer Form verborgen nach innen treibt. Unstreitig knüpft sich an letzteres Treiben ein höherer geistiger, an jenes ein mehr sinnlicher Seelenprozeß; aber in betreff des kontinuierlichen Fortganges steht sich beides gleich. Und dies ist ein Umstand von Wichtigkeit. Eine Seele will immer etwas zu tun haben. So fehlt es denn auch der Pflanzenseele nicht an beständigem Zeitvertreibe.

Gewissermaßen hat die Natur das Augenfällige im Ausdruck der Seelenbewegungen zwischen Tierreich und Pflanzenreich nur verschieden verteilt. Die Menschen und Tiere verstecken in sich den ganzen unmittelbaren leiblichen Ausdruck ihrer Seelenbewegungen, aber zeigen in starken, lebhaften, einzelnen Bewegungen (im Glieder- und Mienenspiel) Ausläufer davon nach außen, die uns nun mittelbar als um so deutlichere Zeichen ihrer Seelentätigkeit gelten. Bei den Pflanzen treten solche vereinzelte, lebhafte Ausläufer innerer Bewegungen zurück, dafür entfalten dieselben in einem kontinuierlichen stillen Spiel an der Oberfläche viel mehr von dem unmittelbaren Ausdrucke ihres Seelen-Lebens und –Webens. Der Unterschied ist freilich, wie aller in der Natur, nur relativ. Dies muß man nie vergessen.

In der Tat entbehrt auch das Pflanzenreich verhältnismäßig rascher und augenfälliger Bewegungen, die namentlich infolge von Reizen eintreten (wovon im folgenden Abschnitt die Rede), nicht völlig. Aber selbst ohne Reizung erfolgen bei manchen Pflanzen und unter manchen Umständen Bewegungen mit dem Anschein von Freiwilligkeit. Hierher gehören gewisse Bewegungen der Geschlechtsorgane der Pflanzen, wovon wir im 11. Abschnitte sprechen werden, verschiedene Bewegungen im Bereiche der niederen Pflanzen, die im 12. Abschnitt erwähnt werden sollen, und die Bewegungen an *Hedysarum gyrans*, von denen zum Schluß der jetzt folgenden Zusätze (S. 127) die Rede sein wird.

Über den Pflanzenschlaf.

Hier nun das Interessanteste und Wichtigste über diesen Gegenstand. Näheres darüber s. in den Lehrbüchern der Pflanzenphysiologie, als z.B. Treviranus II. 750; Decandolle II. 25. — Besonders ausführlich ist ein holländisches Werk darüber von Dassen, im Ausz. in Wiegm. Arch. 1838. I. 214. 358. II. 159. — Von neueren Abhandlungen vergl. Dutrochet in Comptes rendus 1843. 11. 989. und Fror. N. Not. no. 13 und 14 des I. Bandes. — Foe in Comptes rendus 1846. T. XXIII, No. 12. (Fror. Not. No. 13 des XL. Bandes.) — Fritsch in den Abhandl. der böhm. Gesellsch. der Wissenschaften 1847. 5. Folge. 4. Band.

Die Erscheinungen des sog. Pflanzenschlafs bestehen im allgemeinen in einer abgeänderten Stellung der Blatt- oder Blütenteile oder beider von Tag zu Nacht.

Das Phänomen solcher Abänderungen zeigt sich an keine besondere Ordnung oder Gattung, oder einen besonderen Bau der Pflanzen gebunden, kommt vielmehr bei den verschiedenartigsten Gewächsen, doch in gewissen Familien mehr als in anderen, vor; nach Art der Pflanzen und Pflanzenteile treten aber hierbei verschiedene Stellungen ein. Im allgemeinen kann man vielleicht als Regel aussprechen, daß die Pflanzenteile bei Abwesenheit des Lichts möglichst zu der Lage zurückkehren, welche sie im Knospenzustande hatten, und daß diese Lage um so genauer angenommen wird, je jünger und zarter gebildet das Blatt ist; bei älteren und derberen sind die Abweichungen zwischen Tag und Nacht geringer, bei perennierenden und lederartigen fallen sie ganz weg.

Schlaf der Blätter.

Bei weitem am häufigsten und auffallendsten kommen die hierher gehörigen Erscheinungen an Pflanzen mit zusammengesetzten Blättern, insbesondere aus der Klasse der *Leguminosen* und *Oralideen* vor. Die Zeit, in welche der Übergang aus der täglichen in die nächtliche Richtung und umgekehrt fällt, richtet sich nach dem Auf- und Untergange der Sonne und ist im allgemeinen viel geregelter als das Öffnen und Schließen der Blumen. Hierbei muß man jedoch nicht außer acht lassen, daß Pflanzen, die aus fremden Klimaten in das unserige übergeführt worden, im allgemeinen fortfahren, zu der Zeit ihre Blätter zu öffnen und zu schließen, zu welcher sie dies in ihrem Vaterlande zu tun gewohnt waren. Daher sieht man in unseren Gewächshäusern abends 6 Uhr, mitten im Sommer, einige Pflanzen ihre Blätter schließen, obgleich dann weder Licht noch Wärme verändert ist, während sie auch im Winter dieselben morgens zu ihrer gewohnten Zeit wieder öffnen, obgleich es noch völlig finster ist. Unsere vaterländischen Pflanzen dagegen richten sich nach der Sonne. Genau hängen die Veränderungen in der Richtung der Blätter mit der Gesundheit der Pflanzen zusammen, und besonders mit der der Blätter selbst; je kräftiger eine Pflanze ist, desto geregelter und weniger abhängig von äußern Einflüssen finden die täglichen Bewegungen statt. Werden die Blätter im Herbst alt, so verändern sich die Bewegungen, hören ganz auf, oder verlieren den Bezug zu den frühern. Namentlich gilt dies auch von den Pflanzen, die während des Winters in Häusern aufbewahrt werden, wo dann deren Blätter meist keine oder eine kaum bemerkbare Verschiedenheit zwischen Tag und Nacht zeigen. Junge Blätter haben vor ihrer vollkommenen Entwickelung durchgängig die Richtung, welche sie später allein des Nachts annehmen. In der ersten Zeit nach ihrer Entwickelung zeigen sie die Verschiedenheit der Bewegung im höchsten Maße, sowohl durch Schnelligkeit der Bewegungen als durch größere Vollkommenheit in der Ausführung.

Die Lage der Blätter im Schlafzustande anlangend, so schlafen einfache Blätter entweder so, daß sie aus der horizontalen Lage, als der natürlichsten, sich aufrichten, oder (seltener) daß sie sich rückwärts dem Stengel nähern, was übrigens beides bei verschiedenen Pflanzen in sehr verschiedenem Grade geschieht. Das erstere findet sich in stärkerem Grade bei *Sida Abutilon, Oenothera mollissima, Atriplex horteusis, Alsine media* und mehreren *Asklepiadeen*, in geringerem Grade bei *Mandragora officinalis, Datura Stramonium, Solanum Melongena, Amaranthustricolor, Celosia cristata* u, a. — Das letztere findet sich bei *Hibiscus Sabdariffa, Achyranthes aspera, Impatiens noli tangere*, einer *Triumfetta* und wenigen anderen. — Von den Pflanzen mit zusammengesetzten Blättern schlafen manche so, daß die Blättchen von entgegengesetzten Seiten des Hauptblattstieles sich nach oben zusammenlegen (*Lathyrus odoratus, Colutea arborescens, Hedysarum coronarium, Vicia faba*), oder sich senken und nach unten zusammenlegen, so daß sich entweder die Oberseiten berühren (*Phaseolus semierectus, Robinia pseudacacia, Abrusprecatorius*) oder die Unterseiten (sämtliche Kassien). Endlich können sich auch die Blättchen nach der Länge des Hauptblattstiels dachziegelförmig übereinander legen, und dies geschieht wiederum entweder vorwärts, so daß die Oberseite des hinteren Blättchens die untere des vorderen zum Teil bedeckt (*Tamarindus Indica, Gleditschia triacanthos,* mehrere Mimosen), oder rückwärts, so daß die Blättchen gegen die Basis des Blattstiels sich zurückbeugen und jedes vordere mit der Oberseite dem hinteren genähert ist (*Tephrosia caribaea*).

Nach Maßgabe der Zusammensetzung der Blätter können auch zusammengesetzte Bewegungen eintreten. So können bei den gefiederten Blättern die Blättchen und der gemeinsame Blattstiel, bei den doppelt gefiederten Blättern auch noch die besonderen Blattstiele sich besonders bewegen. Es sind jedoch nur wenige Beispiele von Blättern bekannt, die mehr als einen beweglichen Teil haben.

Die Bewegungen der Blätter und Blättchen vieler (obwohl bei weitem nicht aller) Pflanzen, namentlich derer mit zusammengesetzten Blättern, erfolgt unter besonderer Mitwirkung einer kleinen Anschwellung (Blattkissen, *pulvinus*), welche sich an der Basis der Stiele oder Stielchen befindet. Die sehr interessant erscheinenden Versuche und Ergebnisse Dutrochet's und Dassen's über den Mechanismus dieser Wirkung haben indes durch die Versuche von Meyen und von Miquel keine rechte Bestätigung gefunden. (Wiegm. Arch. 1839. II. 88. Meyen, Physiol. III. 538). Dassen glaubt ermittelt zu haben (Wiegm. Arch. 1838.1. 223. 325), daß die Bewegung mit Änderung des Säftelaufes und der Kohlensäurebildung zusammenhänge.

Feuchtigkeit befördert im allgemeinen die nächtliche Richtung (Dassen). Über Einfluß von Licht und Wärme sind nach Maßgabe der Art, Stärke und Dauer ihrer Einwirkung oder Entziehung und nach Beschaffenheit der Pflanzen veränderliche Resultate erhalten worden. In den meisten Fällen scheinen die beweglichen Blätter nicht durch bloße Beraubung des Lichtes den Schlafzustand anzunehmen; doch fand es in manchen Fällen statt. (Versuche darüber s. in Wiegm. Arch. 1888. I. 225.) Man hat sogar Fälle beobachtet, daß bei starkem Sonnenschein Schließen der Blätter eintrat (bei *Robinia* und *Mimosa pudica* nach Sigwart, Reils Arch. XII. 33., bei Oxalis- und Lotusarten nach Dassen, Wiegm. Arch. 1838. II. 216.), was einige Mittagsschlaf genannt haben.

Die Blätter mancher Pflanzen sind noch besonders empfindlich gegen gewisse Witterungseinflüsse, so daß man sie sogar zu Wetteranzeigern vorgeschlagen (s. unten Pflanzenbarometer). Von der Empfindlichkeit mancher Blätter gegen mechanische und andere Reize handelt der folgende Abschnitt.

Schlaf der Blüten.

An unregelmäßigen Blumen, namentlich den *Scitamineen, Orchideen, Labiaten, Personaten, Papilionazeen* sind noch keine Erscheinungen des Schlafes beobachtet worden.

Bei manchen Blumen äußert sich der Schlaf nur dadurch, daß sie, während sie am Tage aufgerichtet sind, nachts gegen den Horizont oder selbst gegen die Erde mit ihrer Öffnung sich kehren. (*Euphorbia platyphyllos, Geranium striatum, Ageratumconyzoides, Ranunculus polyanthemos, Draba verna, Verbascum blattaria, Achyranthes lappacea, Thlaspi bursa pastoris, Alyssummontanum, Monarda punctata, Heracleum absinthifolium*, besonders ausfallend *Tussilago farfara*.) Dies Senken beruht inzwischen nicht auf Erschlaffung; denn versucht man die gesenkten Stiele aufzurichten, so schnellen sie wieder zurück, als wenn sie sich in einem gespannten Zustande befänden. — Am häufigsten zeigt sich der Blütenschlaf dadurch, daß die am Tage geöffneten Blumen sich nachts schließen oder zusammenlegen; auch kommen einige Blumen vor, wo Neigung des Blumenstiels mit Schließung der Blumen in Verbindung eintritt (so *Nymphaea alba und Tussilago farfara*). Strahlenblumen schlafen so, daß der Strahl entweder rückwärts sich dem Blumenstiele nähert (gemeine Kamille, Hundskamille u. a. Arten von *Anthemis* und *Matricaria*), oder daß die Ränder des Strahls sich an der Oberseite einwärts rollen (*Gorteria pavonia*). Gewisse Pflanzen gibt es, wo das Schließen oder Einrollen der Blumenblätter statt nachts vielmehr umgekehrt am hellen Sonnenschein stattfindet, und abends wieder Ausbreitung eintritt (die Arten von *Mirabilis*, von *Silene* und *Cucubalus*, besonders die großblumigen von beiden letzteren). Das seltenste Vorkommen ist, daß der ganze Saum der Blumenkrone kraus wird, als wenn sie verwelkt wäre, so daß, wenn man eine solche Blume im wachenden Zustande sieht, man sie nicht mehr für die nämliche halten sollte (*Commelina coelestis, Mirabilis jalappa* und *longiflora, Oenothera tetraptera* u. a.).

Manche Blumen sind in ihrem Öffnen und Schließen von äußern, besonders atmosphärischen, Einflüssen wesentlich mit abhängig und beobachten keine ganz feste Zeit bei diesen Bewegungen. Linné, der den Pflanzenschlaf besonders sorgfältig untersucht hat, nannte sie meteorische (s. unten Pflanzenbarometer). Andre öffnen sich am Morgen und schließen sich am Abend; die Zeit ihres Aufgehens und Schließens ändert sich aber mit Zu- und Abnehmen der Tage. Solche nannte er tropische. Noch andere endlich öffnen und schließen sich immer zu bestimmten unveränderlichen Zeiten. Diese nannte er Äquinoktialblumen und brachte sie, so weit er Gelegenheit hatte, sie selbst zu beobachten, in eine Tabelle, auf welche er seine Blumenuhr (*Horologium florae*) gründete (s. unten). Vergleicht man mit seinen zu Upsala aufgestellten Beobachtungen diejenigen, welche Decandolle bei einer Anzahl Gewächse in der Nähe von Paris anstellte, so sieht man, daß die Aquinoktial-Pflanzen, z. B. *Papaver nudicaule, Nymphaeaalba, Mesembryanthemum barbatum, Anagallis arvensis* bei Paris zur nämlichen Stunde wie in Upsala ihre Blüten öffneten. Ebenso fand R. Pulteney bei Wiederholung der Linnéschen Beobachtungen in England dieselben bis auf einige Abweichungen bestätigt. Selbst in einem Treibhause, wo immer der nämliche Grad von Wärme unterhalten wird, und selbst dann, wenn die Fensterladen verschlossen sind, öffnen und schließen sich die Äquinok-tialblumen um die gewöhnliche Zeit.

Blumen-Uhr.

Zur zweckmäßigen Aufstellung einer Blumen-Uhr hat man den Vorschlag gemacht, die hierzu dienenden Gewächse auf ein Kreisbeet, nach der Zeit des Öffnens und Schießens der Blumen geordnet, (mit dem Eingange nach der Nordseite) zu pflanzen. Hier die erforderlichen Angaben (nach Reichenbach); wobei man freilich die Stunden nicht auf den Punkt zutreffend halten darf.

I. Pflanzen, deren Blüten sich vormittags öffnen: Von 3—5 Uhr *Tragopogon pratense* L. — Von 4—5 Uhr *Thrincia tuberosa* D. C. (*Leontod.*

tub. L.); *Helminthia echioides Gärtn.* (Picris echioides L.); *Cichorium intybus L.;* *Hemerocallis fulva L.;* *Crepis tectorum L.* — Von 4—6 Uhr *Picridium tingitanum Pers.* (Scorz. tingit. L.) — Von 5—6 Uhr *Sonchus oleraceus L.;* *Leontodon taraxacum L.;* *Barkhausia alpina Mnch.* (Crepis alpina L.); *Tragopogon crocifolium L.;* *Rhagodiolus edulis Gärtn.* (Lapsana rhagod. Scop.); *Convolvulus sepium L.* — Nach 6 Uhr *Hieracium sabaudum L.;* *Hierac. umbellatum L.* — Von 6—7 Uhr *Hierac. murorum L.;* *Barkhausia rubra* (Crepis s. Hostia rubra Mnch.); *Sonchus arvensis L.;* *Sonchus palustris L.* — Von 6—8 Uhr *Alyssum sinuatum L.;* *Leontodon autumnaiis L.* — Nach 7 Uhr *Lactuca sativa L.;* *Nymphaea alba L.;* *Anthericum ramosum L.* — Von 7—8 Uhr *Geracium praemorsum Schrbr.* (Hierac. praem. L.); *Sonchus alpinus L.;* *Hypochaeris maculata L.;* *Hedypnois rhagodioloides W.* (Hyoseris hedypn. L.); *Mesembryanthemum barbatum L.* — Nach 8 Uhr *Hieracium piloaella L.;* *Anagallis arvensis L.;* *Dianthus prolifer L.;* *Hypochaeris glabra L.* — Von 9—10 Uhr *Calendula arvensis L.;* *Portulaca oleracea L.* (Nach andern 11 Uhr.) Von 9—12 Uhr *Drosera rotundifolia L.* — Nach 10 Uhr *Alsine rubra Whlnb.* (Arenaria rubra L.); *Mesembr. crystall. L.* — Von 10—11 Uhr *Mesembr. linguiforme L.;* *Papaver nudicaule L.* (Nach andern 4—5 Uhr); *Hemerocallis flava L.;* *Hemerocallis fulva L.* — Nach 11 Uhr *Ornithogalum umbellatum L.;* *Calendula chrysanthemifolia Vnt.* — Von 11—12 Uhr *Tigridia pavonia Pers.* (Ferraria tigr.).

II. Pflanzen, deren Blüten sich abends öffnen: Um 5 Uhr *Mirabilis jalapa L.;* *Pelargonium triste Ait,* — Von 6—7 Uhr *Cereus grandiflorus Mill.* — Von 7—8 Uhr *Mesembr. noctiflorum L.* (Nach andern 10—11 Uhr.)

III. Pflanzen, deren Blüten sich vormittags schließen: Um 8 Uhr *Leontodon taraxacum L.* — Um 10 Uhr *Picridium tingitanum L.;* *Lactuca sativa L.* — Von 10—12 Uhr *Cichorium intybus L.;* *Sonchus arvensis L.* — Nach 11 Uhr *Tragopogon crocifolium L.* — Von 11—12 Uhr *Sonchus oleraceus L.* — Nach 12 Uhr *Sonchus alpmus L.*

IV. Pflanzen, deren Blüten sich nachmittags und abends schließen: Von 1—2 Uhr *Hierac. umbellat. L.;* *Barkhausia rubra Dec.* — Nach 2 Uhr *Helminthia echioides L.;* *Hierac. murorum L.;* *Hypochaeris maculata L.;* *Geracium praemorsum Schrbr.* — Von 2—3 Uhr *Alsine rubra Whlnb.* — Nach 3 Uhr *Thrincia tuberosa D.C.;* *Anagallis arvens. L.;* *Calendula arvens. L.;* *Calend. chrysanthemifolia Vent.* — Von 3—4 Uhr *Anthericum ramosum L.* — Nach 4 Uhr *Alyssum sinuatum L.;* *Nymphaea alba L.* — Nach 5 Uhr *Hieracium sabaudum L,* — Nach 7 Uhr *Leontodon autumnalis L.* – Von 7–8 Uhr **Papaver nudicaule L.** – Um 12 Uhr (Mitternacht) *Cereus grandiflorus Mill.* (Reichenbach, die Pflanzen-Uhr. Leipzig, Voigt und Fernau 1846.)

Pflanzen-Barometer.

Regen ist zu erwarten, wenn *Hibiscus trionumL.* sich nicht öffnet; wenn die Kelche der *Carlina acaulisL.* sich schließen; wenn *Porliera hygrometricaL.*, *Oxalis acetosellaL.* und die meisten anderen Arten dieser Gattung, ihre (zusammengesetzten) Blätter falten; der Klee die Stengel emporrichtet; *Lapsana communisL.* die Blüten nachts nicht schließt, *Draba vernaL.*, *Ranunculus polyanthemosL.* die Blätter herabneigen; *Anastatica hierochunticaL.* die Zweige ausbreitet; *Ranunculus repensL.*, *Caltha palustrisL.* die Blätter zusammenziehen; die Birken stark duften; die Konferven sich mit grüner Haut beziehen; die im Schatten getrockneten, in Linnen eingenähten Blüten von *Asperula odorata L.* einen starken Geruch von sich geben; *Galium verum L.* sich aufbläht und ebenfalls stark riecht; die Stiele der Kapseln von *Funaria hygrometricaSchreb*, welche, wenn es dürr ist, hin- und hergebogen aufgewunden sind, sich entwickeln und strecken (vorzüglich wenn die Kapseln entleert sind). – *Stellaria mediaDill.* richtet bei heiterem Wetter des Morgens gegen 9 Uhr ihre Blüten in die Höhe, entfaltet die Blätter und bleibt bis gegen Mittag wachend; bei bevorstehendem Regenwetter aber geschieht dies nicht; die Pflanze hängt dann nieder und die Blüten bleiben geschlossen. – *Calendula pluvialis* öffnet sich zwischen 6 und 7 Uhr morgens und pflegt gewöhnlich bis gegen 4 Uhr nachmittags wach zu sein. Geschieht dies, so ist auf beständige Witterung zu rechnen, schläft sie aber nach 7 Uhr morgens noch fort, so ist noch vor Einbruch der Nacht Regen zu erwarten. Manche Arten der Gattung *Sonchus* zeigen für den nächsten Tag heiteres Wetter an, wenn sich der Blütenkopf bei Nacht schließt, Regen, wenn er offen bleibt. – *Pimpinella saxifraga L.* verhält sich in dieser Hinsicht wie *Stellaria media Dill.* – *Anemone ranunculoides L.* erschließt bei Regenwetter ihre Blüten; *Anemone nemorosa L.* trägt bei trübem Wetter ihre Blüten nickend, bei heiterem Wetter aufrecht, – Erscheint die Farbe der Ellern lichter als gewöhnlich, so ist Kälte und Frost zu fürchten; sehen sie dagegen dunkler aus, so tritt Tauwind ein. (Reichenbach, die Pflanzen-Uhr, S. 12.) An *Robinia pseudacacia*, einigen Lupinus-Arten, *Mi-*

mosa dealbata und *Caesalpina pulcherrima* hat man das Schließen der Blüten bei Unwetter wahrgenommen. (Dassen.)

Bewegungen des *Hedysarum gyrans*.

Das *Hedysarum gyrans* (*Desmodium gyrans*), dessen Bewegungen ich hier hauptsächlich nach Treviranus Physiol. II. 765. schildere, ist ein kleiner Strauch mit gedreiten Blättern; das Endblättchen ist gestielt und oval, die einander gegenüberstehenden Seitenblättchen aber linien- oder lanzettförmig, fast stiellos und vielmal kleiner als das Endblättchen. Nur diese Seitenblättchen zeigen eine auffallende Bewegung, während das Endblättchen bloß die gewöhnlichen Bewegungen des sogenannten Schlafens und Wachens zeigt. Es äußert sich diese Bewegung der Seitenblättchen in einem fast kontinuierlichen abwechselnden Aufsteigen und Senken derselben, und geht desto lebhafter vonstatten, je größer die Luftwärme und je kräftiger die Pflanze ist; wird daher bei einer beträchtlich kühlen Witterung unterbrochen; dauert aber sonst im Schatten, wie im Lichte, bei Tag und Nacht, auch Winters im Treibhause fort. Gießt man kaltes Wasser über die Zweige der Pflanze, so hört die Bewegung sogleich auf, läßt sich aber durch warme Wasserdämpfe sogleich wiederherstellen. Auch wird die Pflanze gleichsam gelähmt, wenn man sie außer dem warmen Hause der gewöhnlichen Temperatur aussetzt. Setzt man eine Pflanze 2 oder 3 Stunden ins Dunkel, so entsteht (nach Humboldt) eine Beschleunigung der Bewegung, wenn man sie nachher wieder dem Lichte aussetzt. Wird das Endblättchen durch den Wind bewegt, so hören die Bewegungen der seitlichen Blätter auf. Mechanische Reize, elektrische Funken, der Magnet, flüchtige Geister, das Bestreichen der Blättchen mit Öl, die Unterbindung und das Abschneiden des Stiels haben keinen Einfluß auf die Bewegung. Am stärksten ist sie nach Broussonnet zur Zeit der Befruchtung. Das Aufsteigen der Blättchen geht langsamer als das Absteigen vonstatten; überhaupt aber ist die Bewegung nicht gleichförmig, sondern hält zuweilen etwas an und schreitet dann, wie durch einen Stoß beschleunigt, für einige Augenblicke in verstärktem Maße fort. Gemeiniglich, wenn das eine Blättchen aufsteigt, sinkt das gegenüberstehende, doch ist dies nicht immer der Fall und sehr oft ist kein Zusammenhang zwischen beiden Bewegungen, so daß das eine Blättchen ruhen kann, während das andere sich fortbewegt. Die Bewegung hängt nicht von der Integrität der Pflanze ab; denn auch, wenn der Hauptblattstiel vom Stocke abgelöset, auch wenn vom Blättchen der Oberteil weggeschnitten ist, dauert sie für eine Zeitlang fort und man versichert, daß ein Blättchen sich noch bewege, wenn es durch seinen Stiel mit der Spitze einer Nadel fixiert ist. (Mirbel.) Das eigentliche Werkzeug der Bewegung liegt in der Anschwellung der Stielchen, womit die Seitenblättchen am Hauptstiele ansitzen.

Das *Hedysarum gyrans* scheint übrigens nicht ganz allein hinsichtlich dieser Bewegungen zu stehen. Mirbel bemerkt, daß, wenn Blätter von *Hedysarum vespertilionis*, statt einfach zu sein, wie gewöhnlich, aus drei Blättchen bestehen, was nicht gar selten der Fall sei, die beiden Seitenblättchen eine ähnliche Bewegung, aber unendlich schwächer als die von *Hed. gyrans*, haben; auch sei *Hedysarum cuspidatumW.* und *H.laevigatum Nutt.* und *H. gyroides* scheint etwas dergleichen vorzukommen.

Außer jenen freiwilligen, vom Lichteinfluß unabhängigen, Bewegungen kommen an *Hedys. gyrans* auch noch vom Lichteinfluß abhängige Bewegungen vor, welche aber nicht die Seitenblättchen, sondern die Hauptstiele und Hauptblätter betreffen und mit den vorigen in keiner direkten Beziehung stehen. Diese Bewegung besteht in einem Aufrichten beim Licht und in einem Niedersinken in der Dunkelheit. Sie geschieht in den Gelenken, wodurch das Blatt mit dem Stiel und dieser mit dem Zweige verbunden ist. Die Empfindlichkeit der Pflanze gegen das Licht ist so groß, daß nach Hufelands Beobachtungen schon der Widerschein der Sonne von einer ungefähr 20 Schritte entfernten Mauer ein deutliches Aufrichten, so wie das Abhalten des Sonnenlichtes durch einen undurchsichtigen Körper und eine vor der Sonne vorüberziehende Wolke ein Niedersinken der Blätter bewirkte. Bei voller Mittagssonne und bei dem durch ein Brennglas konzentrierten Sonnenlicht bemerkte Hufeland eine zitternde Bewegung der Hauptblätter und der ganzen Pflanze. (Auch Dassen sagt, es sei ihm keine Pflanze bekannt, deren Blätter sich so schnell dem Lichte zuwenden als *Hed. gyrans* und *gyroides.*) Das Mondlicht, künstliches Licht, chemische und mechanische Reize hatten keinen Einfluß auf jene Bewegung; wohl aber bewirkten elektrische Funken ein Senken der Blätter.

IX. Reizbewegungen der Pflanzen.

Berberis vulg. L

Man reize die voneinander klaffenden Lappen der Narbe (des Endteils vom Pistill) einer *Martynia annua* oder *Bignonia radicans* oder mancher Arten von *Gratiola* oder *Mimulus* (z. B. *glutinosus, aurantiacus, guttatus*) an der inneren Seite mit einer Nadel, einer Feder, oder lasse einen Tropfen Wasser darauf fallen; so schließt sich sogleich die Narbe und öffnet sich nach einiger Zeit von selbst wieder.

Man berühre die aus der Verwachsung von Pistill und Staubfäden gebildete, von Natur abwärts gekrümmte Genitaliensäule von *Stylidium graminifolium, adnatum* oder *corymbosum*. Bei der leisesten Berührung streckt sie den unteren Teil der Krümmung gerade und schnellt dadurch in die Höhe bis fast zur entgegengesetzten Seite, wonach sie langsam in ihre vorige Lage zurückkehrt.

Man berühre das gefiederte Blatt einer Sinnpflanze (*Mimosa pudica*) am verdickten Stielende, oder erschüttere das Blatt (oder die ganze Pflanze); so legt es seine Blättchen sogleich zusammen und neigt sich selbst rückwärts gegen den Stengel, (Eine empfindliche Sinnpflanze zog schon bei Erschütterung der Erde durch einen vorbereitenden Reiter die Blätter wie erschreckt zusammen.) Allmählich kehrt auch hier die natürliche Lage von selbst zurück.

Es gibt noch mehr dergleichen Beispiele (wovon später); für jetzt genügen diese.

Wer die Seele der Pflanzen nur an groben Ähnlichkeiten mit dem Tierreiche zu fassen vermag, für den werden diese, den tierischen so ähnlichen, Reizbewegungen immer von besonderm Gewicht erscheinen. Schon die oberflächlichste Analogie läßt sie auf Empfindung deuten. Stellen wir unsrerseits das Gewicht dieser Analogie gegen das, was allgemeinere Betrachtungen für uns haben müssen, weit zurück und geben Gegnern zu, daß sie für sich allein wenig oder nichts beweisen könnten. Lassen sich doch, wenn man einmal keine Seele in den Pflanzen haben will, allerhand mechanische Erklärungsweisen auf diese Bewegungen anwenden, wie freilich ebenso gut auf die bei den Tieren analog vorkommenden, oder dieselben von einer sozusagen toten Lebenskraft abhängig machen, die freilich selbst nur ein toter Begriff ist. Wichtiger ist, daß solche Reizbewegungen im ganzen nur Ausnahmen im Pflanzenreich sind; und die Seele soll uns doch nicht bloß eine Ausnahme in diesem Reiche sein. Man muß aber die Gründe für die Pflanzenseele überhaupt nicht bloß einzeln, sondern im Zusammenhange fassen; und wenn allgemeinere Betrachtungen eine solche schon haben wahrscheinlich erscheinen lassen, so können dann an sich wenig beweisende Einzelheiten zu schlagender Unterstützung dienen. So, meine ich, verhält es sich mit jenen Reizbewegungen der Pflanzen.

Als die Gallier bei ihrem Einfalle in Rom die alten Senatoren am Markte still auf ihren Stühlen sitzen sahen (Liv. V. 41.), schienen ihnen dieselben auch gar keine lebendigen Wesen zu sein; so still saßen sie; bis einer den Papirius am Barte zupfte, da schlug dieser mit dem Stabe nach ihm. Nun zweifelte kein Gallier mehr. So, *si licetmagnis componere parva*, ist es mit den Pflanzen. Es fehlt im Grunde nichts an den wesentlichen Zeichen der Beseelung, nur das Stillsitzen macht uns bedenklich. Wenn wir nun aber eine zupfen oder stechen, und sie schlägt plötzlich aus, so sollte uns das ebenso vollends überzeugen.

Schlägt nicht jede aus, nun so müssen wir uns erinnern, daß, auch wo es geschieht, es im Grunde schon mehr ist, als wir Verlangen können. Im allgemeinen sind die Pflanzen einmal nicht darauf eingerichtet, ihre Empfindungen in auffallenden Bewegungen kundzugeben; sie reagieren auf ihre Lebens- und Empfindungsreize in stillerer Weise durch die Art, wie sie ihr Wachstum, ihre Farbe, ihre Stoffbildung danach einrichten, wovon wir Beispiele genug kennen gelernt haben, und noch mehrere kennen lernen werden. Nun aber hat die Natur den Plan dessen, was sie dem Tier- und Pflanzenreiche zuerteilen wollen, bei allem Auseinanderhalten in der Hauptsache, ungewohnt und ungewillt, strenge Grenzen zu ziehen, auch wieder nach so mancher Beziehung verschränkt, wovon sich uns später (XII) noch viele Beispiele darbieten werden; und so finden wir hierzu im Grunde nur einen Beleg mehr in jener Weise, wie sich die Pflanze mitunter gegen Empfindungsreize benimmt. Im übrigen geben diese Bewegungen eine ganz gute Bestätigung der früheren Bemerkung, daß die Pflanze Nerven zu so manchem nicht nötig hat, wozu das Tier sie nötig hat. Denn in der Tat sind bei allen Reizbewegungen der Tiere die Nerven wesentlich und notwendig im Spiele. Bedarf aber die Pflanze der Nerven nicht zur Reizbewegung, so wird sie derselben auch nicht zur Reizempfindung bedürfen. — So sind uns diese Bewegungen doch in mehrfacher Beziehung von Bedeutung.

Freilich kann jemand sagen, der Umstand, daß diese Bewegungen ohne Nerven, wie ohne Muskeln, vor sich gehen, beweise gerade am besten, daß sie von den Reizbewegungen der Tiere ganz verschiedener Natur, mithin wenn diese, nicht auch jene auf Empfindung zu deuten sind. Und gewiß sind beide sehr verschieden in betreff der Mittel, wodurch sie zustande kommen. Aber soll ich nochmals wiederholen, was ich schon bei Erörterung der Nervenfrage gesagt, daß die Natur analoge Zwecke durch verschiedenste Mittel zu erreichen liebt? Erfolgt doch sogar die Reizbewegung der Polypen ohne überall nachweisbare Muskeln und Nerven; gibt es aber etwas dergleichen in ihnen, ist es dochvon dem, was bei höheren Tieren in der Reizbewegung tätig auftritt, sehr verschieden (vergl. Siebold, Vergl. Anat. I.31). Zuletzt sind Nerven und Muskeln ursprünglich doch auch nur aus Zellen gebildet wie die Gebilde, die bei der Reizbarkeit der Pflanzen beteiligt sind. Also so ganz verschieden sind nicht einmal die Mittel.

Was wichtiger sein muß als die Vergleichbarkeit der Mittel ist, daß die pflanzlichen Reizbewegungen jedenfalls alle wesentlichen vitalen Eigentümlichkeiten der tierischen zeigen. Gilt dann überhaupt Analogie, und was soll sonst hier gelten, so muß die Empfindung, die sich an die tierischen Reizbewegungen knüpft, auch für die so analogen pflanzlichen mitbeweisen. Betrachten wir also diese Übereinstimmung jetzt etwas näher.

1) Eine besondere Eigentümlichkeit der tierischen Reizbarkeit liegt darin, daß sie durch Reize der verschiedensten Art in ähnlicher Weise angesprochen wird. Eine Maschine bewegt sich zwar auch, wenn man sie anstößt, aber nicht, wenn man sie brennt, mit Schwefelsäure betupft, ihr einen elektrischen Schlag versetzt; dagegen zuckt ein Glied eines Tieres ungefähr auf dieselbe Art, welcher Reiz auch darauf einwirke; und der Sehnerv empfindet Licht, mag wirkliches Licht darauf wirken oder ein Schlag ins Auge getan werden. Ebenso ist es mit der Pflanzenreizbarkeit. Eine Sinnpflanze wird durch mechanische Erschütterungen, Verbrennung mittelst Feuer,

chemische Reize verschiedenster Art, elektrische Funken, plötzlichen Zutritt vollen Sonnenlichts nach zuvorigem Aufenthalt im Halbdunkel, schnellen Übergang sowohl zur Hitze als zur Kälte, plötzliches Zulassen freier Luft nach längerem Verschluß zu denselben Bewegungen veranlaßt, nur daß solche nach Maßgabe der Stärke des Reizes und der Empfindlichkeit der Pflanzen stärker oder schwächer ausfallen und mehr oder minder weit sich erstrecken. Ähnlich mit anderen reizbaren Pflanzen (s. unten).

2) Eine durchgehende Übereinstimmung in der Wirkungsweise und Stärke derselben Reize wird man zwar zwischen Pflanzen und Tieren nicht erwarten können, da schon im Tierreiche selbst Verschiedenheiten in dieser Beziehung vorkommen. Aber an Beispielen bedeutungsvoller partieller Übereinstimmung fehlt es nicht. In dieser Beziehung erscheint besonders wichtig, daß der Galvanismus, dieser so eigentümliche Lebensreiz für Tiere, eine ähnliche Rolle (selbst in betreff der unterschiedenen Wirkung beider Pole) auch bei den reizbaren Pflanzen zu spielen vermag, und daß starke elektrische Schläge hier wie dort die Reizbarkeit vernichten.

Die Reizung der Pflanzen durch Galvanismus wird freilich durch das schlechte Leitungsvermögen der Pflanzen erschwert; daher mit einfachen Ketten nichts auszurichten; und selbst in betreff der Säulenwirkungen widersprechen sich die Beobachter; doch hat Nasse gezeigt (Gilberts Ann. XLI. 392), wie der Versuch an Berberis sicher und mit vollkommener Ausschließung alles mechanischen Reizes gelingt, nämlich so: Man bringt eine Berberisblume durch eine in ihren Stiel gesteckte Nadel mit dem positiven Pole einer Säule von etwa 40 Paaren in Verbindung oder stellt sie mit ihrem Stiele in ein Glas Wasser, in welches der Draht vom positiven Pole der Säule hinabhängt, und schiebt dann an das Blumenblatt des der Reizung auszusetzenden Staubfadens ein Stückchen feuchtes Papier an, wobei, falls man nur jeden Stoß und Druck vermeidet, alles noch durchaus ruhig bleibt. Dann legt man auf dieses Papierstückchen den Draht des negativen Pols leise auf. Sofort springt jetzt der zugehörige Staubfaden zum Pistill über, öfters auch die benachbarten Staubfäden zugleich oder in den nächsten Augenblicken. Die direkte leise Berührung des oberen Endes des Blumenblatts selbst mit dem negativen Poldrahte (unter Schluß der Kette) ohne Zwischenwirkung des Papiers hat bei reizbaren Staubfäden denselben Erfolg;

weniger konstant ist der Erfolg, wenn die Fläche des Blumenblatts direkt berührt wird. Auch das Einbringen der Blume durch Narbe und Stiel in die Kette ist gewöhnlich fruchtlos. Eine umgekehrte Anwendung der Pole, wo nämlich der negative auf den Stiel, der positive auf das Blumenblatt wirkt, ist weniger wirksam; sofern dann bei Blumen, die bereits durch Versuche oder durch langes Stehen der Stiele in Wasser angegriffen sind, zuweilen nach Schließung der Kette die Bewegung ein- oder ein paarmal ausbleibt, oder auch wohl erst ein paar Augenblicke nach der Schließung eintritt. Dies entspricht der tierischen Muskelreizbarkeit infofern, als auch bei der gewöhnlichen Reizbarkeit an Froschschenkeln die Zuckungen lebhafter und dauernder sind, wenn das negative Metall an dem sich bewegenden Teile, das positive am Nerven anliegt. Eine Bewegung bei Trennung der Kette konnte, ebenfalls analog wie bei Froschschenkeln, nicht beobachtet werden. War die Berberisblume frisch gepflückt, wenigstens nicht durch wiederholte Reizung angegriffen, so brauchten die galvanisch gereizten Staubfäden nur 2 bis 2½ Min., um sich vom Pistill wieder zu entfernen und wieder reizbar zu sein.

Die Vernichtung pflanzlicher Reizbarkeit durch starke elektrische Schläge hat Humboldt an den Staubfäden von Berberis beobachtet (Verf. u. g. M. u. N. II. 195.), und Nasse einen ähnlichen Einfluß von Wasser und Weingeist auf die Reizbarkeit derselben wahrgenommen wie auf die der Froschschenkel. Die schwächende Wirkung narkotischer Gifte sollte man nach manchen Versuchen (z.B. von Miquel und von Dassen an *Mimosa* in Fror. Not. 1839. Mai. 207; Wiegm. Arch. 1838. II. 358; von Gärtner an *Mimulus* usw..) für entschieden halten, doch scheinen die Versuche von Göppert (in Pogg. Ann. XIV.) noch entschiedener dagegen zu sprechen; obwohl er einen geringen Einfluß auf *Mimosa* zugibt. Gewiß ist nach Versuchen von Marcet, Jäger, Göppert, Dassen, daß die Pflanzen durch Blausäure, Arsenik, Quecksilber, Kampfer u. a. (in Auflösung oder Dampfform auf verschiedentliche Weise angewendet) getötet werden. (Vergl. Treviranus, Physiol. II. 724; Bouchardat's Versuche insbesondere, wo u. a. die große Schädlichkeit aller Quecksilber-Verbindungen selbst in kleinster Menge gezeigt wird, s. in Comptes rendus. 1843. 11. p. 112.)

3) Ein gereizter tierischer Teil kehrt bei Wegfall des Reizes allmählich von selbst zu seinem frühern Zustande zurück, doch langsamer als der Reizzustand eintritt. So schließt eine Auster gereizt ihre Schalen rasch, öffnet sie aber nur langsam; der grüne Polyp zieht sich gereizt rasch zusammen, streckt sich aber nur allmählich wieder. Dasselbe findet sich, und zwar ganz übereinstimmend, bei allen Reizbewegungen der Pflanzen. Die rasch bewegten Teile kehren von selbst, aber viel langsamer, in ihre vorige Lage zurück, als die Hinbewegung geschah.

4) Bei Tieren wird die Reizbarkeit durch öfter oder länger anhaltende Reizung abgestumpft oder erschöpft, durch Ruhe wieder hergestellt, sofern die Reizung nicht übertrieben worden. Ebenso bei allen reizbaren Pflanzen. Sogar Erscheinungen der Gewöhnung an Reize hat man bei *Mimosa* u. a. beobachtet.

Ein Berberisstaubfaden ist erst etwa 5 bis 8 Minuten, die Geschlechtssäule des *Stylidium* 12 bis 15 Minuten nach erfolgter Reizung aufs neue reizbar; durch wiederholte Reizung aber wird die Reizbarkeit ganz erschöpft. Auch bei einer Sinnpflanze erfolgen die Bewegungen um so langsamer und unvollständiger, je öfter nacheinander man dieselbe solche vollziehen ließ.

Was sich als Gewöhnung deuten läßt, sind Erscheinungen wie folgende: Desfontaines beobachtete an einer Sinnpflanze, die er mit sich im Wagen führte, daß sie durch die Erschütterung anfangs sich schloß, endlich aber, trotz der fortdauernden Bewegung des Fahrens, geöffnet blieb; als ob sie sich daran gewöhnt hätte. Nachdem der Wagen eine Zeitlang gehalten, und nun wieder fortfuhr, schlossen sich die Blätter abermals und öffneten sich dann während des Fahrens von neuem. Dassen wiederholte diesen Versuch, indem er eine Sinnpflanze ¾ Stunde lang in eine schaukelnde Bewegung brachte, wobei die Blätter sich schlossen, aber nach ½ Stunde sich wieder öffneten. Nach Beendigung dieses Versuchs waren die Blätter eine gute Stunde lang unbeweglich. Mit einem Male fingen alle Blätter an sich zu senken, und als sie sich dann wieder aufrichteten, war die Reizbarkeit in ihnen wieder hergestellt. Bei *Dionaea muscipula* scheint diese Gewöhnung nicht stattzufinden, da die Blattlappen sich nicht öffnen, solange das gefangene Insekt dazwischen bleibt. Morren beobachtete an dem reizbaren Griffel der *Goldfussia anisophylla*, daß, wenn man die Pflanze aus dem warmen Treibhause (25° R.) in ein kühles Zimmer (+2° bis 10° R.) brachte, längere Zelt die Reizbarkeit ganz verschwunden schien, nach 12 bis 48 Stunden aber hatte sich die Pflanze so an den kühlen Aufenthalt gewöhnt, daß nun dieselbe Reizbarkeit als in der Wärme stattfand.

5) Der Grad der Reizbarkeit der Tiere hängt teils vom Gesundheitszustande derselben ab, so daß er (abgesehen von manchen nervösen Krankheiten) mit der Lebenskräftigkeit derselben zunimmt, teils haben Alter, Geschlechtsverhältnisse, Jahreszeit, Witterung u. a. äußere Umstände großen Einfluß darauf. Und wieder ebenso bei den reizbaren Pflanzen.

Hegel (Naturphilosophie S. 480) sagt, um die Reizbewegungen der Pflanzen nicht auf Gefühl deuten zu müssen: "Die Äußerlichkeit der Ursachen dieser Reizbarkeit beweisen aber besonders die Beobachtungen von Medicus, daß mehrere Pflanzen der kälteren Himmelsstriche nachmittags und bei heißer trockner Witterung gar nicht, hingegen morgens nach starkem Tau und den ganzen Tag hindurch bei gelindem Regen sehr reizbar sind; daß Gewächse der wärmeren Klimate ihre Reizbarkeit nur bei heiterem Himmel äußern; und daß alle Pflanzen am reizbarsten sind, wenn der Samenstaub eben reift und das Pistill sich mit einem glänzenden Öle bedeckt." — Ich begreife inzwischen nicht wohl, wie man hierin Beweisgründe gegen eine Bedeutung der pflanzlichen Reizbewegungen für Gefühl oder Empfindung finden kann; da in all dem die pflanzliche Reizbarkeit nur der, sicher mit Empfindung in Beziehung stehenden, Reizbarkeit der Tiere (insbesondere der niedern) analog ist. Man erinnere sich z. B. an das verschiedene Verhalten der Froschpräparate je nach Jahreszeit und anderen Umständen bei galvanischen Versuchen.

Man könnte sich veranlaßt halten, Einwürfe gegen die psychische Bedeutung der pflanzlichen Reizbewegungen daher zu entnehmen, daß sie zu offen den Charakter physischer Notwendigkeit an sich tragen, und daß sie selbst noch an abgeschnittenen Pflanzenteilen (z. B. abgeschnittenen Zweigen der Sinnpflanze, abgeschnittenen Narben von *Mimulus*) vor sich gehen; wenn nicht, abgesehen von dem, was schon früher zur Erledigung ersteren Einwands gesagt worden, auch hierin nur Ähnlichkeiten mit tierischen Reizbewegungen lägen, welche sicher mit Empfindung in Beziehung stehen. Ein unvorhergesehener Lichtstrahl oder Nadelstich nötigt ja selbst unsern Augen, unsern Gliedmaßen so gut eine Zuckung und Empfindung ab als die Nadelspitze dem Berberisstaubfaden. Wille, wo er in Wirkung tritt, kann freilich jene Bewegung unterdrücken, aber er macht weder sie noch die Empfindung.

Bei kleinen Kindern, wo eigentlicher Wille überhaupt noch nicht in Kraft tritt, nehmen Reizbewegungen geradezu den Charakter unfreiwilliger Bewegungen an. Und Pflanzen verhalten sich auch sonst Kindern sehr analog (vergl. XV). "Beim leichten Reiben des Handrückens strecken sich bei kleinen Kindern alsbald die Finger, beim Reiben der Rückseite des Vorderarms die Arme und beim gleichen Verfahren am Schienbein die Beine, wogegen das Kitzeln der innern Hand eine augenblickliche Krümmung der Finger bewirkt." (V. d. Kolk in Fror. und Schleidens Not. Oct. 1847. No. 75. S. 135.)

Die Reizbewegungen an abgeschnittenen Pflanzenteilen andrerseits sind nur analog den Reizbewegungen, die auch an abgeschnittenen Froschschenkeln, Salamanderschwänzen usw. beobachtet werden können. Sofern man freilich voraussetzt, daß in den abgeschnittenen tierischen Teilen selbst keine Empfindung mehr walte, könnte man dies insofern gegen uns wenden, als man sagte, daß Reizbewegungen, wenn sie doch überhaupt ohne Empfindung vorkommen können, auch überhaupt nicht auf Empfindung deuten können. Und in der Tat werden Reizbewegungen an Pflanzenstücken so wenig auf Empfindung dieser Stücke deuten, als es bei Tierstücken der Fall; aber dann doch auch sicher ebensoviel an ganzen Pflanzen auf Empfindung dieser Pflanzen, als es bei ganzen Tieren der Fall. Man muß nur nicht schief vergleichen. Wir behaupten ja nicht, daß die Reizbewegung an sich Empfindung mache, sondern nur, daß sie im Zusammenhange des Organismus der Empfindung oder einem damit in Beziehung stehenden Triebe diene. Der Mechanismus dazu kann dann freilich auch noch in den abgetrennten Teilen übrig bleiben.

Hier zusatzweise noch einige nähere Notizen über die bis jetzt bekannten Beispiele pflanzlicher Reizbewegung:

Reizbewegungen an Staubfäden.

Außer am gemeinen Berberisstrauche hat man eine Reizbarkeit der Staubfäden wahrgenommen: bei den nordamerikanischen Berberisarten mit gefiederten Blättern, *Berberis humilis* und *canadensis (Mahonia Nutt.)*; aber nicht bei anderen Berberideen, wie *Epimedium, Leontice, Nandina;* — bei einigen Gewächsen der Cactus- und Cisten-Familie namentlich: *Opuntia vulgaris, ficusindica, tunaD.C.(Cactus opuntia, ficus indica, tuna)*, nach Medicus auch bei *Cereus grandifl. hexagon.* und *peruvian.*, was jedoch Treviranus nicht bestätigt finden konnte; ferner *Cistus helianthemum, apenninum* und *ledifolium (Helianthemum vulg., apenn.* und *ledifol.*); bei den Zwitterblumen einiger Centaureen, namentlich *Centaurea spinosa, ragusina, cineraria, glastifolia,eriophora, salmantica. Isnardi, pulchella Led.* (bei letzterer fand Treviranus den Erfolg besonders auffallend); — endlich an *Sparmannia afrioana* (einer Titiacee). Über manche ganz interessante Erscheinungen an Staubfäden verschiedener Gewächse, die jedoch, statt von Reizbarkeit, worauf sie wohl geschoben worden, von mechanischen oder anderen Ursachen abhängen, (an *Parietaria, Chenopodium, Atriplex, Spinacia, Urtica, Humulus,Morus, Forskalea, Genista, Spartium, Indigofera, Medicago,Kalmia* u. a.) Vergl. Treviranus, Physiol. II. 739. (Gegen Nasse's Versuche an *Parietaria* und *Urtica* insbes. vergl. Wiegm. Arch. 1836. II. 100.)

Die Staubfäden des gemeinen Berberisstrauchs lassen sich noch in Bewegung setzen, wenn man ihnen auch den obern Teil abgeschnitten oder von der Blume das Pistill, die Kelch- und Blumenblätter weggenommen hat. Verhindert man sie in dem Augenblicke, wo man sie reizt, an der Äußerung ihrer Bewegung, so bleiben sie auch nachher unverändert in ihrer ersten Stellung.

Bei den Gewächsen der Cactus- und Cistenfamilie gestaltet sich die Reizbarkeit so, daß, wenn man mit einem Strohhalme oder dem Barte einer Feder quer über die Filamente streicht oder auf sie bläst, dieselben eine langsam drehende und krümmende Bewegung machen, welche immer nach der entgegengesetzten Richtung als die, welche der Stoß ihnen erteilt hat, erfolgt. Diese Bewegung ist desto lebhafter, je wärmer bis auf einen gewissen Grad die Atmosphäre ist, hat aber doch nicht dieselbe Schnelligkeit wie bei Berberis und wird auch nicht durch bloße Erschütterung hervorgebracht. — Die

Reizbarkeit der Centaureen zeigt sich am lebhaftesten an Scheibenblümchen, welche eben erst aufgeblüht sind. Die Filamente ziehen sich hier bei Berührung der Antheren zusammen; nicht immer gleich, sondern erst eine oder etliche Sekunden nach erfolgter Berührung, und kehren nach einiger Zeit, aber ganz allmählich, in ihre vorige Stellung zurück, wonach sich die Reizung mit Erfolg wiederholen läßt. Auch hier begünstigt Wärme der Luft die Reizbarkeit. (Treviranus, Physiol.)

Morren unterscheidet näher 5 Bewegungen an den Blüten der Centaureen: "l) Wenn man die Blümchen vor dem Hervorkommen der Stigmate leicht berührt, so machen sie eine Bewegung nach dem Mittelpunkte der zusammengesetzten Blüte und zurück. 2) Dann geschieht ein Herauswerfen des Pollen. 3) Die Stigmate dringen hervor. 4) Berührt man nun leicht die Blüten oder die Stigmate, so machen sie eine drehende Bewegung. 5) Reizt man endlich die Stigmate, so zieht sich die Antherenröhre nieder und steigt dann wieder aufwärts. Die erste Bewegung rührt von einer Verkürzung der inneren Fäden der Staubfäden her, die an das Blümchen angewachsen sind, und das Blümchen mit dem Pistill fortziehen. Die zweite und dritte werden durch das Nachwachsen des Griffels hervorgebracht; die vierte ist ebenfalls eine Folge der Verkürzung der angewachsenen Staubfäden, die nacheinander erfolgt, und so ist es auch die fünfte. In allen diesen Fällen sind es also die Staubfäden, welche durch ihre Reizbarkeit die Bewegungen hervorbringen." (Wiegm. Arch. 1844. II. S. 128.)

Reizbewegungen des Pistills.

An der bloßen Narbe des Pistills sind Reizbewegungen namentlich bei mehreren Gattungen der Personatenfamilie mit zweilippiger Narbe beobachtet worden, wovon oben (*Martynia annua, Bignonia radicans*, und die Geschlechter *Gratiola* und *Mimulus* (in ihren meisten Arten) mit kurzer Beschreibung der Erscheinungen genannt sind. Medicus will diese Reizbarkeit auch an der zweilippigen Narbe von *Lobelia syphilitica, crinoides* und *crinus* bemerkt haben, zu welcher Beobachtung jedoch, wie er selbst gesteht, eine mehr als gewöhnliche Aufmerksamkeit gehört. Außerdem sind Reizbewegungen noch an der Narbe von *Goldfussia anisophylla* und *Goodenia*, an der Genitaliensäule von S *tylidium* und den kappenförmigen

Anhängen am Ovarium bei *Pinus larix* (Lärchenbaum) beobachtet worden. Überall scheint diese Reizbarkeit mit dem Befruchtungsakt in Beziehung zu stehen. Bei den zweilippigen Narben der Personaten ist dies infofern der Fall, als der Pollen, auf die Narbe gelangend, ihr Schließen bewirkt und festgehalten wird, wobei nach Dons Ansicht der Druck auf den flüssigen Inhalt des zum Schlauche auswachsenden Pollen beitragen soll, diesen Inhalt bis zum Eichen herabzutreiben (?).

Über die Reizbarkeit der Narbe von *Mimulus* hat Gärtner neuerdings besonders sorgfältige Versuche angestellt. (Gärtner, Versuche und Beobachtungen über die Befruchtungsorgane in den vollk. Gewächsen. Stuttgart. 1844.) Abgeschnitten und in feuchtem Sande erhalten verhielt sie sich ebenso wie unabgeschnitten. Erschütterung wirkt nicht darauf, wohl aber chemische Reize, wie Schwefelsäure. Durch Morphinöl oder Strychninöl (Gemisch aus Morphin oder Strychnin mit Öl) wird die Reizbarkeit geschwächt und endlich zerstört. Die Kastration hatte auf die Reizbarkeit keinen weitern Einfluß, als daß dadurch die Dauer der Blume und so auch der Narbe verlängert wurde. Eine Einwirkung des eigenen Pollens auf die Reizbarkeit findet nur zur Zeit der Konzeptionsfähigkeit statt; chemische Reize wirken aber auch außer dieser Zeit.

Bei *Goldfussia anisophylla* (sonst *Ruellia anisophylla*) sieht man, wenn die Blüte sich öffnet, das Ende des Griffels, der die Form eines oben zum Haken umgebogenen zugespitzten Drahtes hat, über die Staubfäden hinaus gekrümmt, so daß die Narbe, welche sich nur auf einer Seite des Griffels in einer gewissen Länge von der Spitze an forterstreckt, konvex nach dem Himmel gerichtet, und die Konkavität des Hakens gegen die Staubfäden gewendet ist. Wenn aber irgend etwas den Griffel berührt, oder man darauf bläst oder die Pflanze erschüttert, oder sie rasch aus warmer (25° R.) in kalte (-2° R.) Luft bringt, so richtet sich das gekrümmte Ende des Griffels ganz gerade auf, bald so gerade wie ein Pfeil, bald etwas gekrümmt wie ein Flamberg; zuweilen (doch selten) zeigt der Griffel auch eine seitliche Bewegung, nach rechts oder links, nach vorn oder nach hinten. Ja bei großer Wärme krümmt sich der gereizte Griffel sogar in einem Bogen nach der entgegengesetzten Seite, so daß dann der Griffel mit feiner Narbenfläche fast unmittelbar auf der Korolle liegt. Bis zur Rückkehr in die freiwillige ursprüngliche Lage vergeht wohl über ¼ Stunde. Der Versuch läßt sich oft erneuern. Die Empfindlichkeit des Griffels beginnt nicht früher als beim Öffnen der Antheren und dauert so lange, bis die Blume verblüht ist. Sie zeigt sich an abgeschnittenen Blumen, ja selbst an isolierten Griffeln, so gut, als wenn sie noch an der Pflanze sind, Helligkeit oder Dunkelheit macht keinen Unterschied im Gelingen des Versuchs. Der Zweck der Reizbewegung ist offenbar die Ausführung der Bestäubung, wie später (XI) näher zu erörtern. Eine freiwillige Bewegung konnte nicht wahrgenommen werden. (Nouv. Mém. de l'Acad. de Bruxelles. 1839.)

Bei der Gattung *Stylidium,* deren Reizbewegungen oben s.o. kurz angeführt sind, ist die Säule, welche sich mit zwei Antheren und der Narbe endigt, als eine Verwachsung zweier Filamente zu betrachten, welche einen Griffel einschließen. Sie hat eine doppelte S förmige Krümmung und ist im natürlichen Zustande an der untern Seite des Blumenrandes herabgebogen. Morren's Untersuchungen über *Stylid. graminifolium* ergaben näher folgendes: Die Bewegung des Säulchens findet bloß vermöge der Beweglichkeit der Krümmung an der Basis desselben statt. Im Knospenzustande zeigt sich die Reizbarkeit noch nicht; sie beginnt nicht vor der Öffnung der Antheren und zeigt sich mit voller Kraft erst dann, wenn sie angefangen haben, sich nach den Seiten zurückzuschlagen, was sie während der Befruchtungszeit tun. Wenn der Antherenapparat verwelkt ist, hört die Reizbarkeit auf. In der Regel erfolgt die Bewegung nur nach Reizung; doch an sehr heißen Tagen, besonders zur Mittagszeit, sah Morren auch öfters, daß sich das Säulchen von freien Stücken aufrichtete (langsam, in etwa ½ Min., während bei Reizung sehr schnell) und auch wieder von selbst in seine vorige Stellung zurückkehrte. Ist das Säulchen einmal aufgerichtet, so sucht man es vergebens in seine Tieflage zurückzuführen; es schnellt durch Elastizität von selbst wieder in die Höhe. Die Reizbarkeit besteht auch an abgeschnittenen Säulchen, ja selbst an dem aus dem Säulchen herausgeschnittenen Krümmungsstück der Basis unverändert fort. (Nouv. Mém. de l'Acad. de Brux. 1838.)

Über die Reizbarkeit der kappenförmigen Anhänge, welche an der Basis der Ovarien des Lärchenbaums (*Pinus larix*) sitzen (von Don, wie es scheint fälschlich, für Stigmate gehalten), berichtet Don wie folgt: "Ich nahm einen Zweig mit nicht befruchteten Blüten, schüttelte den Pollenstaub der männlichen Kätzchen eines anderen Zweiges darüber aus, fand darauf die Stigmate vollkommen mit Pollen gefüllt, und konnte nun leicht bemerken, wie die Wände des Stigma sich allmählich bis zu vollkommenem Zusammenschluß zusammenzogen; was offenbar den Zweck hat, auf den flüssigen Inhalt der Pollenbläschen zu drücken und denselben durch den engen Gang bis zum Eichen zu treiben. Nach erfolgter Befruchtung erweitern sich die Wände des Stigma wieder; bald darauf verwelkt es und zeigt sich nun mit den leeren Pollenbläschen gefüllt. Schneidet man einen Zweig mit weiblichen Blüten vor der Befruchtung ab, so erstaunt man, zu sehen, wie lange das Stigma offen und in vollkommenem Zustande bleibt." (Ann. des sc. nat. 1828. XIII. 83.)

Reizbewegungen anderer Blütenteile.

Bei der, mit *Stylidium* zu einer natürlichen Familie gehörenden, gleichfalls neuholländischen Gattung *Leeuwenhoekia* ist das, Gelenk, wodurch der fünfte Zipfel der Krone mit deren Rohr artikuliert, reizbar, so daß er, berührt oder sonst gereizt, seine natürliche gesenkte Stellung verläßt, sich schnell aufrichtet und mit seiner ausgehöhlten Platte die unbewegliche Genitaliensäule bedeckt. Auch bei der Gattung *Caleya* scheint die Lippe einige Reizbarkeit zu besitzen, sowie bei einigen Arten von *Pterostylis* und bei *Megaclinium falcatum Lindl*. — Bei mehreren Arten des *Mesembryanthemum* richten sich die Blumenblätter auf, wenn man einen Wassertropfen auf die Staubfaden bringt. — Bei *Bellis perennis* läßt sich ebenfalls ein plötzliches Ausrichten der Strahlenblättchen hervorbringen; aber nur nach dem stärkeren Eindruck des Äthers. Die glockenförmige Blume von *Ypomoea sensitiva* schließt sich nach Turpin sofort durch Einfaltung bei der geringsten Berührung ihrer Nerven. — An *Oenothera tetraptera* beobachtete Hedwig ein plötzliches Verwelken der ihrem Aufbrechen nahen Blumenkrone, wenn er mit einem Messerchen den Kelchteil, der sie noch einhüllte, behutsam aufgeschlitzt hatte.

Reizbewegungen an Blättern.

Von Pflanzen mit einfachen reizbaren Blättern ist bis jetzt nur *Dionaea muscipula* bekannt. Pflanzen mit zusammengesetzten reizbaren Blättern kommen, soviel man bis jetzt weiß, nur unter den O-

xalideen und *Leguminosen* vor. Von 33 bis 36 hierher gehörigen Pflanzen, welche bekannt sind, hat man bisher näher nur die Bewegungserscheinungen von *Oxalis sensitiva, Averrhoa carambola,* und am sorgfältigsten die von *Mimosa pudica* oder der Sinnpflanze untersucht. Bei manchen ist die Reizbarkeit nur träge. Hier ein Verzeichnis der bis jetzt bekannten:

I. Oxalideen: Averrhoa Bilimbi L., A. carambola L., Oxalis sensitiva L., 0. stricta, 0. acetosella, 0. corniculata, 0. purpurea, 0.carnosa, 0. Deppei (letztere sechs nach Morren) . — *II. Leguminosen: Aspalathus persica Burm.* — *Nauclea pudica Desc.* — *Aeschynomene sensitiva Swartz, A. indica L., A. pumila L.* — *Smithia sensitiva Ait.* — *Mimosa casta L., M. peruambucana L. (Desmauthus diffusus Willd.), M. asperata L., M. pigra L., M. quadrivalvis L, (Schrankia aculeata Willd.), M. pudica L., M. sensitiva L., M. viva L. Willd.* — *Desmanthus lacustris Dec., D. natans Willd., D. stolonifer Dec., D. triquetris Dec., D. plenus Willd., D. polyphyllus Willd.* — *Acacia acanthocarpa Willd.* Hierzu noch nach Schreber zwei nicht genau bestimmte Arten von *Aeschynomene* und nach Decandolle eine *Acacia* vom Senegal. (Wiegm. Arch. 1838. I. 347. 1840. II. 162.) — Nach Mohl schließen sich auch bei *Robinia pseudacacia, viscosa* und *hispida* durch Schütteln der Äste die Blättchen einigermaßen. Er glaubt, daß diese Reizbarkeit des Pflanzengewebes allgemeiner sei, als man früher geglaubt. (Botan. Zeit. 1832. II. 497.)

Im allgemeinen lieben alle bekannten Pflanzen mit reizbaren Blättern die feuchtesten Orte; einige, wie die *Desmanthus*-Arten sind geradezu Wasserpflanzen. Alle, mit Ausnahme der in den wärmern Gegenden der gemäßigten Zone vorkommenden *Dionaea* gehören der heißen Zone an. Die meisten sind Kräuter, wenige Sträucher und Bäume. Alle Reize bringen bei den reizbaren Blättern nur ein Schließen, nie ein Öffnen hervor. Bei zusammengesetzten reizbaren Blättern treten dieselben Richtungen, welche durch Reize verursacht werden können, auch im Schlafzustande von freien Stücken ein.

Dionaea muscipula kommt sparsam in den Sümpfen Nordamerikas vor. Die Blätter liegen in Rosenform ausgebreitet um den Blumenstengel her am Boden und haben am vordern Ende einen durch einen Einschnitt an seinem Ende in zwei halbovale Lappen geteilten rundlichen, rötlich gefärbten Anhang, der fast nur durch die Mittelrippe mit dem übrigen Blatt verbunden ist. Derselbe ist dicht mit kleinen, etwas fleischigen Drüsen besetzt; außerdem sind die Lappen nicht nur an ihrem Rande mit borstigen Wimpern versehen, sondern jeder derselben hat auch in der Mitte seiner Oberfläche drei aufrechtstehende sehr kleine Stacheln. Die Oberfläche der Lappen schwitzt aus den Drüsen einen Saft aus, welcher Insekten anlockt, deren einige sehr begierig danach zu sein scheinen. Kaum aber hat sich ein Insekt auf die gewöhnlich ausgebreiteten Blattanhänge oder Lappen der *Dionaea* gesetzt, so klappen diese (in wenigen Sekunden) oberwärts zusammen; die Wimpern ihrer Ränder kreuzen sich ineinander, und die Stacheln tragen bei, das Tierchen festzuhalten. Je mehr das Insekt sich sträubt, desto stärker schließen die Lappen sich aneinander; nur wenn es sich bewegungslos verhält, öffnen sie sich wieder, und es wird wieder frei, wenn es nicht indes gestorben ist. Dieselbe Wirkung, welche durch den Reiz eines Insekts hervorgebracht wird, wird aber auch ebenso durch Berührung mit dem Finger, einem Strohhalme oder den Blättern benachbarter Pflanzen erzeugt. Curtis fand zuweilen, daß die gefangene Fliege in einer schleimigen Substanz eingehüllt war, welche als ein auflösendes Mittel auf dieselbe zu wirken schien, wonach er vermutet, daß das gefangene Insekt zur Ernährung der Pflanze diene. Die Reizbarkeit der Pflanze steht mit der Temperatur der Luft in Verhältnis. Auch bei *Drosera rotundifolia* und *longifolia* will man Ähnliches wie bei *Dionaea* beobachtet haben; nur viel langsamere Bewegungen; doch konnten andere diese Erscheinung hier nicht bestätigt finden.

Oxalis sensitiva ist in Amboina u. a. Teilen Indiens gemein. Die abrupt gefiederten, ungefähr 12 paar eiförmige Blättchen zählenden Blätter dieser Pflanze legen sich bei Berührung oder Aufwerfen einiger Sandkörner so zusammen, daß die unteren Flächen beider Seiten aneinander stoßen, worauf sie bei aufhörender Reizung sich nach einiger Zeit wieder aufrichten. Sie schließen sich schon, wenn man sich der Pflanze nähert und den Erdboden erschüttert. Auch des Nachts und an regnerischen Tagen sind sie geschlossen. Des Morgens sind sie im Zustande der stärksten Erektion und nicht so empfindlich gegen mechanische Reize, als um Mittag, wo sie sich schon bei bloßem Anhauchen zusammenlegen.

Averrhoa carambola ist ein in Bengalen, auf den Molukken und Philippinen der Früchte wegen angepflanzter Baum. Die Reizbarkeit der gefiederten Blätter ist hier von trägerer Art, so daß sie gewöhnlich erst einige Minuten nach dem Reize erfolgt. Die Blättchen senken sich, wenn man den Blattstiel berührt, herab, so daß die von entgegengesetzten Seiten sich mit ihrer Unterfläche beinahe berühren.

Mimosa pudica, Sinnpflanze, mit doppelt gefiederten Blättern. Die Blättchen, die Blatt-rippen, der Hauptblattstiel, selbst der Zweig, haben jedes seine besondere Bewegung, die ebensowohl vermöge des gewöhnlichen Pflanzenschlafs eintritt, als infolge von Reizen entstehen kann. Die der Blättchen besteht darin, daß sie sich nach vorn dachziegelförmig übereinander legen, die der Blattrippen, daß sie sich einander nähern, die des Blattstiels, daß er sich rückwärts dem Stengel anlegt, und die der Zweige, daß sie sich mit der Spitze neigen. In diesem Zustande der Zusammenziehung befindet sich die Pflanze von selbst um Mitternacht; im Zustande der höchsten Expansion dagegen, wo alle Teile voneinander entfernt sind, an heißen Sommertagen des Vormittags bei hellem Sonnenlicht. Jede der genannten Bewegungen kann infolge von Reizen zwar auch ohne die anderen eintreten, indes gilt dies vorzugsweise von der Bewegung der Blättchen und Blattrippen, indem die Blattstiele sich selten bewegen, ohne jene mit in Tätigkeit zu ziehen. Von dem unmittelbar mechanisch gereizten Teile geht die Zusammenziehung aus und pflanzt sich auf desto mehr größere oder kleinere fort, je stärker die Reizung war. Die Zeit, deren ein Blatt bedarf, um den Zustand der Ausbreitung herzustellen, wechselt von weniger als 10 Min. bis zu ½ Stunde; dies Öffnen geht nicht mit solcher regelmäßigen Folge der Teile vonstatten als das Schließen. Die Reizbarkeit hat ihren Sitz vorzugsweise in dem Gelenke, wodurch jedes Blättchen der Blattrippe, jede der Blattrippen dem Hauptblattstiele und dieser dem Zweige verbunden ist; eine leise Berührung desselben, insonderheit eines weißen Punktes an der Artikulation jedes Blättchens mit der Blattrippe, reicht hin, die Wirkung hervorzubringen; dagegen bewirkt Berührung der Blätter nur infofern die Zusammenziehung, als sie mit einer Erschütterung verbunden ist, die sich zu den Gelenken fortpflanzt.

Abgeschnittene Zweige, zumal mit der Schnittfläche in Wasser gesetzt, behalten ihre Reizbarkeit. Auch im nächtlichen Schlafe ist die Pflanze noch reizbar; selbst unter Wasser öffnet und schließt sie sich noch, obwohl langsamer. In der Luft und des Tages aber bewegt sie sich am lebhaftesten und zwar um so mehr, je kräftiger sie ist und je höher die Lufttemperatur ist.

Daß (wie Decandolle behauptet) bereits die Samenlappen der keimenden *M. pud.* reizbar seien, fand Dassen nicht bestätigt; auch besitzen junge Blätter, bevor sie die dunkelgrüne Farbe der älteren angenommen, wenig Beweglichkeit. Gelbgewordene Blätter sind nicht sehr reizbar, was aber weniger bei Anwendung mechanischer als chemischer Reize bemerkbar wird (Dassen). Bei Entwickelung neuer Blätter und beim Blühen vermindert sich die Beweglichkeit in den nächststehenden Blättern merklich; beim Reifen der Früchte hören die Bewegungen auf.

Angewandte Reize erstrecken ihre Wirkung oft weit über den Ort ihrer Anwendung, was besonders deutlich ist, wenn man ein Blättchen sacht brennt; denn viel weiter, als die Wärme reicht, legen sich die Blätter zusammen. Diese Fortpflanzung der Wirkung erfordert Zeit, indem sich die vom Reize entfernten Blätter später zusammenlegen als die nähern. Nach Dutrochet beträgt die Fortpflanzungsgeschwindigkeit in den Blattstielen 8 bis 15 mm in 1 Sek., im Stengel höchstens 2 bis 3 mm; nach Dassen jedoch ist keine so genaue Bestimmung möglich.

Über die mannigfachen Reize, auf welche die Sinnpflanze reagiert, s. oben. Der Einfluß eines und desselben Reizes ist aber im Grade verschieden nach dem verschiedenen Zustande der Sinnpflanze, daher die oft abweichenden Angaben der Beobachter. Mechanische Reize durch Verwundung haben (nach Dassen) keine Bewegung zur Folge, es sei denn, daß sie mit Saftverlust oder Erschütterung verbunden sind, wie man denn beim Einschneiden in ein Blatt oft Bewegung entstehen sieht, nicht aber, wenn dies mit einer scharfen Schere vorsichtig geschieht Als wirksame chemische Reize hat man u. a. erkannt: Chlor, Ammoniakflüssigkeit, salpetrige Säure, schweflige Säure, Schwefeläther, ätherische Öle, als Dampf oder Flüssigkeit mit den Blättern der *Mimosa pudica* in Berührung gebracht. Sie können ihre Einwirkung sehr weit erstrecken. So kann man dadurch, daß man eine starke Säure vorsichtig auf ein Blättchen bringt, ohne damit eine Erschütterung zu verbinden, bewirken, daß alle nahestehenden Blätter sich schließen. Kampfer vernichtet die Empfindlichkeit und tötet die Pflanze, ohne daß die

Blätter sich schließen. — Verbrennung durch Feuer ist einer der kräftigsten Reize. Dassen bediente sich dazu, als besonders zweckmäßig, dünner, mit Wachs getränkter Baumwollenfäden. Mit der sehr kleinen Flamme derselben konnte er junge Blätter zur Bewegung bringen, welche auf keine andere Weise zu bewegen waren. Nach dem plötzlichen Zutritt einer Kälte, die unter dem Gefrierpunkte war, zu einem Zweige einer Sinnpflanze sahen du Fay und Duhamel diesen sich mit seinen Blättchen erst stärker als vorhin öffnen, dann sich sehr schnell schließen und wieder öffnen. — Galvanismus scheint, wegen schlechter Leitung der Pflanze, nur schwierig einzuwirken, daher die Beobachter sich in diesem Bezuge widersprechen.

Verbrennt man die Wurzeln mit konzentrierter Schwefelsäure oder einer Flamme, so entsteht nicht die geringste Bewegung in den Blättern (Dassen), wohl aber, wenn man verdünnte Schwefelsäure anwendet (Dutrochet), wo noch Aufsaugung möglich ist.

Alles, was dem Leben der Pflanze nachteilig ist, z. B. das Untertauchen derselben unter Wasser, das Bestreichen der Blätter mit Öl oder Weingeist, die verdünnte Luft einer Luftpumpe, eine zu kalte wie zu warme Atmosphäre, längere Entziehung von Luft, Gifte verschiedener Art, das kohlensaure, salpetersaure und Stickgas, schwächen oder zerstören auch die Reizbarkeit. Durch Gifte wird die Mimosa getötet, bevor die Blätter durch das Gift erreicht werden, und "so kann man (sagt Dassen) dessen Wirkung nur aus seiner Wirkung auf die ganze Pflanze erklären, die verschieden nach den Giften ist, da bei narkotischen die Glieder schlaff, bei korrosiven Giften steif werden". Überall bemerkt man dabei, daß die natürlichen Bewegungen (durch Schlafen und Wachen) erst später als die Reizbewegungen verschwinden. (Vergl. von neueren Versuchen über *Mim. pudica*: Meyen in S. Physiologie III. 473; Dassen in Wiegm. Arch. 1838.1. 349; Miquel in Fror, N. Not. no. 9 des X. Bandes. Göppert in Pogg. Ann. 1828. XIV. 252.)

X. Teleologische Gegengründe.

Wir haben früher mancherlei Zweckbetrachtungen zugunsten der Pflanzenseele geltend gemacht. Aber man wird zuletzt alle diese Betrachtungen durch die einfache Gegenbetrachtung niederzuschlagen meinen, daß die Pflanze doch viel zu sehr und sichtlich anderen Zwecken diene, als daß füglich von Selbstzweck derselben die Rede sein könne.

Lassen wir den Einwand sich zuvörderst nach seinem vollen Gewichte entwickeln.

Der Bau, die Einrichtung, das Leben und Sterben der Pflanzen gehen in Zweckbeziehungen für Menschen- und Tierreich ganz und gar auf, und dies ist ganz auf sie gewiesen. Ohne Pflanzen verhungerte alles, verkäme alles in Hilflosigkeit; hätte der Mensch nicht Brot, nicht Kartoffeln, nicht Linnen, nicht Holz; und hiermit nicht Haus, nicht Schiff, nicht Faß, nicht Feuer; und hiermit nicht Wärme im Winter, nicht Hitze für den Topf, nicht Glut für die Metalle; und hiermit nicht Axt, nicht Pflug, nicht Messer, nicht Geld. Ohne die Pflanze hätte er nicht einmal Fleisch, nicht Milch, nicht Wolle, nicht Seide, nicht Feder, nicht Leder, nicht Talg, nicht Schmalz; denn woher hat denn dieses erst das Tier? Und ohne all dies hätte er auch nicht Handel, nicht Handwerk, nicht Kunst, nicht Schrift, nicht Bücher, nicht Wissenschaft; kurz, hätte er nichts als das nackte Leben, und bald auch dies nicht mehr.

Der Mensch braucht also die Pflanzen und zu diesem Gebrauche sind sie geschaffen, und was der Mensch nicht braucht, das braucht das Tier, das selbst wieder teilweise vom Menschen gebraucht wird, aber auch seine Zwecke für sich hat. Jede Pflanze, die den Menschen nicht unmittelbar dient, gewährt sicher noch einem oder auch mehreren Tieren zugleich Nahrung und Aufenthalt; und selbst noch im Zerfallen speist jede Millionen Infusorien. Die Pflanze erfüllt genug des Zwecks, indem sie alles dieses leistet; und es erklärt sich daraus zur Genüge, weshalb sie da ist. Die ganze unendliche Mannigfaltigkeit der Pflanzenwelt und ihrer Erzeugnisse will eben nichts anderes bedeuten als der ebenso großen Mannigfaltigkeit besonders gearteter Bedürfnisse im Menschen- und Tierreiche teils vorzuarbeiten, teils direktes Genüge zu gewähren.

Bald sehen wir einer Pflanze vielerlei, oft sich kreuzende, Nutzleistungen für Tiere und Menschen auferlegt, bald eine Pflanze ganz auf eine Hauptleistung für Mensch oder Tier berechnet. Beides aber beweist gleichermaßen, daß die Bestimmung der Pflanze eben nur in Zweckleistungen für anderes aufzugehen hat Oft an derselben Pflanze die Wurzel für den Wurm, das Blatt für die Raupe, die Blume für den Schmetterling, Duft und Farbe für den Menschen, die Frucht für seinen Gaumen und Magen, das Kraut noch für sein Vieh. Nicht weniger als 70 verschiedene Arten von Insekten sollen allein auf und von der Eiche leben. Dazu singt noch in ihren Ästen der Vogel und klettert das Eichhorn; das Schwein liest die herabfallenden Früchte auf, die Haselmaus sucht Schutz unter ihrer Wurzel, der Mensch gerbt mit ihrer Rinde, zimmert aus ihrem Stamme den Kiel seiner Schiffe wie die Balken seines Hauses, und erwärmt sich noch im Hause an ihren Ästen. So ganz zerfährt dieser eine Baum sozusagen in Zweckleistung für anderes. Andrerseits betrachte man den Flachs, den Wein, den Hopfen, so viele Arzeneipflanzen wie sie so ganz besonders für einen bestimmten Haupt-zweck, dem Menschen zugute, berechnet sind. Ja selbst das eitle Vergnügen des Menschen steht noch hoch genug, Bau und Leben besonderer Pflanzen eigens dessen Befriedigung unterzuordnen. Weil die Natur die Frauen eitel schuf, schuf sie auch eine Pflanze zum besonderen Dienste dieser Eitelkeit. So wie sie es ist, mußte die Maulbeerpflanze gemischt sein, damit sich auch Seide aus ihr Spinnen ließe; und daß es wirklich eben um diesen Zweck bei ihr zu tun, beweist der nur zu ihrer Zerstörung beigegebene und dafür mit einem Vorgeschmack von Empfindung belohnte Seidenwurm. Tee und Kaffee hätten sicher nicht so wunderlich gemischte Stoffe in sich, wenn nicht dem Menschen so wunderliche Gelüste danach eingepflanzt worden wären. Und überall, wenn die Pflanze das vorbereitet, geschafft, was sie den Menschen oder Tieren leisten soll, wird sie schonungslos zerstört, das Korn alsbald gemäht, die Kartoffeln ausgerissen, der Baum geschlagen, der Flachs geröstet. Nirgends scheint es der Natur schade um eine Pflanze, wenn es gilt, durch sie einen Zweck für Menschen und Tiere zu erfüllen.

Nach allem kann nur dies der Sinn des Verhältnisses zwischen Tier und Pflanze sein. Mensch und Tier waren bestimmt, Seele, Idee, Zweck in die Natur zu bringen; das verlangte nun freilich

Materie zum Träger und zur Verwirklichung. Damit aber das Ideelle nicht zu sehr selbst im Materiellen befangen bliebe, davon belastet würde, ward der bei weitem größte Teil materieller Zutat und Arbeit, welche für die Zwecke des Ideellen nötig, in eine besondre Welt verlegt, in der die materielle Last und Mühe leicht getragen wird, weil sie nicht darin empfunden wird. Sollte der Mensch und das Tier all das rein Irdische, Stoffliche selbst noch mit eignen Organen durch eignes Tun und von vorn an herrichten müssen, was ihnen durch die Pflanzen schon vorgerichtet übergeben wird, so möchte ein Blick nach dem Höhern sich nimmer frei im Menschen entwickeln können, und selbst dem Tiere sein freies Schweifen über die Erde verkümmert sein. Nun aber genießen Mensch und Tier teils gleich mit Lust, was sie sonst erst mühsam schaffen müßten, teils bleibt nur noch die letzte Bearbeitung auf das aus den Händen der Pflanze schon vorbereitet Überkommene zu wenden, und hierin finden sie dann zugleich die günstigsten Bedingungen zur Betätigung ihres ideellen Faktors.

Die ganze Existenz des Menschen- und Tierreichs zeigt sich so auf die des Pflanzenreichs wie auf einen Unterbau gestützt; man kann aber nicht vom Träger verlangen, daß er das Höhere auch selbst noch in sich enthalte, was er bestimmt ist, über sich zu einem freiem, mühelosern Sein emporzuheben, d. i. hier die Seele. Soll auch der Leuchter noch leuchten, indem er das Licht trägt? Ja, hieße es nicht, nachdem sich die Pflanze den Zwecken beseelter Wesen ganz und gar untergeordnet zeigt, einen Überfluß und eine Unmöglichkeit zugleich verlangen, daß sie nun auch noch Zwecke für sich selber habe? Muß es nicht vielmehr für sie, wie für die Tier- und Menschenwelt, gerade das Günstigstmögliche sein, daß sie den Wert eines Lebens auch nicht einmal kennen, die Lust eines Lebens auch nicht einmal ahnen lerne, das doch nur bestimmt wäre, in Opfern für andere aufzugehen? So wie sie ist, gibt sie sich widerstandslos den Zwecken preis, die sie zu erfüllen bestimmt ist, dient eben hiermit am besten dieser Erfüllung, und es braucht der Natur und uns nicht leid zu sein, sie dazu zu verwenden.

Ich habe der Entwickelung dieses Einwands so viel Spiel gegeben, weil sich dabei eine in Wahrheit wunderbar schöne und große Seite der Natur entfaltet, die ausnehmend genaue, sorgfältige, ins einzelnste sich erstreckende zweckmäßige Einrichtung des einen organischen Reiches zu Frommen des andern, aber freilich auch eben nur eine Seite, und hierin liegt die Untriftigkeit des Einwandes und hiermit läßt er uns ein Wunder über jenes Wunder vergessen und verlieren. Denn das größte Wunder der Natur liegt doch darin, daß jedes ihrer Wesen in jedem Bezirke, indem es ganz für andere Wesen gemacht erscheint, zugleich ganz auf eigne Zwecke gestellt bleibt, eins immer dem andern dient, nach anderer Beziehung nur, als andres ihm wieder dient; und alles dabei so abgewogen ineinander greift, daß das Ganze haltbar und lebendig besteht. Lassen wir also die Pflanze noch so sorgsam gebaut, eingerichtet sein, Zwecke für Menschen und Tiere zu erfüllen, ja ganz und gar für solche Zweckerfüllung berechnet, was tut es! Die ganze Voraussetzung ist grundfalsch, als ob sich hiermit eine ebenso sorgsame, vollständig genaue Berechnung des Baues, der Einrichtung der Pflanze für eigne Zwecke nicht vertrüge. Jeder Blick auf die Kette der Naturwesen, der sich nicht absichtlich in einseitiger Betrachtung abschließt, reicht hin, diese Zweckverkettung zu zeigen.

Hund und Katze müssen dem Vergnügen oder den Vorteilen des Menschen dienen; aber haben sie deswegen weniger Lust und Trachten danach in sich? Die Katze frißt den Sperling; aber der Sperling ist deshalb nicht bloß für die Katze da; der Sperling frißt die Raupe, aber die Raupe ist deshalb nicht bloß für den Sperling da; die Raupe frißt die Pflanze; warum soll nun die Pflanze auf einmal bloß für die Raupe und was rückwärts liegt, da sein? Ich finde nichts in der Natur, was der Lust, die diese Leiter absteigt, verböte, auch noch in die blühende Pflanze hinabzusteigen; sieht denn diese aus wie eine Stufe aus Stein und Eisen? Die Pflanze dient anderen Zwecken, es ist wahr; die Gerechtigkeit fordert also, daß anderes wieder ihren Zwecken diene; und die Natur übt diese Gerechtigkeit, wie sich näher zeigen wird. Aber dann muß die Pflanze auch Zwecke haben können; und dies kann nur ein Wesen mit Seele; ich meine nicht gerade Zwecke im Sinne Hegelscher Zweck-Kategorien, sondern wenn auch nur Zwecke, wie sie nun eben ein Wesen hat, das nach etwas einen Trieb fühlt, und sich wohl hat, wenn es solches erreicht.

Kann eine Pflanze so vielen anderen so vieles zugleich leisten, wie wir am Beispiel der Eiche gesehen, so ist darin nicht sowohl ein Überschuß von Zweckerfüllung, als der sicherste Hinweis zu finden, daß man an den Hauptzweck dabei noch gar nicht gedacht hat. Denn kann sie so vielen anderen so vieles zugleich leisten, so liegt doch am nächsten zu glauben, daß sie vor allem auch sich selbst etwas wird leisten können. Weil sie sich aber selbst die nächste, wird sie sich dieses auch am besten und im besten Zusammenhange leisten können. Also eben hierin wird der Hauptzweck zu suchen sein. Alle jene Zwecke, die sie für andere erfüllt, zersplittern sich doch nur; heften sich an einzelne Äußerlichkeiten, Ausläufer ihres Lebens. Indes ist die Eiche ein in sich gebundenes Festes, Ganzes, Einiges, hat sich selber ganz beisammen. Und diesem so ganz in sich zusammenhängenden organischen Wirkungsgebiete sollte kein in sich zusammenhängendes Zweckgebiet entsprechen? Es fehlte, wenn der Eiche selbst keine Zwecke zukommen. Wer glaubt nicht, daß, wenn ein Stern Strahlen nach allen Seiten sendet, in ihm selber etwas entsprechend und gesammelt leuchte? Wir aber lassen die Eiche Strahlen aus einem dunklen Kern senden.

Wenn manche Pflanze bloß gemacht erscheint, um kleine, wohl gar fehlerhafte Neigungen der Menschen zu befriedigen, so sollte das jedenfalls am besten beweisen, daß das, wozu sie bloß gemacht erscheint, nur das Wenigste und Unwesentlichste von dem sein kann, wozu sie wirklich gemacht ist; oder unsere Betrachtung der Natur wird eine sehr unwürdige.

Meint man aber, die Natur habe die materielle Arbeit zur größern Hälfte auf seelenleere Wesen verlegen wollen, um die seelenvollen dadurch zu erleichtern, so sollte man dagegen erwägen, daß nach allgemeiner Einrichtung der Natur überhaupt materielles Tun nur das ist, worin sich hienieden das Tun der Seelen äußern kann. Also nicht Arbeit wäre der Seele erspart, sondern Seele für die Arbeit wäre gespart, wenn der Einwand recht hätte, wenn, was noch mit Seele vonstatten gehen konnte, doch ohne solche vonstatten gehen sollte. An jede Arbeit und Mühe aber wird sich auch ein Lohn der Arbeit, eine Vergeltung der Mühe zu knüpfen wissen. Der König und Gelehrte selbst müssen noch mit Gehirn und Feder arbeiten; indes der Bauer und Handwerker mehr mit Arm und Hobel arbeitet. Aber dieser fühlt so gut und stark wie jener die Anstrengung seiner Arbeit und genießt so gut den Lohn von seiner Arbeit. Gefühl und Genuß ist nur dort feiner und entwickelter, hier gröber und einfacher, wie es die Arbeit und der Stoff der Arbeit und des Arbeitenden selbst ist. Kann aber der Bauer den König nähren und noch fühlen, was er tut, um ihn zu nähren, wird auch die Pflanze das Tier nähren und noch fühlen können, was sie tut, es zu nähren. Alle Gründe, nach welchen dem Pflanzenstande die Seele zugunsten des Standes der Menschen und Tiere abgesprochen wurde, würden in der Tat ebenso nötigen, sie dem Bauernstande zugunsten des Standes der Gelehrten und Herren abzusprechen.

Man sagt etwa dagegen, unsere Werkzeuge seien doch auch Dinge, die bloß Zwecken dienen, ohne Zwecke zu haben, warum nicht ebenso die Pflanzen? Aber gerade die Zusammenstellung mit unseren Werkzeugen kann, wie schon bei frühem Betrachtungen, am besten dienen zu zeigen, daß die Pflanzen unter anderen Gesichtspunkt fallen.

Unsre Werkzeuge leben, weben und wachsen nicht aus sich selbst wie die Pflanzen, sie haben alles, Bestand, Form und Fügung von uns, also können sie auch nichts von Zweck für sich verlangen; die Arbeit, die mit ihnen getan wird, tun nicht sie selber, wir sind es, die sie tun; also können auch nur wir den Lohn der Arbeit verlangen; die Pflanzen aber, wenn sie Werkzeuge sind, sind selbstlebendige, in und mit und an und aus sich selbst heraus arbeitende Werkzeuge, wie wir, können also auch ähnliche Ansprüche machen wie wir; sind Werkzeuge Gottes wie wir; in Gottes Werkstatt aber hat kein Werkzeug einseitig dem anderen, sondern jedes wechselseitig dem anderen zu dienen.

Hiermit nun kommen wir auf die zweite Seite unseres Gegenstandes, die der Einwand ganz übersehen oder durch die erste einseitig als verschlungen angesehen hat, während sie vielmehr aufs schönste damit verschlungen ist. Und hiermit wird das gegen die Seele der Pflanzen gewandte Argument sich vollends zu ihren Gunsten kehren.

Die Pflanzen dienen Menschen und Tieren; umgekehrt aber haben die Menschen und Tiere den Pflanzen zu dienen; und machte jenes die Pflanzen seelenlos, müßte dieses auch Menschen und Tiere seelenlos machen. Nur deshalb, weil wir, alles nach uns und unseren Bedürfnissen zu messen gewohnt, nicht in derselben Art den Pflanzen zu Diensten stehen wie sie uns, achten wir es überhaupt nicht als einen Dienst.

Mit demselben Rechte, wie man sagt, daß die Menschen und Tiere die Früchte des Feldes essen und fressen, kann man in der Tat sagen, daß die Früchte des Feldes die Menschen und Tiere wieder fressen; denn alles was von Menschen und Tieren abgeht, geht wieder in die Pflanzen über, und muß in sie übergehen, damit sie wachsen und gedeihen. Sie zerreißen den Menschen nur nicht so bei lebendigem Leibe, wie wir es mit ihnen tun. Sie warten auf das, was von uns abgeht, bis es zu ihnen kommt, erwarten unseren Tod, ehe sie sich ganz unserer bemächtigen. Diese Geduld wird ihnen nun als träge Unempfindlichkeit und tote Passivität ausgelegt; aber mit Unrecht, denn daß sie doch wirklich nicht unempfindlich gegen all das sind, beweisen sie ja eben dadurch, daß sie all das, wenn es an sie kommt, doch gierig annehmen und freudig dadurch wachsen. Es hängt nur diese Geduld überhaupt mit ihrem Gebanntsein an die Scholle und ihrem, sozusagen, weiblichen Charakter den Tieren gegenüber zusammen. Wartet doch auch eine Königin, daß man ihr bringe, was sie braucht; sie ist freilich sicher, daß sie nicht zu warten braucht; viel Hände sind von selbst für sie geschäftig. So wartet nun die ganze Pflanze, daß des Tieres Leib sich auflöse, ihren Leib zu bauen; die Blume wartet, bis das Insekt zu ihr komme, ihr bei der Befruchtung zu helfen; der Same wartet, daß der Säemann ihn ergreift und ins Land säet; das Insekt und der Mensch tun es ja sicher, freilich zunächst ihrentwegen; aber die Natur hat die Insekten und Menschen eben so eingerichtet, daß das Ihrentwegen zugleich zu einem Ihretwegen wird.

Sollte die Natur auch die Pflanzen noch mit den Tieren sich um das streiten lassen, was eins vom andern braucht, da es diese schon so viel unter sich tun? Sie hat es vorgezogen, in Frieden und Eintracht Geben und Nehmen hier ineinander greifen zu lassen, damit nicht alles sich in Zwietracht auflöse. So gestattete sie nun uns die Pflanzen nach Willkür zu unseren Zwecken zu gebrauchen, ohne daß die Pflanze sich auch nur wehren kann; aber selbst gegen unseren Willen müssen wir den Pflanzen wieder dienen; und können wir uns etwa mehr dagegen wehren?

Der Dünger und der verwesende Leichnam sind es nicht allein, was den Pflanzen als Nahrung von Menschen und Tieren zugute kommt. In einem geheimen, den meisten Menschen unbekannten Verkehre müssen sie vielmehr den Pflanzen das Wichtigste leisten mit dem Wichtigsten, was sie selber haben. In der Tat, woher glaubt man wohl, daß eine Pflanze, die im Topfe oder auch draußen wächst, so groß wird? Das Erdreich scheint sich ja kaum zu mindern. Auch läßt eine Pflanze beim Verbrennen wenig Asche zurück. Viel tut freilich das aufgenommene Wasser, aber wenig Erde und viel Wasser macht bei weitem noch keine Pflanze. Wie sonderbar es manchen klingen mag, ist es doch gewiß, daß es hauptsächlich der Atem der Menschen und Tiere ist, aus dem sich die Pflanze erbaut, der ihr festes Gerüste schafft. Merklich allen festen Stoff, der beim Verbrennen der Pflanzen als Kohle zurückbleibt, schöpft die Pflanze aus der Kohlensäure der Luft (und dem damit geschwängerten Wasser), demselben Wesen, das auch als Schaum des Champagners entweicht. Diese Kohlensäure wird von Menschen und Tieren ausgeatmet, von den Pflanzen aufgenommen, der Kohlenstoff daraus abgeschieden und in ihre Substanz verwandelt, der Sauerstoff aber (dessen Verbindung mit dem Kohlenstoffe eben die Kohlensäure bildet) der Atmosphäre zurückgegeben.

"Sicherlich," sagt Dumas, "enthielt das Fleckchen Boden, auf welchem die Eichel vor Jahrhunderten keimte, aus welchem der vor uns stehende gewaltige Baum entstanden ist, nicht ein Millionstel des Kohlenstoffs, den die Eiche nun besitzt. Der übrige, d. h. der sämtliche, Kohlenstoff, ist ihr aus der Luft zugegangen." (Dumas, Statik der organ. Ch.)

Boussingault fand, daß der Dünger, der auf einem Landgute für ein Hektar Boden verbraucht worden, nur 2793 Kilogr. Kohlenstoff enthielt, die davon gemachte Ernte aber 8383 Kilogr. Auf einem anderen Landgute enthielt die Ernte sogar 7600 Kilogr. Kohlenstoff mehr als der Dünger. Der Überschuß mußte also aus der Luft herrühren.

Derselbe stellte einen Versuch an, wonach in reinem Kiessand gelegte und mit destilliertem Wasser begossene Erbsen, die also ihre Nahrung lediglich aus der Luft beziehen mußten, dennoch sich entwickelten, Blätter und Samen trugen. (Ebendas.)

Wie begierig die Pflanzen den Kohlenstoff aus der Luft aufnehmen, beweist folgender Versuch Boussingaults. Er fand, "daß Weinblätter, welche man in einen Ballon einführte, die sämtliche in der durch denselben geleiteten Luft enthaltene Kohlensäure aufsaugten, wenn man den Luftstrom auch noch so geschwind durchstreichen ließ. Desgleichen sah Boucherie aus den Wurzelstöcken von in vollem Saft gefällten Bäumen die Kohlensäure in gewaltiger Menge entweichen." (Ebendas.)

Im Winter erstarrt unser Atem zu Blumen am Fenster, im Sommer schießen die lebendigen Blumen der Wiese daraus an. Gott, sagt man, hauchte den Menschen die Seele ein, umgekehrt, kann man sagen, hauchen die Menschen den Pflanzen den Leib ein.

Die Menschen und Tiere müssen also atmen und leben, damit die Pflanzen wachsen und leben; ja die Lungen der Menschen und Tiere lassen sich geradezu als Organe ansehen, welche den Pflanzen dieses notwendigste Lebensbedürfnis zuzubereiten haben. Wir halten Kühe, uns die Milch in ihren Eutern zu bereiten, den Pflanzen werden von Gott Menschen und Tiere gehalten, die Kohlensäure für sie in den Lungen zu bereiten. Die Kuh selber, indem sie das Gras frißt, hilft durch ihren Atem neues Gras bauen; sie frißt nur die alten Blätter, d. h. die Produkte der früheren Lebenstätigkeit der Pflanzen, und, wie früher erinnert, hat das Fertige für die Pflanzen nicht gar viel mehr zu bedeuten; sie haucht dafür den Stoff zu neuer Lebenstätigkeit aus, denn in der Verwandlung jenes halb geistigen Stoffs in leiblichen besteht die Hauptaufgabe des Lebens der Pflanzen; das eben macht sie wachsen, grünen, leben. Könnte man nun hier nicht auch sagen: die Natur hat von der Pflanze den größten Teil der materiellen Vorarbeit, den ganzen Zermalmungs- und Verdauungsprozeß der groben Stoffe auf das Tier sozusagen abgeladen, der Pflanze ist bloß die schöne, leichte heitere Aufgabe geblieben, aus dem geisterartigen Wesen, das als letztes Produkt jenes groben Prozesses hervorgeht, den zierlichsten, lieblichsten Körper immer neu zu bauen und zu schmücken, Bildnerin und Malerin in eins, und sie hat sich dazu nicht einmal vom Platze zu mühen. Schwebt hier nicht das Ideelle ganz im Pflanzenreiche, und liegt nicht die grobe Basis ganz im Tierreiche?

Zwar der Atem macht's nicht allein; viel zur Kohlensäure der Luft trägt auch das Verbrennen des Holzes bei; denn was die Pflanze aus den Geistern der Natur im Leben schöpfte, geht im Tode der Pflanze als feuriger Hauch darein zurück; doch nur zum Wachstum neuer Pflanzen, zur Verjüngung der Pflanzenwelt. Die ganze Pflanze muß doch einmal sterben. In dieser Beziehung können wir den Menschen die Bedeutung von Todesengeln für die Pflanzen beilegen. Wir malen den Tod mit der Sense; für sie geht er leibhaftig mit Sense und Art einher, ein höheres Wesen, zerstörend für das einzelne, doch der Erneuerung des Ganzen dienend.

Indem die Pflanze aus dem Atem und den Produkten des Feuers Nahrung schöpft, hat sie freilich gleich eine Gegenleistung dafür zu machen. Nähme sie die Kohlensäure aus der Luft nicht an sich, würde diese immer mehr verderben, weil die Kohlensäure als Produkt des Atmens oder Verbrennens selbst nicht mehr dienen kann, das Atmen oder Feuer anzufachen und zu unterhalten, vielmehr erstickt beides, wo die Luft sich mit zuviel Kohlensäure beladet. Nun aber stellt die Pflanze, indem sie diesem Gase seinen Kohlenstoff entzieht, daraus wieder die Lebensluft (den Sauerstoff) her, welche ursprünglich für Atmen und Verbrennen diente, und erhält durch Rückgabe derselben an die Atmosphäre diese immer frisch und munter für Unterhaltung von Leben und Feuer. So ergänzen sich Pflanzen- und Tierwelt in ihren Zweckleistungen. Die Pflanze atmet die Kohlensäure ein, welche das Tier ausatmet, und das Tier atmet den Sauerstoff ein, welchen die Pflanze ausatmet; die Pflanze zersetzt die Kohlensäure und nimmt den festen Stoff, den Kohlenstoff daraus an sich, um ihren Leib zu bauen; das Tier verbindet den Sauerstoff mit Kohlenstoff des eignen Leibes und gibt diese Verbindung in Gasgestalt von sich, um sich eines verbrauchten Stoffes zu entledigen. Beides aber ist zur Unterhaltung des Lebens beider nötig.

Nach allem wird es freilich immer möglich bleiben zu sagen: ja, damit der Mensch Holz haben könne, mußte der Baum erst wachsen und sich fortpflanzen, und damit der Mensch Brot haben könne, mußte das Korn blühen und Früchte tragen, und damit der Mensch die Luft immer rein zum Atmen fände, mußte das Kraut darin ergrünen. Aber es wird immer ebenso möglich bleiben, es umzukehren und zu sagen, damit der Baum, das Getreide, das Kraut wachsen, grünen, blühen, Früchte tragen konnten, mußte der Mensch und das Tier erst den Dünger und die Kohlensäure der Luft produzieren, mußte der Mensch immer wieder das alte Holz verbrennen; mußten Mensch und Tier so wachsen und sich nähren, daß sie dies alles im Leben tun, und noch im Tode so geeignete Verwesungsprodukte für die Pflanzen liefern konnten. Nun würde es freilich jeder höchst töricht finden, im Ernst zu glauben, daß die schöne und kunstvolle Einrichtung des Menschen und Tieres nur dazu da sei, daß ihre Abfälle, Neben- und Zerstörungsprodukte den Pflanzen zugute kommen; aber sieht man denn nicht, daß es ganz ebenso töricht ist zu glauben, daß die Pflanzen so schön und kunstvoll eingerichtet und gebaut sind bloß deshalb, damit die Abfälle, Neben- und Zerstörungsprodukte dieses schönen Baues umgekehrt den Tieren zugute kommen, zumal da weit der meiste Nutzen derselben in Zerstörungsprodukten liegt. In der Tat aber ist dies die Betrachtungsweise, mit der wir uns gewöhnlich zufriedengestellt halten. Der Weinstock ist dazu da, damit wir seine Trauben zerquetschen; der Baum dazu da, daß wir ihn in Scheite zerhacken und in den Ofen stecken, der Kohl dazu da, daß ihn die Raupe frißt und wir ihn kochen. Oder wollen wir auf den ästhetischen Eindruck, den uns die Pflanzen doch lebend machen, noch viel Gewicht legen? Die Pflanzen erfreuen ja doch auch lebendig durch ihr Grünen und Blühen das Auge des Menschen. Aber wie viele Pflanzen vergehen, ohne überhaupt einen Eindruck auf ein menschliches Auge zu machen; und bevor der Mensch auf der Erde entstand, waren schon viele Jahrtausende durch Pflanzen auf der Erde gewachsen, deren Grün sicher kein ästhetisches Gefühl in den Mammuts und Höhlenbären erweckte. Und für was anderes erklärt man hiermit die Pflanzen als für geputzte Leichen oder übertünchte Gräber, indem man ihrer lebendigen äußern Erscheinung noch den Zweck beilegt, uns durch äußeren Putz zu erfreuen, indes ihr ganzer Inhalt nur der Zerstörung geweiht sei? Diese Betrachtungsweise erscheint mir so sinnlos, daß ich um ihrerwillen allein die Pflanze für nicht seelenlos halten möchte; auch ist unser natürliches Gefühl weit entfernt, darin einzustimmen, wie schon mehrfach erörtert.

Meint der Mensch, indem er sich kultiviert, die ganze Welt habe nichts weiter zu tun gehabt, als hierzu mitzuwirken, so hat er freilich in gewisser Beziehung recht. Aber die Rose, Georgine, die im Laufe dieser Kultur-Entwickelung aus einem rohen, einfachen Gewächs zu einer herrlichen prangenden Blume in tausend Varietäten erwachsen ist, hat wohl ebenso recht, wenn sie meint, alles und der Mensch selbst habe sich hierbei nur um ihre Kultur-Entwickelung gedreht; ohne den Menschen hätte es doch nie zu so schöner Fülle, so reicher Abwechselung bei ihr kommen können; der Mensch mußte sich kultivieren, um sie zu kultivieren. Auch das Korn des Feldes mag recht haben, wenn es meint, es sei alles nur darauf abgesehen gewesen, es zu seiner schön geordneten Gesellschaft Ähren zu bringen; der Mensch nur ein von der Natur hergerichtetes Werkzeug, den Pflug zu führen und den Acker zu seinen Gunsten zu bestellen, damit auf kleinstem Raum sich die größte Zahl Ähren unbeirrt von fremden Eindringlingen erhalten könne. Ja wird nicht vielleicht auch der Mensch selbst wieder von höheren Geistern so gesäet und gezogen wie die Georgine und das Ährenfeld; ist nicht der Tod das Abbrechen einer Blume, eine Schlacht das Mähen eines Feldes?

Ich denke, es ist mit Mensch und Tier und Pflanze nichts anders als mit Sonne, Erde und Mond. Der Mond erscheint als das der Bedeutung nach Untergeordnetste im Planetensysteme, wie die Pflanze im Systeme unserer irdischen organischen Welt. Aber wer auf dem Monde sieht, sieht doch die Erde und die Sonne sich um den Mond drehen, erblickt sich selber im Mittelpunkt des Ganzen. Wer auf der Sonne steht, sagt: du irrst; du, samt der Erde, drehst dich um mich. Aber sie irren beide, oder haben beide recht, wie man will. Im Grunde dreht sich jedes um das andere, je nachdem man den Standpunkt auf dem einen oder dem anderen nimmt; auf absolutem Standpunkte aber dreht sich eins so wenig um das andere wie das andere, sondern alles um den gemeinschaftlichen Schwerpunkt, der die Totalität des ganzen Systems repräsentiert. So dreht sich alles Leben um Gott; aber Gott selbst repräsentiert in seiner Einheit das Leben und Weben all seiner Geschöpfe. Ein Schwerpunkt ist eben nichts ohne die Kraft, die alle Teile des Schweren gegeneinander zieht.

Mancher gründet seinen Glauben an der einstige Fortdauer der Menschenseele darauf, daß Gott doch wohl den Menschenleib nicht mit so außerordentlicher Kunst gebaut und mit solcher ins Kleinste gehenden Zweckmäßigkeit eingerichtet haben würde, wenn nicht zugunsten einer ewigen Seele; sonderbar, wenn man meinen kann, er habe den Pflanzenleib mit so großer Sorgfalt und Zweckmäßigkeit zugunsten sogar von gar keiner Seele eingerichtet.

XI. Beispiele aus der Teleologie der Pflanzenwelt.

[13]

Bekanntlich besteht die wesentlichste Bedingung der Pflanzenbefruchtung darin, daß der Blumenstaub (Pollen) aus den Staubbeuteln (Antheren), d. i. den Endteilen der Staubfäden (Filamenten), auf die Narbe (Stigma), d. i. den Endteil des Pistills, gelange. Die Staubbeutel sind aber immer in gewisser Entfernung von der Narbe angebracht,[14] auch finden in manchen Pflanzen noch besondere Umstände statt, welche die Übertragung des Blumenstaubes auf die Narbe erschweren. Um solche dennoch zustande zu bringen, hat nun die Natur mannigfache und merkwürdige Veranstaltungen getroffen, worunter die Einrichtung der Instinkte und Lebensart vieler Insekten eine Hauptrolle spielt. Überall, wo das Befruchtungsgeschäft durch die Pflanze selbst vermöge des Baus und der Stellung ihrer Teile nicht gehörig vollzogen werden könnte, sind Insekten bereit, Aushilfe zu leisten, indem sie durch ihre Bewegungen in der Blume die Übertragung des Staubes von den Staubfäden auf die Narbe vermitteln. Nicht bloß Bienen und Schmetterlinge, auch viele Käfer (aus den Gattungen *Cetonia, Elater, Chrysomela, Curculio* u. a.), Halbkäfer und Netzflügler beteiligen sich hierbei.

Bei vielen Blumen helfen mehrere Arten Insekten zur Befruchtung, z. B. bei den Schirmblumen, den Euphorbien; bei vielen aber verrichtet bloß eine Art Insekten dies Geschäft, "weil", wie sich Conr. Sprengel ausdrückt, "die übrigen entweder zu dumm sind, um zu wissen, wo der Saft versteckt ist, und wie sie zu demselben gelangen können, oder, wenn sie es wissen, entweder zu groß sind,

---

[13] Vergl. besonders über diesen Gegenstand: Conrad Sprengel, das entdeckte Geheimnis der Natur im Bau und in der Befruchtung der Blumen. Berlin 1793.

[14] Am meisten gilt dies von den sogenannten Monözisten (einhäusigen Pflanzen) und Diözisten (zweihäusigen Pflanzen), sofern hier die Staubfäden und Pistille in verschiedenen (respektiv männlichen und weiblichen) Blüten enthalten sind. Der Unterschied beider liegt darin, daß bei den Monözisten die männlichen und weiblichen Blüten sich auf derselben Pflanze, bei den Diözisten gar auf verschiedenen Pflanzen befinden. Zu den Monözisten gehören u. a. Mais, Melone, Kürbis, Rizinus, Lärche, Haselnuß usw. zu den Diözisten Spinat, Hanf, Bingelkraut, Wacholder usw.

um in die Blume hineinkriechen zu können, oder zu klein, als daß sie beim Hineinkriechen die Antheren und das Stigma berühren sollten." So wird nach Sprengel *Nigella arvensis* bloß von den Bienen befruchtet, *Iris xiphium* hingegen bloß von Hummeln, beide auf eine sehr bestimmte Art. — In Pensylvanien leistet auch eine sehr kleine Art von Kolibri, Hummelvogel genannt, für die Befruchtung einiger Gewächse den nämlichen Dienst wie Insekten, indem er sich vom Nektar der Blumen nährt, in deren Röhren er seinen langen und spitzen Schnabel tief einsenkt, wobei er von einer Blume zur andern hin und wieder fliegt. (Kalm, Reife in d. nördl. Amerika II. 354.)

Folgende Umstände nun greifen merkwürdig in betreff dieser Zweckerfüllung ineinander ein.

Um die Insekten zu dem Besuche zu veranlassen, sind diesen die Honiggefäße (Saftbehälter, Nektarien) beigegeben; auch haben manche Insekten, wie die Bienen, den Instinkt, Blumenstaub selbst einzusammeln. Die Blumen schwitzen eben dann am meisten Honigsaft aus, wenn ihre Staubfäden und Narben zum Bestäubungsgeschäft tüchtig sind, wie Schkuhr (Handb. II. 84) bei *Tropaeolum, Delphinium, Helleborus* und L. Ch. Treviranus (Physiol. II. 390) bei *Anemone,Chrysosplenium* und *Saxifraga* speziell beobachtet haben. Der Honigsaft findet sich gemeiniglich am tiefsten, verstecktesten Orte der Blume, so daß die Insekten nicht zu ihm gelangen können, ohne beim Ein- und Auskriechen die Befruchtungsteile zu berühren und den Blumenstaub auf die Narbe zu bringen. Durch kleine Härchen von geeigneter Stellung sind die Nektarien gewöhnlich gegen den Regen und mithin die Verdünnung ihres Saftes geschützt, ohne daß doch die Härchen den Insekten den Zutritt versperren. Eine klebrige Beschaffenheit oder fadige Textur des Blumenstaubes begünstigt sehr dessen Anhängen am Körper der Insekten. Andrerseits findet man bei den auf Blumen lebenden Insekten überall entweder eine pelzartige Behaarung des ganzen Körpers oder bürstenartige Freßspitzen, bürstenartige oder pinselartige Haarbüschel an den Füßen, oder eine eigentümliche Organisation gewisser Teile, zum Zweck, den Blumenstaub leichter abzustreifen. Man betrachte z. B. den behaarten dicken Körper der Bienen und Hummeln und anderer bienenartigen Insekten und zugleich die Heftigkeit, womit sie sich in den Blumen bewegen. Bei den Nymphen unter den Tagschmetterlingen, die am öftersten Blumen besuchen, aber nicht lange auf ihnen verweilen, findet man statt ausgebildeter Vorderfüße pinselförmige Putzpfoten, deren tätige Bewegung, während der Schmetterling auf der Blume sitzt, leicht den Erfolg hat, den an seiner behaarten Brust hängenbleibenden Blumenstaub abzuputzen, so daß er wieder auf die Blume fällt. Nicht ohne Absicht ist auch der Umstand, den schon Aristoteles bemerkt und neuere Beobachter bestätigen (Mitteil. der k. k. schles. Gesellsch. 1823. 174), daß die Bienen bei ihren Ausflügen gemeiniglich nur eine Art Blumen besuchen; wobei der Blumenstaub leicht selbst zwischen verschiedenen, aber doch, wie es zum Zweck der Befruchtung nötig, gleichartigen Pflanzen übertragen werden kann.

Als unterstützend kann man anführen, daß durch die eigentümliche Farbe, teilweise auch den Geruch der Blumen und das entwickelte Gesichtsorgan der Insekten den letzteren das Finden der erstem erleichtert wird. Oft sind auch die Wege zu den Nektarien noch durch bestimmtere Färbungen (Saftmale) an den Blumenblättern wie durch Wegweiser besonders angezeigt. Ich glaube zwar kaum, daß dieser Umstand und manches andere so großes Gewicht hat, als ihm Conr. Sprengel in seinem entdeckten Geheimnis der Natur beilegt, doch hat dessen Darstellung dieses Gegenstandes schon wegen der Liebe, mit der er ihn auffaßt, ihr Interesse.

Er sagt darüber (S. 15 seiner Schrift) folgendes: "Wenn ein Insekt, durch die Schönheit der Krone oder durch den angenehmen Geruch einer Blume gelockt, sich auf dieselbe begeben hat, so wird es entweder den Saft sogleich gewahr oder nicht, weil dieser sich an einem verborgenen Orte befindet. Im letzteren Falle kommt ihm die Natur durch das Saftmal zu Hilfe. Dieses besteht aus einem oder mehreren Flecken, Linien, Düpfeln ober Figuren von einer anderen Farbe, als die Krone überhaupt hat, und sticht folglich gegen die Farbe der Krone schwächer oder stärker ab. Es befindet sich jederzeit da, wo die Insekten hineinkriechen müssen, wenn sie zum Saft gelangen wollen. Reguläre Blumen haben ein reguläres, irreguläre ein irreguläres Saftmal. Wenn der Safthälter von der Öffnung, durch welche die Insekten hineinkriechen, entfernt ist, so zieht sich das Saftmal, welches vor der Öffnung anfängt, durch dieselbe hindurch bis zum Safthalter, dient also den Insekten zu einem sicheren Wegweiser. Hat eine Blume mehrere Eingänge zum Safthalter, so hat sie auch ebenso viele Saftmäler. Wenn eine Blume mehrere Safthalter hat, welche ringsherum um den Fruchtknoten stehen, oder zwar nur einen, welcher aber in der Gestalt eines Ringes den Fruchtknoten umgibt, und dessen Saft das Insekt nicht anders verzehren kann, als wenn es im Kreise um denselben herumläuft und seinen Saugrüssel öfters hineinsteckt; so hat das Saftmal eine ringförmige Gestalt, und führt das Insekt im Kreise herum."

"Bei Gelegenheit des Saftmals muß ich von der Verschiedenheit der Saftblumen reden, welche auf der Tageszeit, in welcher sie blühen, beruht. So wie es Insekten gibt, die bloß bei Tage umherschwärmen, und solche, die bloß des Nachts ihrer Nahrung nachgehen, ebenso gibt es auch Tagesblumen und Nachtblumen."

"Die Tagesblumen brechen des Morgens auf. Viele von denselben schließen sich des Abends, oder senken sich, da sie am Tage aufrecht standen, oder es geht eine andere Veränderungmit ihnen vor, woraus man schließen kann, daß sie nur für Tagesinsekten bestimmt sind. Manche schließen sich am ersten Abend und öffnen sich am folgenden Morgen nicht wieder, blühen also nur einen Tag; die meisten blühen mehrere Tage."

"Die Tagesblumen sind mit einem Saftmal geziert, obgleich nicht alle."

"Die Nachtblumen brechen des Abends auf. Bei Tage sind die meisten von denselben geschlossen, oder welk und unansehnlich, woraus erhellt, daß sie für Tagesinsekten nicht bestimmt sind. Manche blühen mehrere Nächte; die gemeine Nachtkerze (*Oenothera biennis*) blüht zwei Nächte."

"Die Nachtblumen haben eine große und hellgefärbte Krone, damit sie in der Dunkelheit der Nacht den Insekten in die Augen fallen. Ist ihre Krone unansehnlich, so wird dieser Mangel durch einen starken Geruch ersetzt. Ein Saftmal hingegen findet bei ihnen nicht statt. Denn hätte z. B. die weiße Krone einer Nachtblume ein Saftmal von einer anderen, aber auch hellen, Farbe, so würde dasselbe in der Dunkelheit der Nacht gegen die Farbe der Krone nicht abstechen, folglich ohne Nutzen sein. Hätte sie aber ein dunkel gefärbtes Saftmal, so würde dies nicht in die Augen fallen, folglich ebenso unnütz sein als jenes."

Fast komisch naiv erscheint das Examen, das der Verfasser über die Zweckeinrichtungen bei *Nigella arvensis* mit sich selbst anstellt (S, 285 f. Schrift), wobei er die kleinsten Kleinigkeiten teleologisch zu deuten sucht. Er fragt u. a. "Warum ist endlich die Blume gerade so groß, als sie ist, nicht größer, nicht kleiner?" Antwort: "Weil die Natur wollte, daß sie bloß von den Bienen befruchtet werden sollte, folglich gleichsam das Maß zu derselben von dem Körper der Biene nehmen mußte. Wäre die Blume im Durchmesser noch einmal so groß, so stünden auch die Antheren und die Stigmate noch einmal so hoch, und die Bienen würden unter denselben herumlaufen, ohne sie zu berühren. Wäre sie aber halb so groß, so stünden auch die Antheren und die Stigmate halb so hoch, und die Bienen würden sie nicht auf eine zweckmäßige Art berühren. In beiden Fällen würde also die Befruchtung unmöglich oder höchst mißlich sein. Gerade so groß mußte die Blume sein, daß die Bienen zwar beinahe, aber nicht ganz ungehindert unter den Antheren und den Stigmaten herumlaufen können. Daß die Natur diese Blumen bloß für die Bienen bestimmt habe und sie bloß von ihnen befruchten lasse, ist höchst wahrscheinlich. Ich habe mich oftmals auf den Acker, auf welchem die Pflanze wächst, bei schönem Wetter hinbegeben, aber niemals andere Insekten auf den Blumen gesehen als Bienen."

"*Stapelia hirsuta*", Sagt er S. 148, "stinkt bloß deswegen wie Luder, damit die Fleisch- und Luderfliegen, denen dieser Geruch höchst lieblich ist, dieselbe besuchen und befruchten. Bienen und Hummeln werden dieselbe gewiß nicht besuchen, weil sie einen solchen Geruch verabscheuen."

Hier noch einige spezielle Angaben über die bei der Lage der Nektarien genommenen Zweckrücksichten nach Reichenbachs Schriftchen über die Erhaltung der Welt (S. 27):

"Betrachten wir die höchst einfach gebildeten Honiggrübchen und Honigschuppen bei den Ranunkeln; die Blumen liegen offen ausgebreitet, und der Zutritt der Insekten ist leicht; allein die Grübchen selbst liegen tief an der Basis der Blätter der Blume, da, wo sich die Staubfäden über sie hinbeugen. Den Ranunkeln sind Insekten angewiesen aus der Abteilung der Käfer mit halben Flügeldecken; die kleinsten Staphylinen, Anthophagen, Omalien, ferner die kleinsten Schmetterlinge, die es gibt, aus der Familie der Motten, goldglänzende Ökophoren und im kleinen prachtvolle Adelen. Während diese kleinen Geschöpfe die Honiggrübchen aufsuchen, heben sie die Staubfäden in die Höhe, so daß deren Staubbeutel die in der Mitte ausgebreiteten Narben berühren, übrigens bleiben sie auch in der Blume, wenn sie sich schließt, und sitzen dann unmittelbar auf den Staubbeuteln und Narben, oft so häufig, daß sie die ganze Blume ausfüllen. Bei den Doldengewächsen sind die Nektarien drüsiger Natur, nicht sehr verborgen liegend, und ihre Blumen in eine Ebene gestellt, so daß von einem mäßig großen Körper viele zugleich berührt werden können, daher finden sich hier schon größere Insekten, langfüßige Lepturen, Bienen mit haarigem Körper und bienenähnlich gebildete Käfer, die, am ganzen Körper gleich einer Bürste behaart, auf einen großen Teil Blumen einer Dolde zugleich einwirken; daher sind die Blumenblättchen klein und liegen flach, die Narben und Staubbeutel aber sind lang und ragen hervor über die Fläche. Wo die Nektarien aber mehr verborgen sind, da ist auch der Bau der Blumen den Insekten angemessen, deren Körper mit ihnen in Berührung kommen soll. Die Lippenblumen sowie Röhrenblumen haben ihre Honiggefäße ebenfalls tief im Grunde, an der Basis ihrer Röhre, die Staubgefäße sitzen an der Inneren Wand derselben an, und die Staubbeutel kommen dahin zu liegen, wo sich die Röhre erweitert, und dadurch wird es möglich, daß die besonders am Vorderteil ihres Körper behaarten Insekten mit ihrer Zunge die Nektarien berühren, während ihr pelzbedecktes Bruststück den Samenstaub abstreift von den Staubbeuteln, und bei dem Herauskriechen auf das darum höher gestellte Stigma bringt. Hierdurch ist es auch möglich, daß selbst die Bombylien, die diese Arten von Blumen, die Primeln, Pulmonarien, Lamien und ähnliche besuchen, während sie vor der Blume schwebend, ohne sich auf sie zu setzen, den Honig aussaugen, die Begattung befördern."

Zwar, wie es auch sonst die Gewohnheit der Natur ist, sich nicht auf ein Mittel allein zu verlassen, und unter mehreren Mitteln zu demselben Zweck nur bald dies bald jenes vorwalten zu lassen, ist die Befruchtung bei den meisten Pflanzen auch ohne Mithilfe von Insekten nach der übrigen Einrichtung möglich; doch bleibt diese Mithilfe überall nützlich, und für manche, bei denen eben das Hauptgewicht auf dies Mittel gelegt ist, wirklich wesentlich. Manche ausländische Blumen bleiben daher bei uns unbefruchtet, weil sie aus der südlichen Hemisphäre zu uns gelangt sind, und nun ihre Zeit des Blühens, welche unsere Winterzeit ist, noch in unseren Gewächshäusern einhalten, wo es dann keine Insekten gibt, welche zu ihrer Befruchtung helfen könnten. Manche mögen auch in ihrem Vaterlande von einem Insekte befruchtet werden, welches sich in unseren Gegenden nicht aufhält. (E. Sprengel, Entd. Geh. S. 44.) Selbst bei einheimischen Gewächsen kann man hierher gehörige Beobachtungen machen. So bemerken aufmerksame Gärtner, daß in Melonen- und Gurkenbeeten, die man geschlossen hält, nicht wohl Früchte ansetzen, weil die Insekten abgehalten werden und der schwere Blumenstaub nicht für sich auf die Narbe gelangen kann. Auch bei den Irisarten, Malvazeen, dem Hollunder (*Sambucus*), Veilchen (*Viola odor.*), der Mistel (*Abroma augustum*), den Osterluzei-Arten (*Aristol. Clem.* und *sipho*) soll die Befruchtung nur mit Hilfe von Insekten geschehen können. (Kölreuter, Vorläuf. Nachr. 21. 32. Zweite Forts. 70.) Insbesondere aber sind hierher die Asklepiadeen und Orchideen zu rechnen.

Ich teile hierüber folgende Angabe von Schleiden mit: "Besonders in den beiden großen Pflanzenfamilien, den Asklepiadeen, denen die syrische Seidenpflanze angehört, und den Orchideen, die mit ihren prachtvollen, bunten Schmetterlingen und wunderlich gebauten Insekten gleichenden Blüten die feuchtwarmen Schatten der Tropenwälder schmücken — bei diesen beiden Pflanzengruppen besonders zeigt sich das entschiedene Eingreifen der Insekten zur Vermehrung der Pflanzen. Bei ihnen ist der Blütenstaub jedes Staubbeutels durch einen dem Vogelleim ähnlichen Stoff zu einer Masse zusammengeklebt und hängt sich den Nektar suchenden Insekten so fest an, daß sie ihn nicht abwerfen können. Die Honigbehälter sind in einer Weise in den Blumen angebracht, daß das Insekt, um zu denselben zu gelangen, notwendig eng an der Narbe vorbei streifen muß, und so wird der Pollen an seinen Ort gebracht. Oft sieht man auf der Seidenpflanze Fliegen umherkriechen, die eine große Anzahl solcher keulenförmiger Pollenmassen an den Beinen hängen haben, und in einigen Gegenden kennen die Bienenväter eine eigne Krankheit ihrer fleißigen Tierchen, die Keulenkrankheit, die in nichts anderem besteht, als daß sich so viele Blütenstaubmassen der Orchideen an die Stirne der Bienen festgeheftet haben, daß ihnen das Fliegen unmöglich wird und sie darüber zugrunde gehen. (Schleiden, Die Pflanze. S. 70.)

Bei einigen Blumen gestaltet sich der Vorgang noch in ganz besonders merkwürdiger Weise; so bei der Osterluzei (*Aristolochia Clematitis*). Hier ist die Blume eine unten bauchige, oberwärts anfangs engere, dann gegen den stumpf zungenförmigen Rand der Mündung zu wieder weitere Röhre, welche vor der Befruchtung inwendig mit Härchen besetzt ist, die alle abwärts gerichtet sind. Die Staubbeutel sitzen ohne Staubfäden unterhalb des Fruchtknotens, und von selbst konnte von ihnen aus kein Samenstaub auf die Narbe kommen. Nach Conr. Sprengel kriechen aber, sobald die Blume sich geöffnet hat, kleine Schnaken mit gefiederten Fühlhörnern (*Tipula pennicorais*) in die Blumenröhre; die abwärts gerichteten Haare versperren ihnen dabei den Rückweg. So schwärmen sie in dem bauchigen Teile der Röhre herum, bis sie dabei mit ihren gefiederten Fühlhörnern den Samenstaub von den Staubbeuteln abgestreift und auf die Narbe gebracht haben. Oft erscheinen sie davon ganz gepudert, wenn man die Blumen beizeiten aufschneidet. Kaum ist die Befruchtung geschehen, so hört der Trieb des Saftes gegen die Blumenkrone auf, die Haare vertrocknen und fallen ab, und die kleinen Fliegen sind wieder aus ihrem Gefängnisse erlöst.

Man überlege ernstlich diesen Fall; kann man wirklich glauben, daß empfindende Geschöpfe hier zugunsten von empfindungslosen eingefangen werden, um so lange eingesperrt zu bleiben, bis sie ihren Zweck für letztere erfüllt?

Bei der Gattung *Eupomatia* ist alle Verbindung zwischen Staubbeuteln und Narbe durch die inneren unfruchtbaren blumenartigen Staubfäden aufgehoben, sie wird aber hergestellt durch Insekten, welche jene verzehren, die vollkommenen Staubfäden aber unverletzt lassen. (R. Brown, Verm, bot. Schr. I. 140.)

Die Einrichtung der reizbaren Staubfäden von Berberis ist unstreitig darauf berechnet, daß durch Berührung von Insekten oder dergl. die Staubfäden veranlaßt werden, sich zum Pistill zu bewegen. In anderer Weise dient die, ebenfalls leicht durch Insekten zu veranlassende Reizbewegung der Genitaliensäule von Stylidium oder des Griffels von Goldfussia dem Zwecke (s.o.). Bei Stylidium entfernen sich die auf der Genitaliensäule aufsitzenden Antheren im Zustande der Reife von der Narbe, statt sich ihr zu nähern, und schütten ihren Pollen auf gewisse Haare aus, die auf dem Gipfel der Säule reichlich wachsen, aber im niedergebogenen Zustande der Säule sich unter der Narbe befinden. Schnellt nun die Säule durch Berührung eines Insekts oder dergl. in die Höhe, so kann nicht nur hierdurch der Staub leicht von den Haaren auf die Narbe geschleudert werden, sondern die Haare befinden sich auch nachher in günstiger Stellung, den Blumenstaub von oben auf die Narbe fallen zu lassen. (Morren in Mém. de l'acad. de Brux. 1838.) Bei Goldfussia dient die Bewegung des Griffels dazu, die Narbe mit gewissen Haaren der Korolle in Berührung zu bringen, auf welche der Pollen der gegen die Narbe an sich ungünstig gestellten Antheren teils von selbst fällt, teils durch Insekten gebracht wird. Morren sah oft kleine Ameisen in diese Blumen dringen, Pollen auf die Haare bringen und die Bewegung des Griffels verursachen (ebendas. 1839. S. 17). Die Beziehung der Reizbewegung zur Geschlechtsfunktion zeigt sich bei beiden Pflanzen auch namentlich darin deutlich, daß die Reizbarkeit nur während der Zeit derselben besteht.

Eine ebensolche Gleichstellung der Pflanzen mit den Tieren wie in ihren gegenseitigen teleologischen Beziehungen finden wir in den eigentümlichen zweckmäßigen Einrichtungen der Pflanzen für sich wieder. Es ist in dieser Beziehung für die Erhaltung und Vermehrung der Pflanzen ganz ebenso wie für die der Tiere gesorgt. Der Umstand selbst, daß die Tiere einerseits zwar als eine Mithilfe, andererseits aber auch nur als eine Mithilfe, die sogar unter Umständen sehr zurücktritt, beim Fortpflanzungsprozesse der Pflanzen ins Spiel treten, weist auf eine selbständige Bedeutung dieses Prozesses für die Pflanzen hin. Unter mehreren Mitteln, den genannten Zweck zu erfüllen, sind die Tiere nur eben auch eins. Und die anderen Mittel zu demselben Zweck sind zum Teil nicht minder sinnreich angeordnet als die Mithilfe der Insekten. All das aber würde den Charakter einer leeren Spielerei annehmen, wenn man der Pflanze keine andere Bedeutung beilegen wollte, als nur fremden Zwecken zu dienen.

Zwar könnte jemand sagen: bleibt es nicht doch in jedem Falle leere Spielerei? Ist nicht alles, was wir hierbei zweckmäßig nennen, doch eigentlich nur die halbe Verbesserung einer ganzen Unzweckmäßigkeit, die um so größer sein mußte, je künstlicher Mittel es bedurfte, sie zu beseitigen? Wäre es nicht am einfachsten und hiermit zweckmäßigsten gewesen, sofern die Bestäubung der Narbe des Pistills zur Befruchtung einmal nötig, den Blumenstaub gleich auf der Narbe oder unmittelbar in ihrer Nähe wachsen zu lassen, statt ihn in abgesonderten Staubbeuteln anzubringen und oft sogar die Schwierigkeiten der Übertragung zu häufen, um dann erst besonderer Hilfsmittel benötigt zu sein, sie dennoch zustande zu bringen?

Wer so spricht, beweist, daß er überhaupt den Geist der Teleologie der Natur schlecht gefaßt hat. Ganz ebenso könnte man ja sagen: wäre es nicht am einfachsten und hiermit zweckmäßigsten gewesen, daß uns die Natur die Äpfel in den Mund wachsen ließe, statt daß sie uns erst Hände gab, sie aus der Ferne zu langen; oder uns die Häuser fertig hinsetzte, statt uns erst mit Sinnen und Verstand zu versehen, um sie uns selber zu bauen? Warum ließ sie uns überhaupt etwas übrig selber zu tun? Die Antwort ist die, weil eben im Ersehnen und Erstreben von alle dem, was uns nicht gleich fertig zugeworfen wird, sich unsre Seele fühlend und strebend äußert und äußern soll; und so vielerlei es gibt, was wir haben müssen, ohne es noch zu haben, so viele Weisen des Fühlens und Strebens der Seele werden möglich. Durch diese Betrachtung und durch sie allein erhalten die mannigfaltigen Mittel, welche die Natur angewandt hat, den Zweck der Befruchtung bei den Pflanzen in die Ferne zu rücken und doch durch Zwischenwirkungen erreichen zu lassen, eine vernünftige Deutung; werden aber auch zugleich hiermit beweisend für das Walten einer Seele in den Pflanzen; denn ist keine Seele in den Pflanzen tätig, so ist in der Tat jenes Verschieben und dann doch künstliche Erreichen der Zweckerfüllung ganz ohne Sinn und Ernst; haben sie aber Seele, so wird jede andere Art der Verschiebung und nachherigen Erreichung des Zweckes auch ein anders gefühltes Bedürfnis und ein anderes Spiet der Befriedigung für die Seele anzeigen.

Aus diesem allgemeinen Gesichtspunkte werden uns die folgenden Beispiele bedeutungsvoller werden; wobei freilich nicht verlangt werden kann, daß wir diese Bedeutung derselben für das Psychische auch im einzelnen näher angeben können.

Im allgemeinen sehen wir, daß unter Umständen die Pflanze sich bei der Zweckerfüllung mehr passiv verhält, unter anderen mehr selbsttätig mitwirkt; ähnlich wie bei Befriedigung der Bedürfnisse der Menschen Glück und Geschick in verschiedenem Verhältnis Anteil haben. Glück schließt Zufall ein; aber zufällig regnet es zum Gedeihen jeder Ernte.

Wind und Schwere sind auf solche Weise in Rechnung genommen, daß sie der Narbe den Blumenstaub zuwerfen müssen. Der Erfolg kann zum Teil verfehlt werden; aber wenn auch nicht aller Blumenstaub auf die Narbe gelangt, so ist dafür dessen in solcher Genüge vorhanden, daß dies auch nicht nötig, ja wohl selbst wider den Zweck sein möchte.

Bei *Hibiscus Trionum* zählte Kölreuter 4863 Pollenkörner in einer Blume, von denen in der besten Jahreszeit 50 bis 60 zur Befruchtung hinreichten. Bei *Mirabilis Jalappa* betrug von sämtlichen 5 Antheren der Pollen 293 Körner, bei *M. longiflora* 321; in beiden Fällen aber waren zu einer vollkommenen Befruchtung 2 bis 3 Pollenkörner hinreichend.

Die Wirkung der Schwere findet man in folgender Weise in Anspruch genommen. Bei aufrechtstehenden Blumen ist das Pistill gewöhnlich so kurz, bei hängenden Blumen dagegen so lang im Verhältnis zu den Staubfäden, daß die Staubbeutel den Blumenstaub im einen wie im andern Falle von oben auf die (erforderlichenfalls etwas umgeschlagene) Narbe ausschütten müssen. Zwar ist es nicht überall so; doch befolgt die Natur gern dies Verhältnis. Recht schön zeigen u. a. die Aloearten, welche zu den Pflanzen gehören, wo das Pistill die Staubfäden überragt, die Benutzung dieses Mittels. Bei ihnen steht die Blume vor dem Aufblühen so wie nach dem Verblühen in die Höhe, hängt aber gerade zur Zeit der Befruchtung über. Ähnliches findet man auch bei *Asperifolien*, wie *Cerinthe, Borago, Symphytum, Onosma, Pulmonaria*, bei vielen *Liliazeen*, z. B. *Galanthus, Erythronium, Lilium, Hemerocallis, Fritillaria, Convallaria* u. a.

Dieselbe Bedeutung hat es, wenn, wie häufig bei einhäusigen Pflanzen, die männlichen Blumen an dem obern Ende der Ähre stehen, wie z. B. bei der Gattung *Arum*, oder die männlichen Ähren

(Kätzchen) sich oberhalb der weiblichen befinden, wie beim Seggen (*Carex*), Rohrkolben (*Typha*) u. a.

Daß der Wind am Befruchtungsgeschäft Anteil nimmt, wird man nicht bezweifeln, wenn man sich erinnert, wie er oft in ungeheurer Menge Blütenstaub fortführt, der sich bei plötzlichem Regen dann im sogenannten Schwefelregen niederschlägt. Bei vielen Pflanzen wird die Übertragung durch Wind oder Insekten noch dadurch erleichtert, daß die Blumen zu einem Blütenkopfe, einer Ähre oder Dolde nachbarlich zusammengestellt sind. So wird unterwegs nicht zu viel Blütenstaub verloren.

Blühende Kornfelder sieht man bei Sonnenaufgang, wenn ein gelinder Wind weht, in einen dünnen Nebel gehüllt, d. i. den Blütenstaub der aufgebrochenen Blumen, welcher, durch das Zusammenschlagen der Ähren aus seinen Behältnissen getrieben, diese Erscheinung verursacht. Auch wollen aufmerksame Landwirte wahrgenommen haben, daß das Getreide nicht reichlicher Frucht ansetzt, nicht vollere Körner bildet, als wenn zur Blütezeit ein lebhafter Wind weht. Kiefern, Taxbäume, Wachholder- und Haselsträucher, Pappeln, Weiden, wenn sie, mit stäubenden Kätzchen beladen, geschüttelt oder durch den Wind bewegt werden, erfüllen die Luft mit einer Staubwolke, welche der leiseste Wind fortführt. Besonders wichtig wird die Hilfe des Windes bei Monözisten und (noch mehr bei) Diözisten, bei deren ersteren erwähntermaßen die männlichen Teile von den weiblichen getrennt auf derselben Pflanze, bei letzteren gar auf verschiedenen Pflanzen sich befinden. In einem von *Treviranus* mit *Mercurialis perennis* angestellten Versuche bildete sich keine Frucht, wenn die weiblichen Individuen 220 Schritt von den männlichen entfernt und überdies durch Gebäude und Gebüsch von ihnen getrennt waren; hingegen erfolgte sie, wenn die Entfernung nur 30 Fuß betrug. (Ähnliches beobachtete Jussieu an zwei Pistazienbäumen.) In den Versuchen Von Spallanzani wurden sämtliche Ovarien der *Mercurialis annua* befruchtet, wenn die weibliche Pflanze sich dicht neben der männlichen befand, weniger, wenn sie etwas von ihr entfernt war, und gar nicht in beträchtlicher Entfernung (Treviranus, Phys. II. 391. 393).

Da sich der Wind als hilfreiches Element bei der Befruchtung erwiesen, ließ sich daran denken, ob nicht auch das Wasser von der

Natur dazu benutzt worden. Und in der Tat, obwohl die Anwendung des Wassers besondere Schwierigkeiten mitführt, wovon wir später sprechen werden, hat doch die Natur sie in einigen Fällen zu überwinden gewußt; und so sehen wir bei *Ambrosinia* den Regen der Befruchtung dienen, indem er, die Blütenscheide füllend, den unterhalb der Narbe erzeugten Blumenstaub zur rechten Höhe hebt; bei *Vallisneria* aber das Gewässer, worin die Pflanze wächst, die männlichen Organe den weiblichen zuführen. Man sieht, die Wirkung des Wassers ist von oben und von unten, in vertikaler und horizontaler Richtung in Anspruch genommen worden. Der Vorgang bei der *Vallisnerie* bietet auch sonst interessante Verhältnisse dar, welche es der Mühe wert ist, kennen zu lernen.

"Die Spatha von *Ambrosinia* ist kahnförmig gestaltet und schwimmt so auf dem Wasser. Durch den Kolben, dessen flügelförmige Anhänge mit der Spatha bis auf ein kleines Loch verwachsen sind, wird die Spatha in einen obern und untern Raum geteilt; im untern befinden sich ausschließlich die Antheren, im obern ein einziger Fruchtknoten. Der Pollen kann nun nicht anders zur Narbe gelangen, als daß Regen die untere und die halbe obere Kammer anfüllt, wodurch der schwimmende Pollen zum Niveau der Narbe gehoben wird und hier Schläuche treiben kann." (Schleiden, Grundz. II. 450.)

Die Vallisnerie ist eine in den Buchten und Kanälen des südlichen Europa wachsende Wasserpflanze mit getrenntem Geschlecht (Diözist), welche am Grunde der Gewässer lebt und mittelst zahlreicher Wurzeln an den Boden befestigt ist. Bei den weiblichen Individuen sitzt die Blumenknospe auf einem langen, in der Jugend schraubenförmig gewundenen Stiele, der sich aber nachmals streckt, so daß die Blume sich an der Oberfläche des Wassers entfalten, und so die Befruchtung über dem Wasser vor sich gehen kann. Nach der geschehenen Befruchtung verkürzt sich ihr Stiel wieder, indem er seine Schraubenwindungen von neuem aneinander legt. Hierdurch wird die junge Frucht auf den Grund des Wassers zurückgebracht und bringt den Samen daselbst zur Reife.

Das Verhalten der männlichen Pflanze bei der Befruchtung der Vallisneria ist früher etwas märchenhaft ausgeschmückt worden, und man findet solche Darstellungen selbst in neuern Schriften wiederholt. "Die Blumen der männlichen Pflanze, heißt es, werden, so lange sie wachsen, auf kurzen Stielen im Grunde des Wassers zurückgehalten; zur Zeit der Reife sondern sie sich aber selbst von ihren Stielen ab, schwimmen auf die Oberfläche des Wassers herauf, treiben auf ihr sich öffnend umher, und bestäuben die weiblichen Blüten, die sie daselbst treffen," (Autenrieths Ans. S. 254.) Es wird sogar behauptet, daß diese Absonderung der männlichen Blumen von den Stielen durch eine heftige Bewegung erfolge (Goethes Ges. Werke. Bd. 55. S. 129). Nach den neueren Untersuchungen des Kustoden am botanischen Garten zu Mantua, Paolo Barbieri, ist aber das wirkliche Verhalten folgendes: das männliche Individuum hat einen gerade ausstrebenden Schaft, welcher, sobald er die Oberfläche des Wassers erreicht, an seiner Spitze eine vierblätterige (vielleicht dreiblätterige) Blütenscheide bildet, worin die männlichen Befruchtungsorgane (Staubfäden) an einem kegelförmigen Kolben angeheftet sitzen. Indem Kolben und Befruchtungsorgane wachsen, wird die Scheide unzureichend sie zu umhüllen; sie teilt sich daher in vier Teile, und die Befruchtungsorgane, sich von dem Kolben zu tausenden ablösend, verbreiten sich schwimmend auf dem Wasser, anzusehen wie silberweiße Flocken, "welche sich nach dem weiblichen Individuum gleichsam bemühen und bestreben". Dieses aber steigt aus dem Grunde des Wassers, indem die Federkraft seines spiralen Stengels nachläßt, und eröffnet sodann auf der Oberfläche eine dreigeteilte Krone, worin man drei Narben bemerkt. Die auf dem Wasser schwimmenden Flocken streuen ihren Staminalstaub gegen jene Stigmen und befruchten sie; ist dieses geleistet, so zieht sich der Spiralstengel des Weibchens unter das Wasser zurück, wo nun die Samen, in einer zylindrischen Kapsel enthalten, zur endlichen Reife gelangen. (Goethes Ges. Werke. Bd. 55, S, 127.) Das Sichtliche "Bemühen und Bestreben" der männlichen Teile nach der weiblichen Blume hin möchte übrigens wohl auch nur in der Phantasie des Beobachters gelegen haben. Ich glaube nicht, daß man zu den natürlichen Lebensäußerungen der Pflanze noch etwas zuzudichten braucht, um Seelenäußerungen an ihr anzuerkennen.

Auch bei *Serpicula verticillata* L., einem in den Gewässern von Ostindien vorkommenden Pflänzchen mit getrennten Geschlechtern, lösen die männlichen Blüten, wenn sie dem Aufbrechen nahe sind, aus den geöffneten Blütenscheiden sich ab und schwimmen zu den weiblichen, wobei sie auf den Spitzen der zurückgeschlagenen Kelche und Kronenblätter ruhen. (Roxb. Corom. II. 34. t, 164.)

Ein selbsttätiges Mitwirken der Pflanze zum Befruchtungsgeschäft erfolgt teils mittelst einer besondern Weise, wie der Wachstumsprozeß vonstatten geht, teils mittelst freiwilliger Bewegungen der Befruchtungsorgane.

Bei manchen aufrechtstehenden Blumen, wo die Narbe auf langem Griffel so hoch über den (oft trägerlosen) Antheren steht, daß die Befruchtung unmöglich scheint, öffnen sich die Antheren schon, wenn die Blume noch Knospe, aber dem Aufbrechen nahe ist. Dann liegen die geöffneten Antheren unmittelbar an der völlig entwickelten Narbe. Erst nach dem Aufbrechen verlängert sich der Griffel. So bei *Proteazeen, Kampanulazeen,* vielen *Papilionazeen,* den hermaphroditischen Blümchen der Syngenesisten, bei *Nymphaea, Hypericum, Argemone, Papaver, Paeonia, Oenothera,Impatiens, Ocymum, Canna* usw. (Treviranus, Phys. II. 378.)

Bei anderen Pflanzen rücken die anfangs voneinander entfernten Befruchtungsorgane durch das Wachstum der Blütenteile allmählich so zusammen, daß die Befruchtung möglich wird.

Die freiwillige Bewegung der Befruchtungsorgane anlangend, so sind es am häufigsten die Staubfäden, welche sich zur Zeit der Befruchtung allmählich zum Pistill bewegen, auf die Narbe des Pistills ihren Blumenstaub ausschütten und dann in ihre Lage zurückkehren. In andern Fällen wandert das Pistill zu den Staubfäden; in noch andern suchen sich beide wechselseitig auf. (Vergl .darüber Treviranus,Biol. III. 349. V. 204. Treviranus, Physiol. d. Gewächse II. 379.)

Zur ersten Klasse, wo sich die Staubfäden nach dem Pistill hinbewegen, gehören: *Cactus opuntia, Fritillaria peraica, Hyoscyamusaureus, Polygonum Orientale, Tamarix gallica, Ruta graveolens* und *chalepensis, Zygophyllum Fabago, Sedum telephium* und *reflexum, Tropaeolum, Lilium superbum, Amaryllis formosissima, Pancratiummaritimum, Parnassia palustris, Geum urbanum, Agrimonia eupatoria,* verschiedene Arten des *Ranunculus* und der *Scrofularia, Rhus coriaria, Saxifraga tridactylites, Sax. muscoides, Sax. Aizoon, Sax. granulata, Sax.Cotyledon* usw. Zur zweiten Klasse, wo sich das Pistill zu den Staubfäden bewegt, gehören: *Nigella sativa, Sida americana, Passiflora, Candollea,*

Hypericum, Oenothera, Hibiscus, Turnera ulmifolia usw. Zur dritten, wo wechselseitiges Aufsuchen stattfindet: *Boerhavia diandra*, sämtliche Arten der *Malva, Lavatera, Althaea* und *Alcea* (Treviranus).

Die Staubfäden einiger Pflanzen beobachten bei ihrem Hinbewegen zum Pistill eine regelmäßige Folge: Bei *Lilium superbum, Amaryllisformosissima* und *Pancratium maritimum* nähern sich die Staubbeutel nacheinander der Narbe. Bei *Fritillaria persica* biegen sie sich wechselweise nach dem Griffel hin. Bei *Rhus coriaria* heben sich zwei oder drei Staubfäden zugleich hervor, beschreiben einen Viertelkreis und bringen ihre Staubbeutel ganz nahe an die Narbe. Bei *Saxifraga trydactylites, muscoides, Aizoon, granulata* und *Cotyledon* neigen sich zwei Staubfäden von entgegengesetzten Seiten über der Narbe gegeneinander, und breiten sich, nachdem sie ihren Staub ausgestreut haben, wieder aus, um anderen Platz machen. Bei *Parnassia palustris* bewegen sich die männlichen Teile zu den weiblichen in der nämlichen Ordnung, in welcher der Samenstaub reift, und zwar, wenn sie sich der Narbe nähern, schnell und auf einmal, wenn sie sich nach der Befruchtung von derselben wieder entfernen, in drei Absätzen. Bei *Tropaeolum* richtet sich von den anfänglich abwärts gebogenen Staubfäden bei völligem Aufblühen einer nach dem andern in die Höhe und beugt sich, nachdem die Anthere ihren Staub aus die Narbe hat fallen lassen, wieder hinab, um einer anderen Platz zu machen.

Zuletzt ist die Natur klüger als wir. "Welches immer die Schwierigkeiten bei der Befruchtung sein mögen (sagt Treviranus), die Natur, wenn sie nur in der Anwendung ihrer Mittel unbeschränkt ist, was z. B. von kultivierten Gewächsen nicht gilt, weiß solche zu überwinden, entweder indem sie eines derselben in Anwendung setzt, oder indem sie mehrere verbindet. Und so sehen wir oft den Blütenstaub, der sich durch seine Form und Farbe verrät, auf der Narbe, ohne das Mittel angeben zu können, wodurch die Natur ihn dahin gebracht hat"

"Link sah bei *Valeriana dioica* alle Narben mit Pollen bedeckt, der nur durch den Wind oder durch Insekten hergebracht sein konnte. Bei *Lilium Martagon* erlangen Staubfäden und Griffel erst nach dem Öffnen der Blume ihre Ausbildung und Reife. Die seitwärts gebogene Narbe ist dann von den Staubbeuteln entfernt, und dennoch," sagt Treviranus, "sah ich sie bei 12 Blumen, die nach und nach unter meinen Augen sich entwickelten, reichlich mit dem rötlichen Pollen bedeckt, ohne daß ich das Verfahren der Natur dabei hätte angeben können, indem ich niemals Insekten geschäftig sah, und die Pflanze durch ihren Stand vor dem Winde geschützt war. Ähnliche Beobachtungen finden sich bei Kölreuter und Sprengel."

Außer dem Hauptzweck, die Berührung des Blumenstaubes mit der Narbe zu vermitteln, finden sich auch Nebenrücksichten, welche bei der Befruchtung in Betracht kommen können, auf oft sehr merkwürdige Art durch besondre Einrichtungen im Bau und Lebensprozeß der Pflanzen befriedigt.

Der Blumenstaub oder Pollen besteht eigentlich aus kleinen, mit Flüssigkeit gefüllten Bläschen, welche, auf die Narbe des Pistills gelangend, zu einem langen fadenförmigen Schlauche auswachsen, der durch die Länge des Pistills durch bis in dessen Höhle (Fruchtknotenhöhle) hineinwächst und durch seinen flüssigen Inhalt die Samenknospe, die in jener Höhle innerlich ansitzt, befruchtet. Natürlich kann dies nicht erfolgen, wenn die Pollenbläschen schon vorher geplatzt sind und sich ihres flüssigen Inhalts entledigt haben. Die Gefahr dazu wird durch die Berührung mit Feuchtigkeit gegeben, indem die Pollenkörnchen geneigt sind, solche einzusaugen, davon anzuschwellen und zu platzen; und sowohl Tau und Regen, als insbesondere die natürliche Stellung vieler Wasserpflanzen bringen solche Gefahr mit sich. Hiergegen mag vielleicht der Pollen mancher Pflanzen durch einen wasserabhaltenden, wachsartigen Überzug geschützt sein; da wir ja in gewissen Fallen das Wasser selbst beim Befruchtungsgeschäfte haben hilfreich mitwirken sehen; allein dies ist höchstens eins der Mittel, die Gefahr zu beseitigen. In anderen Fällen kann die Gefahr gar nicht bis zum Pollen gelangen, indem sich die Blume auf eine geeignete Weise gegen das Wasser oder die Feuchtigkeit benimmt, oder ihr Wachstum demgemäß einrichtet.

So schließen viele Pflanzen ihre Blumenkrone, wenn es regnen will; viele tun es auch nachts, um dem Nachttau zu entgehen, andere beugen bei einbrechender Nacht die Blumenstielchen um, so daß die Mündung der Krone abwärts gekehrt ist. Das gemeine Springkraut (*Impatiens noli me tangere*) verbirgt gar nachts seine Blumen unter den Blättern. Bei vielen Blumen erfolgt die Befruchtung unter dem Schutze besonderer Decken, so beim Weinstock und den Rapunzelarten, den Schmetterlingsblumen, Lippenblumen, Katyptranthes-Arten[15] usw.; bei manchen Pflanzengattungen findet die Befruchtung schon in der noch nicht ausgebrochenen Blumenknospe statt, z. B. den Glockenblumen und Schmetterlingsblumen, oder geschieht im Augenblicke des Aufbrechens selbst, und dieses erfolgt nur bei trockner Witterung. Nicht selten auch macht die Veränderung der Lage der Blumen durch den Wind, der gemeiniglich den Regen begleitet, daß dieser nicht einzudringen vermag, wovon C. C. Sprengel im S. 165 angezeigten Buche eine anschauliche Vorstellung gegeben. Dringt dessen ungeachtet viele Feuchtigkeit zu den innern Blütenteilen, so schlägt die Befruchtung meist fehl; daher regnerischte Witterung von den Landwirten beim Blühen des Obstes und Korns so ungern gesehen wird.

Besonders interessant aber sind die Mittel, welche bei manchen Wasserpflanzen angewendet werden, um die Befruchtung bei Ausschluß des Wassers zu vollziehen.

Die Wassernuß, *Trapa natans L.*, keimt am Boden des Wassers und entwickelt sich in der Jugend unter diesem; sobald aber die Blütezeit herannaht, so schwillt der Blattstiel zu einer zelligen, mit Luft angefüllten Blase an. Diese blasenförmigen Blattstiele stehen zu einer Art Blattrose genähert nebeneinander und heben die Pflanze an die Oberfläche des Wassers; das Blühen findet an der Luft statt, und sowie die Blütezeit vorüber ist, füllen sich die Blasen (unter Aufsaugung der Luft) wieder mit Wasser und sinkt die Pflanze wieder auf den Grund des Wassers, woselbst, sie ihren Samen zur Reife bringt. (Decand. 11. 87.)

Die Utrikularia-Arten bieten eine noch zusammengesetztere Einrichtung dar. Die Wurzeln oder vielmehr die untergetauchten Blätter dieser Pflanzen sind außerordentlich stark verzweigt und mit einer Menge kleiner rundlicher Schläuche (*utriculi*) besetzt, die mit

---

[15] Beim Weinstocke und den Rapunzelarten (Phyteuma) bilden die mit ihren Spitzen verbundenen Blumenblätter diese Decke; bei den Schmetterlingsblumen (Leguminosae) bildet sie die Fahne (vexillum); bei den Labiaten (Labiatae) die Oberlippe der Blumenkrone, bei den Kalyptranthes-Arten der deckelförmige Kelch usw. (Decandolle, Phys. 11. S. 82.)

einer Art beweglichen Deckels versehen sind. Bei den jungen Utrikularien sind diese Schläuche mit einem Schleime angefüllt, der schwerer ist als das Wasser, und die Pflanze bleibt, durch diesen Ballast zurückgehalten, am Grunde des Wassers. Wenn nun die Blütezeit herannaht, sondert die Pflanze Luft ab, welche in die Schläuche hineindringt und den Schleim hinaustreibt, indem der Deckel aufgehoben wird; wenn die Pflanze auf diese Weise mit einer Menge von Blasen ausgerüstet ist, die mit Luft gefüllt sind, so hebt sie sich langsam empor und schwimmt zuletzt an der Oberfläche des Wassers, so daß das Blühen an der freien Luft vollzogen werden kann. Ist die Blütezeit abgelaufen, so fängt die Wurzel wieder an, Schleim abzusondern, und dieser nimmt in den Schläuchen die Stelle der Luft ein: hierdurch wird die Pflanze schwerer, sinkt auf den Boden des Wassers und bringt ihre Samen an der nämlichen Stelle zur Reife, an welcher dieselben wieder ausgestreut werden sollen. (Decand. II. 87.)

Bei andern Wasserpflanzen wird der Zweck einfacher dadurch erreicht, daß sie nicht eher blühen, als bis ihre Stengel die Oberfläche des Wassers erreicht haben; so z. B. die meisten Potamogeton - Arten, die Minzen (*Menthae*), Wasserseggen (*Carices aquaticae*), Igelsköpfe (*Sparganium*) u. a.

Sogar unter Wasser vermag bei manchen Pflanzen die Befruchtung doch geschützt gegen das Wasser vor sich zu gehen.

Das Meergras (*Zostera marina*) z. B. ist durch seine Wurzeln am Grunde des Meeres befestigt und kann sich nicht hinreichend verlängern, um an die Oberfläche des Wassers zu gelangen; dafür blüht es aber auch in einer Blattfalte (*duplicature de feuille*), die zwar seitlich offen ist, aber eine gewisse Menge von der Pflanze selbst ausgesonderter Luft zurückhält, so daß die in dieser Höhle mit den weiblichen Blumen eingeschlossenen männlichen Blumen unmittelbar nur von Luft, nicht von Wasser umgeben sind.

Am Wasserhahnenfuß (*Ranunculus aquaticus*), welcher zwar eigentlich an der Luft blüht, aber dessen Blüte bei hohem Wasser leicht der Gefahr ausgesetzt ist, untergetaucht zu werden, ist auch für diesen Fall Vorsorge getroffen. Ramond und Batard fanden in plötzlich anwachsenden Seen die Blumen dieser Pflanze durch das Steigen des Wassers untergetaucht, ohne Nachteil für die Befruchtung. Dies hängt daran, daß der Blumenstaub frühzeitig zu den Staubbeuteln heraustritt, während die Blume noch als geschlossene und kugelförmige, Luft enthaltende Knospe erscheint. August de St. Hilaire und Choulant haben am schwimmenden Wasserwegerich (*Alisma natans*) und am Knorpelkraute (*Illecebrumverticillatum*) ähnliche Erscheinungen wahrgenommen. (Decand. II. 84.)

Nicht weniger teleologisches Interesse als der Befruchtungsprozeß der Pflanzen bietet auch die Aussaat derselben dar, indem die Sorge der Natur, sich ihren Bestand an Pflanzenseelen fortgehends zu sichern, ebenso deutlich darin hervortritt; obschon die in dieser Beziehung getroffenen Maßregeln großenteils nicht so direkt mit Empfindungen der Pflanze selbst in Beziehung gesetzt werden können, als die, welche den Befruchtungsprozeß betreffen.

"Nicht berechneter", sagt Autenrieth (Ansichten von Natur- und Seelenleben S. 257), "kann die Sorge vieler Säugetiere und Vögel, die Jungen, sobald sie ihrer Hilfe nicht mehr bedürfen, von sich wegzutreiben, erscheinen, damit nicht, wenn alle an einem Orte versammelt blieben, die sparsame Nahrung zuletzt, an was das kultivierte Menschengeschlecht durch seine Schuld so oft leidet, für alle fehle, als die aufspringende Kapsel der europäischen gelben Balsamine, der *Impatiens noli me tangere L.*, berechnet zu sein scheint, mittelst welcher die Samen weit weggeschleudert werden, oder als die mechanische Form der Häkchen, womit manche Samen versehen sind, um an vorübergehende Tiere sich zu hängen und durch diese in die Entfernung getragen zu werden, oder die mannigfache Bildung der Federkronen vieler Samen, um vom Winde weggeführt und zerstreut werden zu können, jenen Zweck augenscheinlich haben."

Diese Bemerkung gewinnt an Interesse, wenn wir sehen, wie unter Umständen, wo das mögliche Gedeihen des Samens auf einen sehr bestimmten Standort beschränkt ist, auch Vorrichtungen vorkommen können, welche das Vertragen des Samens vielmehr hindern, und dahin wirken, daß derselbe gleich in der Nähe des Mutterstammes fixiert werde. Ein hierher gehöriges Beispiel gewährt der Manglebaum.

Der Manglebaum, *Rizophora L.*, wächst an den Mündungen der Flüsse des heißen Erdstrichs und an flachen Meeresufern, aber nur im Schlamme und so weit, als abwechselnd derselbe mit der Flut durch Salzwasser überdeckt wird. Die Samen könnten weder tiefer in das Meer hinaus, noch weiter landeinwärts gedeihen; so werden sie nun schon durch ihr Wachstum dafür eingerichtet, sogleich da festen Fuß zu fassen, wo sie vom Mutterbaume abfallen, mithin auch ebenso günstigen Boden, als für diesen stattfindet, erwarten können. Auf dem Fruchtboden der Blüte dieses Baumes erzeugt sich nämlich allmählich ein fleischiges hohles Gewächs, ein dem Samen gleichsam ins Freie hinaushaltendes Grundstück, auf welchem dieser nach und nach mit Hilfe eines Stieles weiter hervortritt. Der fast zylindrische, zuletzt ungefähr 1½ Zoll lange Stiel entfernt den Samen immer mehr von diesem Grundstücke. Der Same selbst ist länglichrund und zuletzt 10 Zoll lang, gegen sein freies Ende hin immer dicker und schwerer, endigt sich aber daselbst mit einer pfriemenförmigen Spitze. Reif hängt er senkrecht vom Baume herab; zugleich aber wird seine Verbindung mit dem Stiele immer lockerer, und zuletzt fällt er von diesem ab. Durch seine Schwere dringt er nun mit Hilfe seiner pfriemenförmigen Spitze bis ein Zoll tief von selbst in den sumpfigen Boden ein und bleibt aufrecht in demselben stecken. Er hatte aber beinahe ein ganzes Jahr zu seiner Ausbildung am Baume gebraucht, innerhalb seiner Hülle gekeimt und eine bedeutende Wurzel bereits entwickelt. Er kann also fast sogleich sich auch festhalten. Jacquin sah solche Samen selbst 3 bis 4 Fuß tief durch Wasser auf den Boden desselben fallen und in diesem dann noch aufrecht stehen, und er fand in solcher Tiefe welche, die eingewurzelt wieder zu Bäumchen aufgeschossen waren. (Dict. des sc. nat. T. XIV. art. Rizophora, 387.)

Nach Schüblers Bemerkung sind die Samenkörner von Wasserpflanzen gewöhnlich schwerer als das Wasser, kommen also, indem sie aus dem Gehäuse fallen, unmittelbar auf den Boden, wo sie keimen können, während die Samen der meisten hohen Bäume leichter sind, also, wenn sie auf Wasserflächen fallen, schwimmen und durch Wind und Strömung dem benachbarten Ufer zugeführt werden. (Kastners Arch. X. 426.)

Das Getreide wächst sicherer mit Erde bedeckt als bloß auf die Oberfläche gestreut. In Rücksicht hierauf gab die Natur den Samen des wilden oder Flughabers (*Avena fatua* L.) folgende Vorrichtung. Die Grannen desselben sind in der Mitte gleichsam unter einem Winkel eingeknickt, halb wie ein Strick gedreht, halb gerade. Ist der

Same völlig reif und trocken geworden, so ist der untere Teil dieser Granne sehr hygroskopisch. Benetzt dreht er sich auf, und abwechselnd steht dadurch das Samenkorn auf der Spitze seines unteren Endes und der der Granne, um hierauf wieder sich mehr zu legen, weil die letztere durch ihre Aufdrehung sich wieder gerade streckt. So macht das Korn notwendig einen Schritt nach dem andern weiter, weil die Richtung der Härchen am Korn und der feinen Stacheln an der Granne ein Fortschieben immer nur nach einer Richtung, gegen das nicht mit der Granne versehene Ende hin, gestattet, aber nicht ein Rückwärtsgehen. Bei abwechselndem Regen und Wiedereintreten von Trockenheit kriecht auf diese Art der Flughaber auf den Ackern herum, bis er unter eine Stoppel oder Erdscholle gelangt, wo er nicht weiter kommen kann, aber nun auch durch dies Hindernis zum Keimen bedeckt ist. (Pflanzensystem von Linné XII. 43.)

Man vergesse nicht, daß alles, was hier mitgeteilt ist, nur einzelne Beispiele aus einzelnen Gebieten des Pflanzenlebens sind, wo das Walten des Zweckprinzips gerade für unsere Auffassungsweise besonders frappant erscheint. Wollten und könnten wir das Pflanzenleben allseitig und nach allen seinen Einzelheiten verfolgen, würden wir unstreitig dasselbe zweckmäßige Walten überall entdecken und die Zusammenstimmung aller Zweckrücksichten noch viel wunderbarer finden, als uns irgendwelche Einzelheiten für sich erscheinen können.

XII. Stellung der Pflanze zum Tiere.

Man wendet ein: die Seele könne nicht aus dem Tierreiche in das Pflanzenreich hinabreichen, weil man sie schon im Absteigen vom Tierreiche zum Pflanzenreiche allmählich erlöschen und in der Nähe des letzteren ganz zweideutig werden sehe. Das Pflanzenreich stehe im ganzen tiefer als das Tierreich; haben aber schon die niedrigsten Tiere nichts Erhebliches mehr von Seele, so bleibe für die noch niedriger stehenden Pflanzen nichts anders übrig als eben nichts.

Polypen z. B. sind schon halb pflanzenartiger Natur. Sie sitzen, wenigstens zumeist, mit einem Stiele fest am Boden, treiben Zweige, Sprossen, manche scheinbar Blüten usw. Wie dunkel und unvollkommen sind aber auch schon bei ihnen die Zeichen der Beseelung! Kann man nun diesen noch so beweglichen, weichen Tieren höchstens einen dunkeln, trüben Rest von Seele beilegen, wie soll den ganz starren steifen Pflanzen überhaupt noch etwas davon zukommen, die, sozusagen, nur verholzte Polypen sind. Unter den niederen Geschöpfen gibt es ziemlich viele, bei denen man sich noch heute streitet, ob sie zu den Tieren oder Pflanzen zu zählen[16] ;

---

[16] Zu diesen Geschöpfen gehören unter andern die Bolvocinen, Klosterinen, Bazillarien, welche Ehrenberg unter den Infusorien aufführt und beschreibt, während sie v. Siebold (Vergl. Anat. I. 7.) in das Pflanzenreich verweist, Eckhard aber (Wiegm. Arch. 1846. H. 3.) aufs neue den Infusorien zuweist. Insbesondere über die Bazillarien (respektive Diatomeen, Desmidiaceen) ist viel Streit und Schwanken. Siebold, Kützing, Link, Mohl, Unger, Morren, Dujardin, Meyen halten sie für pflanzlich, Ehrenberg, Eckhard, Focke, Corda für tierisch. (Wiegm. Arch. 1837. II. 24. 1843. II. 372.) auch die Klosterinen werden von Meyen, Morren, Dujardin u. a. für pflanzlich erklärt. Ebenso widersprechen sich die Ansichten der Naturforscher über die tierische oder pflanzliche Natur der färbenden Materie des roten Schnees mehrfach (nach Unger und Ehrenberg z. B. pflanzlich, (nach Boigt und Meyen tierisch). Die Oszillatorien werden von Ehrenberg, Meyen u. a. zu den Algen, von Unger zu den Tieren gerechnet. Zu letzterem neigt auch Schleiden. Verschiedene Geschöpfe, welche wegen ihres Kalkgehaltes zu den Polypen gerechnet worden sind, nämlich Corallina, und die damit verwandten Galaxaura, Halimedea, Udotea, Acetabulum, Melobesia, Jania usw. hat Kützing (Anat. d. Tange S. 8) als Tange aufgeführt, und es dabei unentschieden gelassen, ob die Spongien tierischer oder pflanzlicher Natur sind. In betreff der Spongien und Spongillen wird auch sonst vielfach geschwankt. Die

und dieser Streit fällt mit dem zusammen, ob Zeichen der Seele bei ihnen zu finden oder nicht; so zweideutig werden diese Zeichen hier. Wenn nun schon Zweifel, ob Seele, wo die Entscheidung zwischen Tier und Pflanze noch schwankt, kein Zweifel mehr, daß keine Seele, wo die volle Entscheidung zur Pflanze erfolgt ist.

Inzwischen kommt es bloß darauf an, dies Argument triftig zu fassen, so wendet es sich ganz auf die entgegengesetzte Seite.

Was gibt uns zuvörderst ein Recht, in den Polypen, Infusorien u. a. sogenannten unvollkommeneren, im Grunde aber nur einfacheren Tieren bloß zweifelhafte Spuren von Seele zu finden? Statt der Zeichen eines dunkeln, trüben Rests von Seele kann ich nur die Zeichen eines einfachen und sinnlichen Spiels derselben bei ihnen finden. Die große Empfänglichkeit dieser niederen Tiere für verschiedene Reize, die deutliche Unterscheidungsgabe, welche sie dafür besitzen, die Lebhaftigkeit und Entschiedenheit ihrer Bewegungen, die bestimmte Richtung, welche sie denselben auf bestimmte Zwecke geben, der dabei wahrzunehmende Charakter der Willkür, das entschiedene Widerstreben, mit dem sie Eingriffen in ihre natürlichen Lebensverhältnisse begegnen, der Kampf, in den sie untereinander selbst geraten, dies alles spricht ganz gegen ein unentschiedenes, stumpfes, im unbewußten Naturleben noch halb aufgehendes Seelenleben derselben.

Sehen wir die Lebenserscheinungen der Polypen nur näher an, und es dürfte sich zeigen, daß die scheinbare Undeutlichkeit ihrer Seele in der Tat bloß an der wirklichen Undeutlichkeit ihrer Betrachtung hängt.

Wird ein ausgestreckter Armpolyp (Hydra) berührt, oder das Wasser, in dem er sich befindet, erschüttert, so zieht er sich plötzlich zu einem kleinen Klümpchen zusammen; gewiß ein Zeichen lebhafter Empfindlichkeit. Er geht dem Lichte nach, und stellt man

---

Spongillen insbesondere werden von Dujardin und von Laurent (Wiegm. Arch. 1839. II. 197. 1841. II. 411.) für Tiere, von Johnston und von Hogg (ebendas. 1839. II: 197. 1841. II. 409. 1843. II. 363.) für Pflanzen erklärt. Die Milliporen werden von Link und Blainville für anorganische Absätze von kohlensaurem Kalk angesehen, demnach in das Mineralreich verwiesen, von Ehrenberg und Lamarck für Zoophyten, von Rapp und Philippi für Pflanzen erklärt. (Wiegm. Arch. 1837. I. 387.)

ein Glas mit mehreren Polypen hin, so findet man nach einiger Zeit alle an der Lichtseite hängen. Der Polyp hat also mehrerlei Sinnesempfindungen. Er ist ungeheuer gefräßig, hascht begierig mit seinen Fangarmen umher nach Beute, und zwei Polypen streiten sich öfters um selbige. Das sind doch Zeichen lebhafter Begierden. Er wählt und unterscheidet sehr bestimmt zwischen seiner Kost, indem er bloß tierische Kost genießt, Pflanzenkost zurückweist; auch unter der tierischen Kost macht er Unterschiede, indem er namentlich Polypen der eigenen Art gar nicht ergreift, auch wenn man ihn hungern und diese auf seine ausgebreiteten Arme fallen läßt, während er Tierchen, die er gern frißt, bei der ersten Berührung ergreift. Hier zeigt sich deutliche Unterscheidungsgabe (Trembley).

Was hat man nach allem im Polypen anders als ein Wesen von recht ausgebildeter Sinnlichkeit, wenn auch vielleicht nichts weiter? Das ganze Seelenspiel desselben dreht sich um Befriedigung dieser Sinnlichkeit auf kürzestmöglichem Wege. Aber sinnliche Empfindungen und Begierden können die allerheftigsten und entschiedensten sein, und die Einfachheit des Spiels, in dem sie begriffen sind, begünstigt eher ihre Stärke und Entschiedenheit. Man blicke nur auf die einfachsten und rohsten Menschen. Haben sie weniger heftige und entschiedene Begierden als die gesittetsten und gebildetsten? Dunkel kann man freilich ein solches Seelenleben insofern nennen, als das höhere Licht der Vernunft fehlt. Aber das Licht der Sinnlichkeit kann in seiner Art so hell brennen wie das höhere Licht der Vernunft, wie Fett so hell wie Äther brennt; und ein niedrig stehendes Licht erleuchtet den kleinen Raum, über den es reicht, nur um so greller.

Was von Polypen gilt, gilt auch von Infusorien, so weit wir, bei ihrer Kleinheit, die Lebensart derselben verfolgen können. Sie zeigen zum Teil die lebhaftesten Bewegungen mit allen Charakteren tierischer Willkür; und wenn nicht alle so regsam sind, so gibt es ja auch Faultiere unter den höheren Tierklassen, und kann man, wie früher erörtert, überhaupt in der Lebhaftigkeit äußerer Bewegungen nicht den einzigen Maßstab für die Lebhaftigkeit innerer Empfindungen suchen.

Unstreitig, ja bis zu gewissen Grenzen leicht verfolgbar, hängt das einfachere und sinnlichere Seelenleben dieser niederen Wesen mit ihrer einfacheren körperlichen Organisation zusammen. Die Natur hat vom Menschen bis zu den niedersten Tieren eine große Skala in dieser Beziehung durchlaufen; aber es ist eben keine Skala der Stärke und Deutlichkeit, sondern der Verwickelung, Höhe und Bedeutung des Seelenlebens, die hiermit durchlaufen wird. Beides sollte man nicht verwechseln, wie es doch im obigen Argumente geschieht.

In gewisser Weise (nur recht verstanden) lassen sich die Organismen als Maschinen fassen, welche aber, ungleich unseren künstlichen Maschinen, die Kraft zu ihrem Umtriebe in sich selbst erzeugen, und die Erzeugung wie Verwendung mit Bewußtsein begleiten, mit Gefühl durchdringen, indem sie, statt zum mittelbaren Dienste einer ihnen äußern Seele, zum unmittelbaren Dienste einer inneren bestimmt sind. Im übrigen zeigen sie ähnliche Verhältnisse größerer oder geringerer Komplikation wie unsere Maschinen, und, je nachdem es der Fall, genügen sie ebenso komplizierteren oder nur einfacheren Zwecken. Nun malt die einfachste Kaffeemühle ihren Kaffee doch noch so gut, wie die Schnellpresse ihr kompliziertes Druckgeschäft verrichtet. Und ich denke, wenn jede unserer Maschinen das, was ihr obliegt, durch eigene Kraft und mit eigenem Bewußtsein vollführte, würde auch die Kaffeemühle ihr Geschäft noch so gut damit beherrschen, mit Gefühl durchdringen wie die Schnellpresse. Nicht die Entschiedenheit oder Intension, nur, was man Höhe des Bewußtseins nennt, würde geringer sein; sofern der einfachere Zweck auch eine geringere Überschauung fordert. Wie wir es uns nun hier am besten denken können, wird es unstreitig wirklich bei den Organismen sein. An der zunehmenden Komplikation der Organisation wird auch eine zunehmende Höhe aber nicht Stärke und Entschiedenheit des Bewußtseins hängen. Es treten in der verwickelteren Organisation Beziehungen zu Beziehungen hinzu, und höhere Beziehungen über niederen auf, die in der einfacheren Organisation fehlen, und weil sie fehlen, fehlt auch das Bewußtsein dazu. Aber das Bewußtsein der einfachsten und untersten Beziehungen kann so wach, kräftig, lebendig, entschieden sein wie das der obersten, ja leicht entschiedener und lebendiger; weil jede Komplikation Kraft verzehrt, und wo sie für das Organische schwindet, wird sie zugleich für das psychische schwinden.

Gesetzt also, die Pflanzen wären wirklich noch einfacher organisiert als Polypen und Infusorien, so würde darin noch kein bindender Grund liegen, ihre Seele für weniger wach und lebendig zu halten als die dieser Tiere selbst, die sich wach und lebendig genug zeigt. Es bewiese nur für eine noch einfachere und niedrigere Art ihres Seelenlebens.

Nun kann aber nicht einmal zugegeben werden, daß die ausgebildetsten Pflanzen einfacher organisiert sind als die einfachsten Tiere, mithin das Pflanzenreich in diesem Betracht ganz und gar unter dem Tierreiche stehe, wenn gleich, im ganzen und großen betrachtet, dies Verhältnis zwischen beiden Reichen richtig bleibt, sofern nirgends im Pflanzenreiche die Organisation bis zu einer solchen Verwicklung gediehen ist wie in den höheren Klassen des Tierreiches. Jedenfalls aber erhebt sich das Pflanzenreich wie das Tierreich von dem zweideutigen Zwischenreiche, wo man nicht recht weiß, ob Tier, ob Pflanze, wieder zu größeren Verwicklungen, und dies kann also nicht anders als den Schluß begründen, daß die mit der organischen Verwicklung zunehmende Entwickelung der Seelentätigkeit, anstatt vom Zwischenreiche aus durch das Pflanzenreich noch weiter zu sinken, vielmehr durch dasselbe, wenn auch nach anderer Richtung, wieder aufsteigt.

Dem kommt folgende Betrachtung zu Hilfe: Nach unzweifelhaften Resultaten der Geologie über die fossile Welt waren Würmer und Schaltiere auf der Welt eher da als Amphibien, diese eher als Vögel und Säugetiere, diese eher als der Mensch, kurz, es ging, im ganzen und großen betrachtet, die Schöpfung jeder niedriger gestellten Tierklasse der jeder höhern voran, und zwar wohl um viele tausend Jahre. Innerhalb des Pflanzenreichs zeigt sich im ganzen und großen ein ähnlicher Fortschritt der Schöpfung von niederen zu höher gestellten Organisationen. Sollte also das Pflanzenreich schlechthin unter dem Tierreiche stehen, so würde man notwendig voraussetzen müssen, daß auch das Pflanzenreich, im ganzen und großen betrachtet, vor dem Tierreiche entstanden. Nichts aber ist gewisser, als daß dies nicht der Fall; vielmehr vereinigen sich alle Resultate der Geologie dahin, daß das Pflanzenreich jedenfalls nicht vor dem Tierreiche da war; eher könnte man zweifeln, ob es nicht vielleicht später entstanden. Das Wahrscheinlichste aber bleibt ihre gleichzeitige Entstehung. Die niedrigsten Pflanzen bildeten mit den niedrigsten Tieren den gemeinschaftlichen Ausgangspunkt der organischen Schöpfung, und von da erhob sich dieselbe in beiden Reichen zugleich. Mochte sie es nun im Tierreich, wenn wir die Höhe immer nach der inneren Komplikation messen, im ganzen höher bringen; aber die höchste Höhe, zu der sie es im Pflanzenreiche brachte, ist doch bei weitem höher als die unterste im Tierreiche. Und wenn das Pflanzenreich an Höhe der Entwickelung im ganzen in Rückstand geblieben, so hat es dagegen an Reichtum äußerer Entwickelung im ganzen den Vorrang gewonnen.

Stellt man die Pflanzen als starre, steife Körper den Weichen, beweglichen Polypen gegenüber, so klingt das freilich sehr zu ihrem Nachteil; aber man kann es und hat es mit größerem Rechte anders zu stellen. Die Polypen (insbesondere Hydren) sind weiche, fast gleichförmig erscheinende Massen, in denen nur eine sorgfältige Zergliederung mühsam einige Sonderung organischer Elemente erkennt, die höheren Pflanzen aufs feinste und deutlichste in Zellen und Röhren von verschiedenster Form und Funktion gegliedert, mit strömenden Säften durchdrungen, und treiben so lebendig Blätter und Wurzeln nach Nahrung, als der Polyp Arme danach ausstreckt, nur viel breiter und weiter. — Muß es nicht ohnehin jedem gleich von vornherein als eine Absurdität erscheinen, wenn der Affenbrotbaum mit seinem mehrtausendjährigen Alter, seinem ungeheuern Wachstum in Stamm und Zweigen, und der ebenso reichen äußeren Fülle als sorgsamen inneren Ausarbeitung seiner Teile auf der Stufenleiter der Geschöpfe tiefer stehen soll als der jämmerlich kleine, roh aus dem Rohen geformte Polyp oder die noch winzigeren, so einfach organisierten Infusionstierchen, die nach kurzer Frist wieder zu dem Schleime zerflossen sind, aus dem sie nur eben aufgebaut schienen? — Mag auch das kleinste Infusionstierchen noch einen Darm haben und der größte Baum keinen; aber hat nicht schon jede Röhre im Baume, welche den Saft von unten nach oben führt, gewissermaßen die Bedeutung eines solchen Darmes? Der Affenbrotbaum ist ein ungeheures Orgelwerk, indes das Infusionstierchen ein kleinstes Pfeifchen. Und so unsäglich mehr Aufwand an Masse, Kraft und Organisation sollte die Natur für ein seelenloses als für ein beseeltes Wesen gemacht haben? Wie kommt man da mit einer vernünftigen Teleologie zurecht? Oder wird man auch hier sagen: der Affenbrotbaum ist doch für die Affen nütze? Es wäre ebenso, als wollte man sagen, die Peterskirche ist für die Tauben nütze, die darauf sitzen. Ich denke, hierüber ist in früheren Abschnitten schon genug gesagt.

Im Grunde ist man schon längst davon zurückgekommen, die organischen Geschöpfe nach dem reinen Schema einer Treppe ordnen zu wollen; es geht nicht im Tierreiche für sich, es geht nicht im Pflanzenreiche für sich; es geht aber auch ebensowenig in der Stellung des Pflanzen- und Tierreichs zueinander. Der Begriff der Höhe eines organischen Wesens, in Verhältnis zu einem anderen, ist überhaupt ein ziemlich unbestimmter und vieldeutiger, und es dürfte sich zwar finden, daß nach den meisten Beziehungen, nach welchen man die Höhe eines Geschöpfes über dem anderen messen mag, die Tiere durchschnittlich über den Pflanzen stehen, aber weder wird es noch allen Beziehungen, noch wird es so zwischen allen Tieren und Pflanzen gelten. Die ganze Betrachtung, daß die Pflanzen deshalb noch weniger Anspruch auf Seele haben als selbst die tiefstehenden Tiere, weil sie sogar noch tiefer als diese stehen, verliert hiermit von vornherein ihr ganzes Fundament. Sicher werden sie in gewisser Beziehung noch tiefer stehen, aber in anderer Beziehung unstreitig wieder viel höher: ja man kann wohl behaupten, daß jedes organische Wesen in einer gewissen Beziehung höher als jedes andere steht. Der Gesichtspunkt seiner Bildung war eben der, eine gewisse Art des Zweckes mit dieser Art Einrichtung am vollkommensten und direktesten erreichen zu lassen; nun aber werden die Triebe und Empfindungen dieses Wesens auch am vollkommensten und direktesten auf den Bezug zu diesem Zwecke, auf das Bedürfnis seiner Erfüllung, das Leid bei seinem Verfehlen, die Lust bei seinem Erreichen, eingerichtet sein müssen, sonst wäre das ganze Zweckspiel ein blindes und taubes. — Aus diesem Gesichtspunkte, der für unseren Gegenstand gerade der wichtigste ist, läßt sich eigentlich gar keine allgemeine Stufenreihe der Wesen aufstellen, oder läßt sich jedes Wesen an die Spitze einer besonderen Stufenreihe stellen, worin eben sein besonderer Zweck zum Hauptaugenpunkt genommen ist. Nun kann man freilich zwischen der Höhe oder dem Wert der Zwecke selbst unterscheiden; aber auch dies wieder nach verschiedenen Gesichtspunkten. Zuletzt kann man versuchen, um doch etwas Durchgreifendes zu haben, eine Stufenreihe nach der Unterordnung des Allgemeinen über das Besondere der Zwecke aufzustellen, und dies fällt mit dem oben angewandten und der gewöhnlichen Anordnung zugrunde liegenden Gesichtspunkt der größeren oder geringeren Verwicklung der Organisation wohl ungefähr zusammen. Es kann Geschöpfe geben, die, durch verknüpfte Berücksichtigung vieler Zwecke, zugleich einem allgemeineren, diesem übergeordneten Zwecke zu genügen imstande sind, wobei inzwischen die selbständige und unmittelbare Erfüllung jedes einzelnen Zwecks durch die Mitberücksichtigung der übrigen eine Beschränkung erleiden muß. Jm ganzen mögen solche Geschöpfe nun wohl vollkommener, in betreff des einzelnen aber eben darum um so unvollkommener heißen als die Wesen, die bloß oder vorzugsweise den einzelnen Zwecken zu genügen haben. Das beste Beispiel gibt gleich der Mensch, bei dem es sicher auf die verknüpfte Erfüllung möglichst vieler Zwecke zugleich abgesehen ist, und diese auch im ganzen am besten erzielt werden. Dagegen hat er nicht so schnelle Beine, nicht so scharfe Augen, nicht so festhaltende Krallen wie viele Tiere, nur die Kombination von all diesem ist so günstig, daß er mit den schwächern Einzelheiten doch im ganzen und mittelbar mehr leistet als die Tiere, denen er im einzelnen und unmittelbar nachsteht. Freilich auch hauptsächlich mittelst seines Verstandes; aber die psychische Organisation hängt überall mit der physischen zusammen. Das gibt kein anderes Prinzip.

Inzwischen lassen sich auch hiernach nicht alle Wesen nach einer Reihenfolge über- und untereinander stellen, da viele Zweckgebiete sich koordinieren, andere ineinander eingreifen, und die Ausführlichkeit in Erfüllung eines Zweckes nach allen seinen Momenten leicht eine allgemeinere Bedeutung gewinnen kann als die, sozusagen, nur ganz skizzenhafte Erfüllung mehrerer Zwecke. So bleibt nach allem der einfache Begriff der Höhenabstufung unadäquat, das komplexe Verhältnis, in dem die Organismen zueinander stehen, zu repräsentieren. Und wie man sich auch dieses Begriffs zur Anordnung derselben zu bedienen versuchen will, die Pflanzen werden sich nicht ganz nett unter die Tiere setzen lassen; und selbst wenn es der Fall, wird doch nur eine niedrigere sinnliche, nicht aber keine Seele sich ihnen deshalb zusprechen lassen.

Natürlich muß, wenn der Unterschied der Beseelung zwischen Tier und Pflanze wegfällt, auch der über viele Geschöpfe des Zwischenreichs geführte Streit, was man davon eigentlich Tier und

Pflanze zu rechnen habe, eine neue Wendung gewinnen, oder eine Wendung, die er früher öfter genommen, verlieren. Bisher ward häufig die Seele (Willkür, Empfindung) selbst als Unterscheidungsmerkmal zwischen Tier und Pflanze in Rechnung gezogen, ohne freilich über das Dasein oder Nichtdasein der Seele anders entscheiden zu können als nach äußeren Zeichen, deren Triftigkeit selbst erst an der Voraussetzung hing, daß bloß die Tiere beseelt sind. Sind aber die Pflanzen so gut beseelt als die Tiere, so fällt eine solche Unterscheidung überhaupt weg.

Es wird nun aber auch kein so großes Interesse mehr obwalten können, zwischen Tier- und Pflanzenreich eine strenge Scheidewand festhalten und zweifelhafte Geschöpfe durchaus diesseits oder jenseits dieser Scheidewand stellen zu wollen, als bisher der Fall. Die subjektive Leidenschaftlichkeit, welche der Streit, ob Tier ob Pflanze, oft gewonnen hat, hing unstreitig selbst nur an der Voraussetzung, es handle sich dabei zugleich um Dasein oder Nichtdasein eines objektiven Quells von Leidenschaft. Schwindet diese Voraussetzung, so bleibt bloß das äußerlichere Interesse übrig, für den Klassifikations-Unterschied von Tier und Pflanze ihren leiblichen Verhältnissen nach feste Gesichtspunkte zu gewinnen; in welcher Beziehung man sich doch von vornherein übertriebener Ansprüche begeben sollte, wenn man sich der Unsicherheit aller Klassifikations-Prinzipe schon innerhalb jedes beider organischen Gebiete für sich erinnert und keinen Grund mehr sieht, warum diese Unsicherheit nicht auch von einem Gebiete aufs andere übergreifen sollte. In der Tat aber ist hierzu aller Grund weggefallen, sowie man den Pflanzen wie den Tieren Seelen zugesteht. Denn solange dies nicht der Fall, konnte man freilich glauben, der Unterschied zwischen Beseelung und Nichtbeseelung müsse sich auch in einem entsprechenden schlagenden Unterschiede auf leiblichem Gebiete aussprechen, der keine Brücke gestatte.

Meines Erachtens wird es bis zu gewissen Grenzen immer willkürlich bleiben, was und wie viel man von den Geschöpfen des Zwischenreiches auf die eine oder die andere Seite legen will. Die wenigste Willkür wird dann stattfinden, wenn der Naturforscher von den Begriffen Tier und Pflanze ausgeht, wie sie sich im lebendigen Sprachgebrauche gebildet haben, und nur dessen Unbestimmtheit zu fixieren sucht; denn sonst wäre ja alles Willkür dabei;

aber eben hiermit zeigt sich, daß er doch zuletzt der Willkür nicht entgeht. Denn im Leben haben sich jene Begriffe nach einem Komplexe gewöhnlich zusammen vorkommender Merkmale ohne strenge Abgrenzung dieses Komplexes und Entscheidung über ein Hauptmerkmal gestaltet, wobei hauptsächlich die höheren Tiere und Pflanzen ins Auge gefaßt worden. Wenn aber, wie es faktisch der Fall, die Merkmale dieser Komplexe im Zwischenreiche und schon in der Annäherung dazu teils auseinanderzufallen, teils sich zu mischen und ineinander überzugreifen beginnen, so liegt die Entscheidung, welches Merkmal oder welcher engere Komplex von Merkmalen noch den letzten Ausschlag für die Wahl des Namens und die Stellung diesseits oder jenseits der verlangten Scheidewand zwischen Tier und Pflanze geben soll, eben nicht mehr in der Natur der Sache oder dem Gebrauche der Sprache, sondern rein in dem subjektiven Ermessen des Naturforschers, oder der Richtung, die er seinem Klassifikations-Prinzip willkürlich geben wollte, und die doch für andere nicht wird bindend sein können. Und was er auch als Hauptunterscheidungsmerkmal wählen will, oder welchen Komplex von Merkmalen er wählen will, und wie schlagend die Unterscheidung danach bei Gegeneinanderstellung der höheren Stufen der Pflanze und des Tieres erscheinen mag, es werden dennoch im Grenzreiche immer zweideutige und zweifelhafte Fälle eintreten, wo selbst das einzelne Merkmal irgendwie schwankend zu werden anfängt.

Zwei Hauptunterscheidungsmerkmale scheinen sich hauptsächlich zu empfehlen und sind auch wohl am häufigsten in Anwendung gezogen worden, deren eins sich auf den Bau, das andere auf die Lebensäußerungen bezieht. Nach ersterem erklärt man ein Geschöpf für Tier oder Pflanze, je nachdem es seine Nahrung mehr durch innere oder eingestülpte Flächen (Darmkanal, Magen, wozu ein Mund gehört) oder äußere ausgestülpte Flächen (Blätter, Wurzelfasern u. dergl.) in die Substanz des Körpers aufnimmt; nach dem anderen, je nachdem sein Leben nach außen sich mehr durch frei scheinende Lokomotion des Ganzen oder der Teile, oder durch bloßes Wachstum ausspricht. In der Tat scheidet sich das Pflanzen- und Tierreich in seinen höheren Stufen durch die Verbindung beider Merkmale sehr bestimmt; doch haben beide Merkmale ihrem Begriffe und der Natur des Organismus nach nichts absolut Scheidendes, wie sich auch im Zwischenreiche hinreichend zeigt, weil Einstülpung mit Ausstülpung, Lokomotion mit Wachstum sich in demselben Organismus teils kombinieren, teils in der Zeit so wechseln können, daß man nicht immer wohl sagen kann, was als überwiegend charakteristisch in Betracht zu ziehen sei; auch hängt das Merkmal, das vom Bau hergenommen ist, nicht so wesentlich mit dem von den Lebensäußerungen hergenommenen zusammen, daß immer beide in Verbindung vorkämen.

Die Unmöglichkeit, bei Beschränkung auf diese beiden Merkmale zu scharfer Unterscheidung zu gelangen, hat dann andere zu Hilfe nehmen lassen: ob sich bei den Bewegungen "die äußeren Körperumrisse durch willkürliche Kontraktion und Expansion des Körperparenchyms ändern" (Siebold); ob Wimpern, ob Füße als Bewegungsorgane erscheinen; wie die Vermehrung erfolgt; ob dieser oder jener chemische Umstand vorhanden ist. — Aber was von den vorigen Merkmalen, gilt von diesen nicht minder. Keines dieser Merkmale hat bis jetzt dem Zwecke scharfer Unterscheidung von Tier und Pflanze völlig genügt. Und dieser Umstand, daß es unmöglich fällt, Pflanzen- und Tierreich nach leiblichen Merkmalen scharf zu scheiden, kann nun selbst rückwärts als ein Argument gelten, daß auch in betreff des Psychischen keine Scheidewand zwischen beiden bestehe.

Der Mangel eines Magens und einer der tierischen ähnlichen inneren Organisation überhaupt, bei frei erscheinender Lokomotion des Ganzen oder der Teile, kommt häufig genug vor, so bei den Oszillatorien, den Algensporen und überhaupt den S. 184. Anm. angeführten Geschöpfen, über die der Streit, ob Tier oder Pflanze, besteht. Die hier nur Pflanzen sehen, sagen freilich, ihre Bewegungen seien doch keine wirklich willkürlichen Bewegungen. Aber was willkürlich hierbei und hiervon zu nennen, ist bisher immer mehr Sache eines, durch individuelle Ansichten der Beobachter bestimmten, Apercu als fester Merkmale gewesen. Ja nicht bloß die äußern Merkmale, selbst der philosophische Begriff der Willkür ist etwas so schwankendes, daß man schwerlich eine exakte naturwissenschaftliche Unterscheidung hierauf gründen kann, wie es Ehrenberg mit folgendem zu tun versucht hat: "Die Bewegungen der Tiere (sagt er) haben den Zweck willkürlicher Ortsbewegung, die Bewegungen der Algensamen usw. haben nicht den Zweck der willkürlichen

Ortsveränderung, sondern nur den der individuellen Drehung und Entwickelung zur gespannten Form. Diese haben, wie es deutlich scheint, den mehr durch Äußeres (Reiz) bedingten pflanzlichen, jene den mehr durch Inneres (Willen) bedingten tierischen Charakter. Dasein und Mangel von Mund und Darm unterscheiden kräftig beide Bildungen." (Abhandl. der Berl. Akad. d. W. aus d. J. 1833. Gedr. 1834. S. 157.) Anderwärts führt Ehrenberg als Merkmal des tierischen Charakters noch die Vermehrung durch Teilung auf, die aber auch Geschöpfen zukommt, die von andern zu den Algen gezählt werden.

Wie prinziplos man überhaupt noch bei den Versuchen, Tier und Pflanze zu scheiden, schwankt, mag u. a. aus folgendem erhellen: Meyen erklärte die Klosterien usw. mit deswegen für Pflanzen, weil er in ihnen Stärkemehl gefunden; nun aber sagte man, es könnten ja auch Tiere Stärkemehl enthalten; Unger erklärte die beweglichen Algensporen deswegen für tierischer Natur, weil sie sich scheinbar frei bewegten, und zwar mittelst Wimper-Organen; nun aber sagte man (Siebold), es könnten ja auch Pflanzen sich so bewegen und Wimper-Organe haben. So sagt man, was man will, um gerade sein System zu retten. Siebold (Vergl. Anat. I. 8.) legt auf die willkürliche Kontraktion und Expansion des Körpers als Merkmal des Tieres viel Gewicht, dafür findet er sich aber veranlaßt (ebendas. S. 14) die Anwesenheit von Mund und Magen als unwesentlich zu erklären und von Tieren zu sprechen, die mit ihrer ganzen Körperoberfläche (also äußeren Flächen) den Nahrungsstoff einsaugen (so die Opalinen). Für ihn gilt also weder Mund und Magen, noch frei erscheinende Lokomotion (wenn nicht mit Kontraktion und Expansion verbunden) mehr als Merkmal des Tieres.

Die obenwähnten, in der Natur der Sache begründeten Schwierigkeiten einer festen Unterscheidung zwischen Pflanze und Tier komplizieren sich übrigens, namentlich bei kleinen Organismen, noch mit Schwierigkeiten teils der Beobachtung, teils der Deutung der Beobachtungen. Ob Magen, ob Darmkanal vorhanden, ist oft nur sehr unsicher, oft gar nicht zu entscheiden: Selbst Ehrenbergs (zuerst von Gleichen ausgeübte) berühmte Fütterungsmethode der Infusorien mit Farbstoffen wird neuerdings nicht überall mehr als entscheidender Weg hierzu anerkannt. (Siebolds Vergl. Anat. I. 15 ff.) Meyen beschreibt vielfach etwas als gewöhnliche Pflanzenzelle (in s. Algengattungen *Pediastrum, Scenedesmus, Staurastrum*), was Ehrenberg (in s. *Polygastricis*) Magen nennt; ja der Begriff einer Pflanzenzelle mit einer Öffnung und eines Magens mit einem Munde könnte möglicherweise hier und da wirklich ineinander laufen. Siebold erklärt Ehrenbergs Magen zum Teil für Tropfen unter der Hautbedeckung. Ob Ortsbewegungen durch ein Spiel von Lebenskräften entstehen, oder durch äußerliche mechanische Ursachen (wie die Brownschen Molekularbewegungen), oder nach Art der Bewegungen des Kampfers auf Wasser, läßt sich ihnen auch nicht immer leicht ansehen; und die verschiedene Voraussetzung der Beobachter bestimmt auch hier meist die Deutung. Gesetzt aber, eine Ursache von letzter Art käme ins Spiel, so begegnete uns nun noch zuletzt die mißliche Frage nach dem Unterschiede des Lebensprozesses vom unorganischen Prozesse überhaupt. So gut die Stimmbänder als Saiten schwingen, könnte eine Spore sich durch Ausstoßen eines ätherischen Öls auf Wasser bewegen (wie Schleiden früher vermutete), und doch die Bewegung noch eine lebendige und tierische heißen müssen.

Unstreitig ziemt Schärfe und Bestimmtheit jeder Wissenschaft und bedingt hauptsächlich den exakten Charakter derselben, doch scheint es mir nicht exakt, solche auch da zu suchen, wo sie in der Natur selbst nicht liegt; oder auf eine Weise zu suchen, wie sie nicht in ihr liegt. Denn bestimmt freilich ist die Natur überall, aber deshalb nicht nach solchen abgeschlossenen Allgemeinbegriffen und Typen, als wohl unserer Philosophie bequem wäre. Alle Allgemeinbegriffe und Typen der Natur greifen ineinander über, wir aber schneiden nur zu gern mit dem Messer des Systems durch die verschränkte Fuge. Ich würde mir, da ich nicht selbst Mann vom Fache, gar nicht erlaubt haben, hierüber mitzusprechen, Wenn mir nicht so manche Männer vom Fache gerade diesen Gegenstand zu sehr als Männer vom Fache zu fassen schienen. Nachdem die Fächer für die Natur einmal abgeteilt, soll sich auch die Natur derselben bedienen.

Tatsache bleibt jedenfalls, daß die Ähnlichkeiten und Übergriffe zwischen Pflanzen- und Tierreich sich überhaupt um so mehr häufen, je tiefer man in beiden Reichen absteigt, und so kann das Eintreten einer Zwischengrenze, wo der Unterschied wirklich völlig schwankend wird, an sich nichts Befremdliches haben.

Gewissermaßen kann man diese mit dem Absteigen im Tier- und Pflanzenreiche zunehmende Verähnlichung beider schon in dem Begriff der zunehmenden Einfachheit beider bedingt finden; es treten aber bei Annäherung an das unentschiedene Grenzreich von einer Seite her selbst Übergriffe in charakteristische Eigentümlichkeiten höherer Stufen der anderen Seite ein. Wieviel Stengliches, Verzweigtes, Sprossendes, Rankendes, Blätteriges, Blütenähnliches, Spirales gibt es um die untere Grenze des Tierreiches; man möchte sagen, das Tierreich spiele hier Maskerade unter Verkleidung als Pflanzenreich. Umgekehrt verlieren in den niederen Stufen des Pflanzenreichs die Pflanzen zum Teil ihren verzweigten, blätterigen Typus, es treten hier rundliche Formen, wie in den Pilzen, dort gegliederte Formen, wie bei den Konserven auf (was wenigstens undeutliche Annäherungen an das höhere Tierische sind). Man denke weiter an die Ähnlichkeiten, welche niedere Tiere mit Pflanzen dadurch gewinnen, daß sie sich in ähnlicher Weise ohne Nachteil für das Leben teilen und durch Teilung vermehren lassen, und wie umgekehrt niedere Pflanzen (viele Algen) frei bewegliche Junge gebären (wovon unten mehr). Man hat neulich Holzfaserstoff in den Hüllen mehrerer ziemlich niedrig stehenden Tiere (in dem Mantel der Aszidien und übrigen salpenartigen Tunikaten) entdeckt; umgekehrt sind die Pilze bekannt wegen ihres Reichtums an den tierischen ähnlichen Stoffen usw.

In betreff der Formähnlichkeit der niederen Tiere mit höheren Pflanzen betrachte man z. B. (etwa auf den Kupfertafeln zu Ehrenbergs großem Infusorienwerke) die Ähnlichkeit der Vortizellen mit blumentragenden verzweigten Pflanzen; woher sie selbst den Namen Blumentierchen führen. Besonders reich aber ist die Klasse der korallenartigen Tiere an Ähnlichkeiten mit Pflanzen. Als gut geeignet, dies ins Licht zu stellen, teile ich hier folgenden (wörtlichen) Auszug aus einer Schilderung mit, die ein Naturforscher (Dana) von diesen Tieren gibt. Überall Ausdrücke (hier im Druck hervorgehoben), die an Pflanzliches erinnern.

"Der zusammengesetzte Bau der Korallentiere ist eine Folge ihrer Knospenbildung, aus welcher alle ihre mannigfaltigen Formen hervorgehen. Einige derselben, als die Madreporen,

Gorgonien, Asträen usw. sind hinreichend bekannt und allgemein für die am häufigsten vorkommenden, wenn nicht gar für die einzigen Formen, gehalten worden; es herrscht indes unter ihren Gestalten eine ungeheure Mannigfaltigkeit; einige wachsen als übereinander gerollte, einem Kohlkopfe ähnliche Blätter, andere bestehen aus zarten, gekräuselten, unregelmäßig angeordneten Blättchen. Die Oberfläche jedes Blattes ist mit Polypenblüten bedeckt, durch deren Wachstum und Sekretion es entstanden ist. Nicht minder ließen sich Ähnlichkeiten mit einem Eichen- und Akanthuszweige, mit Pilzen, Moosen und Flechten auffinden. Die Gefäßmadreporen ruhen auf einer zylindrischen Basis, die im lebenden Zustande ganz mit Polpynblüten bedeckt ist; sie bestehen aus einem Netzwerke von Ästen und Zweigen, das sich anmutig von seinem Mittelpunkte ausbreitet und über und über mit farbiger Polypenbrut bedeckt ist. Die Kuppeln der *Astraea* sind durchaus symmetrisch und erreichen oftmals einen Durchmesser von 10 bis 12 Fuß; die Poriteshügel werden über 20 Fuß hoch; außerdem gibt es säulen- und keulenförmige, sowie Korallen der verschiedensten Gestalten."

"Jeder zusammengesetzte Zoophyt entspringt aus einem einzigen Polypen, und wächst durch fortgesetzte Knospenbildung zu einem Baume oder einer Kuppel hervor. Ein 12 Fuß Durchmesser zählender Asträastamm vereinigt etwa 100000 Polypen, deren jeder ½ Qu. Zoll einnimmt; bei einer Porites, deren Tierchen kaum l Lin. breit sind, würde deren Zahl 5½ Millionen übersteigen. Bei ihr sind also eine gleiche Anzahl von Mäulern und Magen zu einem einzigen Pflanzentiere verbunden und tragen gemeinschaftlich zur Ernährung, Knospenbildung, und Vergrößerung des Ganzen bei, sind auch untereinander seitlich verbunden. Wiederum gibt es andere, die niemals Knospen erzeugen und in einzelnen Gehäusen bald als kleine Becher, bald als flache Schüsseln usw. wohnen."

"Die Polypen einer zusammengesetzten Gruppe unterscheiden sich nach der Art ihrer Befestigung aneinander. Entweder sind sie allein an der Basis verbunden, wo jeder einen einzelnen Arm vorstellt, und das Ganze ein baum- oder strauchartiges Aussehen gewinnt; oder sie sind seitlich bis zur Spitze miteinander verbunden und bilden so mäßige (massige?) Formen. Im ersteren Falle werden sich kleine Kelche für jeden getrennten Polypen erheben, im anderen nur flache Zellen, wie bei den Gorgonien, wo sich die Polypen hervorstrecken, aber deren Kelche fehlen." (Dana in Schleidens und Fror. Not. 1847. Juni. no. 48.)

Man erinnert vielleicht, die große Ähnlichkeit der Korallentiere mit höheren Pflanzen betreffe doch nur die ganzen Polypenstöcke, nicht die einzelnen Polypentiere (Tierblüten). Es ist wahr; aber warum sollten wir auch die einzelnen Tierblüten mit ganzen Pflanzen vergleichen, da sie vielmehr eben nur analoge Verhältnisse mit einzelnen Pflanzenblüten zeigen. Die Frage, inwieweit die einzelnen Polypenblüten und einzelnen Pflanzenblüten als selbständige Individuen anzusehen, kehrt in beiden Reichen in derselben Weise wieder, und dieselben Gründe, welche veranlassen müssen, trotz allem, was man als individuell in der ganzen Pflanze unterscheiden kann, auch die ganze Pflanze selbst wieder als ein übergeordnetes, in sich gebundenes Individuum anzusehen, kommen mehr oder weniger auch dem ganzen Polypenstocke zustatten. Er entsteht so gut aus einem einzigen Ei wie die Pflanze aus einem einzigen Samen; seine Gestalt entwickelt sich nach einer festen Idee, doch mit gewisser Freiheit; jeder Polyp hängt mit dem andern durch tierische Materie zusammen (insbesondere wenn man auf Edward's Untersuchungen über die durch das Kalkgerüst sich durch erstreckende tierische Organisation Rücksicht nimmt).

Scheint es doch sogar nicht an direkten Zeichen psychischen Zusammenwirkens der Glieder an Polypenstöcken zu fehlen. Besonders interessant ist mir in dieser Beziehung folgende Angabe Ehrenbergs (in s. großen Infusorien-Werke S. 69) über das bekannte Kugeltier, *volvox globator*, erschienen, welches, ob zwar nicht zu den Korallentieren gehörig, doch auch eine Art Polypenstock aus vielen einzelnen Tierchen bildet, die, im Umfange einer Kugel sitzend, nur durch fadenartige Röhren verbunden sind: "Tut man etwas blaue oder rote Farbe ins Wasser unter dem Mikroskope, so erkennt man sehr deutlich eine kräftige Strömung um die Kugeln. Diese ist eine Folge der Gesamtwirkung aller Einzeltierchen, die wie Tierherden, Vögelzüge, selbst singende oder tanzende Menschen und Volkshaufen einen gemeinsamen Rhythmus oder eine gemeinsame Richtung annehmen, oft selbst ohne Kommando und ohne sich des Willens dazu klar bewußt zu werden. Es schwimmen alle Polypenstöcke, und der gemütliche wie der kälter urteilende Naturforscher erkennt hierin einen Gesellschaftstrieb, welcher aus Kraft und Nachgiebigkeit für gemeinsame Zwecke besteht, einen Zustand, der eine geistige Tätigkeit verlangt, die allzu gering anzuschlagen man nicht berechtigt, nur verführt sein kann. Nie darf man auch vergessen, daß alle Einzeltierchen Empfindungsorgane besitzen, die den Augen vergleichbar sind, und daß sie mithin nicht blind sich im Wasser drehen, sondern als Bürger einer unserem Urteile fernliegenden großen Welt den Genuß einer empfindungsreichen Existenz, so stolz wir uns auch gebärden mögen, mit uns selber teilen."

Die ganze Frage über das Verhältnis übergeordneter und untergeordneter Individualitäten nach physischer wie psychischer Seite ist überhaupt bis jetzt noch eine sehr dunkle. Auch muß man nicht vergessen, daß bei aller Ähnlichkeit zwischen Pflanzen und Polypenstöcken doch noch größere Verschiedenheiten zwischen ihnen bleiben, und man Schlüsse nach Analogie von den einen auf die andern nicht ohne große Vorsicht machen kann. Es wäre möglich, daß die Pflanze doch ein viel mehr zur Einheit gebundenes Wesen wäre als ein Korallengewächs. Mindestens ist mir nicht bekannt, daß man an Korallengewächsen so entschiedene Zeichen des Zusammenwirkens aller Teile beobachtet, als wir im 13. Abschnitt bei den Pflanzen kennen lernen werden.

Unter Anwendung der obigen zwei Merkmale würde man von den Korallengewächsen zu sagen haben, das Gewächs im ganzen sei eine Pflanze, die Polypen im einzelnen daran seien Tiere. Zwar sind die Flächen, womit Nahrung aufgenommen wird (die Mägen der einzelnen Polypen), hier überall Einstülpungen, aber es sind Einstülpungen, die sich an Ausstülpungen des Gewächses finden, wie umgekehrt bei höheren Organismen, welche als Tiere im ganzen zu betrachten, es Ausstülpungen (Zotten) sind, welche aus Einstülpungen (Darmkanal) hervorragen, wodurch die Nahrung aufgenommen wird.

Betrachtet man die ausnehmend großen Veränderungen, die sowohl innerhalb des Tierreichs als Pflanzenreichs oft im Laufe verschiedener Lebensperioden an demselben Geschöpfe eintreten, und die bei manchen sehr tiefstehenden Tieren, wie Medusen, noch auffallender, als selbst bei Insekten sind, so kann es nach allem vorigen auch nichts Unglaubliches haben, daß ein Geschöpf in solchem Wechsel der Lebensperioden den tierischen und pflanzlichen Charakter selbst wechseln könne. Daß wirklich bei niederen Geschöpfen Abänderungen in dieser Richtung stattfinden, darüber besteht nach den gleich anzuführenden Beispielen kein Zweifel, nur darüber streitet man sich noch, ob dies auch so weit gehe, um wirklich aus einem eigentlichen Tiere eine eigentliche Pflanze, oder umgekehrt, zu machen; was in Rücksicht obiger Betrachtungen kaum eine andere Entscheidung als durch Willkür zulassen wird.[17]

Schleiden (Grundz. I. 265) sagt freilich in seiner gewöhnlichen schroffen, doch wissenschaftseifrigen Weise: "Nur an phantastischem Mystizismus krankende Wissenschaft, nicht aber eine klare, sich selbst verstehende Naturphilosophie, kann zu solchen Träumereien kommen, daß Geschöpfe bald einmal Tier, bald einmal Pflanze sein können. Wäre das möglich, so müßte doch noch viel leichter ein Wesen bald einmal Fisch, bald einmal Vogel, oder bald Käfer, bald Rose sein können, und dann wäre alle unsere Naturwissenschaft Torheit und wir täten besser Kartoffeln zu bauen und sie zu verzehren, wären aber auch da nicht sicher, daß sie nicht zu Mäusen würden und davon liefen."

Ich möchte dagegen an ein Wort erinnern, was Grabbe, zwar überkühn, doch von gewisser Seite treffend, in einem seiner Dramen sagt: "der Teufel steht Gott näher als die Milbe", womit etwa gleichgeltend ist: ein Engel kann sich leichter in einen Teufel als in einen Maulwurf verwandeln. Was sich hier von den Extremen höchster Entwickelung in zwei entgegengesetzten Reichen mit einer gewissen Wahrheit sagen läßt, wird in Betracht der größeren Einfachheit um so mehr von den Extremen niedrigster Entwicklung

---

[17] Man vergleiche über die Übergänge zwischen Tier und Pflanze namentlich folgende Schriften und Abhandlungen: Unger, Die Pflanze im Moment der Tierwerdung. Wien. 1843. — Kützing, Über die Verwandlung der Infusorien in niedere Algenformen. Nordhausen. 1844, Derselbe in Linnaea. 1833. — Siebold, Dissertatio de finibus inter regnum animale et vegetabile constituendis. Erlangae. 1844. — Meyen in Rob. Brown, Vermischte Schriften. Herausgegeben von Nees v. Esenbeck. IV. S. 327 ff. und in s. Pflanzenphysiologie. — Thuret, Recherches sur les organes locomoteurs des spores des algues in Ann. des sc. nat. Botanique. 1843. T. XIX. — (Eine Zusammenstellung der früheren Beobachtungen findet sich namentlich in Kützings Schrift, und noch ausführlicher von Meyen in Browns Schrift.

gelten müssen; sie werden sich näher stehen und leichter ineinander verwandeln können als die Extreme tiefster und höchster Entwickelung in jedem Reiche für sich.

Die Tatsachen selbst, um die es sich hierbei handelt, sind folgende:

Daß manche Algen (einfachste Wasserpflanzen) in Infusorien, und umgekehrt, übergehen können, ist zwar früher schon öfters behauptet und immer wieder bezweifelt worden; inzwischen gibt es neuerdings so sorgfältige und zuverlässige Beobachtungen darüber, namentlich von Flotow und Kützing, daß der Vorteil gegenwärtig gewiß nicht mehr auf Seite der Gegner liegt. Dabei aber bleibt freilich immer der (von Flotow eingeschlagene) Ausweg, die kleinen Tierchen eben deshalb, daß sie sich in Pflanzen wandeln oder aus solchen entstehen, für Pflanzen zu erklären.

Die kleinen Bläschen, aus welchen die rotfärbende Materie des Schnees besteht (*Protococcus nivalis*), wurden von den ersten Beobachtern derselben (Agardh, Decandolle, Hooker, Unger, Martius, Harvey, Ehrenberg) für mikroskopische Pflänzchen (Algen) angesehen; Ehrenberg gelang es sogar, die Fortpflanzung dieser von den Alpen herrührenden Pflänzchen in Berlin zu beobachten, indem er die eingesandten Proben im Winter 1838 auf Schnee aussäte. Die Pflänzchen vermehrten sieh in zahlloser Menge, erschienen den Mutterkörperchen ganz gleich, waren aber in der Jugend nicht rot, sondern grün (eine Erscheinung, welche sich an vielen rotgefärbten Algen zeigt), und trugen keine Spur von tierischem Charakter, wohl aber einen feinkörnigen, gelappten Keimboden und Würzelchen an sich, wodurch Ehrenberg sich veranlaßt fand, sie unter dem Namen *Sphaerella nivalis* den Algen beizuzählen. Inzwischen fanden andere Beobachter, wie Voigt und Meyen, daß diese rotfärbende Materie vielmehr die Gestalten und Bewegungen von Infusorien darbot; und erklärten sie hiernach für tierisch. Shuttleworth endlich unterschied teils Infusorien, teils Algen darin. Diese Widersprüche, welche dahin zu deuten schienen, daß die Beobachter verschiedene Materien vor sich hatten, lösen sich aber durch die sehr sorgfältigen Beobachtungen, welche Flotow an einem, der rotfärbenden Materie des Schnees sehr verwandten, jedoch, statt auf Schnee, in Regenwasser gefundenen Pflänzchen oder Tierchen, *Haematococcus pluvia-*

lis, machte. Dieses, bestehend aus mikroskopischen, äußerst zarten, kugligen, glänzenden, roten Bläschen, verriet anfangs ein bloß pflanzliche Natur, wandelte sich aber in Ausgüssen unter geeigneten Umständen, durch verschiedene Zwischenformen deutlich verfolgbar, in ein Infusionstierchen (*Astasia pluvialis*) mit rüsselförmigem (mitunter selbst gablig gespaltenem) Fühler und allen Zeichen freiwilliger Bewegung um; wonach man Grund hat, auch im pflanzlichen und tierischen Zustande der rotfärbenden Materie des Schnees nur verschiedene Entwicklungsstufen desselben Geschöpfs zu sehen (zumal da Flotows *Astasia pluvialis* sich Shuttleworths *Astasia nivalis* im roten Schnee verwandt zeigt). Da Flotow als ausgemacht hält, "es könne der *Haematococcus* doch nur sein entweder ganz Tier oder ganz Pflanze", so meint er nun freilich, der sich bewegende H. "habe nur das Scheinwesen einer *Astasia* angenommen", ungeachtet er selbst den völlig tierischen Charakter der Bewegungen zugesteht. (Nov. act. acad. Leop. Car. 1843. T. XX. p. 413.)

Aus Kützings Beobachtungen geht hervor, daß das Infusorium *Chlamidomonas pulvisculus* gar vielfacher Veränderungen fähig ist, daß sich aus ihm eine entschiedene Algenspezies, *Stygeocloniumstellare*, entwickele, daß aber auch noch andere Bildungen aus ihr entstehen, welche ebenfalls einen entschiedenen Algencharakter an sich tragen, obgleich sie zum Teil der äußeren Form nach auch als ruhende Infusorienformen in Anspruch genommen werden können. (Es kommen nämlich *Tetraspora lubrica* oder *gelatinosa*, *Palmella-botryoides*, *Protococcus*- und *Gyges*-Arten als verschiedene Entwickelungsformen zum Vorschein.) Nach demselben verwandelt sich das Infusorium *Enchelys pulvisculus* in einen *Protococcus* und zuletzt in eine Odzillatorie. (Kützing, Über die Verwandlung der Infusorien in niedere Algenformen. Nordhausen. 1844.)

Bei einer ganzen Reihe von Algen (*Zoospermae*), sowohl gegliederten als ungegliederten, und noch anderen niederen Gewächsen (Pilzen, Nostok), hat man beobachtet, daß ihre Keimkörner (Sporen, Sporidien, von manchen Samen genannt) aus der Mutterpflanze hervorbrechend eine Zeit lang eine freiwillig erscheinende infusorienähnliche Bewegung im Wasser machen (wie man denn zum Teil Formen unter ihnen erkennt, welche von Ehrenberg wirklich als Infusorien beschrieben worden), dann, etwa nach ein paar Stunden, sich festsetzen und zu keimen beginnen, so daß nun ein Gewächs wie die Mutterpflanze daraus entsteht. Diese Keimkörner zeigen zwar inwendig keine tierische Organisation, wohl aber äußerlich, sofern man an ihnen ähnliche wimper- oder peitschenförmige Organe bemerkt, als welche sonst bei den Bewegungen der niederen Tiere, insbesondere vielen erklärten Infusorien, eine so große Rolle spielen.

Wie merkwürdig diese Erscheinungen sich ausnehmen, mag man aus folgender Stelle in Ungers Schrift: "Die Pflanze im Moment der Tierwerdung" entnehmen. Nachdem er in Briefen an einen Freund die Erscheinungen an *Vaucheria clavata* bis zum Austritt der Sporidie beschrieben hat, sagt er (S. 21): "Wenn du mir bis hierher gefolgt bist, so kannst du unmöglich deine Erwartungen so hoch gespannt haben, daß nicht dennoch das, was ich dir weiter erzählen werde, selbst den kühnsten Flug der Phantasie überflügelte. Ja, es ist wirklich ein Wunder, eine so von den allgemeinen Gesetzen abweichende Erscheinung, daß man vermuten könnte, die Natur habe sich hier eher eine poetische Freiheit erlaubt, als einmal den Schleier zurückgezogen von einem Vorgange, den sie vielleicht täglich und stündlich millionenmal nur mit leichtem Modus übte und noch übt: — Tief und ernst ist die Bedeutung der Zeugung in allen ihren einzelnen Schritten, aber wahrhaft wundervoll darf man sie dann nennen, wenn das Erzeugte anders als der Erzeuger, kurz wenn die Naturen beider verschieden sind, wie das eben im vorliegenden Falle ersichtlich ist.

Um so interessanter werden diese Erscheinungen, wenn man sie mit ganz analogen zusammenhält, welche in das erklärte Tierreich fallen. Die Eier (nach neueren Ansichten vielmehr Embryonen zu nennen) vieler (wahrscheinlich aller) jener niederen Tiere, welche man wegen ihres Festsitzens und pflanzenähnlichen Wuchses in weiterem Sinne Zoophyten nennt, haben nämlich eine ganz ähnliche einfache Organisation wie jene Keimkörner der Algen, bewegen sich ebenso erst eine Zeitlang frei mit Wimperorganen im Wasser und setzen sich erst später fest, um pflanzenähnlich fortzuwachsen. Es findet die vollkommenste Analogie zwischen Algen und Zoophyten in dieser Hinsicht statt. Ja selbst bei etwas höher gestellten Tieren kommen bis zu gewissen Grenzen ähnliche Verhältnisse vor.

Von den zahlreichen Beobachtungen und Angaben über diesen Gegenstand lasse ich einige der zuverlässigsten folgen:

Die kleine Alge *Vaucheria clavata Agdh.* (*Ectosperma clavata Vauch.*) überzieht, in zahlreichen Individuen vereinigt, in Form kleiner polsterförmiger Rasen, die Oberfläche der Steine seichter rasch fließender Gewässer des mittleren Europa. Sie stellt im entwickelten Zustande einen verzweigten ungegliederten Schlauch von $^{37}/_{10000}$ Wien. Zoll Durchm. dar, der seine grüne Farbe dem inwendigen Chlorophyll verdankt. Unter normalen Verhältnissen erscheint nun an der Spitze der Endtriebe in dem ursprünglich einfachen Schlauche eine Querwand, und in der dadurch entstandenen oberen Abteilung geht aus einer ungefärbten, schleimig-körnigen Substanz die Bildung eines an die ursprüngliche Haut sich anschmiegenden Schlauches (Sporidium) vor sich, der aus einem Flimmer-Epithelium gebildet wird. In seinem Innern ist nur eine geringe Spur von Organisation zu erkennen. Durch Anschwellung der reifenden Sporidie gleichzeitig mit der Verdünnung der Spitze des Mutterschlauches durch Resorption (Ausdehnung) berstet diese, und die Sporidie drängt sich durch die enge Öffnung "eigenmächtig" und endlich sogar mit drehender Bewegung heraus. Dieser Vorgang dauert wenige Minuten. Die Sporidie hat nach dem Austritt eine birn- oder eiförmige Gestalt, die sich allmählich in einer regelmäßig ovale oder ellipsoidische ändert. Vom Mutterschlauche befreit "erhebt sie sich erst in freudiger rascher Bewegung im Wasser und kreiset nach verschiedenen Richtungen ähnlich einem Infusorium herum." Die Bewegung ist eine in konstanter Richtung von links nach rechts rotierende und zugleich fortschreitende. Ein mit schwingenden Zilien gleichförmig besetztes Epithelium bringt dieselbe hervor. Tut man etwas zerteilten Farbstoff ins Wasser, so sieht man den Wirbel, den die Zilien machen. Momente der Ruhe wechseln "nach Willkür" mit Bewegungen ab, die im ganzen durch 2 Stunden dauern. Höchst auffallend ist, wie die Sporidien bei diesen Bewegungen sorgfaltig alle Hindernisse vermeiden, wie geschickt sie durch das Gewebe der Sprossen der *Vaucheria* ziehen und sich gegenseitig ausweichen, daher auch nie ein An- oder Zusammenstoßen stattfindet. Mehr oder weniger runde Schleimklümpchen, mit Chlorophyll überzogen, ziemlich unregelmäßig verteilt, im Hinterteile viel gedrängter als im Vorderteile liegend, sind die einzigen mit Sicherheit erkennbaren Körperchen, die einen wesentlichen Anteil an der inneren Beschaffenheit der Sporidie haben. Mit dem Aufhören der Bewegungen verändert sich das Ellipsoid in die Kugelgestalt, alle Zilien verschwinden plötzlich, ohne daß man weiß, wohin sie kommen; die grüne Färbung verteilt sich gleichförmiger, und die glasartige Durchsichtigkeit des Epitheliums verwandelt sich in eine zarte homogene Pflanzenmembran. In weniger als 12 Stunden verlängert sich die Blase durch unmittelbare Aussackung an einer oder an zwei Stellen zugleich, und es treten damit die Erscheinungen des Keimens ein. Die Entwickelung der Schläuche fährt rasch fort. Es bildet sich einerseits ein Wurzelgebilde, wodurch das Pflänzchen sich festsetzt, während der andere Fortsatz sich verlängert, verzweigt und innerhalb 14 Tagen zur gleichen Sporenbildung gelangt. — Warmes Wasser, selbst von 20° R, wirkt tödlich auf die bewegten Sporidien, dagegen ruft eine Temperatur, welche dem Gefrierpunkt des Wassers zunächst liegt, zwar eine Unterbrechung der Bewegungen und selbst der vegetativen Lebenserscheinungen hervor, ohne aber zu töten. Lichtentziehung wirkt beschleunigend auf das Aufhören der Bewegungen und das Keimen wird verhindert. Der galvanische Strom hat ähnlichen Einfluß wie auf die Infusorien; ein schwacher bewirkt Betäubung und Unregelmäßigkeit in den Bewegungen; ein stärkerer bewirkt sogleich den Tod. Mineralsäuren, Alkalien und die meisten Salze wirken schon in kleinster Menge tödlich. Wurden in eine konzentr. Lösung von schwefelsaurem Morphin fröhlich schwimmende Keime gebracht, so hörten dieselben zwar anfangs auf sich zu bewegen, nach kurzem aber fingen sie ihre Bewegungen wieder an, tanzten aber dabei in so seltsamen Kreisen umher, als ob sie in einem Zustande von Betäubung wären, und nach wenigen Minuten trat Ruhe ein. Noch kräftiger wirkte Opiumertrakt; schon die kleinste Dosis, in Wasser gelöst, brachte Lähmung in den Bewegungen und Tod hervor. In konzentr. Blausäure, mit gleichen Teilen dest. Wassers verdünnt, wurden die eingesetzten, munter schwimmenden Sporidien plötzlich bewegungslos. Eine Aufnahme von Farbstoff, wie bei Infusorien, ließ sich in keiner Weise bewirken. (Nach Ungers Schrift: Die Pflanze im Moment der Tierwerdung.)

Thyret hat auch bei den Sporen von *Conferva glomerata* und *rivularis*, *Chaetophora elegans var. pisiformis*, *Prolifera rivularis* und *Candollii*

Leclerc die Abhängigkeit ähnlicher Erscheinungen von wimper- oder peitschenförmigen Organen speziell nachgewiesen. (Ann. des sc. nat. 2. Ser. T. XIX.)

" *Achlya prolifera* (eine Gallertalge) hat zwei Arten von Sporen, größere, die sich in kleinerer Anzahl in kugelförmigen Sporangien bilden, und kleinere, die sich in größerer Anzahl in den unveränderten fadenförmigen Endgliedern entwickeln. Von den Endgliedern trennt sich zur Zeit der Sporenreife ein kleiner Deckel, schon kurz vorher geraten die Sporen in eine wimmelnde Bewegung, wobei eine wirtliche, oft bedeutende Ortsveränderung stattfindet. Diese Bewegung dauert nach dem Austritt eine Zeitlang fort und hört endlich auf, worauf die Sporen oft schon nach wenigen Stunden keimen. Wenn ein solches Endglied geleert ist, wächst gewöhnlich ein neues solches Glied, von der nächsten Scheidewand ausgehend, in jenes hinein, oftmals das stehenbleibende ältere nicht ganz ausfüllend. Auch in diesem neuen Gliede bilden sich wieder Sporen, die dann bei ihrem Austritt zwei Öffnungen zu passieren haben und zuweilen lange zwischen beiden Zellenwänden herumschwanken, bis sie zur zweiten Öffnung herauskommen. Es ereignet sich aber auch, daß sie diesen zweiten Ausweg gar nicht erreichen und innerhalb des älteren Schlauches wenigstens den Anfang der Keimung machen." (Schleiden, Grundz. I. 264.)

"Die Embryonen der *Campanularia geniculata* (*Sertularia geniculata Müll.*) sind längliche zylindrische oder birnförmige, von einer zarten Haut vollkommen geschlossene schlauch-ähnliche Körper, ohne Mundöffnung und ohne die geringste Spur einer Organisation im Innern. Ihre Oberfläche ist mit ungemein zahlreichen feinen Flimmerhaaren bedeckt, wodurch sie in den Stand gesetzt sind, rasche Bewegungen vorzunehmen, wie Infusorien im Wasser herumzuschwimmen, und jene Stelle aufzusuchen, die für ihre fernere Entwicklung am zweckmäßigsten ist. Nach diesem kurzen infusoriellen Zustande erlangen sie eine scheibenförmige Gestalt, setzen sich an einen Gegenstand fest und treiben einen schlauchartigen Fortsatz, der im Anfange von jenen der keimenden Algensporidien der Form nach nicht einmal verschieden ist. Damit tritt das Tier erst in das zweite Stadium seines Lebens, in das Polypenstadium, ein, wo erst nach der Hand die Organe der Reproduktion gebildet werden. — Ganz so verhält es sich mit den Embryonen der Medusen nach Ehrenberg's, Siebold's (Beitr. z Naturgesch, der wirbellosen Tiere. Danzig. 1839), und vorzugsweise nach M. Sar's Beobachtungen mit *Medusa aurita* und *Cyanea capillata* (Arch. f. Naturgesch. 1841. S. 9). Sobald dieselben die Mutterarme verlassen, sind sie kaum mehr als punktgroße, ovale oder birnförmige, etwas zusammengedrückte Körperchen, ohne Mund Öffnung und ohne Spur von Organisation im Innern. Ihr Körper ist weich, besteht bloß aus einem sehr feinkörnigen Gewebe und scheint inwendig eine große Höhle. Von derselben Form wie die der Körperkontur, zu haben. Dicht stehende Flimmerhaare bedecken die ganze Oberfläche des Körpers gleichförmig und erlauben demselben, Bewegungen nach allen Seiten und in der Art wie Infusorien auszuführen. — Bei dem Schwimmen drehen sie sich häufig um ihre Längenachse und das stumpfe Ende geht voran. Erst nachdem die Periode ihres infusoriellen Lebens abgelaufen, setzen sie sich mit dem Vorderende fest, erlangen nach unten einen stielartigen Fortsatz, während an der entgegengesetzten Fläche eine von Tentakeln umgebene Vertiefung erscheint, die sich zum Mund und zum Magen erweitert, und damit werden sie zu Polypen, die Zweige treiben und sich sowohl durch diese als durch Querteilung fortpflanzen, Nur die durch Ouerteilung entstehenden Jungen erlangen die Form und Organisation der Akalephen. (Ungers Schrift S. 88.)

"Die Vortizelle entwickelt einen Stiel, teilt sich (und häutet sich?), entwickelt Rückenwimpern, löst sich ab vom Stiele, schweift umher, zieht (nach zweiter Häutung?) die Rückenwimpern wieder ein oder verliert sie, und setzt sich fest, um wieder einen Stiel auszuscheiden, einen Stammbaum zu bilden und dasselbe unablässig zu wiederholen." (Ehrenberg in s. Werke über Infusorien S. 290.)

Nach Burmeister haben die Cirripoden, namentlich die Anatisen, beim Auskriechen aus dem Eie vorn zwei muskellose Fühlfäden mit Saugnäpfen, seitlich drei Paar mit Borsten endigende, zum Teil gabelförmig gespaltene Füße, aus Hornhaut, Kristallinse und schwarzem Pigment bestehende Augen, und schwimmen frei herum; haben sie sich aber mit den Saugnäpfen an einer Stelle festgesetzt, so wachsen sie durch einen fleischigen Stiel an und werfen mit der Haut die Fühlfäden und Augen ab, während die Fußpaare sich verdoppeln und in vielfach gefiederte, krumme Ranken verwandelt werden. (Burmeister, Beiträge zur Geschichte der Rankenfüßer. Berlin. 1834.)

Nach Nordmann hat die weibliche *Lernaeocera cyprinacea*, wie sie aus dem Ei kommt, die gewöhnliche Gestalt anderer krebsartiger Schmarotzertiere, nämlich ein paar Fühlfäden, zwei paar Füße und ein Auge; hat sie aber mit Hilfe dieser Organe zu ihrem künftigen Wohnort sich einen Fisch gesucht und mit ihrem Vorderleibe sich in dessen Fleisch tief eingesenkt, so wandelt sich ihr Leib beim Verschwinden jener Organe in einen einfachen Zylinder um, und man kann an demselben sogar weder Muskeln noch Nerven erkennen, während die Verdauungsorgane sich weiter ausbilden und die Zeugungsorgane sich entwickeln. Nun bleibt sie bis zu ihrem Tode in der von ihr gegrabenen Vertiefung, um pflanzenähnlich aus dem Fleische des Fisches Nahrung aufzusaugen und mit dem Männchen, welches von ihrem Kote sich zu nähren scheint, übrigens aber Sinnes- und Bewegungsorgane behält, Junge zu erzeugen. (Nordmann, Mikrographische Beitr. z. Naturgesch. der wirbellosen Tiere. Berlin. 1830. Heft II. S. 123 ff.)

Außer solchen Bewegungen, welche nur einen vorübergehenden Entwicklungszustand gewisser niederen Pflanzenorganismen bezeichnen, kommen auch mancherlei merkwürdige Bewegungserscheinungen von verschiedener und nicht hinreichend erkannter Bedeutung bei entwickelten niederen Pflanzenorganismen selbst vor, die an tierische Phänomene erinnern können und zum Teil selbst schwanken lassen, ob man nicht vielmehr hier von Tier als von Pflanze sprechen soll.

"Höchst auffallend sind die Erscheinungen, welche die Oszillatorien eine kleine Algengattung (von andern vielmehr für tierischer Natur gehalten), zeigen. Sie erscheinen als kurze Fäden, aus mehr breiten als langen zylindrischen Zellen aneinander gereiht, erfüllt mit grünem Stoff und verschiedenartigem, teils flüssigem, teils granulösem Inhalt. Die Spitze jedes Fadens ist etwas verjüngt und abgerundet, häufig wasserhell und farblos. Solange sie lebhaft vegetieren, zeigen diese Fäden eine dreifache Bewegung, eine abwechselnde geringere Krümmung des vorderen Endes, ein halb pendelartiges, halb elastisches Hin- und Herbiegen der vorderen Hälfte und ein allmähliches Vorrücken. Diese Bewegungen beobachtet man oft alle zugleich, oft einzeln. Sie haben (sagt Schleiden) etwas Seltsames, ich möchte sagen Unheimliches, an sich." (Schleiden, Grundz. II. 549.) Schließt man Oszillatorien in einen finsteren Raum ein und läßt durch eine Öffnung Licht einfallen, so ziehen sich alle Oszillatorien nach der Öffnung hin und verschwinden aus dem übrigen finstern Raum des Gefäßes. (Vaucher, Hist. des conf. d'eau douce. 171.) Näheres über die Bewegungen der Oszillatorien s. in Meyen's Physiol. III. 443.

"Reißt man von einer Spongie (von manchen zu den Tieren gerechnet) Fragmente der schleimigen Substanz ab, so zeigen sich diese nach Dujardin anfangs unbeweglich unter dem Mikroskope, aber bei passender Beleuchtung sieht man an den Rändern rundliche durchsichtige Vorsprünge, welche ihre Gestalt in jedem Augenblicke durch Expansion und Kontraktion verändern. Zuweilen sollen sich sogar kleine Fragmente Von $1/100$ bis $1/200$ mm langsam am Glase kriechend durch jene Fortsätze fortbewegen. D. will dies Phänomen bei *Spongia panicea, Cliona celata* und *Spongilla* seit 1835 beobachtet haben. Auch sah er an den Rändern abgerissener Lappen der Spongilla Fäden von außerordentlicher Zartheit hervortreten, und mit lebhaft undulierender Bewegung schwingen, so daß sie an kleinen isolierten Massen eine Ortsbewegung, verschieden von der oben beschriebenen, veranlaßten." Gegen die hierdurch angeregte tierische Natur der Spongillen sprechen inzwischen, abgesehen vom Mangel eines Magens, die Beobachtungen Hoggs, daß die Spongille ihre grüne Farbe allein durch den Einfluß des Lichts erhalte und diesem entzogen wieder verliere, im Lichte Gas entwickele, sich Pflanzen ähnlich zu Säuren verhalte usw. Wiegm. Arch. 1839. II. S. 197. 1841. II. S . 410.)

Bei den Laub- und Lebermosen, Charen und Farnen entwickeln sich in den Zellen ihrer sogenannten *Antheridien* oder *Antheren* (deren Bedeutung als solche jedoch bestritten wird) spiralige Fäden (in jeder Zelle einer, nach Thuret bei den Charen auch wohl zwei), welche, wenn die Zellen unter Wasser kommen, eine lebhafte Bewegung um ihre Achse machen, auch nach Zerreißen des Zellchens diese Bewegung eine Zeitlang für sich im Wasser fortsetzen und dabei fortschreiten. Man hat diese Spiralfäden mit den sogenannten Samentierchen (Spermatozoen) der Tiere verglichen (selbst Borsten oder Fühlspitzen daran zu sehen geglaubt), ohne freilich rechten

Grund zu haben, ihnen eine gleiche Funktion beizulegen. Näheres s. in Meyen, Physieol. III 208ff. — Schleiden, Grundz. II. 48, 66. 77. — Wiegm. Arch. 1837. I. 430, 1838. I. 212. II. 85. 1839. II. 45. 1841. II. 423.

Die Molekularbewegungen, welche die Kügelchen des Pollen-Inhalts nach dem Austreten machen, scheinen nach neueren Untersuchungen nicht das Interesse zu verdienen, was man ihnen früher beizulegen geneigt war. (Vergl. Schleiden, Grundz. 11. 303.)

In den meisten Pflanzen aus den Familien der *Charazeen, Najaden* und *Hydrocharideen* und im Fruchtstiel der *Jungermannien* ist in jeder Zelle ein einfacher an der einen Seite aufsteigender, an der anderen Seite absteigender Strom einer durch Farbe, Konsistenz (Schleimigkeit) und Unlöslichkeit in wässerigen Flüssigkeiten von dem übrigen wasserhellen Zellensaft verschiedenen Flüssigkeit zu beobachten, die in einigen besonders dadurch sichtbar wird, daß sie die im Safte enthaltenen Kügelchen (Stärkemehl, Chlorophyll, Schleim usw.) mit fortführt, meist aber auch für sich deutlich genug erkannt wird. (Näheres siehe in Schleiden, Grundz.II. S. 256.)

XIII. Einheit und Zentralisation des Pflanzenorganismus.

"Jede Zelle," sagt Schleiden, "ernährt sich für sich und nach ihrer eigentümlichen Natur auf andere Weise." (Schleiden, Grundz. II. S. 464.)

"Bei der Selbständigkeit des Lebens der einzelnen Zellen können in und an bestimmten Zellen Prozesse vor sich gehen, die für das Leben der benachbarten Zellen und somit der ganzen Pflanze ohne alle Bedeutung sind," (Ebendas. II. S. 464.)

"Die Ernährung der ganzen Pflanze besteht nur in der Ernährung ihrer einzelnen Zellen." (S. 466.)

"Die Pflanze besteht als solche wesentlich nur in der morphologischen Verknüpfung ihrer physiologisch selbständigen Elementarorgane." (S. 470.)

"Die Zelle dürfen wir als einen kleinen selbständigen, für sich lebenden Organismus ansehen. Aus seiner Umgebung nimmt derselbe flüssigen Nahrungsstoff auf, aus demselben bildet er durch chemische Prozesse, die im Innern der Zelle beständig rege sind, neue Stoffe... In dem regen Spiel der Aufnahme und Ausscheidung von Stoffen, der chemischen Bildung, Umbildung und Zersetzung von Stoffen besteht das ganze Leben der Zelle und — da die Pflanze eigentlich nichts ist als die Summe vieler Zellen, die zu einer bestimmten Gestalt verbunden sind — auch das Leben der ganzen Pflanzen." (Schleiden, Die Pflanze. S. 41.)

"Jede einzelne Zelle führt gleichsam ein gesondertes Leben für sich." (Ebendas. S. 47.)

Läßt sich deutlicher sagen, als wir es hier von einem Sachverständigen hören: die Pflanze ist für sich als Ganzes nichts, die Zelle alles? Zwar heißt uns die Pflanze organisch, lebendig, und ist es auch, aber sie ist es nur als ein dem Ganzen des Naturorganismus angehöriger, in ihm aufgehender Teil. Sie ist herausgewachsen aus dem Boden, noch angewachsen am Boden wie ein Haar auf unserem Haupte; ihre Prozesse zwar regsamer als die des Haares, doch nicht anders als die einer Drüse unseres Leibes, worin allerhand

Stoffe zum Zwecke des Ganzen verarbeitet werden. So werden in der Pflanze Luft, Licht, feste Stoffe der Außenwelt auf eigentümliche Weise zum Zwecke des Ganzen verarbeitet. Wer will in einem Leberdrüschen eine Seele für sich finden; ist mehr Grund da, eine solche in der Pflanze zu finden? Laß also immerhin die Pflanze organisch, lebendig heißen, laß auch eine Idee ihrer Schöpfung und Gestaltung unterliegen; aber wenn sie doch nicht ein sich für sich selbst abschließendes Organisches, ein in sich kreisendes, sich auf sich selbst zurückbeziehendes Lebendiges ist, kann auch die Idee, die ihrem Sein und Leben unterliegt, nicht in einem ihr selbst immanenten Seelenprinzip gesucht werden. Der göttliche Geist mag in der Fülle seiner Ideenwelt auch die Idee der Pflanzengestalt lebendig in sich tragen, es ist aber nur sein Leben, seine Idee, nicht selbsteignes Leben, eigne Seele, was der Pflanze gegeben ist.

Wie anders all dies bei den Tieren! Der tierische Organismus schließt sich rund in sich selbst ab, ist auf sich gestellt, kreist in sich, bezieht sich allwegs auf sich zurück. Da kann man nichts losreißen und für sich pflanzen, und wo und wie man etwas losreiße, spürt es das Ganze. Ganzes und Einzelnes bestehen nur mit und durcheinander, wie sie sind. Wie jedes auf das andere, wirkt jedes durch Vermittelung des anderen im Kreislauf auch wieder auf sich selbst zurück. Wo auch das herrschende Zentrum liege, und sei es auch, daß es an keinem einzelnen Punkte liege, aber es zeigt sich sicher eins in den Wirkungen vorhanden, was das Ganze bindet und alles zwingt, sich ihm zu fügen.

Ich habe alles zu erschöpfen gesucht, was man in diesem Sinne sagen kann; ja wüßte ich, was sich noch mehr und Schlagenderes in diesem Sinne sagen ließe, ich würde es gern gesagt haben, weil ich den Einwänden nicht ausweichen, sondern ihnen begegnen möchte. Vielleicht habe ich aber sogar schon mehr gesagt, als mancher selbst wird sagen wollen; man braucht dies dann einfach abzuziehen. Ist nicht alles triftig und klar in diesem Einwande gestellt und auseinander gehalten worden, so möchte dies nicht unsere Schuld sein; denn versucht man, ihn auf das Triftige und Klare zu reduzieren, so löst er sich von selbst auf. Warum ihn dann überhaupt stellen? Weil er überhaupt gestellt wird.

Um die eignen Worte eines Gegners mitzuteilen, führe ich folgende Argumentation von Carus (Psyche S. 112) an, welche hauptsächlich im Sinne des vorigen Einwandes gestellt, obwohl zum Teil auch in schon anderwärts Berücksichtigtes eingreift.

"Das Pflanzenreich beruht durch und durch, wie in jeder einzelnen Pflanze, so auch in der Mannigfaltigkeit seiner Gestalten, wesentlich auf endloser Wiederholung einer Grundform, es ist durch und durch Zellenbau, sich ins Unendliche fort wiederholend, und deshalb aus jeder einzelnen Zelle immer wieder möglicherweise das Ganze hervorbringend, und eben darum auch den Begriff der Totalität nie vollkommen abschließend.[18] Schon der Laie, ohne sich des höhern Grundes bewußt zu sein, trennt daher Teile der Pflanze ab mit anderen Vorstellungen und Gefühlen als bei einem Tiere: er wird jene gewissermaßen immer für ein Stückwerk, und dieses immer für ein Ganzes nehmen. Ein Blatt, eine Blume abzubrechen geschieht mit Lust, ein Glied eines lebenden Tieres abzulösen wird ihm jedesmal schmerzlich sein.[19] Die Pflanze hat aus jenem Grunde keine Eingeweide und keine in dem Sinne wie beim Tiere verschiedenen Organe — es kann daher auch nicht, im Gegensatze zu wesentlich heterogen werdenden Organen, ein solches Urgebilde wie das Nervensystem übrig bleiben; — kurz, sie bleibt wesentlich immer nur eine Vielheit von Einheiten, es fehlt ihr ein solches inneres Zentrum, wie es das Tier hat, und obwohl auch sie nicht ohne eine gewisse Totalität sein kann, so ist der Begriff derselben nie dergestalt abgeschlossen wie im Tierreiche, woraus denn einmal folgt, daß der Begriff höherer und niederer Organisation, welcher im Tierreiche so deutlich sich zu erkennen gibt, im Pflanzenreiche stets nur sehr unvollkommen sich ausspricht (es wird immer streitig

---

[18] Ich übersehe nicht, inwiefern jene Möglichkeit solchem Abschlusse mehr widersprechen soll, als wenn wir beim Tiere diese Möglichkeit auf gewisse Zellen des Mutterkörpers vorzugsweise verwiesen sehen, zumal da doch noch niemand die Möglichkeit, wirklich aus jeder Zelle eines Birnbaumes oder einer Nelke wieder einen Birnbaum oder eine Nelke hervorzubringen, dargetan hat. Es scheint mir, daß der Abschluß einer Zellenmehrheit zur Totalität und die Fähigkeit dieser oder jener oder jeder einzelnen Zelle, bei Absonderung vom Ganzen das Ganze zu reproduzieren, überhaupt in keinem deutlichen Bezuge zueinander stehen.

[19] Vergl. hierüber S. 20. 22. 68 ff.

bleiben, welche man als die höchste Pflanze betrachten soll); ein andermal folgt, daß, indem der Pflanze ein wahrhaft zentrales System und dadurch ein vollkommenes Band der Einheit und Ganzheit fehlt, von irgend einer Art des Bewußtseins hier noch keineswegs die Rede sein könne. Wenn wir sonach mit dem Namen der Seele nur diejenige Idee zu bezeichnen pflegen, in welcher irgend ein Bewußtsein wirklich sich entwickelt hat, so ergibt sich aus obigem deutlich, daß von der Pflanze noch nicht ausgesagt werden könne, es sei ihr eine Seele gegeben."

Näher besehen zeigt sich, daß man bei vorigem Einwande Dinge von der Pflanze zur Seele verlangt, die man auch bei Tieren nicht allgemein oder nur scheinbar findet, und an sich keinen Grund hat, als wesentlich zum Dasein einer Seele zu fordern, teils Dinge vermißt, die im Grunde doch ebensogut bei den Pflanzen wie bei Tieren zu finden, wenn auch in anderer Form.

Das Tier ist zuvörderst so gut wie die Pflanze ein Haufe äußerlich verknüpfter Zellen. Man weiß ja, daß sogar Nerven- und Muskelfasern aus aneinander gelagerten und teilweis verschmolzenen Zellen bestehen, und hat in dieser Beziehung nur die größte Analogie zwischen Pflanzen und Tieren finden können. Wo ist denn nun im Tiere innerhalb dieses Zellenhaufens der zentrale Punkt, den man in der Pflanze verlangt? Im Gehirn? Aber das Gehirn ist bloß ein Gewebe neben- und zwischeneinander durchlaufender Fasern, nirgends ein Punkt, in dem sie zusammenlaufen. Oder ist das ganze Gehirn selbst dieser Zentralpunkt? Gewöhnlich meint man so, obgleich es für einen Punkt etwas groß ist; was man sich aber nicht anfechten läßt. Nun aber gibt es genug Tiere, die statt eines Gehirns bloß zerstreute, wenn auch durch Nerven verknüpfte, Ganglienknoten haben, und doch in sehr ausgebildeten, zweckmäßig waltenden Instinkten das Walten einer in sich einigen Seele verraten. Den Insekten mißt man freilich ein Gehirn bei; es ist ein Nervenknoten, der im Kopfe liegt und von dem die Haupt-Sinnes-Nerven ausgehen; aber er ist oft kleiner als andere Nervenknoten desselben Insekts, und schneidet man ihn samt dem Kopf weg, so hören die Zeichen der Seelentätigkeit nicht auf.

Man höre:

"Die Gliedertiere (Insekten) machen nach Wegnahme des Kopfes Bewegungen, welche Willenstätigkeit voraussetzen. Geköpfte Fliegen und Käfer fliegen und laufen nach der Operation oft ziemlich weit und lange. Sie bewegen sich nicht nur infolge äußerer Reize, sondern wechseln ab mit Bewegung und Ruhe, und zwar zeigt sich in diesem Wechsel kein fester Typus, und die Ruhe scheint nicht bloße Folge der Ermüdung. Eine geköpfte Schmeißfliege war für Tabaksrauch empfindlich, was freilich nicht notwendig auf ein Riechvermögen zu beziehen ist. Auf den Rücken gelegt, suchte sie sich aufzurichten, und als ihr, weil dies nicht gelang, ein spitzes Hölzchen zur Unterstützung hingehalten wurde, ergriff sie dieses zuerst mit einem Fuße, worauf sie die übrigen Beine geschickt nachzog. Geköpfte Wespen stechen auf eine Weise, welche ihr Streben zu stechen kaum verkennen läßt, denn der Stachel des Tieres wird nicht etwa ganz mechanisch vorgeschoben und eingezogen, sondern das Tier bemächtigt sich mit den Fußen eines Gegenstandes, hält ihn fest und sticht hinein. Ähnliches sah Treviranus. Dergleichen Bewegungen sind nicht[20] Reflexbewegungen, denn sie erfolgen ohne äußeren Reiz, sie haben auch wenig Ähnlichkeit mit Konvulsionen, als welche Grainger sie auffaßt. Denn einerseits fehlt ihnen das Zuckende, welches den Konvulsionen eigen ist, andrerseits scheinen sie Zwecke zu verfolgen, welche durch die Vorstellung gegeben sind." (Volkmann in Wagners Physiolog. Wört. Art. Gehirn. S. 576.)

Das Nervensystem der Asterias besteht aus einem Nervenringe, in dem 5 Nervenknoten symmetrisch verteilt sind, von denen einer so viel als der andere Wert ist; doch bewegt sich dies Tier so gut mit allen Zeichen der Seeleneinheit wie eins, das nur ein Haupt-Zentral-Organ hat. Nun sage ich: wenn die Seelen-Einheit mit einer Verteilung an 5 Nervenknoten besteht, so kann sie ebenso gut mit einer Verteilung an 100 oder 1000 Nervenknoten bestehen, und, wo Nerven überhaupt nicht nötig sind, mit einer Verteilung an Millionen Zellen bestehen; wir sehen eben, es kommt auf die verlangte Zentralisierung nicht an. Unstreitig freilich hat die Zusammenklumpung der Nerven-Masse im Gehirn beim Menschen ihre große Bedeu-

---

[20] Das Wort nicht fehlt im Original durch Druckfehler.

tung, aber es wird eben eine andere sein müssen, als die Einheit der Seele zu bedingen.

Da es mit dem Gehirn nicht wohl zutreffen will, so geht man weiter, und sucht (wie Carus) den Ausdruck der verknüpfenden, zentralisierenden Einheit im ganzen Nervensystem. Aber es leuchtet doch ein, daß, wenn man den Pflanzen eine solche Einheit abspricht, weil sie ein bloßes Agglomerat von Zellen sind, man den Ausdruck einer solchen Einheit nicht in einem System finden kann, was ebenso ein bloßes Agglomerat von Fasern ist. Nur sofern das Nervensystem selbst einen zentralen Punkt darböte, hätte das Tier in ihm ein Zentralisierendes voraus; aber das ist nicht der Fall. Übrigens kann man, wenn es nur um den Gegensatz eines mehr innerlich gestellten Systems zu mehr äußerlich gestellten Systemen in der Organisation zu tun ist, auch in den Spiralfasern der Pflanzen etwas finden, was eine zentrale Stellung gegen die anderen Formteile der Pflanzen hat, und wenn man bei den einfachsten Pflanzen bisher noch keine Spiralfasern gefunden, entspricht das nur dem, daß man auch bei den einfachsten Tieren noch keine Nerven gefunden. Schon früher haben wir aufmerksam gemacht, wie viel Analogie überhaupt die Spiralfasern mit Nervenfasern haben, sind aber auch hier nicht geneigt, mehr Gewicht auf diese Analogie zu legen, als dort geschehen; weil wir die ganze Forderung eines Zentralsystems oder Zentralorgans zum Beseeltsein für eine unberechtigte halten.

Das schlagendste Beispiel vielleicht, daß kein Zentralorgan, daß auch kein in sich selbst zurückkehrender Kreislauf von Säften als Träger, Ausdruck oder Bedingung der Einheit, der Herrschaft, des Abschlusses der Seele in sich wesentlich sei, kann uns wieder der Polyp gewähren. Erinnern wir uns an schon früher angeführte Tatsachen. Hat ein Armpolyp sich ganz ausgedehnt und seine Fangarme alle ausgebreitet, und man berührt ihn mit einer Nadel, oder erschüttert das Wasser, so zieht er sich auf einmal allen seinen Teilen nach in ein kleines Klümpchen zusammen. Das nimmt sich doch ganz so aus, wie die Wirkung einer den ganzen Leib des Polypen beherrschenden, alle Teile desselben in einem Wirkungszusammenhang verknüpfenden Seele, womit man noch die andern, oben angeführten Zeichen eigentümlicher, unter sich zweckmäßig zusammenhängender Seelentätigkeiten des Polypen in Verbindung setzen mag. Nun behaupte ich durchaus nicht, daß die Polypen

Philosophen sind; aber ich behaupte, daß der selbst ein schlechter Philosoph ist, der nach solchen Zeichen dem Polypen entschiedene, selbständige, zur Einheit verknüpfte Empfindungen und Triebe verschiedener Art absprechen will. Was aber ist der Polyp seiner Organisation nach? Eine einfache Röhre, worin man bis jetzt weder Gefäße noch Nerven irgend sicher hat entdecken können, am einen Ende mit hohlen Fangarmen versehen. Mag man immerhin vielleicht noch Nerven entdecken, oder das, was man in manchen Arten Polypen dafür gehalten, diesen Namen wirklich verdienen, aber ein Zentralorgan und einen Kreislauf wird man gewiß nicht entdecken. Kann aber soviel selbständige und in sich zusammenhängende Empfindung und Willkür ohne Zentralorgan und Kreislauf bestehen, so kann auch noch mehr ohne das bestehen, weil sie dann überhaupt nicht daran gebunden sein kann.

Ist es nicht sonderbar, daß, da man die Seele doch gewöhnlich selbst als das die ganze Mannigfaltigkeit des Leiblichen verknüpfende Prinzip betrachtet, man andererseits so geneigt ist, noch das sichtliche Hervortreten eines ausgezeichneten Punktes oder Organs in dieser Mannigfaltigkeit als besonderen Ausdruck ihrer einigenden Gewalt zu verlangen? Betrachten wir die Figur in einem Kaleidoskop, jeder Strahl des bunten Sterns bedeutet darin soviel wie der andere; auch im Akanthusblatt des korinthischen Kapitäls bedeutet jedes Seitenblättchen soviel wie das andere; es ist kein Teil da, welcher die einigende Idee, die nach dem harmonischen Eindruck des Ganzen doch vorhanden sein muß, besonders repräsentierte, sie liegt in der das Ganze bindenden Symmetrie begründet. Ebensowenig aber als hier von der Idee eines Objektes wird man von der Seele eines Subjektes einen handgreiflichen Nachweis ihrer einigenden Kraft in einem besonders ausgezeichneten Teile verlangen können. Freilich kann man in dem bunten Stern des Kaleidoskops auf den Mittelpunkt, in dem Akanthusblatt auf die Achse des Blattes als das Einigende verweisen; aber an solchem ideellen Zentrum fehlt es auch der Pflanze nicht, sei es, daß man auf den Knotenpunkt, von dem aus die Wurzel abwärts, der Stengel aufwärts steigt, sei es, daß man auf die Achse der ganzen Pflanze verweisen will, von deren normierender Bedeutung ja ohnehin in der Botanik so viel Wesens gemacht wird.

Ich denke, es ist mit dem Leibe wie mit der Welt. Gott herrscht als Allgegenwärtiger in der ganzen Welt, bindet, verknüpft alles, ohne daß er dazu einer in der Mitte erscheinenden Zentralsonne bedarf; nur an einen ideellen Kraftmittelpunkt (Schwerpunkt) des Ganzen läßt sich denken, der aber ebensogut zwischen die Sonnen ins Leere als in eine derselben fallen könnte, und ebensogut gefunden werden würde, möchten alle Sonnen auch ganz gleich sein. Nur sofern sie wirklich nicht ganz gleich sind, bedeutet die größere und gewichtigere Sonne freilich auch mehr und Wichtigeres als die kleinere und leichtere. So ist es auch in unserem kleineren Leibe kein einzelnes Organ, an dessen Dasein sich die Herrschaft und einigende Kraft der Seele bindet; sie herrscht ebenso allgegenwärtig im Leibe als Gott in der Welt. Und wenn in einem Leibe einzelne Teile mehr Bedeutung als andere, eine Oberherrlichkeit gegen die andere gewinnen, so kann dies auch nur eine höhere Entwickelung der Seele gegen den Zustand, wo alles gleich ist, bedeuten, aber nicht erst das Dasein der Seele bedeuten; und auch in der Pflanze fehlt es nicht an solchen Teilen, sei es, daß wir auf die Spiralgefäße innerlich, oder auf die Blüte äußerlich reflektieren wollen, die, wenn sie auch nicht von Anfange an da, doch von Anfange an im Werden ist, und in diesem Werden schon den ganzen Lebensprozeß der Pflanze seine Richtung gibt. Ja diese Richtung, welche alle Teile und Seiten des Lebensprozesses der Pflanze von Anfang an auf die Erzeugung der Blüte nehmen, beweist von vornherein am besten die Untriftigkeit aller jener Behauptungen, daß die Pflanze nichts als ein Haufen aufeinander bezugsloser Zellen sei. Es wäre ebenso, als ob eine schöne Kuppel aus einem Sand- und Steinhaufen von selber erblühen könnte.

Nur zu gewöhnlich freilich ist es, sich die Seele selbst bloß wie ein kleines leibliches Wesen im größeren leiblichen Bau vorzustellen, wo sie dann freilich auch ein besonderes kleines Stühlchen zu ihrem Sitze bedürfen wird, um von da aus das Ganze des Leibes zu beherrschen und sich das Erforderliche dahin zutragen zu lassen. Man denkt sich die Seele etwa wie den Weisel eines Bienenstocks, der in einer besonders ausgezeichneten Stelle dieses Stockes sitzt, und um den sich der ganze Haushalt des Stockes dreht. Aber halten wir das Bild fest, so liegt die Seele des Bienenstockes doch eigentlich nicht bloß im Weisel, was wäre ein Bienenstock, in dem es nichts als einen Weisel gäbe; er ist bloß eine Hauptsache darin. In jeder Zelle, wo eine Biene sitzt, sitzt vielmehr auch etwas von der Seele des Bienenstockes. Und wenn im Bienenstocke allerdings die Königin sich vor anderen Bienen auszeichnet, wie unser Gehirn oder ein Teil desselben vor andern Organen, ist dies nicht mehr der Fall im Ameisenhaufen, wo es doch ebenso einig und geordnet hergeht wie im Bienenstocke. Wohlan, sage ich, wenn die Tiere monarchische Bienenstöcke sind, sind die Pflanzen republikanische Ameisenhaufen. Eine Republik hat aber so gut ihre Einheit wie eine Monarchie.

Zwar scheint uns in einer Monarchie das einigende Prinzip doch mehr gesichert und strenger repräsentiert als in einer Republik. Aber woran hängt das? Gewiß nur daran, daß jeder Mensch schon für sich ein monarchisches System mit dem Gehirn an der Spitze bildet; demgemäß ist nun auch eine menschliche Gesellschaft mehr darauf eingerichtet, sich in einer Monarchie, als Republik zur völligen Einheit abzuschließen. Aber die Ameisen beweisen, daß dies gar nicht mit der Natur der Republik zusammenhängt. Und man sieht nicht ein, warum es der Natur schwerer fallen sollte, in einen Haufen verwachsener Zellen als in einen Haufen auseinanderlaufender Ameisen eine ideelle Einheit zu verlegen.

Nach allem hat man bei der Frage nach dem äußeren Ausdruck oder den leiblichen Bedingungen für die Seeleneinheit in der Pflanze gar keine Rücksicht darauf zu nehmen, ob sich in der Pflanze etwas ähnlich zusammenklumpt wie das Gehirn im Tiere, oder eine ähnliche, zentrale Stellung gegen den übrigen Leib annimmt wie deren Nervensystem; denn jener Klumpen und dieses System sind näher betrachtet doch so gut noch ein höchst Zusammengesetztes wie der Zellenbau der Pflanze, und wie wir gesehen, klumpt sich nicht einmal in jedem Tier etwas so zusammen, und ist der Knoten der ideellen Verknüpfung überhaupt in keinem massiven Knoten oder zentralen Strang zu finden. Ein Netz mit vielen Knoten kann so gut Träger der psychischen Einheit sein wie eine Geißel mit einem einzigen Knoten, in dem viele Fäden zusammenlaufen.

Dagegen wird man allerdings eine durchgreifende Wechselbeziehung aller Teile und Tätigkeiten des Leiblichen und Zusammenstimmung derselben zu zweckmäßigen Leistungen für das Individuum als Ausdruck der verknüpfenden und sich auf sich selbst zurückbeziehenden Seelenherrschaft zu fordern haben. Denn solche nehmen wir auch am Menschen und Tiere als Ausdruck der einigenden Seelenherrschaft wahr. Sehen wir nun zu, ob es daran in den Pflanzen fehlt. Was zwar die Seite der Zweckmäßigkeit anlangt, so ist hierüber schon im Frühern genug gehandelt. Aber das Vorhandensein eines durchgreifenden Wechselbezugs erfordert noch seinen Nachweis gegen die obigen Behauptungen.

Man irrt zuvörderst sehr, wenn man meint, die äußere Form der Pflanze, welche den ganzen Zellenbau nach einem einheitlichen Plan umschließt, sei eben bloß ein Äußerliches daran, was nicht in Anschlag komme, wenn es sich um die Frage handelt, ob ein innerer lebendiger Wechselbezug zwischen den Kräften und Tätigkeiten aller einzelnen Zellen besteht, da diese äußere Form selbst nur der äußerlich zutage liegende Effekt des innerlich zusammenhängenden Wirkens der Gesamtheit aller Zellen ist, und ohnedem gar nicht so hatte entstehen können, wie sie eben entstanden ist. Wenn doch eine Tulpenzwiebel unter der Erde noch nie etwas anderes als eine Tulpe über der Erde getragen hat, wer mag leugnen, daß die Kräfte, welche an der Pflanze unter der Erde bilden, in genauestem Zusammenhange mit denen wirken, welche an ihr über der Erde bilden; die Zellen der Zwiebel und der Tulpe in ihrer Anordnung und Funktion abhängig voneinander sind?

Indem man die Pflanze wesentlich bloß "für eine morphologische Verknüpfung ihrer physiologisch selbständigen Elementorgane" erklärt, tut man in der Tat nichts anderes als einen Widerspruch in *adjecto* begehen. Und wer wird wirklich glauben, was man hiernach glauben müßte, daß eine Zelle, die im Zusammenhange der ganzen Pflanze z. B. Stärkemehl, Zucker bereitet, sich auf ihre besondere Art vermehrt, dasselbe ebenso außer dieses Zusammenhanges vermöchte? Gibt es Pflanzen, die nur aus einer Zelle bestehen (*Protococcus*) und noch vegetieren, worauf man Gewicht zu legen scheint, so wäre doch weder logisch noch empirisch daraus, daß eine Pflanzenzelle für sich selbständig existieren kann, weil sie gerade in einem besonderen Falle darauf eingerichtet ist es zu können, der Schluß zu ziehen, daß die Pflanzenzellen, auch wo sie nicht mehr für sich sind, noch für sich selbständig existieren und existieren können, während die direkte Erfahrung vielmehr zeigt, daß sie es nicht können.

Wäre es freilich richtig, daß man Teile einer Pflanze losreißen kann, ohne daß sich in der übrigen Pflanze etwas dadurch änderte, so möchte darin ein direkter Beweis gegen die Abhängigkeit der verschiedenen Pflanzenteile und deren Funktionen voneinander liegen; aber sieht man näher zu, so lehren die Erfahrungen gerade das Gegenteil. Wer kennt nicht den Weinschnitt, den Baumschnitt? Schneide ich hier einen Zweig ab, treibt dafür ein neuer aus einer Knospe, die sonst keinen getrieben hätte. Nehme ich einem Baume alle Blätter, können unter Umständen selbst Stamm und Wurzeln eingehen; schneide ich die Wurzeln ab, gehen Stamm, Zweige und Blätter ein, manchmal auch nicht; es treiben neue Wurzeln, die sonst nicht getrieben hätten; es ist wie bei der Eidechse, der man ein Bein abschneidet, hat sie eins, so treibt sie keins, hat sie keins, so treibt sie eins. Daß man freilich den Einfluß kleiner Verletzungen an der Pflanze nicht bemerkt, ist natürlich; aber deshalb fehlt er nicht. Denn so gewiß es ein Baum in einer beträchtlichen Veränderung spürt, wenn man ihm alle Blätter nimmt, so gewiß wird er es in einer nur nach Verhältnis kleineren Veränderung spüren müssen, wenn man ihm eins nimmt.

Hier folgt eine Reihe Tatsachen, welche den durchgreifenden Wechselbezug, der durch die Teile der Pflanze von unten nach oben, wie von oben nach unten, wie von der Achse nach den Seitenteilen und umgekehrt herrscht, unter verschiedener Form zu erläutern dient.

Schleiden sagt (Grundz. I. S. 218.): "Wir bemerken leicht, daß in den einzelnen Zellen der *Chara* die schiefe Richtung der grünen Kügelchen sich durch die folgenden Zellen hindurch zu einer vollkommenen Spirale ergänzt; ebenso findet häufig ein eigentümlicher Zusammenhang zwischen den spiraligen Ablagerungen zweier benachbarten Zellen statt, so daß dem nicht sehr aufmerksamen Beobachter sich die Spirale ununterbrochen fortzusetzen scheint." Diese Tatsache möchte sich doch nicht ganz mit den obigen Äußerungen Schleidens vertragen.

Linné beobachtete, daß ein Baum, in einem weiteren Gefäße überflüssig genährt, mehrere Jahre hintereinander Zweige aus Zweigen hervorbringe, da derselbe, in ein engeres Gefäß eingeschlossen, schnell Blüten und Früchte trage. — Hier erkennt man den Einfluß, den die Art der Bewurzelung auf die Krone des Baumes hat.

Knight hat beobachtet, daß alle Birn- und Apfelbäume, die man von den äußeren Teilen ihrer Rinde befreit hatte, in zwei Jahren mehr Holz ansetzten, als sie in den zwanzig vorhergehenden Jahren angesetzt hatten (Decand. II. S. 812). — Hier gibt sich der Einfluß einer Veränderung der äußeren Teile auf die inneren zu erkennen.

Löst man von dem Umfange eines Astes oder Baumes einen ringförmigen Rindenstreifen ab (sog. Zauberring), So trägt er oberhalb reichlicher Blüten und Früchte, reift letztere schneller, wirft früher seine Blätter ab und verdickt sich stärker im Holze als unterhalb jenes Schnittes (Schleiden, Grundz. II. S. 503). — Hier zeigt sich der Einfluß einer nur an einer kleinen Stelle hervorgebrachten Veränderung auf die ganze Vegetation des Baumes.

Wenn ein Pfropfreis, z. B. von Aprikosen, auf einen Pflaumenstamm gesetzt wird, bekleidet sich der Pflaumenstamm nach und nach mit Jahrringen von Aprikosenholz (ebendas. S. 803). Hier sieht man deutlich, wie nicht bloß unten angebrachte Veränderungen nach oben, sondern auch oben angebrachte Veränderungen nach unten wirken.

"Nimmt man im Winter einen Baum, der mit seinen Wurzeln in der Erde oder auch in einem Gefäß steht, das Wasser enthält, welches nur ein paar Grade über dem Gefrierpunkte steht, und bringt einen seiner Zweige (ohne ihn vom in der Kälte stehenden Stamm zu trennen) in ein Treibhaus, das bis auf 12° oder 15° (C.?) erwärmt ist, so entwickelt dieser seine Blätter und Blumen, während der übrige in der Kälte stehende Baum noch vollkommen erstarrt erscheint. (Decand., Phys. I. S. 76.) Hier sieht man, daß, die vermehrte Tätigkeit, welche durch die Wärme in den Zweigen veranlaßt worden ist, rückwärts die einsaugende Tätigkeit der Wurzeln angeregt hat, den Saft zu dem Treiben des Zweiges zu liefern: "denn," sagt Decandolle, "das Wasser, welches diese Knospen entwickelt, kommt nicht aus dem Treibhause, in welchem sie leben, sondern aus der Erde oder Wasser, welches die Wurzeln umgibt; ich habe mich selbst davon überzeugt, daß das Wasser in den Gefäßen, in welche die Wurzeln getaucht sind, abnimmt. Knight gelangte durch die Bemerkung, daß der Stamm unter den beschriebenen Umständen leichter erfriert als gewöhnlich, zum gleichen Resultate. Das leichtere Erfrieren beweist nämlich, daß in dem Baumstamm unterhalb des in das Treibhaus gebrachten Teiles mehr Wasser enthalten ist als sonst."

Wenn man im Mai oder Juni einem Baumstamm seine Blätter nimmt, entwickeln sich alle in deren Achseln liegende Knospen auf der Stelle, wie man bei den für die Seidenwürmer abgelaubten Maulbeerbäumen bemerken kann, sowie auch, wenn nach einem Hagel, der in den Obstgärten alle Blätter herunterschlug, heißes und feuchtes Wetter eintritt. (Decand. II. S. 482.) Wenn zu viele Zweige nebeneinander stehen, so werden die schwächsten von den stärksten ausgehungert; wenn zu viele Früchte dicht nebeneinander entspringen, so gedeihen nur diejenigen, deren Wachstum am kräftigsten ist, und gehen die übrigen zugrunde (ebendas. S. 484.) — Während der Entwicklung neuer Blätter werden die Bewegungen des Pflanzenschlafs bei den nächst beistehenden Blättern sehr ungeregelt und langsam, was auch bei einigen Pflanzen (z. B. *Lupinus*) zur Zeit der Entwickelung der Blumen und Früchte der Fall ist. (Dassen in Wiegm. Arch. 1838. I. S. 216.) — In diesen Fällen findet man eine Beziehung zwischen nachbarlichen Seitenteilen derselben Pflanze.

Eine Bemerkung, die schon oft gemacht ist, wird in den Compt. rend. 1835. II. 360 Von Jaubert wiederholt, daß nämlich an der Seite, wo die Äste der Bäume am stärksten sind, auch sich starke Wurzeln finden. Er sagt, daß er dieses gar oft in der Sologne beim Ausroden von Bäumen gefunden habe. — Hier findet sich eine Spezialbeziehung zwischen gewissen Teilen des Baumes und gewissen andern Teilen desselben Baumes, wie auch in Tieren dergleichen Spezialbeziehungen vielfach vorkommen.

Mustel versichert aus eigner Erfahrung, daß alle übrigen Blumenteile absterben, sobald man die Blumenblätter abschneidet, wenn eine Blume anfängt sich zu entfalten; nimmt man dieselben hingegen später weg, so scheint der Embryo nur um so mehr zu gewinnen. — Da hat man Sympathie und Antagonismus in demselben Beispiele (Mustel, Traité de la végét. I. 178.).

Nach Gärtner (Vers. und Beobacht. über die Befruchtungsorgane der vollk. Gewächse. 1844.), wenn die Befruchtung des Ovariums nicht angeschlagen ist, schwindet der Kelch und nimmt ein krankhaftes Ansehen an, hat aber die Befruchtung des Ovariums stattgefunden, so erhält er sich mehrere Tage, je nach Art der Pflanze. — Hier zeigt sich eine ähnliche Sympathie in umgekehrter Richtung.

Man hat ausnahmslos beobachtet, daß Weinstöcke mit blauen Trauben im Herbste purpurrote Blätter bekommen, solche mit weißen oder gelben Trauben aber gelbe. (Decand. II. S. 707.) — Hier sieht man, wie die Färbung der Pflanzenteile nach einem durch das Ganze reichenden zusammenhängenden Plane erfolgt.

Unstreitig wird man nach solchen Tatsachen nicht leugnen können, daß die Pflanze ein durch Wechselbezug aller Teile fest in sich gebundenes Individuum ist, so gut als das Tier.

Wenn wir von einer durchgreifenden Wechselbeziehung aller Teile der Pflanze sprechen, haben wir dies freilich nicht so zu verstehen, als ob nun die Zellen an der Wurzelspitze eine direkte Wirkung in Distanz auf die Zellen der Blüte zu äußern vermöchten. Nein, eben nur mit Hilfe der anderen Zellen der Pflanze findet ihre Beziehung statt; wie dies derselbe Fall bei Mensch und Tier ist. Die Teile meines Fußes und meines Kopfes wirken auch nur durch Vermittelung der anderen Teile aufeinander; und hierbei gibt es nähere und fernere Beziehungen. Wir kennen die Kräfte, welche diese Beziehungen vermitteln, so wenig im Tier wie in der Pflanze vollständig; aber ihr wirkliches Vorhandensein ist jedenfalls ebenso deutlich in der Pflanze wie im Tiere.

Einige Vermittlungsglieder liegen indes unserer Kenntnis wirklich vor; nur muß man nicht das Ganze darin sehen wollen, sondern nur Momente des Ganzen. Ich erinnere an folgendes: Nach Maßgabe wie durch Ausdünstung der Pflanze oben Feuchtigkeit verloren geht, wird sie von unten nachdringen müssen, wie das Öl von unten in den Docht nachsteigt, nach Maßgabe wie es oben verzehrt wird. Schwillt irgendwo eine Zelle oder Faser an, wird sie durch Druck auf das ganze übrige System wirken müssen; wird irgendwo ein Weg gesperrt, wird der Saft sich durch das übrige System Bahn zu machen suchen; wird ein Teil losgerissen, wird der Saft in größerer Menge den übrigen Teilen zugute kommen. Die Gesetze der Exosmose und Endosmose mögen hierbei noch weiter greifen, als wir wissen. — Man kann fragen, was können solche hydrostatisch-hydrodynamische Vorgänge überhaupt für Bedeutung für das Psychische haben. Wenn wir aber sehen, daß nach Maßgabe wie das Blut rascher oder langsamer oder anders in unserem Kopf und Körper läuft, sei's selbst nur vermöge ganz mechanischer Störungen im Gefäßsystem, auch Gedankenlauf und Stimmungen den wichtigsten Einfluß erfahren können, und wenn sein Lauf stockt, stillstehen; so werden wir auch selbst den mechanischen Momenten des Saftlaufs in den Pflanzen eine Bedeutung für das Psychische sehr wohl zuschreiben können; wobei es immer frei steht, die Unfreiheit des Mechanischen mit der unfreien Seite der Seele in Beziehung zu setzen; da in der Tat das, was im Denken und Empfinden von der mechanischen Seite des Blutlaufs in uns abhängt, etwas ganz Unfreies in uns ist.

Das Vorige hindert nicht, daß doch auch jede Zelle der Pflanze in gewisser Weise ihr individuelles Leben führe. Es ist nur eben ein einer höheren Individualität untergeordnetes Leben. Goethe drückt sich hierüber in seiner Metamorphose der Pflanzen treffend genug aus: "Jedes Lebendige ist kein Einzelnes, sondern eine Mehrheit; selbst insofern es uns als Individuum erscheint, bleibt es doch eine Versammlung von lebendigen selbständigen Wesen, die der Idee, der Anlage nach, gleich sind, in der Erscheinung aber gleich oder ähnlich, ungleich oder unähnlich werden können." Man muß nur auf die Erscheinungen des individuellen Zellenlebens nicht einseitig sein Augenmerk richten, als würde ein durchgreifender allgemeiner Bezug ihrer Tätigkeiten dadurch irgendwie ausgeschlossen.

Zu dem durchgreifenden lebendigen Wechselbezuge aller Teile der Pflanze werden wir noch einen kontinuierlichen Fortbezug der sukzessiven Lebens-Erscheinungen der Pflanze auf einander als Ausdruck einer zum Räumlichen auch ihr Zeitliches beherrschenden und verknüpfenden Seelen-Einheit zu fordern haben. Auch dieser fehlt nicht. In der Tat ebenso gut, als die Blüte jeder Pflanze mit ihrer Wurzel in wechselbedingenden Beziehungen der Gestalt und Funktion steht, wirkt jeder frühere Entwicklungszustand der Pflanze bedingend für jeden spätern. Der jetzige Zustand der Pflanze wird, um mich eines beliebten Wortes zu bedienen, sozusagen immer in dem folgenden aufgehoben; d. h. der jetzige bleibt nicht, aber erhält sich durch seine Wirkungen im folgenden fort. Es ist ebenso, wie unsere jetzigen Seelentätigkeiten sich in Wirkungen durch die folgenden forterhalten, selbst wo sie nicht wieder in bewußten Erinnerungen auftauchen. Und sofern die Seelentätigkeiten von leiblichen Tätigkeiten getragen werden, hängt eben eins am anderen.

Beispiele dieser Folgebeziehung der früheren zu den späteren Vorgängen in der Pflanze liegen zum Teil schon im obigen, da die Wechselbeziehungen und Folgebeziehungen im Organismus eigentlich nur mit- und durcheinander bestehen. Ich füge nur noch einiges hinzu, wo die letzte Seite der Beziehungen augenfälliger in Betracht kommt.

Es gehören hierher namentlich die periodischen Erscheinungen des Pflanzenlebens, insoweit sie unabhängig von der Periodizität äußerer Einflüsse sind; indem ein früher dagewesener Zustand hierbei als Grund seines spätem Wiederauftretens erscheint.

"Nirgends," sagt Decandolle (II. S. 18), "spricht sich diese Folge der Periodizität oder der Gewohnheit entschiedener aus, als wenn man Pflanzen einer Halbkugel in der entgegengesetzten einbürgert. Versetzt man unsere Obstbäume in die gemäßigten Gegenden der südlichen Halbkugel, so fahren sie noch einige Jahre hindurch fort, um die Zeit zu blühen, welche unserem Frühlinge entspricht; das Umgekehrte findet statt, wenn man gewisse Bäume der südlichen Halbkugel nach Europa bringt." "Häufig ist es der Fall, daß ein Baum, der in einem Jahre sehr viele Früchte trug, oder an dem die Früchte sehr lange sitzen blieben, das Jahr darauf wenig oder nicht blüht. Im südlichen Europa hat man beobachtet, daß die Ölernte fehlschlägt, wenn man die Oliven (*Olea Europaea*) zu spät an den Bäumen sitzen läßt; letzterer Umstand ist daran schuld, daß der Ölbaum nur ein Jahr ums andere Frucht trägt. Pflückt man hingegen die Oliven frühzeitig ab, so kann man jährlich ernten."

Auch die Erscheinungen der Gewöhnung sind hierher zu ziehen, welche man bei der Sinnpflanze und anderen Pflanzen beobachtet hat (vergl. S. 181). Eine Folge dieser Gewöhnung ist, daß die Sinnpflanze, obwohl sie, in Zimmern gehalten, bei jeder Erschütterung die Blätter zusammenlegt, dies doch im natürlichen Zustande im Freien nicht ebenso tut. Link sagt in dieser Beziehung: "Im Winde fallen die Blätter dieser Pflanze zusammen, aber richten sich ungeachtet des Windes wieder auf, und gewöhnen sich endlich so daran, daß dieser nicht mehr auf sie wirkt."

Vermißt man in den Pflanzen einen Kreislauf der Säfte, so haben solchen, wie schon bemerkt, Polypen und andere Tiere ebensowenig, und unstreitig gilt davon dasselbe wie von dem Vorwalten eines Zentralorgans; er bedeutet nur eine besondere Art, wie das Ganze zur Einheit gebunden werden kann, ohne die einzige Art zu bedeuten. Das Wesentliche wird immer statt eines Herumlaufens der Säfte im Kreise ein solcher Kreis der Beziehungen sein, daß, wie die Erscheinungen in der Wurzel Einfluß auf die in Blatt und Blüte gewinnen, auch hinwiederum rückwärts dies der Fall ist. Daß es aber so sei, lehren die oben angeführten Beispiele zur Genüge.

Aber wie, sagt man, läßt sich nicht die Pflanze in hundert Stücke schneiden, und jedes dieser Stücke, zum Steckling gemacht, wächst fort? Kann man etwa die Seele auch in hundert Stücke spalten? Wie sollte man sich das denken?

Es ist wahr, da ist es viel leichter, sich zu denken, die Pflanze hat keine Seele; so vermeidet man die Schwierigkeit zu denken, wie sie sich dann bei der Spaltung benimmt. Ich meine aber, die Natur kümmert sich um unsere Leichtigkeit oder Schwierigkeit, dergleichen zu denken, nicht.

Kann man nicht auch den Polypen in hundert Stücke schneiden, und jedes Stück gibt einen neuen Polypen? Man wird wieder sagen: was beweisest du mit dem Polypen, dem wir selbst kaum eine Seele zugestehn? Und ich werde wieder an sein Zusammenziehen bei Berührung mit der Nadelspitze, seine Freßgier, seinen Zank um die Beute, seine Auswahl zwischen den Nahrungsmitteln, seine Empfindlichkeit gegen das Licht erinnern. Aber natürlich, es ist uns eben auch unbequem, den Polypen beseelt zu denken; also übersehen wir dergleichen am liebsten. Doch wir sind glücklicherweise nicht auf den Polypen allein verwiesen. Auch einen Regenwurm kann man in zwei Stücke schneiden; jedes gibt einen neuen Regenwurm. Wie soll man es sich hier denken? Der Regenwurm ist ein Tier, das schon Gefäß- und Nervensystem, ausgebildete Verdauungswerkzeuge und Muskeln hat. Es gibt noch hundert und tausend andere Tiere, bei denen man dasselbe findet.

Noch in diesen Tagen las ich in Frorieps und Schleidens Notizen folgende neuere Versuche, mit der *Nais serpentina* angestellt.

Schnetzler zerschnitt mehrmals einzelne Tiere dieser Art in drei oder vier ungleiche Stücke und erhielt aus diesen fast immer eine gleiche Anzahl lebendiger Individuen. An einem aus der Mitte genommenen, aus drei Ringen bestehenden Stücke nahm er mehrere Tage hindurch alle Lebenszeichen wahr; die Blutzirkulation dauerte fort und mit ihr Respiration, "Gefühl", Bewegung usw. Im Augenblicke des Durchschneidens verschlossen die Muskeln sowohl den Darmkanal als den großen Gefäßstamm, und verhinderten so das Austreten des Nahrungssaftes; allmählich stellten sich die Verbindungen zwischen dem Rückengefäße und der Bauchvene wieder her, und so ward nach und nach das abgeschnittene Stück zum neuen Individuum. (Frorieps und Schleidens Not. 1848. Jan. S. 35.) "Danach," sagt Schnetzler, "scheinen die chemischen und physikalischen Kräfte, welche die sichtbaren Lebenserscheinungen des Einzelwesens bedingen, in allen Ringen einer Naide gleiche Energie zu besitzen, wie sich überhaupt die ganze Familie durch den Mangel der Örtlichkeit für die tierischen Funktionen auszeichnet, so daß ein ganzes Tier gewissermaßen einen Haufen von Individuen in latentem Zustande vorstellt."

Also ein Naturforscher zieht aus jenen Versuchen den Schluß: "daß ein ganzes Tier gewissermaßen einen Haufen von Individuen in latentem Zustande vorstellt," d. h. mit anderen Worten, daß es in dieser Beziehung den Pflanzen ganz ähnlich ist. Und doch bewegt sich, frißt, lebt die Naide überhaupt mit so deutlichen Zeichen selbständiger Empfindung wie ein Insekt oder Blutegel.

Selbst bis zu den Insekten herauf kann man dergleichen verfolgen; obwohl undeutlicher.

Eine Wespe, zwischen Brust und Unterleib durchschnitten und dadurch in zwei Hälften geteilt, geht noch mit dem vorderen Teile, beißt und äußert alle Handlungen, aus denen man auf Willkür schließen kann; aber auch der abgeschnittene Unterleib krümmt sich noch mannigfaltig und sucht, wenn man ihn berührt, mit abwechselnd nach allen Richtungen hin bewegtem Stachel zu verletzen; auch können beide Hälften noch tagelang fortleben. (Autenrieth, Ansichten. S. 435.)

Nun ist es wahr, ein Tier aus höheren Klassen kann man nicht mehr beliebig in zwei oder mehrere Stücke schneiden, so daß es fortlebt; doch ist die Geburt ein Beweis, daß es sich von selbst in mehrere dergleichen Stücke teilen kann.

Unter den niederen Tieren aber gibt es manche, die während sie noch auf der ersten Stufe der Entwickelung stehen, sich sogar von selbst so spalten, daß sie ganz verschwinden, indem sie in mehrere neue fortlebende Individuen von einer anderen Entwicklungsstufe zerfallen, welche entweder zusammen gruppiert bleiben, und so alsbald eine Kolonie bilden (aggregierte Aszidien), oder sich ganz voneinander trennen, um isoliert fortzuleben (Kampanularien, Medusen usw.).

Man mag all dies so schwer erklärlich finden, als man will; aber kann man deshalb sagen, der Polyp, Regenwurm, die Naide, das Insekt, die Frau, die ein Kind gebiert usw., seien keine Wesen mit einer einigen Seele? Ich behaupte, daß uns diese Schwierigkeit hier überhaupt gar nicht kümmern kann. Wir fragen bloß: kann man den Pflanzen soviel Einheit der Seele zuschreiben wie Tieren, bei denen man sie nie bezweifelt hat?

Wie es mit den Trennungsphänomenen ist, so ist es mit den Verwachsungsphänomenen, die man in ähnlichem Sinne gegen die Seele der Pflanzen geltend machen könnte. Man hat niedere Tiere halb durchschnitten und die Hälften von verschiedenen Individuen zusammengenäht, und unter geeigneten Umständen sie verwachsen und sich wie ein Individuum benehmen sehen. Es möchte für jetzt unmöglich sein, anzugeben, wie sich die Seele hierbei verhält. Aber da wir bei Tieren nichts durch solche Phänomene gegen die Seele bewiesen halten, wie sollen wir es bei Pflanzen?

Es ist wahr, dergleichen findet sich im Pflanzenreiche in größerer Ausdehnung vor als im Tierreiche; aber das kann nur beweisen, daß die Natur die Verhältnisse, um die es sich hierbei handelt, eben in der Einrichtung der Pflanzen zur vorzugsweisen Ausbildung hat bringen wollen, während die Einrichtungen des Tierreichs weniger und nur nach Maßgabe dafür geeignet sind, wie sie auch im übrigen sich denen des Pflanzenreichs mehr nähern. Jedenfalls muß das, was wir bei Tieren davon finden, hinreichen, uns vor dem voreiligen Schlusse zu sichern, als vertrage sich dergleichen nicht mit Beseelung. Man möchte sagen, die Natur habe die pflanzenähnlichen Tiere eben als Fingerzeige in dieser Hinsicht hingestellt.

Sagt man, der Pflanzen-Organismus sei nur als ein im ganzen aufgehendes Glied des Gesamtorganismus zu betrachten, vergleichbar einer Drüse, welche die Stoffe des größern Organismus, in den sie eintritt, in sich verarbeitet und wiedergibt, so sieht man nicht ab, was in dieser Hinsicht von der Pflanze ausgesagt werden könnte, das nicht dem Tiere ebenso zukäme. Freilich ist es nicht in der Erde festgewachsen, aber es wurzelt gerade so notwendig in der irdischen Außenwelt wie die Pflanze; denn hebe es in den leeren Raum über die Erde und den Luftkreis, und es stirbt noch eher als eine Pflanze, die du mit der Wurzel ausgerissen; auch ist es so gut in einem beständigen Wechselverkehr von Stoffen und Tätigkeiten mit der Außenwelt begriffen wie die Pflanze. Überhaupt aber widerspricht es nicht der Individualität eines Wesens, zugleich als Glied einer allgemeineren Ordnung der Dinge zu erscheinen.

XIV. Näheres über die Konstitution der Pflanzenseele.

Diese Andeutungen gingen dahin, den Pflanzen ein reich entwickeltes Sinnesleben zuzuschreiben, ein entwickelteres sogar als den Tieren; mit Versagung aber höherer geistiger Befähigung.

Eine solche Auffassung des Pflanzenseelenlebens läßt von vornherein manche Einwände, im Verfolg aber manche Ausführungen zu.

Wie, kann man sagen, ist nicht das, was wir für die Stufe der Pflanze unter der des Tieres erklären, vielmehr die Stufe des Tiers unter der des Menschen? Das Tier ist gegen den Menschen um Vernunft und Verstand verkürzt; was bleibt ihm also wie Sinnlichkeit; dasselbe, was wir auch bloß der Pflanze lassen wollen. Nach uns selber aber soll die Pflanze das Tier vielmehr ergänzen als wiederholen.

Aber das Tier ist in der Tat kein so rein sinnliches Wesen, als wofür man es gern erklärt. Was den Tieren gegen uns fehlt, ist freilich Vernunft, Selbstbewußtsein, das Vermögen, allgemeine Beziehungen geistig zusammenzufassen, die Fähigkeit über sich selbst nachzudenken, bewußte Schlüsse zu machen; aber haben sie nicht noch Erinnerungen an Vergangenes, Vorblick des Zukünftigen, die, auch wo bezüglich auf Sinnliches, doch immer nicht selbst etwas Sinnliches sind; denn das Sinnliche geht bloß mit der Gegenwart. Wer glaubt nicht, daß eine Katze, zum Taubenschlage schleichend, sich schon zuvor vorstellt, was sie da tun will, und sich der Tauben erinnert, die sie da hineinfliegen sah? Kann aber Vernunft, Selbstreflexion verkümmert werden und noch Seele kraftvoll und lebendig bestehen, warum nicht auch jener Vor- und Rückblick? Dadurch erst kommen wir auf die für uns denkbare unterste Stufe des Bewußtseins. Und hat die Natur in den Tieren das Niederste mit dem Höheren ohne das Höchste mannigfaltig nach den verschiedensten Richtungen dargestellt, so liegt von selbst die Vermutung nahe, daß sie sich auch zur selbständigen Darstellung des Niedersten für sich ein besonderes Reich vorbehalten haben werde. Die Systematik der

Natur scheint diese selbständige Ausbildung zu fordern; die verhältnismäßige Einfachheit der Pflanzen genügt ihr.

Aber, sagt man, das Wesen des Seelenlebens besteht doch gerade darin, zeitliche Beziehungen zu vorwärts und rückwärts in sich zu tragen und zu setzen; sie wegfallen lassen, heißt das Seelenleben selbst wegfallen lassen. Eine Seelenstufe wie die, auf welche wir die Pflanzen stellen wollen, kann nach der eigensten Natur der Seele nicht existieren.

Aber man verwechselt zweies. Zwar schließt jeder bewußte Vor- und Rückblick in die Zeit auch zeitliche Beziehungen der Seele ein, aber nicht umgekehrt bedarf es für die Seele eines solchen Vor- und Rückblicks, um sich in zeitlichen Beziehungen lebendig zu erweisen.

Gesetzt, jemand schaukelt sich, so denkt er mit Bewußtsein weder an die vergangene noch die kommende Bewegung, doch fühlt er die Bewegung des Schaukelns in einem unbewußten Bezuge zwischen vor und nach.

Eines anderen Seele wird gewiegt, getragen vom Flusse einer Melodie. Er denkt mit Bewußtsein weder an die vergangenen noch die kommenden Töne; doch spinnt sich der kontinuierliche Faden eines empfundenen Bezuges von den vergangenen Tönen durch die Gegenwart schon in der Richtung nach den folgenden fort.

Könnte also nicht auch das Pflanzenseelenleben so im Flusse sinnlicher Empfindungen dahin wogen, ohne Spiegelbilder von vor- oder rückwärts in der Zeit mitzuführen?

Bei uns freilich kann vor- oder rückgreifende Reflexion in jedem Augenblicke zu solch sinnlichem Seelenspiel hinzutreten; aber sie muß es nicht. Warum soll es nun nicht Wesen geben können, bei denen sie es auch nicht kann, nachdem es schon Wesen gibt, bei denen der noch höhere allgemeinere Umblick, durch den viele Erinnerungen auf einmal verknüpft werden, zurücktritt?

Kurz, wenn wir fragen, was für die Pflanze noch abzustreifen übrig bleibt, nachdem schon das Tier die Vernunft abgestreift hat, so liegt hier etwas vor, dessen Abstreifung sogar noch nötig ist, um die Seele in ihrer einfachsten faltenlosen Weise sich darstellen zu lassen. Und wenn wir, wie es der Fall ist, die Zeichen von Vorblick und

Erinnerung an der Pflanze wirklich vermissen, so haben wir deshalb nicht, wie es gewöhnlich geschieht, die Seele bei ihr zu vermissen; sondern vermißten wir jene Zeichen nicht, so würden wir vielmehr eine mögliche Seelenstufe vermissen.

Daß wir den Pflanzen früherhin Instinkte zugesprochen, widerspricht dem nicht, daß wir ihnen jetzt den Vorblick in die Zukunft absprechen. Denn auch die Instinkte der Menschen und Tiere haben, insoweit sie reine Instinkte sind, zwar Bezug auf Zukünftiges; aber nichts von einem entwickelten Bewußtsein des Zukünftigen, auf welche sie sich richten. Oder wer glaubte wohl, daß eine Raupe sich einspönne mit Bewußtsein dessen, weshalb sie nach der Absicht der Natur es tut; daß ein neugebornes Kind, ehe es das erstemal Milch gekostet, sich die Milch schon vorstellte, die es verlangt, und die Bewegungen, die es machen muß, um dazu zu gelangen. Ein gegenwärtig gefühltes Bedürfnis ist es vielmehr, was es dazu treibt; die Natur hat über das Kind und seine Verhältnisse, innerlich und äußerlich, psychisch und physisch, so eingerichtet, daß das Kind, ohne selbst zu wissen wie, wodurch, eben zu den Handlungen dadurch getrieben wird, welche zur Erfüllung dieses Bedürfnisses führen. Erst nach einmal genossener Milch, einmal vollbrachter Handlung, wodurch es zum Zwecke gelangte, wird es sich nun derselben erinnern und diese Erinnerung auch für seine künftigen Handlungen nutzen können; weil es doch einmal das Vermögen dazu hat.

So bildet sich überhaupt, nach Maßgabe wie der Mensch erwächst, der Vor- und Rückblick und, infolgedessen, das eigentliche Vor- und Nachdenken, das Ansichselbstdenken und das verständige Wollen immer mehr aus, entfernt er sich immer mehr vom ersten Anfangszustande des reinen Aufgehens im Flusse sinnlicher Empfindungen und instinktartiger Triebe, indem jede an sich und anderen gemachte Erfahrung das Vermögen bewußter Wiederkehr und bewußter Anwendung auf ähnliche Verhältnisse hinterläßt. Doch sehen wir, daß der Mensch sich jenem Zustande des reinen Aufgehens im Flusse sinnlicher Empfindungen und Triebe zeitweise sehr wieder nähern, auf kurze Zeit wohl ganz wieder darein zurücksinken kann; sehen ferner, daß verschiedene Menschen je nach ihrem verschiedenen Bildungszustande, sich überhaupt nur in sehr verschiedene Höhe über ihn erheben, ein Botokude verhältnismäßig wenig, ein Philosoph sehr viel. Diese tatsächliche Relativität ins Auge fassend können wir dann leicht vermeiden, absolute Grenzen in der Stellung der verschiedenen Wesen zueinander zu ziehen, welche die Natur nirgends anerkennt, indem wir sagen: die Tiere sind solche Wesen, wo das Selbstbewußtsein zum Minimum, die Pflanzen solche, wo noch überdies der bewußte Vor- und Rückblick in die Zeit, und alles, was daran hängt, zum Minimum herabgekommen oder vielmehr noch nicht erwacht ist, indem die Bedingungen zur Entwickelung fehlen; es dahinstellend, ob nicht die einen und anderen Wesen auch Anklänge aus dem höheren Gebiete haben; was ich in der Tat glaube, ohne daß zunächst etwas darauf ankommt, es behaupten und durchführen zu wollen. Gewiß bleibt bloß, daß, wenn der Mensch zeitweise die höheren Vermögen auf ein Minimum herabdrücken, schlafen lassen kann, ohne daß seine Seele darum aufhört, in niederen Tätigkeiten sich zu äußern, ja wenn er als neugebornes Kind sogar damit beginnt, auch Wesen denkbar sein müssen, wo ein solcher Zustand dauernd ist, die Entwicklung gar nicht oder doch unverhältnismäßig weniger zu einer höheren Stufe gedeiht. Hiermit ist dann eine zunehmende Entwickelung innerhalb der Stufe des Sinneslebens und Treibens selbst nicht ausgeschlossen.

Der voraussetzliche Mangel an Vor- und Rückblick in die Zeit bei den Pflanzen steht unstreitig in teleologischer Beziehung zu ihrer festen Stellung im Raume und ihren demgemäß beschränkten Lebensverhältnissen, worauf ich schon früher hingewiesen. Das Tier muß in die Zeit vorblicken können, weil es weit abliegende Zwecke im Raume zu verfolgen hat, soll die Bewegung nicht des Ziel verfehlen. Instinkte können nur auf ein für allemal bestimmte Lebensverhältnisse berechnet sein; — was hälfe dem Kinde der Instinkt, die Brust zu suchen, wenn nicht jedesmal eine Brust sich darböte; — sie reichen aber nicht mehr aus, wo die Verhältnisse so wechseln wie beim erwachsenen Tiere. Die Pflanze bleibt, sozusagen, immer an die Mutterbrust geheftet; ihr würde der Vor- und Umblick nur als eine zerstreuende Zugabe erteilt worden sein. Die Natur aber greift ebensowenig über das Erfordernis des Zweckes hinaus, als sie dahinter zurückbleibt.

Der organische Grund des Mangels an Vor- und Rückblick andrerseits mag bei der Pflanze mit dem Mangel eigentlicher Kreislaufsphänomene zusammenhängen, der seinerseits wieder am Mangel von Nervensystem und Gefäßsystem hängt. Es kehrt in ihr nichts in sich selbst zurück. Alles, was sie von außen aufnimmt, wird nur Grund, daß sie noch mehr von außen aufzunehmen trachtet, und daß sie es anders wie bisher aufzunehmen trachtet; und dieser Kausalbezug des Früheren zum Späteren reicht hin, einen psychischen Fortbezug des Psychischen, welches sich daran knüpft, zu unterhalten; aber von reflektierten Funktionen im Physischen ist nichts sichtbar, welche sich als Ausdruck oder Träger entsprechender psychischer darstellten.

Mit den Erinnerungen und den Vorblicken in die Zukunft muß der Pflanze freilich noch manches andere fehlen; alles namentlich fehlen, was sich selbst erst auf dem Grunde von solchen aufbaut. Hierher gehört das ganze eigentliche Vorstellungsleben, nicht allein das Denken an und über Dinge, die außer ihr wären, sondern bis zu gewissen Grenzen auch die Vorstellungen von solchen selbst.

Man kann leicht veranlaßt sein, das Gewicht hierbei auf einen falschen Punkt zu legen, den nämlich, daß die Pflanze wegen Mangels an Augen keine Bilder von Gegenständen der Außenwelt zu empfangen vermag. Aber auch mittels des Ohres, das doch keine Bilder liefert, lassen sich gegenständliche Vorstellungen von Dingen gewinnen. Der Blindgeborene weiß ja so gut von einer äußeren Welt der Dinge wie der Sehende, und hat, frisch operiert, anfangs keinen Gewinn von dem Bilde dieser Welt, das in seine Augen fällt. Statt mit objektiven Vorstellungen daraus bereichert zu werden, verwirren sich ihm nur die vorhandenen; er muß die Augen schließen, um sich noch so gut wie vorher zurechtzufinden. Die Welt erscheint seinem Auge anfangs nur wie eine marmorierte Farbentafel, worin Farbe eben nur Farbe, Linie nur Linie bedeutet, der grüne Fleck noch keinen Wald, der rote noch keine Rose vorstellt. Man kann sagen, die Bilder, die in sein Auge fallen, bilden ihm anfangs noch nichts ab. Woran hängt das nun? Daran, daß er noch nichts von Erinnerungen hat hineintragen lernen. Nicht das Grün, das ich am Walde sehe, macht ihn zum Walde oder ist mehr als ein kleiner Beitrag dazu; sondern daß er wächst, Schatten, Kühlung, Feuerung gibt, der Vogel darin singt, der Jäger darin geht; was alles nicht in dem bloßen Anblick des grünen Fleckes liegt. Erst indem sich ein Gesamteindruck von Erinnerungen an dies und dergleichen der

Anschauung des grünen Fleckes zugefügt, das sinnliche Bild noch einmal mit dieser geistigen Farbe ausgemalt wird, wird aus dem sinnlichen Eindrucke des grünen Fleckes die objektive Vorstellung eines mir gegenständlichen Waldes. Hat aber ein Wesen keine Erinnerungen, so kann es auch keine an die Eindrücke knüpfen, die es empfängt. Und so ist nicht sowohl der Mangel an Augen Grund, daß die Pflanze keine objektiven Vorstellungen hat, als vielmehr die sonst begründete Unmöglichkeit, solche zu haben, unter den Gründen zählen mag, daß ihr keine Augen gegeben sind, da die Bilder der Gegenstände doch erst durch ihre Deutung mittelst Erinnerungen Bedeutung und Nutzen gewinnen können. Möchte die Welt sich immerhin auf einem Teile der Pflanze ebenso abbilden wie auf der Netzhaut unseres Auges, und die Pflanze ebenso wie wir der Farben und Zeichnungen dieses Bildes gewahren; es würde für sie ebenso unverstanden bleiben wie dem frisch operierten Blinden, und da sie es auch nicht verstehen lernen würde, so war es natürlich kürzer, das Bild und die *Camera obscura* dazu wegzulassen, um das Sonnenlicht frisch weg auf die nackte Pflanze scheinen zu lassen, und damit andere Vorteile zu erreichen, die sich an die größere Einfachheit knüpfen. Jede Komplikation schadet, wo sie nicht nutzt.

Nun erhebt sich leicht der Einwand, ein so aller gegenständlichen Vorstellung bares, dem Wechsel äußerer Einwirkungen dahingegebenes Seelenleben könne überhaupt gar nicht als ein individuelles selbständiges gedacht werden, sondern führe zur Vorstellung eines Aufgehens im Flusse der Allgemeinbeseelung zurück. Aber halten wir uns nur, anstatt an willkürliche Voraussetzungen, an das, was wir an uns selbst erfahren können. Ich denke, wir werden dabei sicherer fahren, als wenn wir uns auf Konstruktionen *a priori* im Kopfe verlassen. Freilich reine Erfahrungen lassen sich an uns selbst nicht machen, weil wir selbst nicht so rein sinnliche Wesen, als voraussetzlich die Pflanzen, sind. Aber indem wir bei uns selbst zusehen, was wächst und abnimmt oder unverändert bleibt, je nachdem die Seite der Sinnlichkeit wächst oder abnimmt, können wir wohl einen Schluß machen, was bei dem, wenn auch von uns gar nicht erreichbaren, Extrem eintreten muß.

Ein handgreifliches Beispiel mag uns führen. Denken wir uns mehrere Menschen, beispielsweise Hegelsche Philosophen, im Philosophieren, und ihnen gegenüber mehrere andere, beispielsweise

Hottentotten, im Schmausen begriffen. Jene sollen sich in Betrachtungen über Anfang und Ende der ganzen Welt vertiefen, also geistig so weit rück-, vor- und um sich blicken wie nur möglich; diese ganz im sinnlichen Genusse des Essens und Trinkens aufgehen. Nun wird man allerdings sagen können, die Hottentotten geben sich ungleich mehr der Außenwelt hin als die Philosophen; denn Essen und Trinken ist gewiß etwas sehr Äußerliches gegen das Denken; aber doch nicht im geringsten mehr als aufgelöste hin wie diese. Vielmehr hat jeder Hottentott seinen sinnlichen Genuß noch ganz ebenso für sich wie jeder Hegelianer seine philosophischen Gedanken, fühlt sich noch ganz ebenso als ein Wesen für sich. Der eine Hottentott schmeckt nichts unmittelbar mit von dem, was der andere schmeckt, und der eine Hegelianer weiß nichts unmittelbar von dem, was der andere weiß. Das steht sich ganz gleich. Und auch ohne daß sich der Hottentott je selbst sagte, ich schmecke, würde etwas in ihm sein, was schmeckt, und etwas, was niemand anderes mitschmeckt. Wer zweifelt, daß es auch bei Tieren so ist? Die Scheidung der Individualitäten hängt also gar nicht an der Höhe ihres Geistigen.

Man gehe nun bei den Pflanzen auf die Grenze; lasse sie im Sinnesleben dauernd so aufgehen, wie es der sinnlichste Mensch vielleicht selbst zeitweise nicht ganz kann; so werden sie doch, da am Sinnlicherwerden überhaupt keine Einbuße der Individualität hängt, auch ihrerseits keine Einbuße daran erfahren können.

Hiergegen sagt man etwa: was den Hottentotten bei ihrem Mahle die Individualität erhält, ist doch noch nicht in ihrer bloßen Sinnlichkeit gegeben, sondern ist etwas darüber Hinaus- reichendes, zwar während des tierischen Genusses nicht actu, d. i. in wirklicher Äußerung, aber doch potentia, d. i. der Möglichkeit der Äußerung nach Vorhandenes, sofern es sich unter anderen Umständen bei ihnen äußern könnte und würde. Die Hottentotten und selbst die Tiere sind doch einmal mehr als rein sinnliche Wesen, und nur durch dies Höhere heben sie sich los vom Grunde der Allgemeinbeseelung. Nun jawohl, in diesem Sinne behaupte ich aber auch, daß die Pflanzen mehr als rein sinnliche Wesen sind; *potentia* kann man soviel Höheres in ihnen suchen, wie man will; es bedürfte bloß noch des Hinzutrittes der inneren und äußeren Umstände, die auch beim Hottentotten noch zutreten müssen, damit einmal das Höhere sich deutlich bei ihm äußere. Das Sinnliche läßt sich überall als Basis eines Höhern fassen, was, wenn nicht *actu*, doch *potentia* da ist. Ich meine nur, daß das *actu*, was schon bei Hottentotten schwach und selten, bei den Pflanzen nun so schwach und selten wie möglich auftritt. Spuren, momentanes Erwachen mag sogar da sein; die Natur schneidet nichts absolut ab; und ich behaupte also auch nicht, daß der Pflanze das Höhere glatt weggeschnitten ist, wie man einer Pflanze die Blüte glatt wegschneiden kann, sondern nur, daß diese Blüte bei ihr in noch unentfalteter, selten oder kaum sich öffnender Knospe geblieben ist, indes der Blattwuchs der Sinnlichkeit kräftig wuchert. Weil ich aber überhaupt nicht viel vom Hinterhalte der *potentia* halte, wenn es auf Darstellung dessen ankommt, was ist, nicht was beim denkbaren Zutritt von Bedingungen sein könnte, so erkläre ich auch die Pflanzen für so ziemlich rein sinnliche Wesen. *Potentia* würde zuletzt nichts hindern, selbst einem Steine noch Vernunft beizulegen.

Individualität ist im vorigen durch bestimmte Merkmale charakterisiert. Möglich, daß der Begriff manches Philosophen von Individualität damit nicht stimmt. Es kommt aber hier überhaupt nicht darauf an, eine bestimmte Definition der Individuatität aufstellen oder widerlegen, sondern nur eben die hier damit bezeichnete Sache für die Pflanze retten zu wollen, welche eben die sein dürfte, um die sich das Interesse bei dieser Frage wirklich dreht. Wer ein höheres selbstbewußtes Geistiges zur Individualität von vornherein verlangt, wird sie freilich bei der Pflanze nicht finden können; aber doch noch ein für sich empfindendes Wesen darin finden können.

Fragt man: was konnte es für Zweck und Bedeutung haben, Wesen in die Welt zu setzen, die weder über sich, noch über ihre Zukunft oder Vergangenheit nachdenken können, dem Flusse sinnlicher Empfindungen und Triebe willenlos preisgegeben sind, so stände eine ganz analoge Frage offen für die Tiere. Denn wenn auch die Vorstellungen der Tiere weiter und klarer in die Zeit vor- und rückgreifen als die der Pflanzen, so erscheint das doch auch so wenig eigentlich vernünftig und verständig, daß wir, den Wert des Geistigen bloß nach dem Vernünftigen und Verständigen bemessend, die Tiere für ebenso törichte Zugaben zur Welt halten müßten wie die Pflanzen. Die Sache gewinnt gleich eine andere Bedeutung, wenn man die Seelen der Tiere und Pflanzen nicht bloß als Individuen einander gegenüber faßt, was sie freilich auch sind, und die Welt als Sammlung solcher Individuen einem Gott außer ihnen gegenüber, sondern die ganzen Seelen der Pflanzen und Tiere als untergeordnete Momente von Gottes Seele selbst ansteht, verknüpft in seiner allgemeinen Einheit; weil dann aller Reichtum und alle Mannigfaltigkeit dieser Seelen Gott zugute kommt, nicht so aber ihre Torheit ihn trifft, die sie bloß als vereinzelte Individuen einander selber gegenüber, und abgesehen von ihrer Verknüpfung in Gott gedacht, haben. Und was könnte auch beweisen oder zwingen anzunehmen, daß, wenn wir uns so zersplittert gegeneinander fühlen, dieselbe Zersplitterung für Gott besteht, in dem alle Splitter wie Fasern eines lebendigen Baumes zusammenhängen?

Das Vorige soll eigentlich nur gegen mancherlei mäkelnde Einwürfe dartun, daß die selbständige Existenz einer Seelenstufe, wie wir sie für die der Pflanze halten, überhaupt möglich sei und in den Plan eines allgemeinen Seelenreichs passe. Daß aber diese Seelenstufe auch wirklich die der Pflanze sei, wird durch die Gesamtheit der früheren Erörterungen wahrscheinlich. Wir haben ebenso mannigfaltige und, wie uns dünkt, vollgültige Zeichen eines sinnlichen Seelenlebens bei den Pflanzen gefunden, als wir andrerseits auf kein Zeichen, das höher hinaufwiese, gestoßen sind.

Auf Näheres eingehend finden wir nach den allgemeinsten Verhältnissen, welche im Wesen der Seele selbst gegründet sind, Übereinstimmung, im übrigen aber die durchgreifendsten Verschiedenheiten zwischen dem Seelenleben der Pflanzen und dem der Tiere; Verschiedenheiten, die hauptsächlich daran hängen, daß die Pflanze auf die Sinnlichkeit ganz, das Tier nur teilweise oder in mehr untergeordnetem Grade angewiesen ist. Stellt dies nun die Pflanze im ganzen niedriger als das Tier, so stellt es doch die Sinnlichkeit der Pflanze höher als die des Tieres; weil sie eben hier die Bedeutung der vollen Lebenssphäre annimmt, beim Tiere nur die einer untergeordneten Seite. Die Sinnlichkeit des Tieres ist die dienende, oft nur zu schmutzige Magd einer höheren Herrschaft, die Sinnlichkeit der Pflanze ein freies Landmädchen, das seinen Topf hat und sich selber kocht und sich um ihren Putz dabei noch kümmert.

Allen Zeichen nach zu schließen, hat das Sinnesleben der Pflanze mit dem des Tieres die doppelte Seite der Empfindungen und Triebe gemein, auch werden die Triebe in ähnlicher Weise hier wie dort durch Empfindungen angeregt oder ausgelöst. Wir sehen die Pflanze auf den Reiz von Nahrungsstoffen, Luft, Licht, Stützen usw. Knospen, Blätter, Blüten, Zweige treiben, sich drehen, biegen, winden, ihre Blüten sich öffnen, schließen usw. Das ganze Wechselspiel von Empfindungen und Trieben stellt sich aber als ein viel einfacheres in den Pflanzen als in den Tieren dar, womit die viel einfachere Gesetzlichkeit desselben zusammenhängt. Der teleologische Grund davon liegt in den beschränkten Lebensverhältnissen der Pflanze, der organische Grund in der größeren Einfachheit des Baues. Der Empfindungsreiz hat bei den Pflanzen nirgends so viele und mannigfaltige Mittelglieder in seiner Wirkung zu durchlaufen als bei Mensch und Tier, wo das ungeheuer verwickelte Gehirn zwischen die Einwirkung des Reizes und den Ausschlag in Bewegung eingeschoben ist. Vielmehr ist es bei den Pflanzen nur auf eine kurze Wechselwirkung abgesehen zwischen dem, was sie leidet und was sie tut; zwar nicht eine so einfache, daß die Gegenwirkung nicht durch die innere Einrichtung vielfach noch mit bedingt und abgeändert würde; aber doch im ganzen eine viel einfachere als beim Menschen und allen vollkommeneren Tieren. Wie das Licht sie rührt, so blüht sie, wie die Luft sie rührt, so treibt sie.

Zu den durch Reize ausgelösten Trieben sehen wir auch noch ebenso wie bei Tieren Instinkte treten, abhängig von besonderen Stimmungen des Gemeingefühls, die sich an innere organische Zuständlichkeiten und Vorgänge knüpfen mögen.

Ebenso wie die Seele der Menschen und Tiere, solange sie wach ist, in einem kontinuierlichen Flusse von Lebensäußerungen begriffen ist, haben wir ferner Veranlassung gefunden, dies auch bei den Pflanzen anzunehmen, nur daß sich diese kontinuierliche Tätigkeit hier in einem sinnlicheren Gebiete äußert, und vielmehr von einem der Außenwelt als Innenwelt zugewandten leiblichen Prozesse getragen wird. Das beständige Aussichtreiben der Pflanzen, Ansichgestalten, Umsichsuchen, Sichfärben, bietet Anhaltspunkte zu dieser Vorstellung. Denn ist der Leib der Pflanze einmal Träger von Seele, so können auch die selbsttätigen Veränderungen und Strebungen dieses Leibes als Zeichen oder Ausdruck von entsprechenden Tätigkeiten ihrer Seele gelten.

Die Seele des Menschen und Tieres unterliegt aber dem Schlaf, der sich äußerlich durch Aufhören aller selbsttätigen Lebensäußerungen kund gibt. Nach einem analogen Aufhören muß die Pflanzenseele einem ähnlichen Schlafe im Winter unterliegen. Es ist nur für den Wechsel zwischen Schlaf und Wachen bei der Pflanze der größere, bei dem Tiere der kleinere Kreislauf der Natur maßgebend, oder richtiger, von vorwiegender Bedeutung geworden. Auch der Wechsel zwischen Winter und Sommer nämlich ist für die ganze Existenzweise der Menschen und Tiere nicht ohne Bedeutung. Im Winter nähert sich der Mensch immer etwas dem Siebenschläfer, und ebenso wird für die Pflanze der Wechsel zwischen Tag und Nacht nicht ohne Bedeutung sein, nur von viel geringerer als der zwischen Winter und Sommer. Somit ergänzen sich auch hier Tier- und Pflanzenwelt in bemerkenswerter Weise. Man kann daran folgende Betrachtung knüpfen. Die große Periode der Natur hängt von Drehung der Erde um die Sonne ab, die kleine von Drehung der Erde um sich selbst. Das Pflanzenleben dreht sich mehr um ein Äußeres, und namentlich eben um die Sonne; das Tierleben mehr um sich selbst, und das Sonnenlicht ist für seinen Lebensprozeß von mehr untergeordneter Bedeutung.

Jedoch wiederum keine absolute Scheidung. Der Siebenschläfer und so viele andere winterschlafende Tiere beweisen, daß für das Tier die große Periode eine ähnliche Bedeutung wie für die Pflanze gewinnen kann, indem sie zugleich die Möglichkeit einer solchen Bedeutung überhaupt bestätigen; und so mag es auch manche Pflanzen geben, bei denen das Sinken der Lebenstätigkeit während der Nacht die Bedeutung eines Schlafes annehmen kann; während das, was man gewöhnlich Pflanzenschlaf während der Nacht nennt, nur einem Ausruhen vergleichbar sein dürfte, wie des Menschen Arbeiten in der Natur im Winter ruhen.

Im Zusammenhang mit dem einfachem und sinnlichern Seelenspiel in den Pflanzen wird natürlich auch nur ein einfacheres und sinnlicheres Seelen-Wechselspiel zwischen denselben bestehen können. Ja man kann bezweifeln, ob ein solches überhaupt besteht. Inzwischen ist nach früheren Erörterungen wahrscheinlich, daß im Duften der Blumen ein Mittel dazu gegeben ist, was freilich nicht, wie unsere Sprache, Übertragung von Gedanken, wohl aber von Empfindungen und instinktartigen Mitgefühlen bewirken mag, wie auch beim Tiere zur analogen Zeit des Fortpflanzungsprozesses der Geruch in dieser Beziehung bedeutungsvoll wird; obwohl er unstreitig, wie überhaupt die ganze Sinnesskala, hier eine sehr andere Bedeutung als bei der Pflanze gewinnt. Ich denke noch einiges darüber im 16. Abschnitte zu sagen.

Man kann noch an ein anderes Kommunikationsmittel denken, welches sich mit dem vorigen verbindet.

Jedes Blatt, indem es sich bewegt, erschüttert je nach seiner Gestalt und seinem Ansatz die Luft in anderer Weise, und diese Erschütterung, zu anderen Pflanzen fortgepflanzt, wird auch ihnen wieder eine demgemäß andere Erschütterung mitteilen. Es läßt sich dies sogar sichtlich an einer analogen Erscheinung erläutern. Fahren wir mit einem Stock oder einer Schaufel im Wasser umher, so werden wir die Wellen sich ausbreiten sehen, verschieden je nach Art der Bewegung und des bewegten Körpers, setzen wir statt Wasser die Luft, statt Stock und Schaufel die sich bewegenden Blätter, so haben wir wesentlich dasselbe. Es ist gewiß, daß ähnliche Wellen in Luft wie in Wasser entstehen, und jede andere Welle schlägt anders an Körper, die ihr begegnen.

Bei uns wird der Schall in der Stimme von innen heraus gezeugt, bei Pflanzen der Duft, um die inneren Zustände anderen mitzuteilen; bei uns kommt der Lichtstrahl von außen und fliegt ohne unser Zutun von einem zum anderen, um den einen sehen zu lassen, wie der andere aussieht; so bei ihnen der Wind und die Luftwelle.

Inzwischen können solche Analogien doch nur sehr entfernte Andeutungen gewähren.

Die innerliche Einfachheit des Seelenlebens der Pflanze nach den bisher erörterten Beziehungen verträgt sich sehr wohl mit einer äußeren Mannigfaltigkeit desselben nach anderen Beziehungen. Wirklich liegen in der Vielartigkeit der äußeren Anregungen, denen die Pflanze unterliegt, der Mannigfaltigkeit ihrer verschiedenen Teile und der vielgestaltigen Art, wie sie mit diesen gegen jene reagiert, hinreichende Gründe, auf eine Mannigfaltigkeit sinnlicher Empfindungen und Triebe bei ihr zu schließen. Licht, Wärme, Feuchtigkeit, Erschütterung durch die Luft, Berührung durch Insekten, Einfluß der Nahrungs- und Atmungsstoffe; alles wirkt in eigentümlicher Weise auf die Pflanze. Wurzeln, Blätter, Blüten und in den Blüten die Blumenblätter, die männlichen und weiblichen Fortpflanzungsorgane sind jedes auf verschiedene Weise gebaut und verhalten sich jedes verschieden gegen jene Agentien, so daß keins die Funktion des anderen ersetzen kann. Durch die Blüten kann sich die Pflanze nicht nähren; vielmehr wollen diese ernährt sein, und umgekehrt kann sie durch die Wurzeln seinen Befruchtungsprozeß vollbringen, keinen Samen erzeugen. Die Blätter hauchen Sauerstoff im Lichte aus und produzieren grüne Farbe, die Blüten verzehren Sauerstoff im Lichte und produzieren bunte Farben, die Befruchtungsteile mehr davon als die Blumenblätter, die männlichen Teile mehr als die weiblichen; die Unterfläche der Blätter verhält sich beim Atmen und gegen das Licht anders als die Oberfläche. Es gibt Pflanzen, deren Blätter (beim Zerreiben) stinken, während die Blumen angenehm riechen, wie z. B. die Datura-Arten und Volkamerien und die weiße Lilie (Decand. II. S. 770); auch im Geschmacke unterscheiden sich die verschiedenen Teile derselben Pflanze sehr häufig, was verschieden geartete chemische Tätigkeiten voraussetzt. Und so geht es weiter durch viele Einzelheiten.

Nach diesen Verschiedenheiten in Bau und Tätigkeit der Teile einer und derselben Pflanze läßt sich nicht allein an eine Sukzession, sondern auch an eine Gleichzeitigkeit verschiedener Empfindungen bei der Pflanze denken; denn auch von uns wird mit Hilfe verschieden gebauter und demgemäß verschieden gegen die Reize gegenwirkender Teile Verschiedenes nicht bloß nacheinander, sondern selbst zugleich empfunden.

Unstreitig wird man nicht erwarten können, daß die Pflanzen von denselben Anregungsmitteln der Empfindung auch gerade dieselbe Empfindung wie wir davon tragen; daß sie z. B. vom Duft, der zu ihnen gelangt, gerade dieselbe Geruchsempfindung, von der Erschütterung, die sie trifft, dieselbe Schallempfindung wie wir haben. Nur eine gewisse Analogie mag stattfinden, wir wissen nicht wie weit. Finden wir doch schon, daß die Tiere je nach ihrem Bau verschieden von denselben Anregungsmitteln und im allgemeinen anders als wir gerührt werden. Was dem einen gut riecht und schmeckt, widerstrebt dem andern. Denn die Weise der Empfindung hängt nicht bloß von der Beschaffenheit des Anregungsmittels, sondern auch von dem des angeregten Wesens ab; und wozu sollte auch die Natur eine Art Empfindung, die schon in einem

Wesen ist, im anderen nochmals ganz so wiederholen. So mögen sich die Empfindungen der Pflanze gar sehr von den unseren unterscheiden, und es mag so wenig für uns möglich sein, uns dieser ihrer wahren Natur nach vorzustellen, wie es jemandem, der noch nie eine Rose gerochen, möglich ist, sich den eigentümlichen Geruch der Rose nach dem einer Nelke oder eines Veilchens vorzustellen. Auf der anderen Seite muß aber doch bei aller Verschiedenartigkeit im Bau der Wesen die Gemeinschaftlichkeit desselben Anregungsmittels auch etwas Gemeinschaftliches in allen davon abhängigen Empfindungen erhalten, so daß es uns immer erlaubt bleiben mag, bei der Einwirkung des Lichtes vorzugsweise an unsere eigene Lichtempfindung usw. zu denken.

Daß die Pflanze weder ähnlich gebaute künstliche Sinnesorgane noch Nerven besitzt, wie wir, hat uns nach schon früheren Bemerkungen kein Bedenken gegen das behauptete Statthaben von Sinnesempfindungen in derselben zu erwecken. Folgende Hilfs-Betrachtungen können jene früheren unterstützen. Schon innerhalb des Tierreichs variiert Form und Einrichtung der Sinnesorgane ausnehmend und zwar immer in Beziehung zur Lebensart des Tieres. Da nun die Pflanze, statt sich durch den Raum bewegen und durch ihn zurechtfinden zu müssen, bloß durch ihn zu wachsen und mehr an sich als an der Außenwelt zu gestalten hat, so konnte, wie schon bemerkt, die künstliche Einrichtung unserer höheren Sinnesorgane wegfallen, weil diese in der Tat nur darauf berechnet ist, uns durch Bilder oder Abklänge von den Verhältnissen der Außenwelt in dieser zu orientieren. Die niederen Sinnesorgane des Geruchs, Geschmackes und Getastes sind aber auch bei uns sehr einfach eingerichtet (wobei uns zugleich letzteres ein Beispiel der Verbreitung über die ganze Körperoberfläche gibt), und selbst jene höheren werden es nach Maßgabe mehr, als mit dem Absteigen in dem Tierreiche das Leben überhaupt sich vereinfacht. Sonach muß man schließen, daß ein künstlicher Bau der Sinnesorgane überall gar nicht wesentlich ist, Empfindungen zu erzeugen, sondern bloß, diese zum Dienste höherer Seelenfunktionen geeignet zu gestalten; sofern das Höhere der Seelenfunktionen eines Wesens immer mit weitergreifenden Beziehungen desselben zur Außenwelt in Konnex steht. Schon bei manchen Insekten kommen daher sehr einfache Augen vor; das Gehörorgan, bei uns ein wahres Labyrinth, ist bei manchen Tieren ein sehr simples Säckchen; ja der Polyp geht dem Lichte nach, ohne überhaupt Augen zu haben; und man bemerke, daß er auch sonst eins der pflanzenähnlichsten Tiere ist.

Als wesentlichstes der Sinnesorgane scheinen zuletzt nur noch die Nerven übrig zu bleiben; aber unsere früheren Erörterungen haben schon gezeigt, daß sie eben nur in der Einrichtung des Tieres als nötig dazu erachtet werden können, da die Pflanze auch sonst anderes, wozu das Tier der Nerven bedarf, wie Atmen, Säftelauf, Reizbewegungen usw., ohne Nerven zu verrichten vermag.

Im Grunde ist auch beim Tiere nur der Anfang und Endpunkt der Nerven das wesentliche für die Sinnes-Empfindung. Die Strecke der Nerven zwischen ihrer peripherischen Endigung im Sinnesorgane und ihrer zentralen Endigung im Gehirn oder Ganglion wirkt bloß wie Leiter und könnte ohne Nachteil der Sinnes-Empfindung beliebig verkürzt gedacht werden. Wo es nun keines Gehirns, keiner Nervenknoten für den Dienst höherer Seelenfunktionen bedarf, wird es auch solcher Zuleiter dazu nicht bedürfen. Was sich bei Mensch und Tier in zentrales und peripherisches scheidet und eben hiermit eine das Sinnliche übersteigende höhere Entwickelung des Ganzen zuläßt, ja von organischer Seite bedingt, kann da, wo das ganze Leben bloß im Sinnlichen beschlossen bleiben soll, dieser Scheidung nicht bedürfen und hiermit das Nervensystem von selbst wegfallen, was doch bloß die Verknüpfung zwischen jenem Geschiedenen wiederherstellt.

Ich sage damit nicht, daß die Leitung durch die Fasern des Nervensystems etwas ganz Gleichgültiges sei. Im Gegenteil mag im Gehirn eine Wechselwirkung dessen eintreten, was in den einzelnen Nervenfasern geleitet wird, und diese Wechselwirkung mit den höheren Seelenfunktionen in Beziehung stehen. Aber wo es um diese höheren Seelenfunktionen nicht zu tun ist, wird es dann eben auch dieser wechselwirkenden Leiter nicht bedürfen. Es wäre inzwischen nicht am Orte, diese Vorstellung hier weiter begründen und ausführen zu wollen.

Will man ein kurzes, freilich nur sehr *cum grano salis* aufzufassendes Schema haben, so wird man sagen können: der Leib des Tieres ist wie ein Sack, dessen empfindliche Fläche inwendig ist, nun bedarf es besonderer Zugänge für das, was von außen die Empfindung rühren soll, um ins Innere zu gelangen; denn alles kann doch nicht Zugang sein; diese Zugänge werden durch die einzelnen Sinnesorgane mit ihren Nerven repräsentiert; wird aber der Sack umgewendet, bedarf es keiner besonderen Zugänge mehr; die ganze Oberfläche liegt der Empfindung frei offen; Solche umgewendete Säcke sind gewissermaßen die Pflanzen. Und es gibt Gründe, sie dafür zu erklären. Nämlich auch sonst verhält sich die Pflanze in betreff der Aufnahme von außen wie ein umgewendetes Tier und ist vielfach damit verglichen worden; das Tier nimmt nämlich durch innere Flächen, Darmkanal und Lungen, Luft und Nahrungsstoff auf, und die Bewegungen der Gliedmaßen dienen, die Nahrung eben da hineinzustülpen. Die Pflanze nimmt dies alles durch äußere Flächen auf; die nach außen gekehrten Wurzelfasern der Pflanze lassen sich mit den inneren Darmzotten des Tieres vergleichen, die nach außen gerichteten Blätter mit den eingestülpten Lungen; die Bewegungen der Gliedmaßen der Pflanze dienen, sich selbst in das Äußere auszustülpen. Findet aber dies Verhältnis hinsichtlich des grob Materiellen statt, so ist mehr als wahrscheinlich, daß es auch hinsichtlich der feinern Sinnes-Eindrücke stattfinden werde, da die Organe der Sinnes-Empfindung zum Teil sogar direkt mit den Organen der Ernährung zusammenhängen.

Ungeachtet es eben nur ein Schema ist, was wir hiermit aufstellen, kann man ihm doch vielleicht einige Bedeutung deshalb beilegen, weil auch innerhalb des Tierreichs für sich auf einen Lagegegensatz des Empfindungsorgans großes Gewicht gelegt ist; sofern in den oberen Tierklassen das Nervensystem sich mehr an der oberen oder Rückenseite, bei den unteren mehr auf der unteren oder Bauchseite zusammengedrängt zeigt. Der größere Gegensatz zwischen Tier- und Pflanzenreich scheint auf dem nur entschiedeneren Gegensatze zwischen innen und außen zu beruhen.

Wenn die Pflanzen sich durch ihr Aufgehen in bloßer Sinnlichkeit unter Mensch und Tier stellen, so stehen sie dagegen in der Ausbildung der Sinnlichkeitsstufe nach schon gegebener Andeutung wahrscheinlich über beiden.

Folgende Umstände vereinigen sich zur Begründung dieser Ansicht:

Zuvörderst finden wir schon innerhalb der Menschheit sinnliche Empfindung und sinnlichen Trieb unter sonst gleichen Umständen um so kräftiger, entwickelter, je mehr der Mensch sich ihnen ganz hingibt, je mehr Vor- und Nachdenken und Selbstreflexion dabei schweigen. Es waltet in dieser Beziehung geradezu ein gewisser Antagonismus ob. Bei den nach höheren geistigen Beziehungen unentwickelsten Völkern sind doch die Sinne und Instinkte am schärfsten entwickelt. Sie verstehen keine Musik von höherem Charakter, wissen kein Gemälde zu beurteilen; aber sie hören beinahe das Gras wachsen, streiten mit dem Adler um die Schärfe des Auges, mit dem Hunde um die Schärfe des Geruches. Unter uns selbst haben Menschen mit sinnlichster Anlage am wenigsten Anlage zu höherer Reflexion und umgekehrt. Ja selbst bei jedem einzelnen zeigt sich dieser Antagonismus bestätigt. Ein Mensch, der in tiefem Nachdenken begriffen ist, sieht und hört nicht, was um ihn her vorgeht, und ein Mensch, der sich ganz einem sinnlichen Genusse oder Triebe hingibt, kann dabei nicht nachdenken; oder wenn etwas derart unterläuft, so entgeht hiermit zugleich etwas der Stärke des Sinnlichen.

Wenn also die Natur den Pflanzen die höheren Seelenfunktionen versagt hat, so läßt sich dies füglich recht wohl so fassen, daß sie eben in ihnen das Sinnesleben für sich zu einer Entfaltung und Blüte hat bringen wollen, welche bei Mitrücksichtsnahme auf die höheren Funktionen zu erreichen nicht möglich gewesen.

Freut sich schon der Wilde des grellen Farbenschmucks oder des Tanzes nach einem rauschenden Takte, wie viel mehr wird die Pflanze Freude daran haben können, sich mit Farben im hellen Sonnenschein zu putzen und sich im rauschenden Takte des Windes hin- und herzuwiegen. Dem Wilden bedeutet doch jeder Schmuck und jede Musik noch etwas anderes als Farbe und Ton; die Pflanze weiß keine Bedeutung daran zu knüpfen, sie geht ganz im sinnlichen Gefallen darin auf; sie verliert nur immer das Genüge an dem, was sie schon davon hat, will immer mehr davon haben, und so macht sie immer mehr und immer neue grüne Flächen und tanzende Blätter; endlich wird sie auch dessen satt und bricht in Blumen aus, mit ganz neuem Farbenschmuck; nun kommt statt des Windes das Insekt, Biene und Schmetterling, und regt tiefer gehende Gefühle in ihr auf.

Freilich könnte das Fehlen der höheren Funktionen allein noch nicht für die größere und höhere Entwickelung der niederen sprechen; sofern dem Steine gar beide zugleich fehlen; allein teils läßt der Umstand, daß die Pflanzen sich mit den Tieren in das Gebiet des organischen Lebens teilen, es nicht unwahrscheinlich finden, daß jenes Gesetz des Antagonismus, das innerhalb eines Teiles dieses Gebietes durchgreift, auch auf das Verhältnis beider Teile übergreifen werde, teils weisen alle früheren teleologischen Betrachtungen auf denselben Punkt hin, teils sind die direkten Erscheinungen des Pflanzenlebens selbst in diesem Sinne.

Die Pflanze ist der Einwirkung aller Sinnesreize viel mehr nackt und bloß gestellt und reagiert mit kräftigem Lebenstätigkeiten dagegen als wir. Man erinnere sich, wie viel kräftiger das Licht in ihren Lebensprozeß eingreift als in unseren, wie viel mehr sie in allen Teilen Erschütterungen unterliegt, wie viel empfänglicher sie für die Einflüsse von Luft und Feuchtigkeit ist, wie viel größere Bedeutung der Duft für sie als für uns zu haben scheint, wie sie selbst das Unorganische assimilierend zu bewältigen vermag, was wir nicht vermögen, und das unter beständiger Wandlung ihrer eignen Gestalt. Man könnte einwenden, der Mangel so künstlicher Sinnesorgane, wie sie das Tier hat, stelle die Pflanze, wenn sie auch deshalb der Sinnes-Empfindung nicht ermangele, doch immer in betreff derselben tiefer als das Tier. Allein so ist es nicht; sofern sie doch ihrem ganzen Baue nach viel mehr als Sinnesorgan erscheint wie das Tier, und jene Künsteleien eben nicht zum Dienste des sinnlichen, sondern eines höheren Lebens bei den Tieren nötig sind. Es ist schön, bei Kindern Schulbücher zu finden, aber doch nur, sofern sie auch mehr als Kinder sein oder werden wollen. Der reinen Kindesnatur tut das vielmehr Abbruch. Solche Schulbücher sind Augen und Ohren für Menschen und Tiere; die Pflanze braucht sie nicht, weil sie nichts zu lernen hat. Ihre Kindesnatur bleibt darum um so schöner und reiner entwickelt. Statt aus dem Kinde zum Manne zu werden, wird sie im Erblühen gleich aus dem Kinde zum Engel, das nur in einem höheren Lichte seine Kindesnatur betätigt.

Was ist schöner, eine Landkarte oder ein rein und einfach bemalter Papierbogen? An sich gewiß der letztere, auch freut sich das Kind mehr daran, aber indem es die Landkarte verstehen lernt, kommt es über die Freude am Papierbogen hinaus. Nun, unser

Auge malt uns die Welt als Landkarte und unser Verstand lehrt sie uns verstehen; damit aber ist's auch aus mit der reinen Farbenfreude. Die Pflanze braucht keine Landkarte, da sie nicht zu reisen hat, sie hat also statt ihrer bloß die bunten Papierbogen empfangen; aber nun auch die volle Freude daran empfangen, die so lange widerhält, als die Farbe widerhält; denn wenn die Lust an den Farben nicht mehr widerhält, wirft die Pflanze auch die bunten Bogen selber weg. Daß in der Tat die Pflanze etwas von ihrer eignen Färbung empfindet, werden wir nach der ins Innere greifenden und für jede Farbe eigentümlichen Wirkung, die das Licht bei Erzeugung der Färbung äußert, nicht zu bezweifeln haben (vergl. XVI).

Auch darin beweist sich die höhere Bedeutung, die das Sinnesleben im Pflanzenreiche als im Tierreiche hat, daß das Tier seine Sinne, sozusagen, gleich fertig, als Basis für seine höheren Entwickelungen, mitbekommt, während das Leben der Pflanze selbst sich dazu bestimmt zeigt, seine Sinnesbasis quantitativ immer weiter und qualitativ immer höher auszubauen. Dem Tiere ist die Sinnlichkeit als eine abgemachte Sache vorgegeben, der Pflanze als eine erst abzumachende aufgegeben. Jedes neue Blatt kann als ein Organ mehr angesehen werden, womit es sich den Sinnesreizen darbietet, und in der Blüte schließt sich zuletzt noch ein ganz neues und höheres Reich der Sinnlichkeit auf. Hiermit gewinnt die Sinnlichkeit einen immanenten Zweck, den sie im Tiere nicht hat, gewinnt ein inneres Leben, das dem Tiere abgeht. Die Sinnlichkeit ist beim Tiere bloß die Tür, bei der Pflanze das Zimmer selbst, worin gelebt wird.

Auch hier zwar kein absoluter Unterschied. Ganz fertig bekommt doch auch das Tier seine Sinnlichkeit nicht mit; die geschlechtliche Empfindung entwickelt sich erst später; ganz mag andererseits, wie schon mehrfach zugestanden, auch die Pflanze nicht auf die Sinnlichkeit beschränkt bleiben, und namentlich im Blühen die Ahnung eines Höheren die Sinnlichkeit übersteigen. So berühren sich die Blütezeiten in beiden Reichen.

In dieser bedeutungsvollen, doch leisen Berührung hat man nun freilich nichts als die gröbste Ähnlichkeit finden wollen. Es erwache eine geschlechtliche Empfindung in der Pflanze zur Blütezeit; und das sei alles, was je in ihr erwache. Aber im Grunde wäre das verkehrte Welt. Denn wenn im Tiere der Eintritt der Geschlechtsempfindung den Gipfel in der Entwickelung der Sinnlichkeit bildet, kann er in der Pflanze nicht einen Anfang derselben bilden, dem nichts vorausginge. Das Tier sah, hörte, roch, schmeckte, fühlte doch schon vor der Geschlechtsreife. Der Blüte der Empfindung ging ein Unterwuchs von Empfindungen vorher, sich anlehnend an die Prozesse der Ernährung, des Atmens, und die Einwirkung so mancher Sinnesreize. Wie kann man nun in der Pflanze jene Blüte der Empfindungen wiederfinden, und doch jenen Unterwuchs derselben leugnen wollen, während Ernährung, Atmen, Sinnesreize ihr Spiel in der Pflanze vorher sogar noch viel mächtiger als im Tiere treiben. Man verwechselt die Spur von höherem Seelenlicht, die unstreitig mit der Blüte der Pflanze erwacht, mit einer Spur von Seelenlicht überhaupt. Unser blödes Auge vermag sich dem Glanze, der auf den Gipfel des Pflanzenseelenlebens fällt, nicht ganz zu verschließen; nun sieht man aber nichts als diesen obersten Glanz, abgeschwächt noch dazu zum unscheinbaren Pünktchen; die ganze schöne Gestaltung des Pflanzenseelenlebens aber bleibt uns in Nacht versenkt.

Meines Erachtens ist in der Pflanze der geschlechtliche Prozeß nur höher erhoben und mehr in eine besondere Entwickelungsstufe verlegt als beim Tiere. Bei diesem bricht die Sinnesentwickelung mit der Geschlechtsreife ab, dort bricht ein neuer Kranz schönerer Sinnestätigkeiten hervor; das ganze Sinnesleben steigt auf eine höhere und über sich selbst hinausweisende Stufe. Man möchte sagen, die Pflanze bringt es schon hiernieden zu dem dritten höheren himmlischen Leben, was wir erst in einem Jenseits erwarten, und von dem wir die Seligkeit der Liebe als einen Vorschmack halten. Und eben darum gibt auch die Blüte so manche Andeutungen für unser künftiges Leben, ein ebenso schönes Symbol wie der Schmetterling, wie ich schon früher erinnert; nur daß sie freilich bloß ein sinnliches Bild davon gibt. So ist die Pflanze in ihrer Niedrigkeit doch gewissermaßen wieder viel mehr erhöht als wir selbst. Ihr widerfährt schon hier ein Heil, das wir erst erwarten. Schon hiernieden kommen diese Kindlein in ihr Himmelreich.

Im Grunde ebenso gedankenlos ist es, ein Seelenleben der Pflanzen überhaupt zwar anzuerkennen, aber auf einen schlaf- oder traumartigen Zustand reduziert finden zu wollen. Sehen wir die Pflanzen nur scharf an, werden wir alles nur gegen eine solche Annahme sprechend finden. Wie hat der Zustand der kontinuierlich aus sich heraus wirkenden und schaffenden, mit allen Sinnesreizen im lebendigsten Konflikt stehenden Pflanze auch so gar keine Ähnlichkeit mit unserem Schlafe, wo die Wechselwirkungen mit der Außenwelt vielmehr ruhen oder auf ein Minimum reduziert sind, nichts Neues entsteht, sondern nur das Alte fortgeleiert wird. Nur der Zustand der Pflanze im Winter kann nach früheren Bemerkungen mit unserem Schlafzustande einigermaßen verglichen werden; aber da es dieser kann, kann es nicht zugleich auch der im Sommer. Nichts davon zu sagen, daß im Grunde die ganze Natur selbst als eine Träumerin wie mit halbzugemachten Augen erschiene; sollte man sich vorstellen, daß sie die Halbschied ihrer Geschöpfe den langen, hellen lichten Tag verschlafen ließe, sie früh die Augen öffnen und doch noch fortschlafen ließe, so viel Lebenskraft an eine Eiche setzte, bloß um sie ein halb Jahrtausend schlafen zu lassen? Und diese Eiche schafft währenddessen so gewaltige Werke an sich selbst, aus sich selbst. Tut dergleichen auch der Mensch im Schlafe?

Zwar wird es immer in gewisser Hinsicht möglich bleiben, den Ausdruck von einem Schlaf- oder Traumleben zu verteidigen, sofern die höheren Seelenvermögen in einem Schlafe oder Traume liegen. Aber dies ist doch kein eigentlicher Ausdruck. Denn in unserem Schlafe und Traume liegen nicht bloß die höheren, sondern auch die sinnlichen Vermögen brach, ja vielleicht noch bracher als die höhern. Denn Erinnerungen, die den Ausgang des höheren Seelenvermögens bilden, laufen doch auch noch im Traume fort, indes die Sinne ganz geschlossen sind. Aber in der Pflanze sind die Sinne ganz offen, und Erinnerungen laufen gar nicht. Wie kann man zuletzt von einem Traume sprechen, wo kein Wachen ist, aus dem der Traum den Stoff der Erinnerungen nimmt? Wachen ist wohl ohne Traum, nicht Traum ohne Wachen denkbar. Sagt man also, die Pflanzen führen ein Traumleben und nichts weiter, so sagt man dasselbe wie, es gibt einen Schatten und nichts, was ihn wirft. Es ist ein Unsinn; und hiermit sollen die Pflanzen um ihren Sinn gebracht sein.

Wir haben das Leben der Pflanze bis jetzt immer nur bis zum Blütestande verfolgt, ja wohl so davon gesprochen, als ob es über den Blütestand hinaus nichts gäbe; und in der Tat mag hier der Gipfelpunkt dieses Lebens, der Abschluß desselben nach der aufsteigenden Seite liegen und es weniger Interesse haben, dasselbe auch auf der absteigenden Seite zu verfolgen. Doch ist eine solche Seite vorhanden, und bedeutungslos können wir dieselbe doch für die Pflanze nicht halten, sei es, daß wir an die große Fülle von Stoff und Lebenskraft denken, welche von jetzt an noch zur Entwickelung der Früchte verwandt wird, sei es an den großen Aufwand zweckmäßiger Einrichtungen, die hierbei eben wie beim Befruchtungsprozesse Platz greifen. Wer freilich schon die Blume blind gegen das Licht hält, wird auch in allen Früchten nur taube Nüsse erblicken; für uns aber, welche in der Blütezeit der Pflanze nur die lichteste Zeit ihres Seelenlebens erkennen, muß die Sache anders liegen.

Der Mensch, wenn er über die Blütezeit des Lebens hinaus ist, wird damit noch nicht tot; sein Leben gewinnt bloß von jetzt an eine andere Richtung und Bedeutung. Bis dahin mehr auf die Sorge für sich und die nächste Gegenwart gestellt, doch niemals sehr über sich nachdenkend, für jeden Antrieb von außen empfänglich und dagegen lebendig reagierend, fängt er von jetzt an, Zukünftiges und Vergangenes mehr zu bedenken, mehr in sich selbst einzukehren, für eine Nachkommenschaft zu sorgen, für eine Nachwelt zu wirken. Der Glanz des Lebens erlischt, die Bedeutung nimmt zu, die Empfänglichkeit für bloße Sinnesgenüsse tritt zurück, die Organe dazu welken allmählich; dafür reift er um so mehr innerlich.

Eine analoge Wendung werden wir nach analogen äußeren Erscheinungen auch in der Pflanze anzunehmen haben, nur daß alles das, was beim Menschen in helles Selbstbewußtsein fällt, hier mehr in Gefühl und Instinkt fallen wird, die aber doch bestimmt und lebendig genug sein können. Es mag eine Art Einkehr des Gefühls der Pflanze in sich selbst beginnen, indes ihre Empfänglichkeit für äußere Reize abnimmt, wie wir denn die Organe dazu wirklich allmählich welken sehen und eine Art Instinkt sich entwickeln, die sie drängt, ihr eignes Leben in der Bildung des jungen Pflänzchens im Samen rück- und vorweisend abzuspiegeln oder zu reproduzieren. (Man erinnere sich, daß das Pflänzchen wirklich schon seiner ganzen Anlage nach in Würzelchen und Blattfederchen im Samen vorgebildet wird.) Man möchte sagen, die Bildung des jungen Pflänzchens im Samen stellt den ersten und einzigen wirklichen Gedanken in ihrem Haupte dar, in dem sich die Erinnerung an ihr ganzes bisheriges Leben dunkel zusammenfaßt und zugleich die

Sorge um die Zukunft eines anderen, ihr gleichen Wesens ausdrückt. Auch unsere Gedanken heften sich ja an leibliche Vorgänge im Kopfe, die etwas geändert darin hinterlassen. So undeutlich aber das Pflänzchen im Samen gegen die ganze Pflanze erscheint, so undeutlich mag die Erinnerung an das frühere Leben, die nun die Seele der Schöpfung des neuen Pflänzchens wird, gegen das ganze frühere Leben der Pflanze selbst sein. Aber sind doch auch unsere Erinnerungen nur blasse Bilder der Wirklichkeit.

Man wende nicht ein, daß der analoge Prozeß der Bildung neuer Wesen im Menschen nicht von Bewußtsein begleitet ist. Es ist eben wie mit dem Wachstum. Für die Pflanze hat dieser Prozeß eine ganz andere Bedeutung als für den Menschen; was in diesem zu unterst liegt, liegt dort zu oberst, ist ins Haupt der Pflanze übergegangen. Wie das Blühen nur der Gipfel des Wachstumsprozesses in der nach außen gehenden Richtung ist, ist die Frucht- und Samenbildung nur der Rückweg in einer nach einwärts gehenden Richtung, eine Einkehr der wachsenden Pflanze in sich selbst. Ist nun das Wachstum überhaupt Träger von Seelenbewegung in der Pflanze, wird es dies ebensowohl in der einwärts als auswärts gehenden Richtung sein.

Schon die Einleitung des Fruchtbildungsprozesses selber zeigt übrigens den höchst wesentlichen Unterschied zwischen Pflanze und Tier, daß es dort ein in einem und demselben Wesen vollzogener Selbstreflexionsprozeß ist, hier ein zwischen zweien geteilter Prozeß. Dies kann für das Psychische sehr wichtig sein. Pflanzen- und Tierreich sollen sich eben auch hierbei nicht wiederholen, sondern ergänzen; was beim Tiere im dunkelsten Unbewußtsein vorgeht und nur spurenweise in den Phänomenen des Versehens an das erinnert, was im Pflanzenreiche immer stattfindet, das bildet bei der Pflanze gerade den Hauptpunkt ihres bewußten Lebens. Extreme berühren sich auch sonst häufig genug. Hier wird diese Berührung noch überdies in der äußern Erscheinung merkwürdig genug angedeutet.

In der Tat, mag man es nur für ein Spiel äußerer Ähnlichkeit halten, aber immer ist es eigen, wie die Frucht, ebenso wie das Haupt des Menschen, im allgemeinen oben steht, oft von einer Art harten Hirnschale eingeschlossen ist, der Same darin in der Form dem

Hirn oft täuschend ähnelt,[21] und in den oberen Pflanzenklassen zwei Samenlappen, eben wie das Hirn in den oberen Tierklassen zwei Hirnhälften hat; ja wie selbst die Substanz bei beiden eiweißartig ist.

---

[21] Ich erinnere an die wälsche Nuß; aber die Ähnlichkeit greift weiter, wenn man sich erinnert, daß niedere Tiere auch glatte Gehirne haben.

XV. Vergleiche, Schemate.

Manche haben wohl versucht, das Verhältnis zwischen Tier und Pflanze durch ein einziges Schlagwort, einfaches Schema, oder die Identifizierung mit einem Verhältnis zwischen anderen Gegenständen auf einmal scharf und treffend zu bezeichnen. Ich halte das meinerseits für unmöglich. Allgemeine Ausdrücke, einfache Schemate, bildliche Vergleiche können überhaupt nur nützlich sein, ein komplexes Verhältnis nach gewissen Seiten oder obenhin treffend darzustellen. So können Pflanzen und Tiere einander nach gewisser Beziehung polar entgegenstehen; aber in wie vieler Beziehung stimmen sie doch überein; nach gewisser Beziehung sich wie Treppenstufen untereinander ordnen; aber nach anderen Beziehungen wird sich die Ordnung verkehren; nach gewissen Beziehungen sich die Pflanze als ein verwendetes Tier fassen lassen; aber in alle Einzelheiten durchführen kann man es nicht. Man kann die Pflanze eine Linie, das Tier eine Kugel nennen, wie man ein Gesicht mehr oval, ein anderes mehr rund nennen kann; aber hat man damit die wahre Physiognomie beider richtig gezeichnet, oder vermag man sie aus diesem allgemeinen Schema abzuleiten? Man kann Pflanze und Tier mit dem oder jenem Konkretum vergleichen, wie man einen Kopf mehr einem Apfel, einen andern mehr einer Birne ähnlich finden kann; aber in wie vieler Beziehung bleiben doch solche Vergleiche stets hinter dem Richtigen zurück, in wie vieler greifen sie darüber hinaus? Zuletzt wird das Verhältnis zwischen Tier und Pflanze doch durch gar nichts treffender, schärfer und umfassender zu bezeichnen bleiben, als daß man sagt, es sei nun eben das Verhältnis zwischen Tier und Pflanze. Es findet sich dies Verhältnis nach der Gesamtheit seiner Momente nirgends anders so wieder wie zwischen Tier und Pflanze. Die Natur wiederholt sich nirgends ganz.

Andererseits findet aber doch immer ein gewisses Bedürfnis statt, komplexe Verhältnisse ins Enge zu ziehen, verwandte Gebiete zu vergleichen, und unter Anwendung einer triftigen Methode sowohl bei Aufstellung als Nutzung der Schemate und Vergleiche ließe sich für den Überblick im ganzen, die Hervorhebung und den Zusammenhang des Wesentlichen, die Auffassung verwandtschaftlicher

Beziehungen zwischen verschiedenen Naturgebieten, großer Nutzen erwarten.

Leider finden wir eine solche Methode, welche die Aussicht auf diese Vorteile auch wirklich befriedigte, nicht vor, können sie auch hier nicht schaffen, und wäre sie geschaffen, würden wir sie schwerlich in gründlicher Weise anwenden können, da solche Anwendung auf genauem Detailerörterungen, als hier Platz finden können, und tiefer gehenden botanischen und zoologischen Kenntnissen, als uns zu Gebote stehen, fußen müßte.

Legen wir also auch den folgenden Proben vergleichender und schematischer Auffassung des Verhältnisses zwischen Tier und Pflanze kein zu großes Gewicht, ja nicht einmal zu ernste Absicht bei. Nur hier und da mag Ernst durch das Spiel durchblicken. Auch eine Seite des Spiels nämlich hat dieser Gegenstand, welche den Geist immerhin zu beschäftigen vermag, wenn es schon nicht mit dem Interesse strenger Wissenschaftlichkeit ist.

Bekannt genug, obwohl fast nur poetischem Interesse dienend, ist der Vergleich der Pflanzen, insbesondere der Blumen, bald mit Kindern, bald mit Frauen. Beides scheinen sehr verschiedene Vergleiche zu sein, inzwischen finden sie einen Verknüpfungspunkt darin, daß die Frauen selbst doch immer nur Kinder gegen die Männer bleiben. Übrigens fassen beide denselben Gegenstand von verschiedenen Seiten.

Die Vergleichspunkte der Blumen mit Kindern liegen darin, daß sie die Erde als ihre gemeinschaftliche Mutter betrachtet, noch an ihr hängen, aus ihr die Nahrung saugen; daß sie sich alle Bedürfnisse zubringen lassen; nicht ins Weite laufen; daß sie lieblich, freundlich, unschuldig aussehen, niemand etwas zu Leibe tun; helle Kleider anhaben, und, wie wir meinen, mit ihrer Seele noch ebenso im Sinnlichen befangen sind, wie es die Kinderseele ist. Das Höchste, wozu sie es mit ihrem Kinderverstande bringen, ist, kleine Püppchen - Büschekindchen, d. s. die schon junge Pflänzchen eingewickelt enthaltenden Samen zu wiegen und zu büschen; nicht wissend, aber wohl ahnend, was das für eigentlich Erwachsene bedeutet. Jedem wird bei diesem Vergleiche Schillers Lied einfallen:

Kinder der verjüngten Sonne,
Blumen der geschmückten Flur usw.,

was freilich von unserer Seite den Kommentar herausfordert, daß viel mehr der Dichter als die Blumen in Nacht befangen war, da er sie in Nacht befangen erklärte; und es nicht erst des Berührens mit Menschenfinger bedurfte, ihnen Leben, Sprache, Seele, Herzen einzugießen, nachdem dies schon ein viel mächtigerer Finger getan.

Auch des Anfangs eines schönen Liedes von Heine, das fast wie nicht von Heine klingt, mag man gedenken, da er zu einem Kinde sagt:

"Du bist wie eine Blume,
So hold und schön und rein" usw.

Etwas weniger poetisch freilich nimmt es sich aus, wenn Hegel (Naturphilos. S. 471) sagt: "Die Pflanze, als das erste für sich seiende Subjekt, das aus der Unmittelbarkeit noch herkommt, ist jedoch das schwache, kindische Leben, das in ihm selbst noch nicht zum Unterschiede aufgegangen ist." — Jeder in seiner Weise!

Wohl noch zahlreichere Vergleichspunkte aber bietet der Charakter der Weiblichkeit der Pflanzen dar.

Die Pflanze bleibt wie das Weib immer in ihren engen Lebenskreis gebannt, den sie nur fortgerissen verläßt, indes das Tier wie der Mann ungebunden ins Weite streift; sie weiß aber in ihrem engen Wirkungskreise alles auf das beste zu nutzen, sicher leitenden Instinkten folgend, ohne es je zu der höheren Intelligenz des Tieres zu bringen, und diesem, wie das Weib dem Manne, den weiteren Vorblick und Umblick und die umgestaltenden Eingriffe in die Außenwelt überlassend. Die Pflanze bleibt, wie das Weib dem Manne, immer dem Willen des Tieres Untertan, kommt ihm aber selbst im schönsten Verhältnis, wie es der Schmetterling zur Blume zeigt, nicht entgegen. Sie plaudert gern duftend mit ihren Nachbarinnen. Sie sorgt für die Nahrung des Tieres, bäckt Brot (in den Ähren), bereitet Gemüse für dasselbe. Ihr liebstes Geschäft aber bleibt bis zur Blütezeit ihres Lebens, sich schön zu schmücken und ihre Gestalt immer neu und schön darzustellen. Gibt es doch sogar manche Blumen, die wie die Frauen in Weißzeug aufstehen und sich erst später bunt kleiden, ja wohl mehrmals umkleiden.[22] Aber nachdem die Zeit der jungen Liebe vorbei, wird die Pflanze zu einem neuen Beruf geweiht. Nun wirft sie den bunten Flitterstaat beiseite, und ihr erster und einziger Gedanke ist die Sorge für ihre jungen Kindlein, die sie hegt und trägt, und die, nachdem sie sich endlich von ihr losgemacht, sie noch längere Zeit umstehen.

Man erinnert sich hierbei an das, was Schiller sagt:

> "Der Mann muß hinaus
> Ins feindliche Leben,
> Muß wirken und streben
> Und pflanzen und schaffen,
> Erlisten, erraffen,
> Muß wetten und wagen,
> Das Glück zu erjagen ....

Und drinnen waltet
Die züchtige Hausfrau,
Die Mutter der Kinder,
Und herrschet weise
Im häuslichen Kreise,
Und lehret die Mädchen,
Und wehret den Knaben,
Und reget ohn' Ende

---

[22] "So z. B. hat (um nur die auffallendsten Beispiele anzuführen) der Cheiranthus Chamaeleon anfänglich eine weißliche Blume, die später zitronengelb und zuletzt rot wird, mit einem kleinen Stich ins Violette. Die Blumenblätter des Stylidium fruticosumR. Br. sind bei ihrem Entstehen blaßgelb, später aber werden sie weiß mit leicht rosenrotem Anstrich. Die Blumen der Oenothera tetrapteraL. sind anfänglich weiß, alsdann rosenrot und fast rot. Tamarindus IndicaL. hat, nach Fr. G. Hayne, am ersten Tage weiße Blumenblätter und am zweiten gelbe. Die Blumenkrone der Cobaea scandens Cav. ist den ersten Tag grünlich-weiß, den folgenden Tag violett. Der Hibiscus mutabilisL. bietet in dieser Beziehung eine merkwürdige und lehrreiche Erscheinung dar. Seine Blume ist nämlich des Morgens beim Aufbrechen (naitre) weiß, gegen Mittag wird sie rot oder hochrot, und zuletzt, wenn die (Sonne untergegangen, ist sie rot. Im Klima der Antillen ist jener Farbenwechsel regelmäßig. (Decand., Physiol. II. S. 724.)

Die fleißigen Hände,
Und mehrt den Gewinn
Mit ordnendem Sinn.
Und füllet mit Schätzen die duftenden Laden
Und dreht um die schnurrende Spindel den Faden,
Und sammelt im reinlich geglätteten Schrein
Die schimmernde Wolle, den schneeigten Lein,
Und füget zum Guten den Glanz und den Schimmer,
Und ruhet nimmer.

Ich bezweifle nicht, da Dichter ja immer noch etwas anderes meinen, als sie geradezu sagen, was dem Scharfsinne der Ausleger zu ermitteln überlassen bleibt, daß der Dichter hiermit wirklich nur das Verhältnis zwischen Tier und Pflanze hat darstellen wollen, so gut paßt alles. Das Lehren und Wehren, das Regen der Hände und einiges andere mag manchem zwar weniger zu passen scheinen; doch kommt es, wie in allen solchen Fällen, nur auf die rechte Deutung an. Jedes Pflänzchen hat doch, da es noch im Samen an der Mutterpflanze hing, von ihr zu lernen, wie es wachsen und nicht wachsen soll; das endlose Regen der fleißigen Hände aber drückt sehr treffend das endlose Ausstrecken von Blättern aus, das Umsichwirken und Schaffen der Pflanze damit, um die Stoffe zu Diensten des Tieres vorzubereiten. Die Schätze in den duftenden Laden sind die vielen köstlichen Stoffe, welche die Pflanzen in Zellen, wie in Fächern eines Schrankes, sammelt; mit dem Drehen des Fadens um die Spindel ist das Spinnen der Spiralgefäße und sonstige Erzeugen spiraliger Bildungen gemeint, womit die Pflanze beständig beschäftigt ist. Mit der schimmernden Wolle und dem schneeigten Lein ist auf Baumwolle und Flachs gezielt, und mit dem Glanz und dem Schimmer auf die schimmernden Farben der Pflanze.

Nach dieser künstlichen Deutung wird vielleicht folgendes einfach anmutige Gedicht Rückerts um so besser gefallen, worin er die weibliche Blumenweise so schön charakterisiert:

Die Blume der Ergebung.

"Ich bin die Blum' im Garten
Und muß in Stille warten.

Wann und in welcher Weise
Du tritst in meine Kreise.

Kommst du im Strahl der Sonne,
So wird' ich deiner Wonne
Den Busen still entfalten,
Und deinen Blick behalten.

Kommst du als Tau und Regen,
So werd' ich deinen Segen
In Liebesschalen fassen,
Ihn nicht versiegen lassen.

Und fährest du gelinde
Hin über mich im Winde,
So wird' ich dir mich neigen,
Sprechend: ich bin dein eigen.

Ich bin die Blum' im Garten
Und muß in Sille warten,
Wann und in welcher Weise
Du trittst in meine Kreise."

(Rückerts Ges. Gedichte I. S. 98.)

Als Kinder und Landmädchen zugleich sind die Blumen in folgenden Zeilen aus Rückerts Amaryllis (Ges. Gedichte, Bd. II. S. 97) charakterisiert:

Der Frühling kocht sich aus des Winters Reisen
Den Tau, den seine Kinder sollen trinken;
Er stimmt zum Morgenlied die muntern Zinken.
Und schmückt sein grünes Haus mit Blütenschleifen.
Wohlauf, mein Herz, laß deine Blicke schweifen
Nach Blumen, die auf allen Fluren winken!
Landmädchen sind's, zur Rechten und zur Linken
Steh'n sie geputzt, nach welcher willst du greifen?"

Mit Insekten haben Pflanzen eine augenfällige Ähnlichkeit teils nach einzelnen Teilen, teils nach den Verhältnissen ihrer Metamorphose im ganzen,[23] die uns schon früher zu manchen Bemerkungen Anlaß gegeben.

Schon in Gestalt und Farbe zeigt sich große Ähnlichkeit zwischen Blüten und Schmetterlingen; so daß man nicht selten die Schmetterlinge geradezu mit losen lebendig gewordenen Blüten verglichen hat. Äffen doch manche Orchideenblüten Schmetterlingen ganz nach; und der Name Schmetterlingsblumen, den eine große Pflanzenklasse (wohin Wicken, Bohnen usw. gehören) führt, beweist ebenfalls für eine hier vorwaltende Ähnlichkeit. Das Interesse dieser äußeren Ähnlichkeit steigert sich aber sehr durch Betrachtung des schon mehrfach berührten lebendigen Wechselverhältnisses zwischen beiden; wobei der weibliche Charakter der Blumen besonders auffallend zutage tritt. Die Blume ist wie ein still sitzender Schmetterling, der den Besuch des schwärmenden erwartet; ein ähnliches Verhältnis, wie wir es auch im Insektenreiche selbst, z. B. zwischen Weiblein und Männlein des Johanniskäfers, bemerken. Jenes, der Flugkraft ermangelnd, muß auf dem Erdboden bleiben; im Grün sitzt es still und lockt nur durch hellen Glanz das Männlein an. Dieses hat ähnlichen Glanz, aber wohl hellere Augen als das Weiblein und sucht dasselbe im Grünen auf. So leuchtet der Farbenglanz der Blume aus dem Grün hervor, und mit gleichem Farbenglanz geschmückt, aber hellerblickenden Augen, sucht der Schmetterling sie auf, sie, die an den Boden geheftet, sich nur suchen lassen kann.

Wie Schmetterling und Blume einander unmittelbar ähnlich sind, entfalten sich auch beide in gar ähnlicher Weise aus einem ähnlichen Gebilde, worin sie auf früherer Entwicklungsstufe erst längere Zeit verschlossen und zusammengefaltet geschlummert. Wer mochte nicht wirklich zwischen der Knospe, aus der die Blume, und der Puppe, aus der der Schmetterling bricht, beide um in das gemeinschaftliche Reich des Lichts überzugehen, auch eine äußere Ähnlichkeit finden? Ja selbst der Stengel, indem er, langsam aufwärts wachsend, ein Blatt um das andere hervorschiebt, mag der Raupe nicht ganz unvergleichbar sein, die aufwärts kriechend, ein Bein um das andere vorwärts schiebt. Es behält nur die Pflanze, wie schon

---

[23] Vergl. hierüber u. a. Linné in s. Metamorphosis plantarum sub praes. D. O. Car. Linnaei proposita a Nic. a Dalberg. Upsaliac, 1755, in Amoenitat. acad. IV. p. 368.

früher bemerkt, ihre frühere Entwicklungsstufe immer sichtbar unter sich, indes das Insekt sie in sich aufhebt.

Die luftführenden Spiralgefäße, welche den ganzen Bau der Pflanze durchsetzen, und die, freilich verzweigten, Luftkanäle, welche den ganzen Leib des Insekts durchsetzen, begründen auch einige Verwandtschaft der inneren Organisation zwischen beiden.

Wer Gefallen an ähnlichen Vergleichen findet, kann das Verhältnis zwischen Tier und Pflanze auch im Tier selbst für sich in dem Verhältnis des mehr geklumpten Nervensystems zu dem mehr verzweigten Gefäßsystem, oder in der Pflanze für sich in dem Verhältnis der sich mehr zentral abschließenden Blüte zu dem frei und allseitig verzweigten Stengel wiederfinden. Aber mit was ließen sich zuletzt nicht Vergleichspunkte finden! Es wäre ermüdend und nutzlos zugleich, ihnen allenthalben nachzugehen. Zwar gab es eine Zeit, wo in dem Verfolg solcher Ähnlichkeiten fast die ganze Aufgabe der Naturphilosophie gesucht wurde. Ich werde der letzte sein, sie wieder heraufbeschwören zu wollen.

Zu mancherlei interessanten Betrachtungen kann die früher bemerkte Eigentümlichkeit der Pflanzen Anlaß geben, zu spiraligen Bildungen und Stellungen ihrer Teile zu neigen. Will man zuvörderst einer symbolischen Spielerei noch einige Augenblicke Aufmerksamkeit schenken, so denke man an den spiralförmig von den Blättern umlaufenden Stengel und die durch die ganze Länge der Pflanze bis in die Blüte (Pistill, Staubfäden und Blumenblätter) sich forterstreckenden Spiralgefäße; außerdem an den Nektar, den die Blume enthält, den Schmetterling, der den Nektar sucht, und die Heilkräfte, die, meist in giftigen und bitteren Stoffen, der Pflanze inwohnen. Dann mag sich die Blume nicht übel mit der vom schlangen- umwundenen Stiele getragenen Schale der Hygiea vergleichen lassen, in welche die ihre giftigen Stoffe zu Diensten der Heilgöttin stellende Schlange oben mit dem Kopfe hineinzüngelt; der Schmetterling aber, der auf der Blume sitzt, mit der Seele, die den Nektar der Gesundheit darin sucht, aber, um dazu zu gelangen, erst an dem züngelnden Kopfe der Giftschlange vorbeistreichen muß; d. h. nur durch Zwischenwirkung an sich gefährlicher Heilstoffe führt die Heilkunst zur Gesundheit.

Weiter: Man halte die so allgemeine Spiraltendenz der Pflanze gegen die im Tiere mehr vorwaltende Tendenz zu in sich zurücklaufender Form und Kreislaufsbewegung. Dann kann man sagen, die Pflanze richte sich im Gestaltungs- und innern Bewegungsprozesse mehr nach der Form der jährlichen (scheinbaren) Bewegung der Sonne am Himmel, welche bekanntlich eine spiralige ist, das Tier mehr nach der täglichen Bewegung derselben, welche merklich eine kreisförmige ist, oder strenger genommen, nur eine einzige Windung der jährlichen Spiralbahn der Sonne darstellt; und man kann sich dabei daran erinnern, daß auch in Schlaf und Wachen die Pflanze mehr der jährlichen, das Tier mehr der täglichen Periode folgt. Mit anderm Hinblick könnte man auch sagen, die Pflanze richte sich mehr nach der Bewegung, die ein Punkt an der Oberfläche der Erde, das Tier nach der, welche der Mittelpunkt der Erde bei der Bewegung um die Sonne macht, sofern die Bewegung der Punkte an der Oberfläche der Erde als zusammengesetzt aus der Rotation der Erde um ihre Achse und ihrem Laufe um die Sonne, ebenfalls eine spiralige ist. Inzwischen sind das immer nur Beziehungen, die erst durch Erkenntnis eines kausalen Zusammenhanges für die Wissenschaft Bedeutung gewinnen könnten, wozu für jetzt keine Aussicht ist.

Auch von einer ganz wissenschaftlichen Seite läßt sich die Spiraltendenz der Pflanzen fassen und die Darstellung eines Pflanzentypus nach gewisser Beziehung darauf gründen. Teilen wir hier ganz kurz die Hauptresultate der Schimperschen Untersuchungen darüber mit:

Das Schema aller vollkommenen Pflanzen ist hiernach unter der Form einer senkrecht im Boden stehenden Achse darstellbar, von welcher nach bestimmten mathematischen Gesetzen seitlich Radien (Blätter) ausgehen. Das Gesetz ihrer Stellung an der Achse gibt die wesentlichen Formenunterschiede der Pflanzen an, erscheint aber immer unter der Form einer Spirallinie, welche um die Achse sich windet und in bestimmten Absätzen die peripherischen Radien aussendet. Nennen wir Zyklus der Spirale einen solchen Teil derselben, welcher von irgend einem Radius (Blatt) an gerechnet so weit verläuft, bis er wieder zu einem Radius in derselben, der Achse parallelen Linie, worin der erste liegt, gelangt ist, so fragt sich: 1) wieviel Radien (Blätter) hat die Spirale im Umfang der Achse zu durchlaufen, um vom unteren Grenzradius des Zyklus zum oberen zu gelangen, in wieviel Abschnitte wird der Zyklus mithin dadurch geteilt,[24] 2) wieviel Umläufe hat die Spirale innerhalb eines Zyklus zu machen, um durch die Zwischenradien vom unteren Grenzradius zum oberen zu gelangen. Sowohl die Anzahl der Abschnitte als der Umläufe der Spirale innerhalb eines Zyklus sind nun für jede Pflanzenart konstant, für verschiedene Pflanzenarten aber verschieden, gehören mithin zur wesentlichen Charakteristik der Arten. Nicht jede Zahl Abschnitte und Umläufe ist aber möglich; sondern die Zahlwerte können nur aus folgender Reihe genommen sein:

1, 2, 3, 5, 8, 13, 21, 34, 55, 89, 144, 233,

deren Gesetz leicht zu finden ist. Die beiden ersten Zahlen derselben sind nämlich die ersten natürlichen Zahlen, die dritte Zahl ist gleich der Summe der beiden ersten, und so überhaupt jede spätere Zahl die Summe der beiden ihr vorangehenden. Es kann also die Zahl der Abschnitte eines Zyklus z. B. 2 oder 3 oder 5 oder 8, aber nicht 4 oder 6 oder 7 betragen, und dasselbe gilt von der Zahl der Umläufe. Dabei ist die Zahl der Abschnitte mit der Zahl der Umläufe der Spirale innerhalb desselben Zyklus noch durch ein bestimmtes Gesetz verknüpft. Ist z. B. die Zahl der Abschnitte 2, so ist die der Umläufe stets 1 (was man ausdrückt $1/2$), ist die Zahl der Abschnitte 3, so ist die der Umläufe auch 1 (also $1/3$); ist die Zahl der Abschnitte 5, so ist die der Umläufe 2 (also $2/5$), und überhaupt sind die möglichen Verhältnisse folgende:

$$1/2, 1/3, 2/5, 3/8, 5/13, 8/21, 13/34, 21/55, 34/89, 55/144, 89/233 \ldots$$

wovon das Gesetz wieder leicht zu finden ist. Der Zähler jedes Bruches ist nämlich dem Nenner des zweit vorhergehenden Bruches gleich.

Die Richtigkeit der hier vorgetragenen Schimperschen Ansicht wird freilich nicht allgemein zugegeben; indem namentlich die

---

[24] Steht ein Radius im Intervall zwischen beiden Grenzradien des Zyklus, so wird dieser natürlich in zwei Abschnitte dadurch geteilt; stehen zwei darin, so wird er in drei Abschnitte geteilt usf., überhaupt in 1 Abschnitt mehr als die Zahl der Zwischenradien beträgt. So viel Abschnitte die Zyklen einer Pflanze haben, so viel der Achse parallele Linien gibt es, in welchen überhaupt Blätter im Umfange der Pflanze stehen.

konstanten Zahlwerte der vorigen Brüche als allgemeine Norm von mehreren Forschern bestritten werden. Auch haben die Gebrüder Bravais einen ganz anderen Weg eingeschlagen, die Spiraltendenz der Blattstellung gesetzlich zu repräsentieren. Naumann betrachtet den Quincunx als Grundgesetz der Blattstellung. Mathematisch genaue Stellungsverhältnisse gibt es überhaupt nicht an der Pflanze, und nur durch ein Zurechtrücken der Beobachtungen, Beiseitlassung der Ausnahmefälle, Annahme von Fehlschlagen u. dergl. kommt der Anschein einer so vollständigen Gesetzmäßigkeit heraus, wie nach manchen Darstellungen die Pflanze zeigen soll. Jedenfalls gibt die Annäherung der Blattstellung zu einer Gesetzlichkeit faktisch, welche sich auf den Spiraltypus zurückführen läßt, ohne daß aber die organische Freiheit dadurch völlig aufgehoben ist.

Eine übersichtliche Darstellung der Resultate der Schimperschen Untersuchungen, welche dem vorigen zugrunde liegt, findet sich in Burmeisters Geschichte der Schöpfung (2. Aufl. S. 340). Näheres über diesen Gegenstand s. in folgenden Schriften: Dr. Schimper, Beschreibung des Symphytum Zeyheri usw. in Geigers Mag. S. Pharmacie. Bd. XXIX. S. 1 ff. − Dr. A. Braun, Vergleichende Untersuchung über die Ordnung der Schuppen an den Tannenzapfen usw. Nov. Act. Acad. C. L. N. C. T. XIV. Vol. I. p. 195−402. − Dr. Schimper, Vorträge über die Möglichkeit eines wissenschaftlichen Verständnisses der Blattstellung usw., mitgeteilt von Dr. A. Braun. Flora Jahrg. XVIII. no. 10. 11. 12. (1835). − L. et A. Bravais, Mémoires sur la disposition géométrique des feuilles et des inflorescences, précédés d'un résumé des travaux des MM. Schimper et Braun sur le même sujet, par Ch. Martius et A. Bravais. Paris 1838. Deutsch von Walpers. Breslau. 1839. − Bravais in Ann. des sc. nat. 1837. Part. bot. I. 42. 1839. Part. bot. II. l. - Naumann in Pogg. Ann. 1842. (2. Reihe). Bd. 26. S. l. (Ausz. in Wiegm. Arch. 1844. II. S. 49.)

Nächst der Stellung der Seitenteile an der Achse hat besonders die Verwandlung, welche dieselben oft ineinander erfahren, die Aufmerksamkeit der neueren Naturforscher auf sich gezogen. Geben wir zur Charakteristik der neueren Pflanzen-Morphologie gleich folgende kurze Darstellung eines Botanikers von Fach (Link in Wiegm. Arch. 1842.II. S. 164).

"Die Aufgabe der neueren Morphologie ist, die mannigfaltigen Verschiedenheiten, unter welchen die Pflanze sich darstellt, auf eine Grundform zurückzuführen oder sie vielmehr davon abzuleiten. Es ist ein Verfahren in der Botanik, wie es der Kristallograph in der Mineralogie anwendet, indem er von mehr oder weniger genau bestimmten Grundgestalten die verschiedenen Nebengestalten ableitet, welche in der Natur vorkommen. Die Pflanzen haben aber statt der Kristallflächen wirkliche Glieder, woraus zuerst die Achsenteile bestehen, und auf welchen die Seitenteile als Glieder sich befinden. Die Mittel, deren man sich bedient, um jene Ableitung hervorzubringen, sind nun, daß man die Teile in Gedanken sich vergrößern, verringern und ganz fehlen (avorter) läßt; ferner sich zusammenziehen und ausdehnen, entfernen und nähern, verwachsen und sondern, zarter und gröber werden usw., wie man sie in der Natur nach Beobachtungen gefunden hat. Besonders hat man gefunden, daß sich die Seitenteile ineinander verwandeln, und daß man die Blätter als die Grundform ansehen kann, woraus alle anderen Seitenteile bis zu den Umhüllungen des Embryo stammen. Dieses ist die Metamorphose der Pflanzen, die man jetzt in Frankreich, einer neuen Mode zufolge, die Goethesche nennt, wie man sie zuweilen auch in Deutschland genannt hat. Sie sollte eigentlich die Linnésche genannt werden, da sie Linné schon vollständig vortrug."

Man wird leicht erachten, daß die obige Methode, die Ableitungen hervorzubringen, ihrer Natur nach gestattet, alles aus allem zu machen. Und in diesem Betreff ist auch Willkür zur Genüge geübt worden. Die Verwandlung der Seitenteile ineinander aber bleibt ein sehr merkwürdiges und bedeutsames Phänomen, worüber man in Goethes Schrift über die Pflanzen-Metamorphose das Nähere nachlesen mag.

Die allgemeinste und wichtigste Bedeutung für das Verhältnis zwischen Tier und Pflanze scheint mir der schon mehrfach berührte Gegensatz ihrer Entwickelungsrichtung nach innen und außen zu haben.

Kurz wird sich sagen lassen: das Tier wächst mehr in sich hinein, die Pflanze mehr aus sich heraus; jenes gliedert, faltet sich mehr nach innen, diese mehr nach außen. Dieser Unterschied ist zwar nicht absolut, aber so, daß man sieht, im Entwickelungsgange vom zweideutigen Zwischenreiche an ist doch das Übergewicht im Tierreiche im ganzen mehr auf die erste, im Pflanzenreiche auf die zweite Seite gefallen.

In der Tat, stellen wir Tier und Pflanze auf ihren vollkommenern Stufen einander gegenüber:

Das Tier äußerlich mehr kompakt abgeschlossen, in ziemlich fest bestimmter Gestalt, mit wenigen ein für allemal bestimmten äußeren Ansätzen und ebenso bestimmten stumpfen Eindrücken an einförmigen Klumpen des Leibes, dagegen sich innerlich gliedernd in eine von den unteren zu den höheren Tieren immer steigende Mannigfaltigkeit von Organen, die sich wieder in immer feinere und feinere Unterabteilungen gliedern und deren letzte innerlichste Modifikationen endlich der Freiheit der Seelenbewegungen selbst folgen, sofern im Zusammenhange mit der Ausbildung der geistigen und Gefühlsanlagen im Laufe des bewußten Seelenlebens auch die innersten Organisationsverhältnisse sich ins feinste fortbilden. Im Gehirn die letzten Fasern gar durcheinander schießend wie Kette und Einschlag eines Gewebes, da bei dem immerfort nach innen Wachsen und sich Zerfällen zuletzt nichts übrig bleibt, als durch sich selber durchzuwachsen, oder das schon Zerfällte nach noch neuer Richtung zu zerfällen. An die Tätigkeit und Fortbildung dieser inneren Kreuzungen ist dann das höhere Seelenleben geknüpft.

Die Pflanze dagegen bis zum Gipfel ihres Lebens innerlich immer und immer wieder nur ihr einförmiges Gemeng von Fasern, Zellen, Röhren darbietend, ohne deutliche Gliederung zu inneren Organen, dagegen in eine unerschöpfliche und von den niederen nach den höheren Pflanzen, vom Stamm nach den Ästen, von diesen nach den Zweigen, von diesen nach den Blättern, von diesen noch nach den Blattrippen immer zunehmende Fülle äußerlich divergierender Formteile auswachsend, deren letzte Austriebe nach außen voraussetzlich mit der Freiheit ihrer Seelentriebe zusammenhängen. Auch dies bis zur endlichen Verschränkung, obwohl in anderem Sinne als vorhin, gedeihend; indem die Zweige, dann die Blätter zwischeneinander durchwachsen und so die Laubeskrone bilden; die Blätter selber dadurch entstanden, daß die Blattrippen, sich immer feiner abzweigend, sich endlich begegnen, verfließen.

Diese Vorstellung gewinnt ein vermehrtes Interesse, wenn wir sie mit jener schematischen in Beziehung setzen, wonach der Leib des Tieres sich wie ein Sack verhält, dessen empfindende Fläche inwendig ist, der der Pflanze wie ein solcher, wo sie auswendig ist, indem dann das ganze Verhältnis auf den Gegensatz von Einstülpung und Ausstülpung dieses Sackes zurückführbar ist. Wirklich lassen sich die inneren und äußeren Verzweigungen der Tier- und Pflanzen-Organisation recht wohl als Ein- und Ausstülpungen fassen, die sich fortgehends immer weiter ein- und ausstülpen. Und man kann bemerken, daß überhaupt die Natur eingestülpten Formen ausgestülpte Formen von teils paralleler, teils sich ergänzender Bedeutung gegenüberzustellen liebt; wie z. B. Lungen und Kiemen; genitalia masculiua und feminina. Hier nun haben wir diesen Gegensatz im ganzen und großen zwischen zwei Reichen durchgeführt. Die stülpende Hand hat in jedem Falle ihren Angriff auf der nicht empfindenden Fläche des Sackes genommen, und so liegt die empfindende Fläche des Tieres in den inneren Einstülpungen begraben, die der Pflanze auf den äußeren Ausstülpungen blos. (Freilich ist der Gegensatz empfindender und nicht empfindender Teile des Organismus selbst nur *cum grano salis* zu nehmen.)

Der geschlossene Sack des Tieres stülpt sich zuvörderst in sich selbst hinein, so daß eine Doppelung entsteht, wie bei einer Schlafmütze, die auf dem Kopfe sitzt; beim Sacke der Pflanze ist dagegen die innere Doppelung lang herausgezogen. Die Einstülpung beim Tiere bildet den Darmkanal, die Ausstülpung bei der Pflanze die Wurzel. Die einstülpende Bewegung beim Tiere geschieht mit solcher Kraft, daß oben die Mütze platzt, und der Mund entsteht, indes sich unten die Mütze zum After zusammenzieht. Der Darmkanal des Tieres wird dann weiter in die Speicheldrüsen, die Leber, das Pankreas hineingestülpt; Neben - Einstülpungen des Sacks sind Lungen und genital feminina. Es besteht aber der Sack des Tieres eigentlich aus einem doppelten Blatt, und das innere Blatt folgt dem äußern nicht. Sondern es hat sich vom äußern gelöst, ist aufgerissen und hat sich auf die kleinstmögliche Stelle, zu dem in sich selbst zusammengefalteten Gehirn und Rückenmark, zusammengeschoben; dagegen hat sich das äußere Blatt als Haut um seine Einstülpung den Darmkanal so weit aufgebauscht als möglich. So entsteht eine große Höhlung zwischen Haut und Darmkanal, in welcher das

Nervenblatt zusammengefaltet liegt, daher den Zwischenraum bei weitem nicht ausfüllt. Um nicht eine zu große Leere zu lassen, ist nun die Haut tüchtig mit einem Polster von Fleisch und Zellgewebe gefüttert, und um dem Ganzen Halt zu geben, mit festen Streben, d. i. Knochen, ausgespannt gehalten, auch die Watte mit Adernetzen gut durchnäht, und hierdurch zugleich das Nervenblatt an das Haut- und Darmblatt angenäht. Außerdem sind beim Losreißen des Nervenblatts vom Haut- und Darmblatt die Nerven noch als Verbindungsfasern mit dem Hautblatt und die Ganglien als zerfaserte Flocken auf dem Darmblatt sitzen geblieben.

In der Pflanze ist gar keine solche Trennung des Sacks in zwei unterscheidbare Blätter sichtbar, und der ausgestülpte Pflanzenbalg einfach mit Fasern und Zellgewebe ausgestopft. Das vegetative und empfindende Blatt fallen hier in eins. Und dies ist ein Unterschied, der zu dem Unterschiede in der Richtung der Ein- und Ausstülpung noch bedeutungsvoll hinzutritt, unstreitig aber in Kausal- wie teleologischer Beziehung dazu steht.

Im Grunde freilich ist es überall nicht eine wirkliche Hand, sondern die schematisierende Vorstellung, welche alle angezeigten Stülpbewegungen vornimmt. Es faltet sich, streng genommen, überhaupt keine Haut aus oder ein, sondern es bilden sich Zellen nach und nach in solchen Lagen, wachsen so und werden so resorbiert, daß allmählich der Anblick Faltenlosen sich in den Anblick von etwas ein- oder auswärts Gefaltetem verwandelt. Der Erfolg ist zuletzt derselbe, aber der Prozeß ein anderer, als wodurch wir selber realiter Ein- und Ausfaltungen, Ein- und Ausstülpungen vollbringen.

Ich gestehe zwar, daß die Auffassung der Art, wie sich das Nervenblatt benimmt, etwas romanhaft ist, sofern sie mehr aus einer kühnen Rückdeutung der fertigen Lagerungsverhältnisse als einer genauen Betrachtung der wirklichen Entwickelungsverhältnisse geschöpft ist; was dann hindern muß, ihr ein großes wissenschaftliches Interesse beizulegen Dagegen scheint mir der allgemeine Gegensatz von Aus- und Einstülpung zwischen Pflanze und Tier sehr entschieden.

Die fortgesetzte Ausstülpung schreitet bei der Pflanze nur bis zum Gipfel ihres Lebens fort. Da tritt ein Moment ein, der Moment, in dem der Staubfaden oder sein Pollen die Narbe des Pistills berührt, wo sich die Pflanze, sozusagen, gegen sich selbst zurückschlägt, und nun beginnt mit dem Durchwachsen des Pollenschlauchs in die Höhle des Fruchtknotens ein vorher nur angedeuteter Einstülpungsprozeß, der durch die ganze Fruchtbildung fortgeht.

Die zweite Oszillation des Lebens erfolgt also bei der Pflanze in ganz entgegengesetzter Richtung als die erste. Beim Tiere ist dies nicht so der Fall, da gleich anfangs hier der Lebensprozeß die Richtung mehr nach innen nimmt; doch relativ zeigt sich ein Äquivalent auch beim Tiere noch darin, daß bis zur Mannbarkeit das Tier doch äußerlich noch an Größe wächst, später aber sich bloß mehr innerlich fortentwickelt

Überhaupt muß man die Gültigkeit des Schemas nicht über triftige Grenzen ausdehnen wollen. Im Bereiche niederster Organismen, die sich dem Zwischenreiche nähern, kommen Ausstülpungen bei Tieren vielfach vor; der Gegensatz wird aber um so deutlicher, je höher wir aufwärts in beiden Reichen steigen. Auch bei den höheren Tieren sind die Gliedmaßen, die Nase, die genital masc., die mammae, die Haare Ausstülpungen, dem sonstigen Charakter des Tierreichs entgegen.

Werfen wir einen Blick auf die Bedeutung, welche der vorige Gegensatz für das Psychische haben muß.

Sofern die Seele etwas Bestimmtes ist und nach ihrer Bestimmtheit auch einen bestimmten Ausdruck im leiblichen Träger findet und fordert, so wird man nicht anzunehmen haben, daß der besonderen Bestimmtheit der Seele, die sich im Tierleibe ausspricht, nichts, sondern vielmehr nun auch eine Seelenbestimmtheit entgegengesetzter Art gegenüberstehe. Die Pflanzenseele wird etwas nur nach anderer, in gewisser Hinsicht entgegengesetzter Richtung Entwickeltes sein; etwas gegen die Außenwelt Ausgefaltetes, während jene etwas in sich Eingefaltetes. Daß die nach innen gehende Wendung die Seele, sozusagen, mehr zu sich selbst führt, auf sich selbst zurückkommen läßt, liegt im Schema darin ausgesprochen, daß die empfindende Fläche vermöge ihrer Einfaltung sich gegen sich selbst zurückschlägt, wodurch innere Berührungen, ja endlich Durchkreuzungen zwischen ihr eintreten, so daß das darin sinnlich

Angeregte in neue Wirkungsbezüge treten kann. Bei den Pflanzen, wo die empfindende Fläche sich auswärts stülpt, ist dies nicht so der Fall; denn wenn sich auch Zweige und Blätter in ihrer allseitigen Divergenz endlich ebenfalls verschränken, so bleiben sie dadurch doch größtenteils außer Berührung, und wenn sie sich endlich in einzelnen Blättern und allerwegs in den Blattrippen berühren, so legt sich das alles nur aneinander, oder anastomosiert, ohne von der Berührung an nochmals sich zu durchkreuzen; wie wir es im Gehirn der Tiere sehen. So behält das Tierleben eine Dimension der Innerlichkeit vor der Pflanze vorweg; und eben deshalb bleibt es bei der Pflanze mehr bei der einfachen Sinnlichkeit; bis mit der absteigenden Richtung des Lebens auch die Richtung der Einfaltung in der Pflanze bestimmter Platz greift, die nun auch unstreitig höhere Bedeutung für die Pflanze gewinnt. Aber sie beherrscht nicht so von Vornherein das ganze Leben der Pflanze wie das des Tieres, ist, sozusagen, nur die sich umbiegende Spitze, worin jenes ausläuft und ins Tierische einigermaßen umschlägt. Die Pflanze trägt, sozusagen, ein kleines Tier nur als Krone, Schmuck und obersten Gipfel auf der Pyramide ihres Baues und Lebens, und noch dazu eine Sphinx, die das Wesen des Tieres bloß im Rätsel darstellt, während das Tier von unten an ist, was es ist, gleich der Memnonssäule neben der Pyramide.

Ein ähnlicher fundamentaler Gegensatz, wie innerhalb des Organischen zwischen Tier- und Pflanzengestaltung, läßt sich auch im weitem Gebiete der Natur zwischen organischer und unorganischer Gestaltung selbst auffinden, nur daß er hier bis zum elementaren Bau zurückreicht, indes er dort auf den Plan des Ganzen geht.

Die organischen Geschöpfe, gleichviel ob Tiere oder Pflanzen, entstehen aus Elementarteilen, die nach innen wachsen und sich nach innen einfalten und zerlegen; die unorganischen, die Kristalle, aus solchen, die nach außen wachsen, sich nach außen ausfalten und konsolidieren. Als Elementarteile des Organischen nämlich zu betrachten sind die Zellen, hohle, mit Flüssigkeit gefüllte Bläschen, deren Wände sich von außen nach innen verdicken, so daß das Lumen vieler mit der Zeit ganz schwindet. Wie es scheint durch Einfaltung nach innen entstehen Vorragungen, endlich Scheidewände, wodurch sich die Zellen in mehrere teilen. Der Kristall dagegen entsteht aus einem soliden Urkristall innerhalb einer Lauge, verdickt sich durch Ansatz von außen, faltet sich, sozusagen, nach außen in Ecken, Spitzen, Kanten aus, ohne doch dabei seine Solidität aufzugeben; indem er, statt immer neue Zellen in sich hineinzuerzeugen, in diese zu zerfallen, dadurch immer blasiger zu werden, sich vielmehr in immer neue, um die früheren anschließende Kristallhüllen einschachtelt, und so ein immer größeres kompaktes Ganze wird.

Merkwürdig, wie so einfache Gegensätze im Bildungsplane, als wir zwischen Tier und Pflanze, Organismus und Kristall bemerken, doch in Resultate ausschlagen können, die so ganz über den Charakter einfacher Gegensätze hinausgreifen, ganz verschiedene Grade der Ent- und Verwickelung mitführen. Man vergleiche die ungeheuer verwickelten Organismen mit den stets so einfach bleibenden Kristallen, und im Organischen wieder die verhältnismäßig so verwickelten Tiere mit den verhältnismäßig so einfachen Pflanzen. Die Entwicklungsrichtung nach innen hat offenbar einen ganz anderen, prägnanteren und zugleich für das Seelenleben bedeutungsvolleren Charakter als die nach außen.

Ein freilich sehr oberflächliches Schema, bezüglich bloß auf das Allgemeinste und Äußerlichste der morphologischen Verhältnisse, doch des Interesses nicht ganz bar und der Vertiefung nach mancher Richtung fähig, bietet sich wie folgt dar.

Die rundlich in sich abgeschlossene, gewöhnlich längliche Gestalt des Tierleibes ähnelt, gegen die Pflanze angesehen, im ganzen mehr der Ellipse, wo Herz und Hirn die Brennpunkte vorstellen mögen, um die sich alles Leben des Tieres dreht, die Gestalt der Pflanze dagegen, vermöge ihrer doppelten und entgegengesetzten Divergenz nach oben in Zweige, Blätter und Blüten, nach unten in die Wurzelausstrahlungen, mehr der Hyperbel; und setzen wir den einfachsten Fall eines oben unverzweigten, nur eine Blüte tragenden Stengels, so wird die Blüte bis zum Gipfelpunkt des Lebens selber die obere Hyperbelhälfte darstellen, und die Endpunkte der Pflanzenachse, die Narbe des Griffels und die Spitze der Pfahlwurzel werden die Stelle der Brennpunkte vertreten, zwischen denen alles Leben der Pflanze oszilliert; die beiden Knotenpunkte, von denen aus sich die Blüte nach oben und die Wurzel nach unten streckt, die Scheitel beider Hyperbelhälften; die Blätter endlich, auf ihre mittlere horizontale Richtung reduziert, die Richtung der ins Leere gehenden Nebensachse.

Das Zwischenreich zwischen Tier und Pflanze, zwischen Kugelformen und Linearformen schwankend, repräsentiert dann die Fälle, wo Ellipse und Hyperbel durch möglichste Vereinfachung ihrer Gleichungen (ohne daß etwas unendlich würde) in Kugel- und Linearformen übergehen, was auf mehrfache Weise geschehen kann, womit das proteusartige Wesen des Zwischenreichs zusammenhängt.

Bekanntlich entsteht die Hyperbel aus der Ellipse dadurch, daß man eine Hauptgröße darin in der Richtung verkehrt genommen denkt; was damit zusammenstimmt, daß die Pflanze sich in gewisser Weise als verwendetes Tier fassen läßt. Auch kann man die absteigende Seite des Pflanzenlebens, wo man die Blüte in die mehr ellipsoidische Frucht sich wandeln sieht, mit einer solchen Vorkehrung in Beziehung fassen.

Dieses Schema gewinnt an Interesse, wenn man es ins Symbolische überschlagen läßt. Die Reihe möglicher Ellipsen hat zur Grenze die Parabel, welche zwar von einer Seite noch ganz der Endlichkeit anheimfällt, von der anderen aber sich gegen die Unendlichkeit öffnet. Bekanntlich nämlich geht die Ellipse in eine Parabel über, wenn man den einen Brennpunkt der Ellipse in die Unendlichkeit hinausrückt, oder, was dasselbe sagt, die große Achse derselben unendlich nimmt. Sofern nun durch das Reich der verschiedenen Ellipsen das Reich der noch ganz in der Endlichkeit befangenen Tiere repräsentiert wird, bedeutet die Parabel, als obere Grenze der Ellipsen, die obere Grenze des Tierreichs, den Menschen, welcher zwar mit einer Seite noch ganz ebenso wie das Tier im Irdischen wurzelt, von der andern Seite aber sich gegen das Himmlische öffnet. Freilich liegt sein Hirn, der eine Brennpunkt, nicht wirklich in der Unendlichkeit, aber es kann solche denken, schließt sie subjektiv ein. Hierdurch schlägt eben das Schema ins Symbolische um.

Die Parabel könnte, statt als Grenze der Ellipsen, auch als Grenze der Hyperbeln angesehen werden; aber in anderem Sinne. Beim Übergange der Ellipse in Parabel wird nämlich aus einem ganz endlichen Wesen ein nach einer Seite unendliches, das Tier geht über in halb Tier, halb Engel; beim Übergange der Hyperbel in Parabel wird umgekehrt, unter Verlust der einen unendlichen Hälfte, aus einem zweiseitig unendlichen Wesen ein nur einseitig unendliches Wesen. Hiernach mag sich der Mensch ebensogut als ein sich von der Erde nach dem Himmel aufrichtendes Tier, als wie eine aus dem Himmel in das Irdische, aber mit Verlust der einen himmlischen Hälfte, gepflanzte Pflanze betrachten lassen.

Der Vergleich des Tieres und der Pflanze mit Ellipse und Hyperbel kann ein wissenschaftlicheres Interesse, als ihm nach der vorigen Darstellung zukommt, durch folgende Bezugsetzung zu den Prinzipien einer allgemeinen mathematischen Morphologie gewinnen, worüber ich mich hier mit einigen Andeutungen begnüge.

Der allgemeine Form-Unterschied zwischen organischen Wesen (Tieren und Pflanzen) und unorganischen Wesen (Kristallen) beruht, kurz gefaßt, darauf, daß erstere durch krumme, letztere durch ebene Flächen begrenzt werden. Die krummen Gestalten der Organismen durchlaufen alle Grade von der Kugelform (annäherungsweis in manchen Samen, Früchten, Eiern und niederen Tieren) bis zu den kompliziertesten Gestalten, die der genauen mathematischen Berechnung oder Repräsentation in Formeln nicht mehr fähig sind, was freilich im Grunde von aller Naturformen überhaupt gilt, denn selbst die Kristallflächen sind, genau genommen, nur ebene Flächen. Sofern man von kleinen Unregelmäßigkeiten abstrahiert; solche Kleinigkeiten vernachlässigt man. Aber auch für die Betrachtung der verwickeltsten Naturformen kann man einen exakten mathematischen Gesichtspunkt gewinnen, indem man fragt, welcher unter gegebenen einfacheren Formen sie am ähnlichsten sind, was immer nach Messungen und Berechnungen eine genaue Bestimmung zuläßt, z. B. fragt, welcher Kugel ein gegebener Menschenkopf am ähnlichsten ist, oder, wenn man weiter gehen will, welchem Ellipsoid, oder, wenn man sich noch höher versteigen will, welchem Körper mit Flächen dritter oder vierter Ordnung. Auch kann man beliebig einzelne Teile und Flächen davon besonders solcher Betrachtung unterwerfen. Nun sind nach den ebenen Flächen, oder Flächen erster Ordnung, die Flächen zweiter Ordnung, d. h. solche, welche zu Durchschnitten oder Projektionen Kegelschnitte haben, die einfachsten. Und so würde sich, wenn man fragte, welcher Art Kegelschnitt die Gestalt der Pflanzen, und welcher Art Kegelschnitt die Gestalt der Tiere (für einen Durchschnitt durch die große Achse oder Projektion auf eine ihr parallele Ebene) am ähnlichsten ist, ganz exakt für erstere die Hyperbel, für letztere die Ellipse finden; ja es würde sich für jede besondere Pflanze und jedes besondere Tier, mathematisch gesprochen, die besondere Hyperbel und die besondere Ellipse angeben lassen, der sie respektiv am ähnlichsten sind.

Zwar ließe sich von solcher, der wahren Gestalt doch so fern bleibenden Bestimmung, abgesehen von ihrer Mühseligkeit, kaum ein der Wissenschaft auch praktisch nützliches Resultat erwarten. Dagegen scheint mir der hier aufgestellte Gesichtspunkt mathematischer Morphologie für Klassifikation und wohl noch andere allgemeine Bezüge nützliche, jedenfalls interessante Resultate zu versprechen, wenn er auf die an sich einfacheren Formen von Tieren und Pflanzen, oder die Teile wo die Approximation sich nicht mehr sehr von der Wirklichkeit entfernt, angewandt würde; auch ist dies wenigstens schon in betreff der Schneckengehäuse (namentlich durch Naumann) mit Erfolg geschehen. Aber unstreitig verdient der Gegenstand eine erweiterte Bearbeitung. Namentlich Samen-, Frucht- und Eiformen möchten, teils wegen ihrer Einfachheit, teils weil sie die ganze Pflanze oder das ganze Tier schon in nuce enthalten, Beachtung verdienen.

XVI. Farben und Düfte.

Die Farben und Düfte der Pflanzen sind etwas für uns so Schönes und Reizendes, für die Pflanze selbst so Bedeutsames, daß sie nach allem, was wir gelegentlich darüber gesagt, wohl noch einige Worte besonderer Betrachtung verdienen.

Man denke die Pflanzen weg von der Erde, was gäbe es noch darauf zu sehen als gelben Wüstensand, graue Felsgesteine, wüste Schnee- und Eisfelder. So kahl ein Baum im Winter aussieht, so kahl sähe die ganze Erde aus. Die Pflanzen sind es, welche ihr das schöne grüne Kleid weben, an dessen Heiterkeit unser Auge sich erfreut, erfrischt, woran es selbst gesunden kann. Auch wir machen unsere Kleider zumeist aus Pflanzenstoffen, färben sie mit Pflanzenfarben, wie es die Erde tut; aber unser Kleid ist ein totes; die Erde hat ein Kleid aus selbstlebendigen Stoffen mit lebendigen Farben angezogen, ein Kleid, dessen Maschen sich selber weben, sich selber färben, sich selber erneuen, ein ewig frisches, nie alterndes Kleid; dessen Abgänge erst unser eignes Kleid geben. Sonderbar freilich, daß die tote ein lebendiges Kleid anzieht, indes wir Lebendige ein totes Kleid anziehen. Aber ist dies nicht vielleicht auch eine Sonderbarkeit, die eben nur in unseren Ansichten, nicht in der Natur besteht? Ist die Erde auch so tot, wie wir sie halten?

Gewiß können wir glauben, daß, wo auch Lust und Absicht liege, dieser Farbenschmuck der Erde nicht ohne Lust und Absicht wird gemacht sein. Nur müssen wir dann eben Lust und Absicht nicht bloß an ein Walten Gottes über der Natur, sondern auch in der Natur zu knüpfen wissen.

Die Erzeugung der Farbe hängt jedenfalls nicht von der Pflanze allein ab; sie gibt wohl ihre besonderen Lebensbedingungen dazu her, aber außer, über ihr liegen größere, allgemeinere, über die ganze Pflanzenwelt reichende. Und so kann man, auf diese allgemeinen Gründe weisend, sagen: die Sonne ist's, die über den Himmel geht, die über alle Kräuter scheint, deren Strahlenpinsel die Erde grün und bunt färbt; ja die Sonne selber erscheint nur wie die Faust Gottes, die diesen Strahlenpinsel führt, täglich hin- und zurückführt über die Fläche, die zu malen ist; erst im Lenz in leisen Strichen, dann mit immer kräftigeren, saftigeren Zügen. In der Tat weiß man, daß alles Begrünen der Pflanzen und alles Färben der Blumen nur durch den Reiz und unter dem Einfluß des Sonnenlichts erfolgt, ohne daß dies selber etwas von Stoff dazu hergibt, so wenig wie der Pinsel Farbe. Woher aber wird diese Farbe genommen? Aus der Farbenmuschel des Himmels; denn wir wissen, daß die Luft, deren Schein das Himmelsgewölbe darstellt, die Stoffe liefert, aus denen die Pflanzenfarben sich entwickeln, nicht die Erde. Diese liefert nur die grobe Unterlage, gleichsam die Leinwand, dazu.

Hauptsächlich ist es nämlich die Kohlensäure und der Sauerstoff der Luft, welche bei der Erzeugung der Pflanzenfarben beteiligt sind; aus der Erde aber gehen vorzugsweise Mineralbestandteile in die Pflanze über.

Die Wirkung des Sonnenlichts in Färbung der Pflanzen wird dadurch der Wirkung eines Pinsels um so ähnlicher, daß sie ganz lokal erfolgt. Denn ein vor dem Lichte bewahrter Teil bleibt weiß, während die übrige Pflanze grün wird.

Man kann fragen, warum als Hauptfarbe der Erde nun eben Grün, warum nicht Blau, nicht Rot, nicht Gelb, nicht Weiß? Nun, blau ist schon der Himmel, und golden ist schon die Sonne, und rot ist schon das Blut, und weiß ist schon der Schnee, und so möchte man, mit einem anderen Bilde spielend, auch sagen: die goldne Sonne und der blaue Himmel tun sich nur zusammen, um die grüne Pflanzenfarbe als ihr Kind zu zeugen, das Rot im Blute und Grün im Safte aber sind bestimmt, sich zu ergänzen, wie Tierreich und Pflanzenreich überhaupt sich auch sonst nach so viel Beziehungen zu ergänzen haben; man weiß nämlich, daß Rot und Grün wirklich im Verhältnis optischer Ergänzung zueinander stehen, d. h. sich zu Weiß miteinander mischen lassen. Wie sich das organische Leben auf der Erde gepalten hat, hat sich auch die Himmelsgabe gespalten, durch die es wächst und gedeiht; und dem sanfteren Teile ist die sanftere Farbe, dem tätigem die tätigere anheimgefallen.

Das beantwortet freilich die vorige Frage nicht, sondern erweitert sie vielmehr dahin: warum nun gerade diese Verteilung im ganzen Systeme der Naturfarben?

Und ich antworte weiter: aus keinem anderen Grunde wird wohl die Erde gerade grün sein, als warum der Eisvogel gerade blau, der Kanarienvogel gerade gelb, der Flamingo gerade rot ist. Es sollte unter anderen Weltkörpern nun eben auch einen in der Hauptsache grünen geben; das hat die Erde getroffen; warum eben diese, ist dann freilich nicht weiter anzugeben. Andere Weltkörper werden dafür eine andere Farbe haben. Hat man doch wirklich vermutet, die rötliche Farbe des Mars rühre von einer roten Vegetation auf ihm her.

Der Kreis der Frage ist wieder erweitert, die Erklärung zurückgeschoben, aber jede Zurückschiebung der Erklärung ist doch selbst schon ein Stück Erklärung. Ins Unendliche aber können wir nicht gehen.

Sollte wirklich die grüne Farbe der Erde ganz zufällig sein? Aber warum begönne dann gerade da, wo das Grün der Pflanzenwelt aufhört, das Grün des Meeres? Anfangs war sogar alles mit der einförmig grünen Lasurfarbe des Meeres überzogen. Aber da das Land stieg und wieder Farbe haben wollte, deckte es der Schöpfer mit der Deckfarbe der Pflanzenwelt zu und nahm wieder Grün dazu, und selbst von den Höhen des Landes rinnen die Gletscherwasser wieder grün herab. So Meer wie Land grün, Anfang wie Ende der Wasser grün. Das scheint doch dahin zu deuten, es sei wirklich auf eine ganz grüne Haut des Erdkörpers, ebenso wie auf das ganz blaue Hemd desselben abgesehen gewesen. Im Großen will die Natur einmal sich gleichbleibende Farben, den Wechsel verlegt sie ins Kleine. Die Wolken des Himmels sind nicht blau, so wenig wie die Tiere der Erde grün; aber jene wie diese laufen nur einzeln durch Luft oder über Land.

Gehen wir auf Betrachtung der individuellen Beziehungen der Farbe zur Pflanzenwelt und Einzelpflanze über, so bleibt immer merkwürdig, daß das Grün ebenso überwiegend dem Kraute zukommt, wie es der Blüte fehlt, obwohl nicht ohne Ausnahme nach beiden Seiten. Dabei besitzen die mit grüner Farbe blühenden Arten gewöhnlich kein reines Grün, sondern nur ein schmutziges Gelbgrün oder Graugrün, und viele scheinbar grünblühende Pflanzen, wie die Familien der Gräser, haben häufig nicht sowohl grüngefärbte als farblose Blütenspelzen. Reines Grün kommt in der Tat sehr selten bei Blüten vor (Schübler).

Von Blättern gibt es gar manche rote und scheckige; viele sind jung gelblich und die meisten werden im Verwelken rot oder gelb.

Es gibt sogar ganze Pflanzen, die in keinem ihrer Teile grün werden, und diese gehören merkwürdigerweise alle zu den Schmarotzergewächsen, d. i. Gewächsen, die auf anderen Pflanzen einwurzeln; so die Orobanchen, Lathräa-Arten, Cytineen, Cassytha- und Cascuta -Arten, die Monotropen und blattlosen Orchideen (Decandolle).

Dieser Gegensatz des grünen Krauts und der andersfarbigen Blüten hängt mit einem Gegensatz in den beiderseitigen Lebensäußerungen zusammen. Die nicht grünen Blumen verschlucken Sauerstoff und hauchen Kohlensäure unter denselben Umständen aus, wo die grünen Blätter Kohlensäure einschlürfen und dafür Sauerstoffgas ausatmen.

Desgleichen hat sich die Natur darin eigensinnig gezeigt, daß reines Schwarz an den Blumen nicht vorkommt, sofern selbst die dunkelsten Flecke an Blumen, die man beim ersten Anblicke wohl für Schwarz halten möchte, bei näherer Untersuchung noch einen besonders gearteten Farbenschein zeigen.

Decandolle sagt hierüber in f. Physiol. II, S. 726. "Das Schwarz scheint keine Farbe, die den Blumen natürlich wäre, vielmehr sind die Blumen, bei denen sich Schwarz vorfindet, in der Regel ursprünglich gelbe Blumen, die in ein sehr dunkles Braun übergehen. Letzteres scheint wenigstens bei den schwärzlichen Teilen der Blumen des *Pelargonium tricolor Curtis* und der *ViciaFaba L.* (Saubohne) stattzufinden. Das gleiche gilt von denjenigen braunen oder schwarzen Blumen, deren Farbe ein sehr dunkles Rot ist, wie wir es z. B. bei *Orchis nigraAll.* sehen."

Der Übersetzer Röper bemerkt dazu:

Die scheinbar schwarzen Stellen in der Blumenkrone der *Vicia Faba L.* sind wirklich nur sehr dunkelbraun, wie man mit Hilfe eines Mikroskops deutlich erkennen kann . .. Die scheinbar schwarzen Haare auf den Blütenhüllschuppen der *Protea Lepidocarpon R. Brown.* erscheinen, bei starker Vergrößerung und durchfallendem Lichte, dunkelviolett, ins Indigoblau spielend. Sie sind zum Teil mit gelben Haaren vermengt und werden von gelben Haaren umgeben."

Es wird behauptet, daß ebensowenig reines Weiß bei den Blumen vorkomme wie reines Schwarz; indem auch die für sich weißesten

Blumen, wenn man sie auf farbigem Papier betrachtet, doch im Abstich dagegen noch eine Färbung verraten (vergl. Decandolle, Physiol. II. S. 723); doch vermute ich, daß das Eintreten subjektiver komplementärer Färbung (die für manche Augen lebhafter als für andere ist) hierbei Täuschung erweckt. An den wenigen weißen Blumen, die mir gerade in jetziger Jahreszeit zu Gebote stehen, konnte ich keine Bestätigung jener Behauptung erlangen.

Wenn sich schon das weiße Licht zwischen Tier- und Pflanzenreich so gespalten hat, daß dem Tierleibe das Rot, dem Pflanzenleibe das Grün daraus zuteil ward, so ist bemerkenswert zu sehen, wie sich nun das Grün innerhalb des Pflanzenreichs nochmals spaltet, indem der im Kraute noch vereinigte Gegensatz von Gelb und Blau in der Blüte auseinandertritt. Ähnlich nämlich, wie unter den Menschen ein Gegensatz zwischen blonder und brünetter Haar-, Haut- und Augenfarbe waltet, wonach sie sich gewissermaßen in zwei Klassen sondern, kehrt unter den Blumen ein analoger Gegensatz zwischen gelben und blauen Blütenfarben wieder. Die Tatsache ist folgende:

Schübler und Frank haben in einer besonderen Abhandlung dargetan, daß man die Blumen in zwei große Reihen einteilen kann, in solche, die Gelb zur Grundlage der Farbe haben (oxydierte oder xanthische Reihe), und in solche, bei denen Blau die Grundlage ist (desoxydierte oder zyanische Reihe). Blumen, die zur ersten Reihe gehören, können je nach Varietät oder Spezies nur in Gelb, Rot und Weiß, aber nicht in Blau variieren; Blumen, zur zweiten Reihe gehörig, dagegen nur in Blau, Rot und Weiß, aber nicht in Gelb, so daß sich beide Reihen in Rot und Weiß begegnen, aber in Blau und Gelb scheiden.

So gibt es keine blauen Cactus, Aloe, Rosen, Ranunkeln, Tulpen, Mesembryanthemen, Georginen usw., sondern nur gelbe, rote und weiße; sie gehören zur ersten, der xanthischen Reihe; andrerseits keine gelben Glockenblumen (Campanulen), Geranien, Phlox, Anagallis, Astern usw., sondern nur blaue, rote und weiße; diese gehören zur zyanischen Reihe. Von dieser Regel finden zwar einige Ausnahmen statt; wie es denn z. B. unter den im ganzen zur zyanischen Reihe gehörenden Hyazinthen einige gelbe Spielarten gibt; doch sind diese Ausnahmen selten.

Die Gattungen der Gewächse, welche zur xanthischen Reihe gehören, sind weit häufiger zur Ausbildung saurer Stoffe geneigt als die Gattungen, welche zur zyanischen Reihe gehören, die dagegen nicht selten durch eigentümliche, auf den Körper oft stark wirkende, scharfe, bittre und narkotische Stoffe ausgezeichnet sind. Obwohl man hierin keine ausnahmsfreie Regel sehen darf.

Beim Erwachen des Jahres sind verhältnismäßig die meisten Blumen weiß, beim Schlusse des Jahres gelb. Es ist, als ob dort der Schnee des Winters, hier die Sonne des Sommers eine Nachwirkung äußerten.

Ausführliche Untersuchungen über die relative Verteilung der Blütenfarben (der deutschen Flora) unter die verschiedenen Monate des Jahres hat Fritsch in s. Abhandl. über die period. Erscheinungen des Pflanzenreichs in den Abhandl. der böhm. Gesellsch. der Wiss. 1847, S. 74, bekannt gemacht.

Den uns nun naher angehenden Bezug der Pflanzenfärbung zu den Seelenerscheinungen anlangend, so kann die Pflanze wegen Mangels an Augen freilich weder der Schönheit ihrer eignen Farbe noch derer ihrer Nachbarinnen in derselben Weise, wie wir es tun, gewahren. Denn ob sie schon für den Lichtreiz empfänglich ist, mischt sich doch das von verschiedenen Stellen des Raumes herkommende Farbenlicht gleichgültig auf jedem Punkte ihrer Oberfläche und verwischt sich so zu einem allgemeinen Scheine. Sollen wir aber deshalb für die Blume ihre eigne Schönheit verloren halten? Gewiß nicht; sie gewinnt solche nur von anderer Seite her und gewinnt sicher mehr hierbei, als wir überhaupt davon haben können; so wahr jedem das, was er selber schafft, im Moment des Schaffens schöner und bedeutungsvoller erscheint, als einem anderen, dem es dann geboten wird; mag es übrigens auch beiden gleich erscheinen. In der Tat hängt die Erzeugung der Farbe aufs innigste mit dem aktiven Lebensprozeß der Pflanze zusammen, der durch das äußere Licht zwar angeregt wird, aber doch erst durch eigene Reaktion gegen diese Anregung die Farbe gibt. Freilich können wir nicht beschwören, daß die Pflanze ihr Grün und Rot und Blau im Prozeß der Erzeugung auch in derselben Farbenempfindung gewahr werde, wie wir in der äußeren Anschauung; haben eher Grund es zu bezweifeln; doch hindert andrerseits auch nichts, an etwas Ähnliches zu denken. Sollte der Mensch, der alles, was auf Erden geschieht, nach den Hauptmomenten in sich widerspiegeln soll, nicht auch diese Hauptseite des Seelenlebens der Pflanze in sich widerspiegeln? Gewiß jedenfalls hat die Pflanze bei Erzeugung der verschiedenen Farben ebenso verschiedene Empfindungen, wie wir beim Erblicken derselben; da die Erzeugung jeder Farbe mit Verschiedenen inneren Änderungen in ihr zusammenhängt.

In gewisser Weise mag sich das produzieren der Pflanzenfarben mit dem produzieren durch unsere Phantasie vergleichen lassen. Die Pflanze, kann man sagen, wandelt das Licht phantastisch in Farben um. Das Licht fällt weiß oder irgendwie gefärbt auf die Pflanze; sie empfindet seine Einwirkung in irgend welcher Weise; aber sie gibt es nicht so wieder, wie sie es empfangen; vielmehr hat es nur dazu gedient, eine selbstschöpferische Tätigkeit in ihr anzuregen, wodurch die Farbe erzeugt wird, und diese Tätigkeit ist nun auch unstreitig vom Gefühl der Selbstschöpfung begleitet. So bedarf unsere Phantasie zwar der sinnlichen Anregungen aus der Außenwelt; aber eben auch nur, um dadurch zu innern Selbstschöpfungen angeregt zu werden, die das Empfangene in anderer Form und mit dem Gefühl der Selbsttätigkeit aus dem Innern heraussstellen.

Auch selbst die weiße Blume, obwohl sie das Licht bloß umgeändert zurückzustrahlen scheint, verhält sich nicht passiv gegen das Licht; da vielmehr die Weiße der Blumen ebenfalls auf tätigen Prozessen beruht, vermöge deren die Blume das Licht in nur vermehrter Fülle und Reinheit wiedergibt, wie auch des Menschen Phantasie die Verhältnisse, durch die sie angeregt worden, reiner und schöner im Kunstwerk wiederzugebären und so erst recht zur Fülle der Anschaulichkeit zu bringen vermag. Die Blume macht sich nur selbst zu diesem Kunstwerk. Wo könnten wir die Weiße des Lichts voller und schöner beobachten als an der Weiße der Lilien und anderer weißer Blumen?

Tiere und Menschen färben sich freilich auch an der Oberfläche, ohne daß es uns einfällt, diesem Färbungsprozesse eine ähnliche Bedeutung unterzulegen wie bei den Pflanzen. Aber es finden zwischen der Art, wie die Färbung der Pflanzen und die der Tiere zustande kommt, ähnliche Unterschiede statt wie zwischen dem Wachstum beider (vergl. VIII.), daher man auch ebenso eine ganz verschiedene Bedeutung daran zu knüpfen berechtigt ist, worüber ich hier nicht nochmals in besondere Ausführungen eingehe.

Näheres über Pflanzenfarben in physiologischer und chemischer Hinsicht s. außer in den Lehrbüchern der Pflanzen-Physiologie in Fechners Repertor. der org. Chemie. II. S. 832; Auszüge aus den neueren Abhandl. von Mohl, Pieper, Marquart, Hope, Berzelius, Decaisne, Elsner, Turpin, Morren, Hünefeld in Wiegm. Arch. 1835. II. 186. 1836. II. 85. 1837. II. 35. 1838. II. 32. 1839. II. 80. 1840. II. 91.

Nun einiges noch von den Düften:

Die Düfte der Blumen scheinen gegen ihre Farben eine nur untergeordnete Rolle zu spielen, da nicht einmal alle Blumen damit begabt sind. Und wenn es wahr ist, was wir früher angedeutet, daß das Duften der Blumen hauptsächlich die Bestimmung hat, eine Mitteilung von Empfindungen oder instinktartigen Mitgefühlen zwischen verschiedenen Pflanzen zu bewirken; so erklärt sich dies wohl. Die Farbenerzeugung in den Pflanzen hängt mit der Entwickelung eigner Seelenprozesse zusammen; diese aber ist natürlich wichtiger und notwendiger als das Wechselspiel mit andern Seelen.

Auch unter den Tieren gibt es gesellschaftlich lebende und einsam lebende. Die riechenden Pflanzen repräsentieren uns die ersteren, die nichtriechenden die letzteren. Und die Pflanze mag nach der Natur ihres beschränkten Lebenskreises und dem Umstande, daß das Geschlecht schon in jedem Individuum für sich vereinigt ist, des psychischen Verkehrs mit ihresgleichen im ganzen noch weniger bedürfen als das Tier.

Das Tier selber lehrt uns, daß der Geruch wirklich imstande ist, dem sinnlich psychischen Verkehr zu dienen, und zwar namentlich auch für die analoge Zeit des Fortpflanzungsprozesses. Dies ist für die Deutung immer wichtig. Aber doch erfolgt dieser Verkehr bei Tieren im ganzen ohne Vergleich mehr durch die Stimme. Und insofern, wie nach gar mancher anderen Beziehung kann man sagen: der Duft nimmt bei den Pflanzen eine ähnliche Bedeutung an wie bei den Tieren die Stimme. Der Gleichungspunkte gibt es mehrerlei.

Aus dem Inneren kommt die Stimme, aus dem Inneren kommt der Duft, und beide sind das zugleich feinste und sicherste Charaktermerkmal für das, woraus sie kommen. Wie man selbst im Dunkeln jeden Menschen noch an dem Ton der Stimme erkennen kann, so im Dunkeln jede Blume, ja jede Varietät der Blume, an dem Dufte. Beide Merkmale, scheinbar einfach in sich, variieren doch in den verschiedensten Nuancen und bezeichnen damit ebenso viele Nuancen von Organisations-Verwickelungen, deren höchstes, entwickeltstes Produkt sie sind. Jedes trägt gleichsam die Seele des Wesens aus dem es kommt, auf seinen Fittichen von dannen.

Unstreitig käme es nur darauf an, das Geruchsorgan recht fein auszubilden, um nicht bloß jede Varietät, sondern auch jedes Individuum von Hyazinthe oder Nelke noch von jedem anderen nach dem Geruche zu unterscheiden. Unser Geruchsorgan ist nur in dieser Hinsicht teils nicht geübt, teils unstreitig nicht so von Natur darauf eingerichtet, wie das der Blume sein mag, weil uns diese Unterscheidung nicht so nahe angeht. Unterscheidet doch auch der Neger sehr wohl physiognomisch die Gesichter seiner Landsleute, die uns alle ungefähr gleich aussehen.

Die niederen Tiere, die sich nicht viel zu sagen haben, Würmer, Insekten, sind im ganzen stumm, und so die niedern Pflanzen, Pilze, Flechten, geruchlos. Zwar bringen manche Insekten ausnahmsweise Geräusche hervor, aber nur durch äußerliches Scheuern, Schwirren, Bohren; die Töne kommen nicht aus dem Innern, und so duften ausnahmsweise manche Pilze, Flechten, aber der Duft kommt aus keiner Blüte.

Wie die Stimme auch bei den Geschöpfen, die solche haben, doch nicht beständig erklingt, vielmehr nach Art und Weise des Geschöpfes und anderen Umständen bald mehr tages, bald mehr abends, halb mehr nachts, bald lauter, bald leiser, am meisten im ganzen um die Zeit des Fortpflanzungsprozesses, zeigt sich alles entsprechend beim Duften der Pflanzen; und dies beweist am besten, daß die Blumendüfte nicht etwa bloß einfach mechanisch durch die Sonnenwärme aus den Blumensäften herausdestilliert werden, als wären die Blumen kleine Destillierkolben für ätherische Öle; sondern daß die Blumen wirklich nach äußeren und inneren Anforderungen an ihr Leben solche entwickeln.

Wäre die Wärme der Grund des Entweichens der Düfte, so müßten alle Blumen am meisten des Tages über duften und abends erschöpft sein. Nun ist es wahr, die Lippenblumen und die Cistrosen, die Myrten- und Orangen-Gebüsche füllen die Luft des südlichen Europa um so stärker mit ihrem Dufte, je heißer es ist; aber dafür gibt es andere Blumen, die den Tag über fast gar nicht riechen und erst bei Sonnenuntergang zu duften anfangen, wie die Nachtigall bloß abends Lieder singt, und fast keine einzige Blume gibt es, die bloß bei Tage duftete. Ja im allgemeinen scheint große Sonnenhitze die Neigung zum Duften eher zu mindern, wie Tiere in der Hitze schläfrig werden (Decand. II. S. 764), was übrigens nicht hindert, zu glauben, daß sie doch hilfreich vorbereitend für die Duftentwicklung bei Abend wirken könne.

Namentlich sind alle Blumen mit Trauerfarben, wie z. B. *Pelargonium triste W. Aiton, Hesperis tristis L., Gladiolus tristis L.* usw. den ganzen Tag hindurch fast ganz geruchlos und duften bei Sonnenuntergang einen ambrosischen Geruch aus. Bei andern Pflanzen ist der Geruch am Tage schwach und wird abends stärker, wie bei *Datura suaveolens Willd.* (*Datura arborea Miller*), *Oenothera suaveolens Desf., Genista juncea L.* usw. Die Blumen des *Cereus grandiflorus Miller* (*Cactus grandiflorus L.*) beginnt um 7 Uhr abends sich zu öffnen und fängt gleichzeitig an, ihren Duft zu verbreiten. Senebier will Narzissenblumen in tiefer Dunkelheit erzogen haben, welche so stark wie andere rochen (?); dagegen man bei der *Cacalia septentrionalis* bemerkt, daß die Sonnenstrahlen der Blume einen aromatischen Geruch entlocken, der verschwindet, wenn man dieselben abhält, und wiedererscheint, wenn man den schattenden Körper entfernt. Bei den Orangenblüten dauert der Geruch mit leichten Abänderungen während der Blütezeit ununterbrochen fort. *Coronilla glauca* riecht nur am Tage, und auch bei *Cestrum diurnum* ist der Geruch nachts viel schwächer. Bei vielen Blumen verändert sich der Geruch nach der Befruchtung. (Decand., Physiol. 11. S. 763. 768 und Wiegm. Arch. 1840. n. 90.)

Der Umstand, daß bei den Pflanzen das Haupt-Verkehrsmittel auf einen niederen Sinn wie bei den Tieren bezogen ist, mag ebenso daran hängen, daß die ganze Pflanze auf einer niedrigeren sinnlichen Stufe steht als das Tier, wie daß die ganze Sinnlichkeit derselben doch in eine höhere Stufe ausläuft als beim Tiere; beides stimmt dahin zusammen, dem Geruche diese abgeänderte Stelle anzuweisen. Bemerken wir, daß schon innerhalb des Tierreichs selbst Versetzungen der Funktionen gar häufig sind. Des Vogels Hand liegt mit in seinem Schnabel, bei mehreren Tieren dient das Atemwerkzeug mit als Bein usw. Auch hat ja, wie bemerkt, der Geruch doch teilweis schon dieselbe Funktion bei Tieren wie bei Pflanzen, nur in einem mehr untergeordneten Grade.

Man kann dem Dufte wie den Farben noch die andere Funktion beilegen, Schmetterlinge und andere Insekten zu den Blumen zu locken (vergl. S. 219); hat aber hierin nichts dem vorigen Widersprechendes zu finden. Die Natur sucht überall mit einem Schlage mehreres zugleich zu treffen.

XVII. Resumé.

1) Die ursprüngliche Natur-Ansicht der Völker, sowie der charakteristische und ästhetische Eindruck, den uns die Pflanzen unmittelbar machen, spricht viel mehr für die Seele der Pflanzen, als die unter uns herrschende, auf anerzogenen Vorstellungen beruhende Volksansicht gegen dieselbe (11. V.).

2) Die Pflanzen sind uns zwar im ganzen unähnlicher als die Tiere, Stimmen doch aber gerade in den Hauptgrundzügen des Lebens noch mit uns und den Tieren so überein, daß wir, wenn auch auf einen großen Unterschied in der Art der Beseelung zwischen ihnen und uns, doch nicht auf den Grundunterschied von Beseelung und Nichtbeseelung selbst zu schließen berechtigt sind (II.). Im Allgemeinen findet ein solches Verhältnis der Ergänzung beiderseits statt, daß das Seelenleben der Pflanzen Lücken ausfüllt, welche das der Menschen und Tiere lassen würde (vgl. vorh. Kapitel).

3) Daß die Pflanzen weder Nerven noch ähnliche Sinnesorgane zur Empfindung haben wie die Tiere, beweist doch nichts gegen ihr Empfinden, da sie auch anderes, wozu das Tier der Nerven und besonders gearteter Organe bedarf, ohne Nerven und ähnliche Organe nur in anderer Form zu leisten vermögen; überhaupt aber der Schluß, daß die besondere Form der tierischen Nerven und Sinnesorgane zur Empfindung nötig sei, auf unhaltbaren Gründen beruht (III. XIV.).

4) Die gesamte teleologische Betrachtung der Natur gestaltet sich viel befriedigender, wenn man den Pflanzen Seele beimißt, als wenn man sie ihnen abspricht, indem eine große Menge Verhältnisse und Einrichtungen in der Natur hierdurch eine lebendige und inhaltsvolle Bedeutung gewinnen, die sonst tot und müßig liegen oder als leere Spielerei erscheinen (IV. XI.).

5) Daß das Pflanzenreich den Zwecken des Menschen- und Tierreichs dient, kann doch nicht gegen darin waltende Selbstzwecke sprechen, da in der Natur sich der Dienst für andere und für eigene Zwecke überhaupt nicht unverträglich zeigt, auch das Tierreich ebensowohl den Zwecken des Pflanzenreichs zu dienen hat wie umgekehrt (X. XL).

6) Wenn die Pflanzen als beseelte Wesen schlimm gestellt scheinen, indem sie sich viel Unbill von Menschen und Tieren gefallen lassen müssen, ohne sich dagegen wehren zu können, so erscheint dies doch bloß so schlimm, wenn wir uns auf unseren menschlichen Standpunkt stellen, ganz anders dagegen, wenn wir das Pflanzenleben nach seinem eigenen inneren Zusammenhange auffassen. Auch legen wir diesem Einwande überhaupt mehr Gewicht bei, als er verdient (VI.).

7) Wenn man behauptet, daß die Pflanzen keine Seele haben, weil sie keine Freiheit und willkürliche Bewegung haben, so achtet man entweder nicht recht auf die Tatsachen, welche eine solche Freiheit in der Pflanze doch in ähnlichem Sinne wie im Tiere erkennen lassen, oder verlangt von der Pflanze etwas, was man bei Tieren auch nicht findet, indem von eigentlicher Freiheit doch auch bei Tieren nicht wohl die Rede sein kann (VII.).

8) Sofern Pflanzenreich und Tierreich durch ein Zwischenreich aneinander grenzen, wo die Unterschiede beider zweideutig werden, dieses Zwischenreich aber sowohl die unvollkommensten Pflanzen als Tiere enthält, kann man das Pflanzenreich dem Tierreiche nicht schlechthin als ein tiefer stehendes unterordnen; da es sich vielmehr von dem Zwischenreiche durch die höheren Pflanzen wieder zu erheben anfängt. Dies und der Umstand, daß das Pflanzenreich und Tierreich in der Schöpfungsgeschichte gleiches Datum der Entstehung haben, spricht dafür, daß das eine dem anderen auch in betreff der Beseelung nicht schlechthin untergeordnet sein wird (XII).

9) Vermißt man die Zeichen der Zentralisation, verknüpfenden Einheit oder des selbständigen Abschlusses im Pflanzen-Organismus als Bedingung oder Ausdruck der Einheit und Individualität der Seele, so sieht man wieder nicht auf die rechten Punkte, oder verlangt Dinge von den Pflanzen, die man bei den Tieren auch nicht findet (XIII.).

10) Es ist wahrscheinlich, daß das Seelenleben der Pflanzen noch viel mehr ein rein sinnliches ist als das der Tiere, welche, wenn auch nicht Vernunft und Selbstbewußtsein, doch noch Erinnerung des Vergangenen und Voraussicht des Zukünftigen haben, während das Pflanzenleben wahrscheinlich im Fortleben mit der Gegenwart

aufgeht, ohne deshalb in der Allgemeinbeseelung aufzugehen. Statt daß aber das Sinnesleben der Pflanzen minder entwickelt als das der Tiere wäre, mag es noch mehr entwickelt sein (XIV.).

XVIII. Noch einige gelegentliche Gedanken.

Nachdem ich die Arbeit abgeschlossen, will ich mich vor die Tür setzen und noch ein wenig plaudern von einem ins andere.

Gar wohl erinnere ich mich noch, welchen Eindruck es auf mich machte, als ich nach mehrjähriger Augenkrankheit zum ersten Male wieder aus dem dunklen Zimmer ohne Binde vor den Augen in den blühenden Garten trat Das schien mir ein Anblick schön über das Menschliche hinaus, jede Blume leuchtete mir entgegen in eigentümlicher Klarheit, als wenn sie ins äußere Licht etwas von eigenem Lichte werfe. Der ganze Garten schien mir selber wie verklärt, als wenn nicht ich, sondern die Natur neu erstanden wäre; und ich dachte, so gilt es also nur, die Augen frisch zu öffnen, um die altgewordene Natur wieder jung werden zu lassen. Ja man glaubt es nicht, wie neu und lebendig die Natur dem entgegentritt, der ihr selbst mit neuem Aug' entgegentritt.

Das Bild des Gartens begleitete mich ins dämmrige Zimmer zurück; aber es ward im Dämmerlicht nur heller und schöner, und ich glaubte auf einmal ein inneres Licht als Quell der äußeren Klarheit an den Blumen zu sehen, und Farben darin sich geistig auswirken zu sehen, die nur durchschienen in das Äußere. Damals zweifelte ich nicht, daß ich das eigene Seelenleuchten der Blumen sähe, und dachte in wunderlich verzückter Stimmung: so sieht es in dem Garten aus, der hinter den Brettern dieser Welt liegt, und alle Erde und aller Leib der Erde ist nur der abschließende Zaun um diesen Garten für die noch Draußenstehenden.

Stelle dir einmal vor, du hättest eine halbjahrlange Nacht am Nordpol zugebracht, und in der langen Zeit fast vergessen, wie ein Baum, eine Blume aussieht, nur immer öde Schnee- und Eisfelder gesehen, und würdest plötzlich in einen von mildem Licht beschienenen blühenden Garten versetzt und ständest etwa, wie ich, zuerst vor einer Zeile hoher Georginen, würdest du sie nicht auch wunderbar leuchten finden und ahnen, hinter diesem Schmuck, diesem Glanz, dieser Freude sei etwas mehr als gemeiner Bast und Wasser?

Jenes helle Bild verblaßte, wie so manches, was in jener ersten Zeit mein äußeres und inneres Auge mit einer Art Schauern rührte, die in den vom täglichen Genuß des Lichtes abgetumpften Sinn nicht mehr fallen; die Pflanzen wurden, wie sich mein Auge gewöhnte, wieder zu den gewöhnlichen, irdischen, nichtssagenden, vergeblichen Wesen, die sie für alle sind, bis in dem träumenden Blick auf die Wasserlilie sich die Blumenseele von neuem lebendig vor mich stellte und mich des Geschäftes bestimmter mahnte, das ich nun erfüllt. Gewiß aber war ein Nachhall aus jener ersten Zeit dabei; und so, glaube ich, wäre dies Buch schwerlich geschrieben worden, wenn nicht mein Auge dereinst in Nacht gelegt und dann so plötzlich wieder dem Lichte zurückgegeben worden.

Nun habe ich manche Stunde damit zugebracht, was mir so in ein paar hellen Scheinen ins Gemüt gefallen, auch dem Verstande klar und anderer Gemüt zugänglich zu machen, und manch Sinnen nicht ohne Mühen hat es mich gekostet, ob ich's erreichen möchte. Wie viel gab's da auseinander- und wieder zusammenzulegen. Und hatte ich erst die Geister der Blumen gefaßt, fingen sie jetzt an mich zu fassen, und ließen mich nicht wieder los, und zwangen mich, den oft anders hin Wollenden, in ihrem Dienst zu bleiben; und wenn ich heute das Werg abgesponnen, das sie mir an den Rocken hingen, fand ich morgen wieder neues daran. So ist der Faden nun so lang geworden.

Nun aber freue ich mich, das Ende um die Spindel geschlungen zu haben, und hefte nur noch zu guter Letzt ein paar Bänder an, ins Freie zu flattern, mit dunklen und lichten Farben, wie es der Tag eben geboten, des Ernstes und der Heiterkeit der ganzen Arbeit Zeichen.

Ich kam heute zu einem Begräbnis hinzu: Ein Prediger stand am Grabe auf dem Hügel frisch ausgegrabener Erde und redete über den Spruch (Kor. I. 15, 36–37): "Das du säest, wird nicht lebendig, es sterbe denn. Und das du säest, ist ja nicht der Leib, der werden soll, sondern ein bloßes Korn, nämlich Weizen oder der andern eins." Zwei lange Palmzweige, vom Sarg abgenommen, lehnten innen am Geländer, das die Grabstätte umgab, und wehten mit grünen Fahnen hoch über die schwarzen Gitterstäbe hinaus; viel Blumenkränze, die auch zuvor den Sarg geschmückt, hingen an den Gitterstäben umher. Der Redner pries laut die Tugenden des Verstorbenen; indes flog eine Biene an den Kränzen herum, leis, doch wie unmutig summend, in allen Blumen suchend, in keiner mehr findend, was sie suchte; denn die Quellen des Duftes und der Süße waren versiegt; ein Schmetterling aber schwang sich, unbekümmert um die verdorrenden Quellen seiner früheren Freuden, über die Kirchhofsmauer ins Weite. An einem Kranze sah ich Tropfen hängen, ihn frisch zu erhalten, und in ein paar Augen Tränen, die wohl dort und hier bald trocknen mochten; dann welkten Blumen und Erinnerungen. Eine Trauerweide schattete über das benachbarte Grab, ihre Wurzeln aber reichten zerstochen ins frische Grab; sie sollte neu und nicht umsonst zu trauern scheinen. Eine weiße Tafel, von grünem Efeu umsponnen, nannte das Geschlecht derer, die sich hier zu ihren Vätern sammelten. So beging die Pflanzenwelt das Begräbnis eines Menschen mit.

Es fiel mir ein, indem ich das betrachtete, wie viel unbewußte Symbolik doch hier in die bewußte des Menschen hineinspielt; und dann, wie es eigen sei, daß, während der Mensch selbst so wenig sich das Sterben der Pflanzen zu Herzen nimmt, sie dafür sich so sehr bei seinem Sterben beteiligen. Geht doch auch die Frucht Zitrone und das Kraut Rosmarin mit zu Grabe; folgt doch mancher grüne Kranz dem jungen Mädchen in das Grab selbst mit; muß doch jedesmal ein Baum sterben, um mit seiner Leiche die Leiche des Menschen einzuschließen und damit zu verwesen. Nun weiß aber die Pflanze doch nichts davon, daß es bei dem, was sie hier mittut und mitleidet, den Tod einer Menschenseele gilt, wie der Mensch nichts davon weiß oder wissen will, daß mit den Pflanzen auch Pflanzenseelen hierbei ins Spiel kommen. Ja greift nicht überhaupt Leben und Sterben der Menschen- und Pflanzenwelt allwärts durcheinander, und doch kennen und grüßen sich die Seelen beider Reiche nicht, wie Menschen, die eine und dieselbe große Stadt bewohnen, sich durcheinander drängen und treiben, ohne einander zu rennen und zu grüßen. Ist das nicht ein traurig zersplittert Wesen im Seelenreiche? Jawohl traurig, wenn es so ist, wie wir es uns zumeist denken. Aber ich denke, ein höheres Wissen wird's wohl geben, das der Menschen- und Pflanzen- und aller Seelen Schicksal in Beziehung miteinander denkt, ja selber in Beziehung setzt. Für dieses Wissen wird es sich weniger darum handeln, wie die Palmzweige, Kränze, Blumen, Bäume, Bienen, Schmetterlinge sich äußerlich zum Sarge und zum Grabe ausnehmen, sondern wie die Seelen der Palme, der die Zweige genommen, und der Blumen, die zu Grabe mitgehen, und der Bäume, die das Grab umstehen, und der Blumen, die wieder über dem Grabe erwachsen werden, und der Bienen und Schmetterlinge, die um und über den Blumen fliegen, sich zur Menschenseele in ihrem Heimgange ausnehmen. Und wie diesem wissenden Wesen das Schauspiel am genehmsten dünkt, wird es von ihm geordnet werden im Schauen von Angesicht zu Angesicht. Wir aber sehen alles nur stückweis wie durch einen Spiegel in einem dunklen Wort, und wenn ein symbolischer Lichtschein davon in unsere Seele fällt, meinen wir nun gar, er sei aus unserer Seele herausgefallen.

Nicht überall zwar spielen Blumen, Pflanzen dieselbe Rolle beim Tode des Menschen wie bei uns. Wilde Völker schlachten statt Blumen, Pflanzen, vielmehr Pferde, Schafe, Hunde auf dem Grabe oder opfern sie in das Grab. Aber da mag's eben liegen. Einer großen Herrin ziemt's überhaupt nicht, ohne untergeordnetes Gefolge in fremdes Land zu reisen. So soll auch die Herrin der Erde, die Menschenseele, nicht ohne Gefolge anderer niederer Seelen ins Himmelreich reisen. Nun nimmt sie hier Tier-, dort Pflanzenseelen mit. Aber warum bei uns eben Pflanzenseelen? Ist's etwa darum, daß im Christentum zwar von einem Paradiesgarten jenseits die Rede ist, aber nicht von Tieren darin? Nun soll jede Menschenseele auch ihren Beitrag von Blumenseelen dazu mitbringen. Um Tiere ist es nicht zu tun. Nur der Schmetterling muß symbolisch mitfliegen, es möchte den Blumenseelen sonst im Garten droben gar zu einsam werden; und der Himmel soll doch auch für sie ein Himmel sein.

Auch bei den Griechen ging es etwas anders her als bei uns. Da Leib und leibliches Leben selbst bei ihnen noch eine blühende Bedeutung hatten, da legte man auch den Leib des Menschen selber wie eine Blume oben auf das Holz, und Baum und Leib gingen zusammen in feurigen Flammen gen Himmel zum Wohnsitz der Götter. Bei uns, wo die Ansicht von Leib und Leben selbst verholzt ist, schließt man auch den Leib wie einen toten Wurm in das tote Holz zur Speise anderer Würmer, und legt nur äußerlich Blumen auf Sarg und Grab. So ging es vom Leben bis in den Tod hinein so viel schöner bei den Griechen zu als bei uns. Doch nur so viel schöner sinnlich, indes wohl manches dafür bei uns sinnig schöner zugeht

Hierbei fällt mir das schöne Totenfest ein, das jährlich in Leipzig in Johannis begangen wird. Da geht jeder, der jemand auf dem Kirchhof schlafen hat, dessen er noch in Liebe denkt, hin, sein Grab zu kränzen; und wer keins zu bekränzen hat, geht hin, die Kränze und die Kränzenden zu sehen. Da wird auf dem sonst einsamen Acker alles bunt und rege und drängt sich durcheinander und kommt und geht, eine lebendige Gesellschaft über der stillen. Erst abends wird's auch oben wieder still und leer; nur die Kränze bleiben, ihrer Bestimmung eingedenk zu welken.

Wie viel schöne Girlanden und Kränze kann man da sehen. Wie auf einem Balle die Lebendigen sich im Schmucke überbieten möchten, so versuchen es jetzt die Gräber. Aber der schönsten Blumen und Kränze vergißt man bald; wer kann sich der einzelnen erinnern? Nur eines einfachen Kleeblümchens kann ich nicht vergessen, das wir nach so vielen reich geschmückten Gräbern auf einem grünen Grabe einsam liegend begegnete. Die Seele war sicher anders als die anderen, die unter all dem reichen Schmuck dem bescheidenen Blümchen seine Stelle gab.

Ich möchte nicht gern mit Grabgedanken schließen, und so erinnere ich mich nun gern daran, wie die Pflanzen ja nicht bloß an leidigen, sondern auch freudigen Begegnissen der Menschenwelt so viel Teil nehmen und wie der Mensch selbst ihnen so viel von seiner Lust verdankt. Soll man nicht sagen, das ganze Pflanzenreich schlinge sich wie eine schöne Arabeske um und zwischen das Menschenreich durch? Der Mensch selbst wächst mit aller Pracht seiner Gewänder und allem kunstreichen Gerät wie halben Leibes von unten aus der Pflanzenwelt hervor; und von oben wachsen wieder Blumen und Trauben der danach langenden Hand, dem verlangenden Munde entgegen. Und über all diesem schwebt der schönste Duft poetischer Beziehungen.

Wo gibt es ein Fest, das nicht Blumen verschönerten, wo ein Gedicht, dem sie nicht Bilder liehen, wo ein Geschenk, dessen Wert sie nicht durch Verzierung zu mehren vermöchten? Die Myrte bringt den Kranz, die Braut zu schmücken; die Blumen kommen aus allen Gärten herbei, sich ihr zu Füßen zu legen; die Türen umwinden sich mit bunten Blumenbehängen, sie durchzulassen; der Hochzeitsbitter brüstet sich mit dem Strauß in seinen Händen; auf der Tafel warten wieder Blumen auf; und abends beim Tanze noch wie manche Blume an der Brust und in dem Haar. — Der Lorbeer waltet der besten Ehren, Vergißmeinnicht erinnert ans Erinnern; Schneeglöckchen lockt die Kinder zum ersten Male in den grünen Wald; die erste Aster sagt: nun kommt der Herbst; die Linde deckt ein grünes Dach über den Tisch vor dem Hause; die Eiche ruft den Deutschen noch im fremden Lande als ihren Landmann an. Die Tanne wirft ihre Tannenzapfen weg und tritt mit goldenen Äpfeln und Lichtern und noch wie viel schönen Gaben in den Saal. So möge sie nun auch zu diesem heiligen Christ den Schönsten das Schönste, den Besten das Beste, den Ärmsten das Meiste bringen.

Alle Pflanze aber in ihrer Niedrigkeit bleibe dessen gedenk, daß sie ein Gewächs ist von Gott und vor Gott, das seine Freiheit nur hat im Bande und sie nur brauchen soll im Verbande.

Über tredition

Eigenes Buch veröffentlichen

tredition wurde 2006 in Hamburg gegründet und hat seither mehrere tausend Buchtitel veröffentlicht. Autoren veröffentlichen in wenigen leichten Schritten gedruckte Bücher, e-Books und audio-Books. tredition hat das Ziel, die beste und fairste Veröffentlichungsmöglichkeit für Autoren zu bieten.

tredition wurde mit der Erkenntnis gegründet, dass nur etwa jedes 200. bei Verlagen eingereichte Manuskript veröffentlicht wird. Dabei hat jedes Buch seinen Markt, also seine Leser. tredition sorgt dafür, dass für jedes Buch die Leserschaft auch erreicht wird.

Im einzigartigen Literatur-Netzwerk von tredition bieten zahlreiche Literatur-Partner (das sind Lektoren, Übersetzer, Hörbuchsprecher und Illustratoren) ihre Dienstleistung an, um Manuskripte zu verbessern oder die Vielfalt zu erhöhen. Autoren vereinbaren direkt mit den Literatur-Partnern die Konditionen ihrer Zusammenarbeit und partizipieren gemeinsam am Erfolg des Buches.

Das gesamte Verlagsprogramm von tredition ist bei allen stationären Buchhandlungen und Online-Buchhändlern wie z. B. Amazon erhältlich. e-Books stehen bei den führenden Online-Portalen (z. B. iBookstore von Apple oder Kindle von Amazon) zum Verkauf.

Einfach leicht ein Buch veröffentlichen: **www.tredition.de**

Eigene Buchreihe oder eigenen Verlag gründen

Seit 2009 bietet tredition sein Verlagskonzept auch als sogenanntes "White-Label" an. Das bedeutet, dass andere Unternehmen, Institutionen und Personen risikofrei und unkompliziert selbst zum Herausgeber von Büchern und Buchreihen unter eigener Marke werden können. tredition übernimmt dabei das komplette Herstellungs- und Distributionsrisiko.

Zahlreiche Zeitschriften-, Zeitungs- und Buchverlage, Universitäten, Forschungseinrichtungen u.v.m. nutzen diese Dienstleistung von tredition, um unter eigener Marke ohne Risiko Bücher zu verlegen.

Alle Informationen im Internet: **www.tredition.de/fuer-verlage**

tredition wurde mit mehreren Innovationspreisen ausgezeichnet, u. a. mit dem Webfuture Award und dem Innovationspreis der Buch Digitale.

tredition ist Mitglied im Börsenverein des Deutschen Buchhandels.

Dieses Werk elektronisch lesen

Dieses Werk ist Teil der Gutenberg-DE Edition DVD. Diese enthält das komplette Archiv des Projekt Gutenberg-DE. Die DVD ist im Internet erhältlich auf **http://gutenbergshop.abc.de**